LES MOUSQUETAIRES

VINGT ANS APRÈS

PREMIÈRE PARTIE

Paris. — Typ. Ch. UNSINGER, 83, rue du Bac. — 2343

LES MOUSQUETAIRES

VINGT ANS APRÈS

PAR

ALEXANDRE DUMAS

ILLUSTRÉS PAR J.-A. BEAUCÉ, F. PHILIPPOTEAUX, ETC.

PREMIÈRE PARTIE

PARIS

CALMANN LÉVY, ÉDITEUR

ANCIENNE MAISON MICHEL LÉVY FRÈRES

3, RUE AUBER, 3

1885

VINGT ANS APRÈS

PISAN.   J.A. BEAUCE.

CHAPITRE PREMIER

FANTÔME DE RICHELIEU

Dans une des chambres du palais Cardinal, que nous connaissons déjà, près d'une table à coins de vermeil, chargée de papiers et de livres, un homme était assis, la tête appuyée dans ses deux mains. Derrière lui était une vaste cheminée, rouge de feu, et dont les tisons enflammés s'écroulaient sur de larges chenets dorés. La lueur de ce foyer éclairait par derrière le vêtement magnifique de ce rêveur, que la lumière d'un candélabre chargé de bougies éclairait par devant.

A voir cette simarre rouge et ces riches dentelles, à voir ce front pâle et courbé sous la méditation, la solitude de ce cabinet, le silence des antichambres, le pas mesuré des gardes sur le palier, on eût pu croire que l'ombre du cardinal de Richelieu était encore dans sa chambre.

Hélas! c'était bien en effet l'ombre seulement du grand homme. La France affaiblie, l'autorité du roi méconnue, les grands redevenus faibles et turbulents, l'ennemi rentré en deçà des frontières, tout témoignait que Richelieu n'était plus là.

Mais ce qui montrait encore mieux que tout cela que la simarre rouge n'était point celle du vieux cardinal, c'était cet isolement qui semblait, comme nous l'avons dit, plutôt celui d'un fantôme que celui d'un vivant; c'étaient ces corridors

1

vides de courtisans, ces cours pleines de gardes; c'était ce sentiment railleur qui montait de la rue et qui pénétrait à travers les vitres de cette chambre ébranlée par le souffle de toute une ville liguée contre le ministre; c'étaient enfin des bruits lointains et sans cesse renouvelés de coups de feu, tirés très-heureusement sans but et sans résultat, mais seulement pour faire voir aux gardes, aux Suisses, aux mousquetaires et aux soldats qui environnaient le Palais-Royal, car le palais Cardinal lui-même avait changé de nom, que le peuple aussi avait des armes.

Ce fantôme de Richelieu, c'était Mazarin.

Or, Mazarin était seul et se sentait faible.

— Étranger! murmurait-il; Italien! voilà leur grand mot lâché! Avec ce mot ils ont assassiné, pendu et dévoré Concini, et, si je les laissais faire, ils m'assassineraient, me pendraient et me dévoreraient comme lui, bien que je ne leur aie jamais fait d'autre mal que de les pressurer un peu. Les niais! ils ne sentent donc pas que leur ennemi, ce n'est point cet Italien qui parle mal le français, mais bien plutôt ceux-là qui ont le talent de leur dire de belles paroles avec un si pur et si bon accent parisien.

— Oui, oui, continuait le ministre avec son sourire fin, qui cette fois semblait étrange sur ses lèvres pâles; oui, vos rumeurs me le disent, le sort des favoris est précaire; mais si vous savez cela, vous devez savoir aussi que je ne suis pas un favori ordinaire, moi! Le comte d'Essex avait une bague splendide et enrichie de diamants que lui avait donnée sa royale maîtresse; moi, je n'ai qu'un simple anneau avec un chiffre et une date, mais cet anneau a été béni dans la chapelle du Palais-Royal (1); aussi, moi, ne me briseront-ils pas selon leurs vœux. Ils ne s'aperçoivent pas qu'avec leur éternel cri: à bas le Mazarin! je leur fais crier tantôt vive M. de Beaufort, tantôt vive le Prince, tantôt vive le parlement. Eh bien! M. de Beaufort est à Vincennes, M. le Prince ira le rejoindre un jour ou l'autre, et le parlement...

Ici le sourire du cardinal prit une expression de haine dont sa figure douce paraissait incapable. — Et le Parlement... Eh bien! le parlement... nous verrons ce que nous en ferons, du parlement; nous avons Orléans et Montargis. Oh! j'y mettrai le temps; mais ceux qui ont commencé à crier à bas le Mazarin finiront par crier à bas tous ces gens-là; chacun à son tour... Richelieu, qu'ils haïssaient quand il était vivant, et dont ils parlent toujours depuis qu'il est mort, a été plus bas que moi, car il a été chassé plusieurs fois, et plus souvent encore il a craint de l'être. La reine ne me chassera jamais, moi, et, si je suis contraint de céder au peuple, elle y cédera avec moi, si je fuis elle fuira, et nous verrons alors ce que feront les rebelles sans leur reine et sans leur roi... Oh! si seulement je n'étais pas étranger, si seulement j'étais Français, si seulement j'étais gentilhomme!

Et il retomba dans sa rêverie.

En effet, la position était difficile, et la journée qui venait de s'écouler l'avait compliquée encore. Mazarin, toujours éperonné par sa sordide avarice, écrasait le peuple d'impôts, et ce peuple, à qui il ne restait que l'âme, comme le disait l'avocat général Talon, et encore parce qu'on ne pouvait vendre son âme à l'encan; le peuple, à qui on essayait de faire prendre patience avec le bruit des victoires qu'on remportait, et qui trouvait que les lauriers n'étaient pas viande dont il pût se nourrir (2), le peuple depuis longtemps avait commencé à murmurer.

Mais ce n'était pas tout; car lorsqu'il n'y a que le peuple qui murmure, séparée qu'elle en est par la bourgeoisie et les gentilshommes, la cour ne l'entend pas; mais Mazarin avait eu l'imprudence de s'attaquer aux magistrats! Il avait vendu douze brevets de maîtres des requêtes, et, comme les officiers payaient leurs charges fort cher, et que l'adjonction de ces douze nouveaux confrères devait en faire baisser le prix, ils s'étaient réunis, avaient juré sur les Évangiles de ne point souffrir cette augmentation, et de résister à toutes les persécutions de la cour, se promettant les uns aux autres qu'au cas où l'un d'eux, par cette rébellion perdrait sa charge, ils se cotiseraient pour lui en rembourser le prix.

Or, voilà ce qui était arrivé de ces deux côtés:

Le 7 de janvier, sept à huit cents marchands de Paris s'étaient assemblés et mutinés à propos d'une nouvelle taxe qu'on voulait imposer aux propriétaires de maisons, et ils avaient député dix d'entre eux pour parler de leur part au duc d'Orléans, qui, selon sa vieille habitude, faisait de la popularité. Le duc d'Orléans les avait reçus, et ils lui avaient déclaré qu'ils étaient décidés à ne point payer cette nouvelle taxe, dussent-ils se défendre à main armée contre les gens du roi qui viendraient pour la percevoir. Le duc d'Orléans les avait écoutés avec une grande complaisance, leur avait fait espérer quelque modération, leur avait promis d'en parler à la reine, et les avait congédiés avec le mot ordinaire des princes: « On verra. »

De leur côté, le 9, les maîtres des requêtes étaient venus trouver le cardinal, et l'un d'eux, qui portait la parole pour tous les autres, lui avait parlé avec tant de fermeté et de hardiesse, que le cardinal en avait été tout étonné; aussi les avait-il renvoyés en disant, comme le duc d'Orléans, que l'on verrait.

Alors, pour *voir*, on avait assemblé le conseil, et l'on avait envoyé chercher le surintendant des finances d'Emery.

Ce d'Emery était fort détesté du peuple, d'abord parce qu'il était surintendant des finances, et que tout surintendant des finances doit être détesté; ensuite, il faut le dire, parce qu'il méritait quelque peu de l'être. C'était le fils d'un banquier de Lyon qui s'appelait Particelli, et qui, ayant changé de nom à la suite de sa banqueroute, se faisait appeler d'Emery (1). Le cardinal de Richelieu, qui avait reconnu en lui un grand mérite financier, l'avait présenté au roi Louis XIII sous le nom de M. d'Emery, et voulait le faire nommer intendant des finances; il lui en disait grand bien.

— Ah! tant mieux, avait répondu le roi, et je suis aise que vous me parliez de M. d'Emery pour cette place, qui veut un honnête homme. On m'avait dit que vous poussiez ce coquin de Particelli, et j'avais peur que vous ne me forçassiez de le reprendre. — Mais, sire, répondit le cardinal, que Votre Majesté se rassure, le Particelli dont elle parle a été pendu. — Ah! tant mieux, répondit le roi, ce n'est donc pas pour rien qu'on m'a appelé Louis le Juste.

Et il signa la nomination de M. d'Emery.

C'était ce même d'Emery qui était devenu surintendant des finances.

On l'avait envoyé chercher du conseil, et il était accouru tout pâle et tout effaré, disant que son fils avait manqué d'être assassiné le jour même dans la place du Palais: la foule l'avait rencontré et lui avait reproché le luxe de sa femme, qui avait un appartement tendu de velours rouge avec des crépines d'or. C'était la fille de Nicolas Lecamus, secrétaire du roi en 1617, lequel était venu à Paris avec vingt livres, et qui, tout en se réservant quarante mille livres de rente, venait de partager neuf millions entre ses enfants.

Le fils de d'Emery avait manqué d'être étouffé, un des émeutiers ayant proposé de le presser jusqu'à ce qu'il eût rendu l'or qu'il dévorait. Le conseil n'avait rien décidé ce jour-là, le surintendant étant trop préoccupé de cet événement pour avoir la tête bien libre.

Le lendemain, le premier président Mathieu Molé, dont le courage dans toutes ces affaires, dit le cardinal de Retz, égala celui de M. de Beaufort et celui de M. le prince de Condé, c'est-à-dire des deux hommes qui passaient pour les plus braves de France, le lendemain, le premier président, disons-nous, avait été attaqué à son tour; le peuple le menaçait de s'en prendre à lui des maux qu'on lui voulait faire; mais le premier président avait répondu avec son calme habituel, sans s'émouvoir et sans s'étonner, que, si les perturbateurs n'obéissaient pas aux volontés du roi, il allait faire dresser des potences dans les places pour faire pendre à l'instant même les plus mutins d'entre eux... Ce à quoi ceux-ci avaient répondu qu'ils ne demandaient pas mieux que de voir dresser des potences, et qu'elles serviraient à pendre les mauvais juges qui achetaient la faveur de la cour au prix de la misère du peuple.

Ce n'est pas tout: le 11, la reine allant à la messe à No-

(1) On sait que Mazarin n'ayant reçu aucuns des ordres qui empêchent le mariage, avait épousé Anne d'Autriche. Voir les Mémoires de Laporte, ceux de la princesse palatine.
(2) Madame de Motteville.

(1) Ce qui n'empêche pas M. l'avocat général Omer Talon de l'appeler toujours M. Particelle, suivant l'habitude du temps, de franciser les noms étrangers.

tre-Dame, ce qu'elle faisait régulièrement tous les samedis, avait été suivie par plus de deux cents femmes criant et demandant justice. Elles n'avaient, au reste, aucune intention mauvaise, voulant seulement se mettre à genoux devant elle pour tâcher d'émouvoir sa pitié ; mais les gardes les en empêchèrent, et la reine passa hautaine et fière sans écouter leurs clameurs.

L'après-midi, il y avait eu conseil de nouveau, et là on avait décidé qu'on maintiendrait l'autorité du roi ; en conséquence, le parlement fut convoqué pour le lendemain 12.

Ce jour, celui pendant la soirée duquel nous ouvrons cette nouvelle histoire, le roi, alors âgé de dix ans et qui venait d'avoir la petite vérole, avait, sous prétexte d'aller rendre grâce à Notre-Dame de son rétablissement, mis sur pied ses gardes, ses Suisses et ses mousquetaires, les avait échelonnés autour du Palais-Royal, sur les quais et sur le pont Neuf, et, après la messe entendue, il était passé au parlement où, sur un lit de justice improvisé, il avait non-seulement maintenu ses édits passés, mais encore en avait rendu cinq ou six nouveaux, — tous, dit le cardinal de Retz, plus ruineux les uns que les autres. Si bien que le premier président, qui, on a pu le voir, était les jours précédents pour la cour, s'était cependant élevé fort hardiment sur cette manière de mener le roi au palais pour surprendre et forcer la liberté des suffrages.

Mais ceux qui surtout s'élevèrent fortement contre les nouveaux impôts, ce furent le président Blancmesnil et le conseiller Broussel.

Ces édits rendus, le roi rentra au Palais-Royal ; une grande multitude de peuple était sur sa route ; mais, comme on savait qu'il venait du parlement, et qu'on ignorait s'il y avait été pour y rendre justice au peuple ou pour l'opprimer de nouveau, pas un seul cri de joie ne retentit sur sa route pour le féliciter de son retour à la santé. Tous les visages, au contraire, étaient mornes et inquiets ; quelques-uns même étaient menaçants.

Malgré son retour, les troupes restèrent sur place : on avait craint qu'une émeute éclatât quand on connaîtrait le résultat de la séance du parlement ; et, en effet, à peine le bruit se fut-il répandu dans les rues, qu'au lieu d'alléger les impôts le roi les avait augmentés, que des groupes se formèrent et que de grandes clameurs retentirent, criant : A bas le Mazarin ! vive Broussel ! vive Blancmesnil ! car le peuple avait su que Broussel et Blancmesnil avaient parlé en sa faveur, et, quoique leur éloquence eût été perdue, il ne leur en savait pas moins bon gré.

On avait voulu dissiper ces groupes, on avait voulu faire taire ces cris, et, comme cela arrive en pareil cas, les groupes s'étaient grossis et les cris avaient redoublé. L'ordre venait d'être donné aux gardes du roi et aux gardes suisses, non-seulement de tenir ferme, mais encore de faire des patrouilles dans les rues Saint-Denis et Saint-Martin, où ces groupes surtout paraissaient plus nombreux et plus animés, lorsqu'on annonça au Palais-Royal le prévôt des marchands.

Il fut introduit aussitôt : il venait dire que, si l'on ne cessait pas à l'instant même ces démonstrations hostiles, dans deux heures Paris tout entier serait sous les armes.

On délibérait sur ce que l'on aurait à faire, lorsque Comminges, lieutenant aux gardes, rentra, les habits tout déchirés et le visage sanglant. En le voyant paraître, la reine jeta un cri de surprise et lui demanda ce qu'il y avait.

Il y avait eu, à la vue des gardes, comme l'avait prévu le prévôt des marchands, les esprits s'étaient exaspérés. On s'était emparé des cloches, et l'on avait sonné le tocsin. Comminges avait tenu bon, avait arrêté un homme qui paraissait un des principaux agitateurs, et, pour faire un exemple, avait ordonné qu'il fût pendu à la croix du Trahoir. En conséquence, les soldats l'avaient entraîné pour exécuter cet ordre. mais, aux halles, ceux-ci avaient été attaqués à coups de pierres et à coups de hallebardes ; le rebelle avait profité de ce moment pour s'échapper, avait gagné la rue Tiquetonne, et s'était jeté dans une maison dont on avait aussitôt enfoncé les portes.

Cette violence avait été inutile ; on n'avait pu retrouver le coupable. Comminges avait laissé un poste dans la rue, et, avec le reste de son détachement, il était revenu au Palais-Royal, pour rendre compte à la reine de ce qui se passait. Tout le long de la route, il avait été poursuivi par des cris et par des menaces ; plusieurs de ses hommes avaient

été blessés à coups de piques et de hallebardes, et lui-même avait été atteint d'une pierre qui lui avait fendu le sourcil.

Le récit de Comminges corroborait l'avis du prévôt des marchands ; on n'était pas en mesure pour tenir tête à une révolte sérieuse : le cardinal fit répandre dans le peuple que les troupes n'avaient été échelonnées sur les quais et le pont Neuf qu'à propos de la cérémonie, et qu'elles allaient se retirer. En effet, vers les quatre heures du soir, elles se concentrèrent toutes vers le Palais-Royal ; on plaça un poste à la barrière des Sergents, un autre aux Quinze-Vingts ; enfin un troisième à la butte Saint-Roch. On emplit les cours et les rez-de-chaussée de Suisses et de mousquetaires, et l'on attendit.

Voilà donc où en étaient les choses lorsque nous avons introduit nos lecteurs dans le cabinet du cardinal Mazarin, qui avait été autrefois celui du cardinal de Richelieu ; nous avons vu dans quelle situation d'esprit il écoutait les murmures du peuple qui arrivaient jusqu'à lui et l'écho des coups de fusil qui retentissaient jusque dans sa chambre.

Tout à coup il releva la tête, le sourcil à demi froncé, comme un homme qui a pris son parti, fixa les yeux sur une énorme pendule qui allait sonner six heures, et, prenant un sifflet de vermeil placé sur la table à la portée de sa main, il siffla deux coups.

Une porte cachée dans la tapisserie s'ouvrit sans bruit, et un homme vêtu de noir s'avança silencieusement et se tint debout derrière le fauteuil.

— Bernouin, dit le cardinal sans même se retourner, car, ayant sifflé deux coups, il savait que ce devait être son valet de chambre, quels sont les mousquetaires de garde au palais ?

— Les mousquetaires noirs, monseigneur.

— Quelle compagnie ?

— Compagnie Tréville.

— Y a-t-il quelque officier de cette compagnie dans l'antichambre ?

— Le lieutenant d'Artagnan.

— Un bon, je crois ?

— Oui, monseigneur.

— Donnez-moi un habit de mousquetaire et aidez-moi à m'habiller.

Le valet de chambre sortit aussi silencieusement qu'il était entré, et revint un instant après apportant le costume demandé.

Le cardinal commença alors, silencieux et pensif, à se défaire du costume de cérémonie qu'il avait endossé pour assister à la séance du parlement et à se revêtir de la casaque militaire, qu'il portait avec une certaine aisance, grâce à ses anciennes campagnes d'Italie ; puis, quand il fut complétement habillé :

— Allez me chercher M. d'Artagnan, dit-il.

Et le valet de chambre sortit cette fois par la porte du milieu, mais toujours aussi silencieux et aussi muet. On eût dit d'une ombre.

Resté seul, le cardinal se regarda avec une certaine satisfaction dans une glace ; il était encore jeune, car il avait quarante-six ans à peine ; il était d'une taille élégante et un peu au-dessous de la médiocre ; il avait le teint vif et beau, le regard plein de feu, le nez grand, mais cependant assez bien proportionné, le front large et majestueux, les cheveux châtains et un peu crépus, la barbe plus noire que les cheveux et toujours bien relevée avec le fer, ce qui lui donnait bonne grâce. Alors il passa son baudrier, regarda avec complaisance ses mains, qu'il avait fort belles et desquelles il prenait le plus grand soin ; puis, rejetant les gros gants de daim qu'il avait déjà pris et qui étaient d'uniforme, il passa de simples gants de soie.

En ce moment, la porte se rouvrit.

— M. d'Artagnan, dit le valet de chambre.

Un officier entra.

C'était un homme de trente-neuf à quarante ans, de petite taille, mais bien prise, maigre, l'œil vif et spirituel, la barbe noire et des cheveux grisonnants, comme il arrive toujours lorsqu'on a trouvé la vie trop bonne ou trop mauvaise, et surtout quand on est fort brun.

D'Artagnan fit quatre pas dans le cabinet, qu'il reconnaissait pour y être venu une fois dans le temps du cardinal de Richelieu, et, voyant qu'il n'y avait personne dans ce cabinet qu'un mousquetaire de sa compagnie, il arrêta ses yeux sur ce mousquetaire, sous les habits duquel, au premier coup d'œil, il reconnut le cardinal.

Il demeura debout, dans une pose respectueuse, mais digne, et comme il convient à un homme de condition qui a eu souvent dans sa vie occasion de se trouver avec des grands seigneurs.

Le cardinal fixa sur lui son œil plus fin que profond, l'examina avec attention ; puis, après quelques secondes de silence :

— C'est vous qui êtes monsieur d'Artagnan ? dit-il.

— Moi-même, monseigneur, répondit l'officier.

Le cardinal regarda un moment encore cette tête si intelligente et ce visage dont l'excessive mobilité avait été enchaînée par les ans et l'expérience; mais d'Artagnan soutint l'examen en homme qui avait été regardé autrefois par des yeux bien autrement perçants que ceux dont il soutenait à cette heure l'investigation.

— Monsieur, dit le cardinal, vous allez venir avec moi, ou plutôt je vais aller avec vous.

— A vos ordres, monseigneur, répondit d'Artagnan.

— Je voudrais visiter moi-même les postes qui entourent le Palais-Royal ; croyez-vous qu'il y ait quelque danger ?

— Du danger, monseigneur ? demanda d'Artagnan ; et lequel ?

— On dit le peuple fort mutiné.

— L'uniforme des mousquetaires du roi est fort respecté, monseigneur, et, ne le fût-il pas, moi quatrième, je me fais fort de mettre en fuite une centaine de ces manants.

— Vous avez vu cependant ce qui est arrivé à Comminges.

— M. de Comminges est aux gardes et non pas aux mousquetaires, répondit d'Artagnan.

— Ce qui veut dire, reprit le cardinal en souriant, que les mousquetaires sont meilleurs soldats que les gardes.

— Chacun a l'amour-propre de son uniforme, monseigneur.

— Excepté moi, monsieur, reprit Mazarin en souriant, puisque vous voyez que j'ai quitté le mien pour prendre le vôtre.

— Peste ! monseigneur, dit d'Artagnan, c'est de la modestie. Quant à moi, je déclare que, si j'avais celui de Votre Eminence, je m'en contenterais.

— Oui, mais pour sortir ce soir, peut-être n'eût-il pas été très-sûr. Bernouin, mon feutre.

Le valet de chambre rentra rapportant un chapeau d'uniforme à larges bords. Le cardinal s'en coiffa d'une façon assez cavalière, et se retournant vers d'Artagnan :

— Vous avez des chevaux tout sellés dans les écuries, n'est-ce pas ?

— Oui, monseigneur.

— Eh bien ! partons.

— Combien monseigneur veut-il d'hommes ?

— Vous avez dit qu'avec quatre hommes vous vous chargeriez de mettre en fuite cent manants ; comme nous pourrions en rencontrer deux cents, prenez-en huit.

— Quand monseigneur voudra.

— Je vous suis, ou plutôt, reprit le cardinal, non, par ici; éclaire-nous, Bernouin.

Le valet prit une bougie, le cardinal prit une petite clef forée sur son bureau et, ayant ouvert la porte d'un escalier secret, il se trouva au bout d'un instant dans la cour du Palais-Royal.

---◆---

CHAPITRE II.

UNE RONDE DE NUIT

Dix minutes après, la petite troupe sortait par la rue des Bons-Enfants, derrière la salle de spectacle qu'avait bâtie le cardinal de Richelieu, pour y faire jouer *Mirame*, et dans laquelle le cardinal Mazarin, plus amateur de musique que de littérature, venait de faire jouer les premiers opéras qui eussent été représentés en France.

L'aspect de la ville présentait tous les caractères d'une grande agitation ; des groupes nombreux parcouraient les rues, et, quoi qu'en eût dit d'Artagnan, s'arrêtaient pour voir passer les militaires avec un air de raillerie menaçante qui indiquait que les bourgeois avaient momentanément déposé leur mansuétude ordinaire pour des intentions plus belliqueuses. De temps en temps des rumeurs venaient du quartier des halles. Des coups de fusil petillaient du côté de la rue Saint-Denis, et parfois, tout à coup, sans que l'on sût pourquoi, quelque cloche se mettait à sonner, ébranlée par le caprice populaire.

D'Artagnan suivit son chemin avec l'insouciance d'un homme sur lequel de pareilles niaiseries n'ont aucune influence. Quand un groupe tenait le milieu de la rue, il poussait son cheval sur lui sans dire gare, et, comme si, rebelles ou non, ceux qui le composaient avaient su à quel homme ils avaient affaire, ils s'ouvraient et laissaient passer la patrouille. Le cardinal enviait ce calme, qu'il attribuait à l'habitude du danger ; mais il n'en prenait pas moins pour l'officier sous les ordres duquel il s'était momentanément placé cette sorte de considération que la prudence elle-même accorde à l'insoucieux courage.

En approchant du poste de la barrière des Sergents, la sentinelle cria : Qui vive ? D'Artagnan répondit, et ayant demandé les mots de passe au cardinal, s'avança à l'ordre ; les mots de passe étaient *Louis* et *Rocroy*.

Ces signes de reconnaissance échangés, d'Artagnan demanda si ce n'était pas M. de Comminges qui commandait le poste. La sentinelle lui montra alors un officier qui causait à pied, la main appuyée sur le cou du cheval de son interlocuteur. C'était celui que demandait d'Artagnan.

— Voici M. de Comminges, dit d'Artagnan revenant au cardinal.

Le cardinal poussa son cheval vers eux, tandis que d'Artagnan se reculait par discrétion ; cependant, à la manière dont l'officier à pied et l'officier à cheval ôtèrent leurs chapeaux, il vit qu'ils avaient reconnu Son Eminence.

— Bravo, Guitaut ! dit le cardinal au cavalier, je vois que, malgré vos soixante-quatre ans, vous êtes toujours le même, alerte et dévoué. Que dites-vous à ce jeune homme ?

— Monseigneur, répondit Guitaut, je lui disais que nous vivions à une singulière époque, et que la journée d'aujourd'hui ressemblait fort à l'une de ces journées de la Ligue que j'ai vues dans mon jeune temps. Savez-vous qu'il n'était question de rien moins, dans les rues Saint-Denis et Saint-Martin, que de faire des barricades ?

— Et que vous répondait Comminges, mon cher Guitaut ?

— Monseigneur, dit Comminges, je répondais que, pour faire une ligue, il ne leur manquait qu'une chose qui me paraissait assez essentielle : c'était un duc de Guise ; d'ailleurs, on ne fait pas deux fois la même chose.

— Non, mais ils feront une Fronde, comme ils disent, reprit Guitaut.

— Qu'est-ce que cela, une Fronde ? demanda Mazarin.

— Monseigneur, c'est le nom qu'ils donnent à leur parti.

— Et d'où vient ce nom ?

— Il paraît qu'il y a quelques jours le conseiller Bachaumont a dit au palais que tous les faiseurs d'émeutes ressemblaient aux écoliers qui frondent dans les fossés de Paris, et qui se dispersent quand ils aperçoivent le lieutenant civil, pour se réunir de nouveau lorsqu'il est passé. Alors ils ont ramassé le mot au bond, comme on fait les gueux à Bruxelles ; ils se sont appelés *frondeurs*. Aujourd'hui et hier, tout était à la Fronde, les pains, les chapeaux, les gants, les manchons, les éventails, et, tenez, écoutez.

En ce moment, en effet, une fenêtre s'ouvrit ; un homme se mit à cette fenêtre et commença à chanter

Un vent de fronde
S'est levé ce matin ;
Je crois qu'il gronde
Contre le Mazarin ;
Un vent de fronde
S'est levé ce matin.

— L'insolent ! murmura Guitaut.

— Monseigneur, dit Comminges, que sa blessure avait mis de mauvaise humeur, et qui ne demandait qu'à prendre une revanche, voulez-vous que j'envoie à ce drôle-là une balle pour lui apprendre à chanter faux?

Et il mit là main aux fontes du cheval de son oncle.

— Non pas, non pas, s'écria Mazarin. Diavolo! mon cher ami, vous allez tout gâter; les choses vont à merveille, au contraire. Je connais vos Français comme si je les avais faits depuis le premier jusqu'au dernier : ils chantent, ils payeront. Pendant la Ligue, dont parlait Guitaut tout à l'heure, on ne chantait que la messe. Viens, Guitaut, viens, et allons voir si l'on fait aussi bonne garde aux Quinze-Vingts qu'à la barrière des Sergents.

Et, saluant Comminges de la main, il rejoignit d'Artagnan, qui reprit la tête de sa petite troupe, suivi immédiatement par Guitaut et le cardinal, lesquels étaient suivis à leur tour du reste de l'escorte.

— C'est juste, murmura Comminges en le regardant s'éloigner, j'oubliais que, pourvu qu'on paye, c'est tout ce qu'il lui faut à lui.

On reprit la rue Saint-Honoré, en déplaçant toujours des groupes; dans ces groupes, on ne parlait que des édits du jour; on plaignait le jeune roi, qui ruinait ainsi son peuple sans le savoir; on jetait toute la faute sur le Mazarin; on parlait de s'adresser au duc d'Orléans et à M. le Prince; on exaltait Blancmesnil et Broussel.

D'Artagnan passait au milieu de ces groupes, insoucieux comme si lui et son cheval étaient de fer; Mazarin et Guitaut causaient tout bas; les mousquetaires, qui avaient fini par reconnaître le cardinal, suivaient en silence.

On arriva à la rue Saint-Thomas-du-Louvre, où était le poste des Quinze-Vingts; Guitaut appela un officier subalterne, qui vint rendre compte.

— Eh bien? demanda Guitaut.

— Ah! mon capitaine, dit l'officier, tout va bien de ce côté, si ce n'est que je crois qu'il se passe quelque chose dans cet hôtel.

Et il montrait de la main un magnifique hôtel situé jusque sur l'emplacement où fut depuis le Vaudeville.

— Dans cet hôtel? dit Guitaut, mais c'est l'hôtel Rambouillet!

— Je ne sais pas si c'est l'hôtel Rambouillet, reprit l'officier; mais ce que je sais, c'est que j'ai vu y entrer force gens de mauvaise mine.

— Bah! dit Guitaut en éclatant de rire, ce sont des poëtes.

— Eh bien! Guitaut, dit Mazarin, veux-tu bien ne pas parler avec une pareille irrévérence de ces messieurs? Tu ne sais pas que j'ai été poëte aussi dans ma jeunesse, et que je faisais des vers dans le genre de ceux de M. de Benserade?

— Vous, monseigneur?

— Oui, moi. Veux-tu que je t'en dise?

— Cela m'est égal, monseigneur, je n'entends pas l'italien.

— Oui, mais tu entends le français, n'est-ce pas, mon bon et brave Guitaut? reprit Mazarin en lui posant amicalement la main sur l'épaule, et, quelque ordre qu'on te donne dans cette langue, tu l'exécuteras?

— Sans doute, monseigneur, comme je l'ai déjà fait, pourvu qu'il me vienne de la reine.

— Ah! oui, dit Mazarin en se pinçant les lèvres, je sais que tu lui es entièrement dévoué.

— Je suis capitaine de ses gardes depuis plus de vingt ans.

— En route, monsieur d'Artagnan, reprit le cardinal, tout va bien de ce côté.

D'Artagnan reprit la tête de la colonne sans souffler mot, et avec cette obéissance passive qui fait le caractère du vieux soldat.

Il s'achemina vers la butte Saint-Roch, où était le troisième poste, en passant par la rue Richelieu et la rue Villedot. C'était le plus isolé, car il touchait presque aux remparts, et la ville était peu peuplée de ce côté-là.

— Qui commande ce poste? demanda le cardinal.

— Villequier, répondit Guitaut.

— Diable! dit Mazarin, parlez-lui seul; vous savez que nous sommes en brouille depuis que vous avez eu la charge d'arrêter M. le duc de Beaufort; il prétendait que c'était à lui, comme capitaine des gardes du roi, que revenait cet honneur.

— Je le sais bien, et je lui ai dit cent fois qu'il avait

tort; le roi ne pouvait lui donner cet ordre, puisqu'à cette époque-là le roi avait à peine quatre ans.

— Oui, mais je pouvais le lui donner, moi, Guitaut, et j'ai préféré que ce fût vous.

Guitaut, sans répondre, poussa son cheval en avant, et, s'étant fait reconnaître à la sentinelle, fit appeler M. de Villequier.

Celui-ci sortit.

— Ah! c'est vous, Guitaut, dit-il de ce ton de mauvaise humeur qui lui était habituel; que diable venez-vous faire ici?

— Je viens vous demander s'il y a quelque chose de nouveau de ce côté?

— Que diable voulez-vous qu'il y ait? on crie : Vive le roi! et : A bas le Mazarin! Ce n'est pas du nouveau, cela; il y a déjà quelque temps que nous sommes habitués à ces cris-là.

— Et vous faites chorus? répondit en riant Guitaut.

— Ma foi, j'en ai quelquefois grande envie; je trouve qu'ils ont bien raison, Guitaut; je donnerais volontiers cinq ans de ma paye, qu'on ne me paye pas, pour que le roi eût cinq ans de plus.

— Vraiment! Et qu'arriverait-il si le roi avait cinq ans de plus?

— Il arriverait, l'instant où le roi serait majeur, que le roi donnerait ses ordres lui-même, et qu'il y a plus de plaisir à obéir au petit-fils de Henri IV qu'au fils de Piétro Mazarini. Pour le roi, mort-diable! je me ferais tuer avec plaisir; mais, si j'étais tué pour le Mazarin, comme votre neveu a manqué de l'être aujourd'hui, cet homme, n'y a point de paradis, si bien placé que j'y fusse, qui m'en consolât jamais.

— Bien! bien! monsieur de Villequier! dit Mazarin. Soyez tranquille, je rendrai compte de votre dévouement au roi.

Puis, se retournant vers l'escorte :

— Allons, Villequier, continua-t-il, tout va bien, rentrons.

— Tiens, dit Villequier, le Mazarin était là! Tant mieux, il y avait longtemps que j'avais envie de lui dire en face ce que j'en pensais; vous m'en avez fourni l'occasion, Guitaut, et, quoique votre intention ne soit peut-être pas des meilleures pour moi, je vous en remercie.

Et, tournant sur ses talons, il rentra au corps de garde en sifflant un air de Fronde.

Cependant Mazarin revenait tout pensif; ce qu'il avait successivement entendu de Comminges, de Guitaut et de Villequier le confirmait dans cette pensée, qu'en cas d'événements graves il n'aurait personne pour lui que la reine, et encore la reine avait si souvent abandonné ses amis, que son appui paraissait parfois au ministre, malgré les précautions qu'il avait prises, bien incertain et bien précaire.

Pendant tout le temps que cette course nocturne avait duré, c'est-à-dire pendant une heure à peu près, le cardinal avait, tout en étudiant tour à tour Comminges, Guitaut et Villequier, examiné un homme. Cet homme, qui était resté impassible devant la menace populaire, et dont la figure n'avait pas plus sourcillé aux plaisanteries qu'avait faites Mazarin qu'à celles dont il avait été l'objet, cet homme lui semblait un être à part et trempé pour des événements dans le genre de ceux dans lesquels on se trouvait, et surtout de ceux dans lesquels on allait se trouver.

D'ailleurs, ce nom de d'Artagnan ne lui était pas tout à fait inconnu, et, quoique lui, Mazarin, ne fût venu en France que vers 1634 ou 1635, c'est-à-dire sept ou huit ans après les événements que nous avons racontés dans une précédente histoire, il semblait au cardinal qu'il avait entendu prononcer ce nom comme celui d'un homme qui, dans une circonstance qui n'était plus présente à son souvenir, s'était fait remarquer comme un modèle de courage, d'adresse et de dévouement.

Cette idée s'était tellement emparée de son esprit, qu'il résolut de l'éclaircir sans retard; mais ces renseignements qu'il désirait sur d'Artagnan, ce n'était point à d'Artagnan lui-même qu'il les fallait demander. Aux quelques mots qu'avait prononcés le lieutenant de mousquetaires, le cardinal avait reconnu l'origine gasconne : or, Italiens et Gascons se connaissent trop bien et se ressemblent trop pour s'en rapporter les uns aux autres de ce qu'ils peuvent dire d'eux-mêmes. Aussi, en arrivant aux murs dont le jardin du Palais-Royal était enclos, le cardinal frappa-t-il à une petite porte située à peu près où s'élève aujourd'hui le café de Foy, et, après avoir remercié d'Artagnan et l'avoir invité à l'attendre dans la cour du Palais-Royal, fit-il signe à Guitaut de le suivre. Tous deux descendirent de cheval, remirent la bride de leur monture au laquais qui avait ouvert la porte, et disparurent dans le jardin.

— Mon cher Guitaut, dit le cardinal en s'appuyant sur le bras du vieux capitaine des gardes, vous me disiez tout à l'heure qu'il y avait tantôt vingt ans que vous étiez au service de la reine.

— Oui, c'est la vérité, répondit Guitaut.

— Or, mon cher Guitaut, continua le cardinal, j'ai remarqué qu'outre votre courage, qui est hors de contestation, et votre fidélité, qui est à toute épreuve, vous aviez une admirable mémoire.

— Vous avez remarqué cela, monseigneur? dit le capitaine des gardes; diable! tant pis pour moi

— Comment cela?

— Sans doute, une des premières qualités du courtisan est de savoir oublier.

— Mais vous n'êtes pas un courtisan, vous, Guitaut, vous êtes un brave soldat, un de ces capitaines comme il en reste encore quelques-uns du temps du roi Henri IV, mais comme malheureusement il n'en restera plus bientôt.

— Peste! monseigneur, m'avez-vous fait venir avec vous pour me tirer mon horoscope?

— Non, dit Mazarin en riant; je vous ai fait venir pour vous demander si vous aviez remarqué notre lieutenant de mousquetaires.

— M. d'Artagnan?

— Oui.

— Je n'ai pas eu besoin de le remarquer, monseigneur, il y a longtemps que je le connais.

— Quel homme est-ce alors?

— Eh mais, dit Guitaut, surpris de la demande, c'est un Gascon.

— Oui, je sais cela; mais je voulais vous demander si c'était un homme en qui l'on pût avoir confiance.

— M. de Tréville le tient en grande estime, et M. de Tréville, vous le savez, est des grands amis de la reine.

— Je désirais savoir si c'était un homme qui eût fait ses preuves.

— Si c'est comme brave soldat que vous l'entendez, je crois pouvoir vous répondre que oui. Au siége de la Rochelle, au pas de Suze, à Perpignan, j'ai entendu dire qu'il avait fait plus que son devoir.

— Mais, vous le savez, Guitaut, nous autres pauvres ministres, nous avons souvent besoin encore d'autres hommes que d'hommes braves; nous avons besoin de gens adroits. M. d'Artagnan ne s'est-il pas trouvé mêlé du temps du cardinal dans quelque intrigue dont le bruit public voudrait qu'il se fût tiré fort habilement?

— Monseigneur, sous ce rapport, dit Guitaut, qui vit bien que le cardinal voulait le faire parler, je suis forcé de dire à Votre Eminence que je ne sais que ce que le bruit public a pu lui apprendre à elle-même. Je ne me suis jamais mêlé d'intrigue pour mon compte, et, si j'ai parfois reçu quelque confidence à propos des intrigues des autres, comme le secret ne m'appartient pas, monseigneur trouvera bon que je le garde à ceux qui me l'ont confié.

Mazarin secoua la tête.

— Ah! dit-il, il y a, sur ma parole, des ministres bien heureux, et qui savent tout ce qu'ils veulent savoir.

— Monseigneur, reprit Guitaut, c'est que ceux-là ne pèsent pas tous les hommes dans la même balance, et qu'ils savent s'adresser aux hommes de guerre pour la guerre, et aux intrigants pour l'intrigue. Adressez-vous à quelque intrigant de l'époque dont vous parlez, et vous en tirerez ce que vous voudrez... en payant, bien entendu.

— Eh! pardieu! reprit Mazarin en faisant une certaine grimace qui lui échappait toujours lorsqu'on touchait avec lui la question d'argent dans le sens que venait de le faire Guitaut... on payera... s'il n'y a pas moyen de faire autrement.

— Est-ce sérieusement que monseigneur me demande de lui indiquer un homme qui ait été mêlé dans toutes les cabales de cette époque?

— Per Baccho! reprit Mazarin, qui commençait à s'impatienter, il y a une heure que je ne vous demande pas autre chose, tête de fer que vous êtes!

— Il y en a un dont je vous réponds sous ce rapport, s'il veut parler toutefois.

— Cela me regarde.

— Ah! monseigneur, ce n'est pas toujours chose facile, que de faire dire aux gens ce qu'ils ne veulent pas dire.

— Bah! avec de la patience on y arrive. Eh bien! cet homme?

— C'est le comte de Rochefort.

— Le comte de Rochefort!

— Malheureusement il a disparu depuis tantôt quatre ou cinq ans, et je ne sais ce qu'il est devenu.

— Je le saurai, moi, Guitaut, dit Mazarin.

— Alors, de quoi se plaignait donc tout à l'heure Votre Eminence, de ne rien savoir?

— Et, dit Mazarin, vous croyez que Rochefort...

— C'était l'âme damnée du cardinal, monseigneur; mais, je vous en préviens, cela vous coûtera cher; le cardinal était prodigue avec ses créatures.

— Oui, oui, Guitaut, dit Mazarin, c'était un grand homme, mais il avait ce défaut-là. Merci, Guitaut, je ferai mon profit de votre conseil, et cela ce soir même.

Et, comme en ce moment les deux interlocuteurs étaient arrivés à la cour du Palais-Royal, le cardinal salua Guitaut d'un signe de la main, et, apercevant un officier qui se promenait en long en large, s'approcha de lui.

C'était d'Artagnan qui attendait, comme le cardinal lui en avait donné l'ordre.

— Venez, monsieur d'Artagnan, dit Mazarin de sa voix la plus flûtée, j'ai un ordre à vous donner.

D'Artagnan s'inclina, suivit le cardinal par l'escalier secret, et, un instant après, se retrouva dans le cabinet d'où il était parti.

Le cardinal s'assit devant son bureau et prit une feuille de papier sur laquelle il écrivit quelques lignes.

D'Artagnan, debout, impassible, attendit sans impatience comme sans curiosité : il était devenu un automate militaire, agissant ou plutôt obéissant par ressort.

Le cardinal plia la lettre et y mit son cachet.

— Monsieur d'Artagnan, dit-il, vous allez porter cette dépêche à la Bastille, et ramener la personne qui en est l'objet; vous prendrez un carrosse, une escorte, et vous garderez soigneusement le prisonnier.

D'Artagnan prit la lettre, porta la main à son feutre, pivota sur ses talons comme eût pu le faire le plus habile sergent instructeur, sortit, et, un instant après, on l'entendit commander de sa voix brève et monotone :

— Quatre hommes d'escorte, un carrosse, mon cheval.

Cinq minutes après, on entendait les roues de la voiture et les fers des chevaux retentir sur le pavé de la cour.

CHAPITRE III.

DEUX ANCIENS ENNEMIS.

D'Artagnan arrivait à la Bastille comme huit heures et demie sonnaient. Il se fit annoncer au gouverneur, qui, lorsqu'il sut qu'il venait de la part et avec un ordre du ministre, s'avança au-devant de lui jusqu'au perron.

Le gouverneur de la Bastille était alors M. du Tremblay, frère du fameux capucin Joseph, ce terrible favori de Richelieu que l'on appelait l'Eminence grise.

Lorsque le maréchal de Bassompierre était à la Bastille, où il resta douze ans bien comptés, et que ses compagnons, dans leurs rêves de liberté, se disaient les uns aux autres : — Moi, je sortirai à telle époque, — et moi dans tel temps, — Bassompierre répondait : — Et moi, messieurs, je sortirai quand M. du Tremblay sortira. Ce qui voulait dire qu'à la mort du cardinal, M. du Tremblay ne pouvait manquer de perdre sa place à la Bastille, et Bassompierre de reprendre la sienne à la cour.

Sa prédiction faillit en effet s'accomplir, mais d'une autre façon que ne l'avait pensé Bassompierre, car le cardinal mort, contre toute attente les choses continuèrent de marcher comme par le passé. M. du Tremblay ne sortit pas, et Bassompierre faillit ne point sortir.

M. du Tremblay était donc encore gouverneur de la Bastille lorsque d'Artagnan s'y présenta pour accomplir l'ordre du ministre; il le reçut avec la plus grande politesse, et, comme il allait se mettre à table, il invita d'Artagnan à souper avec lui.

— Ce serait avec le plus grand plaisir, dit d'Artagnan; mais, si je ne me trompe, il y a sur l'enveloppe de sa lettre *très-pressée.*

— C'est juste, dit M. du Tremblay. — Holà! major, que l'on fasse descendre le n° 256.

En entrant à la Bastille, on cessait d'être un homme et l'on devenait un numéro.

D'Artagnan se sentit frissonner au bruit des clefs. Aussi resta-t-il à cheval, sans en vouloir descendre, regardant les barreaux, les fenêtres enfoncées, les murs énormes, qu'il n'avait jamais vus que de l'autre côté des fossés, et qui lui avaient fait si grand peur il y a quelque vingt années.

Un coup de cloche retentit.

— Je vous quitte, dit M. du Tremblay; on m'appelle pour signer la sortie du prisonnier. Au revoir, monsieur d'Artagnan.

— Que le diable m'extermine si je te rends ton souhait! murmura d'Artagnan, en accompagnant son imprécation du plus gracieux sourire. Rien que de demeurer cinq minutes dans la cour, j'en suis malade... Allons, allons, je vois que j'aime encore mieux mourir sur la paille, ce qui m'arrivera probablement, que d'amasser dix mille livres de rentes à être gouverneur de la Bastille.

Il achevait à peine ce monologue que le prisonnier parut. En le voyant, d'Artagnan fit un mouvement de surprise qu'il réprima aussitôt. Le prisonnier monta dans le carrosse sans paraître avoir reconnu d'Artagnan.

— Messieurs, dit d'Artagnan aux quatre mousquetaires, on m'a recommandé la plus grande surveillance pour le prisonnier. Or, comme le carrosse n'a pas de serrures à ses portières, je vais monter près de lui. Monsieur de Lillebonne, ayez l'obligeance de mener mon cheval en bride.

— Volontiers, mon lieutenant, répondit celui auquel il s'était adressé.

D'Artagnan mit pied à terre, donna la bride de son cheval au mousquetaire, monta dans le carrosse, se plaça près du prisonnier, et, d'une voix dans laquelle il était impossible de distinguer la moindre émotion:

— Au Palais-Royal et au trot, dit-il.

Aussitôt la voiture partit, et d'Artagnan, profitant de l'obscurité qui régnait sous la voûte que l'on traversait, se jeta au cou du prisonnier.

— Rochefort! s'écria-t-il. Vous! c'est bien vous! je ne me trompe pas.

— D'Artagnan! s'écria à son tour Rochefort étonné.

— Ah! mon pauvre ami, continua d'Artagnan ne vous ayant pas revu depuis quatre ou cinq ans, je vous ai cru mort.

— Ma foi, dit Rochefort, il n'y a pas grande différence, je crois, entre un mort et un enterré. Or, je suis enterré, ou peu s'en faut.

— Et pour quel crime êtes-vous donc à la Bastille?

— Voulez-vous que je vous dise la vérité?

— Oui.

— Eh bien! je n'en sais rien.

— De la défiance avec moi, Rochefort!

— Non, foi de gentilhomme, car il est impossible que j'y sois pour la cause que l'on m'impute.

— Quelle cause?

— Comme voleur de nuit.

— Vous, voleur de nuit, Rochefort! Vous riez.

— Je comprends: ceci demande explication, n'est-ce pas?

— Je l'avoue.

— Eh bien! voilà ce qui est arrivé. Un soir, après une orgie chez Reinard, aux Tuileries, avec le duc d'Harcourt, Fontrailles, de Rieux et autres, le duc d'Harcourt proposa d'aller tirer des manteaux sur le pont Neuf. C'est, vous le savez, un divertissement qu'avait mis fort à la mode M. le duc d'Orléans.

— Étiez-vous fou, Rochefort? À votre âge!

— Non, j'étais ivre, et cependant, comme l'amusement me semblait médiocre, je proposai au chevalier de Rieux d'être spectateur au lieu d'être acteur, et, pour voir la scène des premières loges, de monter sur le cheval de bronze. Aussitôt dit, aussitôt fait. Grâce aux éperons, qui nous servirent d'étriers, en un instant nous fûmes perchés sur la croupe. Nous étions à merveille et nous voyions à ravir. Déjà quatre ou cinq manteaux avaient été enlevés avec une dextérité sans égale, et sans que ceux à qui on les avait enlevés osassent dire un mot, quand je ne sais quel imbécile, moins endurant que les autres, s'avise de crier : « A la garde! » et nous attire une patrouille d'archers. Le duc d'Harcourt, Fontrailles et les autres se sauvèrent. De Rieux veut en faire autant; je le retiens en lui disant qu'on ne viendra pas nous dénicher où nous sommes. Il ne m'écoute pas, met le pied sur l'éperon pour descendre; l'éperon casse; il tombe, se rompt une jambe, et, au lieu de se taire, se met à crier comme un pendu. Je veux sauter à mon tour; mais il était trop tard : je saute dans les bras des archers, qui me conduisent au Châtelet, où je m'endors sur les deux oreilles, bien certain que, le lendemain, je sortirais de là. Le lendemain se passe, le surlendemain se passe, huit jours se passent... J'écris au cardinal. Le même jour, on vient me chercher, et l'on me conduit à la Bastille. Il y a cinq ans que j'y suis. Croyez-vous que ce soit pour avoir commis le sacrilège de monter en croupe derrière Henri IV?

— Non, vous avez raison, mon cher Rochefort, ce ne peut pas être pour cela; mais vous allez savoir probablement pourquoi.

— Ah! oui, car moi j'ai oublié de vous demander cela, où me menez-vous?

— Au cardinal.

— Que me veut-il?

— Je n'en sais rien, puisque j'ignorais même que c'était vous que j'allais chercher.

— Impossible... Vous, un favori...

— Un favori, moi! s'écria d'Artagnan. Ah! mon pauvre comte, je suis plus cadet de Gascogne que lorsque je vous vis à Meung, vous savez, il y a tantôt vingt-deux ans, hélas!

Et un gros soupir acheva sa phrase.

— Cependant vous venez avec un commandement?

— Parce que je me trouvais là, par hasard, dans l'antichambre, et que le cardinal s'est adressé à moi comme il se serait adressé à un autre; mais je suis toujours lieutenant aux mousquetaires, et il y a, si je compte bien, à peu près vingt et un ans que je le suis.

— Enfin, il ne vous est pas arrivé malheur : c'est beaucoup.

— Et quel malheur vouliez-vous qu'il m'arrivât? Comme dit je ne sais quel vers latin que j'ai oublié, ou plutôt que je n'ai jamais bien su, la foudre ne frappe pas les vallées; et je suis une vallée, mon cher Rochefort, et des plus basses qui soient.

— Alors, le Mazarin est toujours Mazarin?

— Plus que jamais, mon cher... On le dit marié avec la reine.

— Marié!

— S'il n'est pas son mari, il est à coup sûr son amant.

— Résister à un Buckingham et céder à un Mazarin!

— Voilà les femmes! reprit philosophiquement d'Artagnan.

— Les femmes, bon; mais les reines!

— Eh! mon Dieu, sous ce rapport, les reines sont deux fois femmes.

— Et M. de Beaufort, est-il toujours en prison?

— Toujours. Pourquoi?

— Ah! c'est que, comme il me voulait du bien, il aurait pu me tirer d'affaire.

— Vous êtes probablement plus près d'être libre que lui. Ainsi, c'est vous qui l'en tirerez.

— Alors, la guerre...

— On va l'avoir.

— Avec l'Espagnol?

— Non, avec Paris.

— Que voulez-vous dire?

— Entendez-vous ces coups de fusil?

— Oui; eh bien?

— Eh bien! ce sont les bourgeois qui pelotent en attendant partie.

— Est-ce que vous croyez qu'on pourrait faire quelque chose des bourgeois?

— Mais, oui, ils promettent; et, s'ils avaient un chef qui fît de tous les groupes un rassemblement...

— C'est malheureux de ne pas être libre.

— Eh! mon Dieu, ne vous désespérez pas. Si le Mazarin vous fait chercher, c'est qu'il a besoin de vous, et, s'il a besoin de vous, eh bien! je vous en fais mon compliment. Il y a bien des années que personne n'a plus besoin de moi : aussi vous voyez où j'en suis.

— Plaignez-vous donc! je vous le conseille.

— Ecoutez, Rochefort, un traité...

— Lequel?

— Vous savez que nous sommes bons amis?

— Pardieu! j'en porte les marques, de notre amitié : trois coups d'épée!...

— Eh bien! si vous redevenez en faveur, ne m'oubliez pas.

— Foi de Rochefort; mais à charge de revanche.

— C'est dit : voilà ma main.

— Ainsi, la première occasion que vous trouvez de parler de moi...

Une ronde de nuit. — Page 4.

— J'en parle; et vous?

— Moi de même. A propos, et vos amis, faut-il parler d'eux aussi?

— Quels amis?

— Athos, Porthos et Aramis... Les avez-vous donc oubliés?

— A peu près.

— Que sont-ils devenus?

— Ce qu'ils sont devenus? je n'en sais rien.

— Vraiment?

— Oh! mon Dieu, oui. Nous nous sommes quittés, comme vous savez. Ils vivent, voilà tout ce que je peux dire : j'en

apprends de temps en temps des nouvelles indirectes; mais dans quel lieu du monde ils sont, le diable m'emporte si j'en sais quelque chose! Non, d'honneur, je n'ai plus que vous d'ami, Rochefort.

— Et l'illustre... comment appeliez-vous donc ce garçon que j'ai fait sergent au régiment de Piémont?

— Planchet.

— Oui, c'est cela... Et l'illustre Planchet, qu'est-il devenu?

— Mais il a épousé une boutique de confiseur dans la rue des Lombards. C'est un garçon qui a toujours fort aimé les douceurs. De sorte qu'il est bourgeois de Paris, et que, selon toute probabilité, il fait de l'émeute en ce moment. Vous verrez que ce drôle sera échevin avant que je ne sois capitaine.

— Allons, mon cher d'Artagnan, un peu de courage... c'est quand on est au plus bas de la roue que la roue tourne et vous élève. Dès ce soir, votre sort va peut-être changer.

— *Amen*, dit d'Artagnan en arrêtant le carrosse.

— Que faites-vous? demanda Rochefort.

— Je fais que nous sommes arrivés, et que je ne veux pas qu'on me voie sortir de votre voiture... Nous ne nous connaissons pas.

— Vous avez raison.

— Adieu.

— Au revoir. Rappelez-vous votre promesse.

Et d'Artagnan remonta à cheval et reprit la tête de l'escorte.

Cinq minutes après on entrait dans la cour du Palais Royal.

D'Artagnan conduisit le prisonnier par le grand escalier

Mazarin.

et lui fit traverser l'antichambre et le corridor. Arrivé à la porte du cabinet de Mazarin, il s'apprêtait à se faire annoncer, quand Rochefort lui mit la main sur l'épaule.

— D'Artagnan, dit Rochefort en souriant, voulez-vous que je vous avoue une chose à laquelle j'ai pensé tout le long de la route en voyant les groupes de bourgeois que nous traversions et qui vous regardaient, vous et vos quatre hommes, avec des yeux flamboyants?

— Dites, répondit d'Artagnan.

— C'est que je n'avais qu'à crier à l'aide pour vous faire mettre en pièces vous et votre escorte, et qu'alors j'étais libre.

— Pourquoi ne l'avez-vous pas fait? dit d'Artagnan.

— Allons donc! reprit Rochefort. L'amitié jurée! Ah! si c'eût été un autre que vous qui m'eût conduit, je ne dis pas...

D'Artagnan inclina la tête.

— Est-ce que Rochefort serait devenu meilleur que moi? se dit-il; et il se fit annoncer chez le ministre.

— Faites entrer M. de Rochefort, dit la voix impatiente de Mazarin aussitôt qu'il eut entendu prononcer ces deux noms, et priez M. d'Artagnan d'attendre; je n'en ai pas encore fini avec lui.

Ces paroles rendirent d'Artagnan tout joyeux. Comme il

1							2

l'avait dit, il y avait longtemps que personne n'avait eu besoin de lui, et cette insistance de Mazarin à son égard lui paraissait d'un heureux présage.

Quant à Rochefort, elle ne produisit pas d'autre effet que de le mettre parfaitement sur ses gardes. Il entra dans le cabinet et trouva Mazarin assis à sa table, avec son costume ordinaire, c'est-à-dire en monsignor, ce qui était à peu près l'habit des abbés du temps, excepté qu'il portait les bas et le manteau violets.

Les portes se refermèrent, Rochefort regarda Mazarin du coin de l'œil, et il surprit un regard du ministre qui croisait le sien.

Le ministre était toujours le même, bien peigné, bien frisé, bien parfumé, et, grâce à sa coquetterie, ne paraissait pas même son âge. Quant à Rochefort, c'était autre chose, et les cinq années qu'il avait passées en prison avaient fort vieilli ce digne ami de M. de Richelieu ; ses cheveux noirs étaient devenus tout blancs, et les couleurs bronzées de son teint avaient fait place à une pâleur qui semblait de l'épuisement. En l'apercevant, Mazarin secoua imperceptiblement la tête d'un air qui voulait dire : — Voilà un homme qui ne me paraît plus bon à grand'chose.

Après un silence qui fut assez long, mais qui parut un siècle à Rochefort, Mazarin tira d'une liasse de papiers une lettre tout ouverte, et, la montrant au gentilhomme :

— J'ai trouvé là une lettre où vous réclamez votre liberté, monsieur de Rochefort. Vous êtes donc en prison ?

Rochefort tressaillit à cette demande.

— Mais, dit-il, il me semblait que Votre Eminence le savait mieux que personne.

— Moi ? pas du tout. Il y a encore à la Bastille une foule de prisonniers qui y sont du temps de M. de Richelieu, et dont je ne sais même pas les noms.

— Oh ! mais, moi, c'est autre chose, monseigneur, et vous saviez le mien, puisque c'est sur un ordre de Votre Eminence que j'ai été transporté du Châtelet à la Bastille.

— Vous croyez ?

— J'en suis sûr.

— Oui, je crois me souvenir, en effet. N'avez-vous pas dans le temps refusé de faire pour la reine un voyage à Bruxelles ?

— Ah ! ah ! dit Rochefort, voilà donc la véritable cause : je la cherche depuis cinq ans. Niais que je suis ! je ne l'avais pas trouvée.

— Mais je ne vous dis pas que ce soit la cause de votre arrestation, entendons-nous bien ; je vous fais cette question, voilà tout : N'avez-vous pas refusé d'aller à Bruxelles pour le service de la reine, tandis que vous aviez consenti à y aller pour le service du feu cardinal ?

— C'est justement parce que j'y avais été pour le service du feu cardinal que je ne pouvais y retourner pour la reine. J'avais été à Bruxelles dans une circonstance terrible. C'était lors de la conspiration de Chalais. J'y avais été pour surprendre la correspondance de Chalais avec l'archiduc, et déjà à cette époque, lorsque je fus reconnu, je faillis y être mis en pièces (1). Comment vouliez-vous que j'y retournasse ? Je perdais la reine au lieu de la servir.

— Eh bien ! vous comprenez, voici comment les meilleures intentions sont mal interprétées, mon cher monsieur de Rochefort. La reine n'a vu dans votre refus qu'un refus pur et simple ; elle avait eu fort à se plaindre de vous, sous le feu cardinal, Sa Majesté la reine.

Rochefort sourit avec mépris.

— C'était justement, reprit-il, parce que j'avais bien servi M. le cardinal de Richelieu contre la reine, que, lui mort, vous deviez comprendre, monseigneur, que je vous servirais bien contre tout le monde.

— Moi, monsieur de Rochefort, dit Mazarin, moi, je ne suis pas comme M. de Richelieu, qui visait à la toute-puissance ; je suis un simple ministre qui n'ai pas besoin de serviteurs, étant celui le mien. Or, Sa Majesté est très-susceptible ; elle aura su votre refus, elle l'aura pris pour une déclaration de guerre, et elle m'aura, sachant combien vous êtes un homme supérieur, et, par conséquent, dangereux, mon cher monsieur de Rochefort, elle m'aura ordonné de

m'assurer de vous. Voilà comment vous vous trouvez à la Bastille.

— Eh bien ! monseigneur, il me semble, dit Rochefort, que si c'est par erreur que je me trouve à la Bastille...

— Oui, oui, reprit Mazarin, certainement, tout cela peut s'arranger ; vous êtes homme à comprendre certaines affaires, vous, et, une fois ces affaires comprises, à les bien pousser.

— C'était l'avis de M. le cardinal de Richelieu, et mon admiration pour ce grand homme s'augmente encore de ce que vous voulez bien me dire que c'est aussi le vôtre.

— C'est vrai, reprit Mazarin, M. le cardinal avait beaucoup de politique ; c'est ce qui faisait sa grande supériorité sur moi, qui suis un homme tout simple et sans détours ; voilà ce qui me nuit, j'ai une franchise toute française...

Rochefort se pinça les lèvres pour ne pas sourire.

— Je viens donc au but : j'ai besoin de bons amis, de serviteurs fidèles ; quand je dis besoin, je veux dire : la reine a besoin. Je ne fais rien que par les ordres de la reine, moi, entendez-vous bien ; ce n'est pas comme M. le cardinal de Richelieu, qui faisait tout à son caprice. Aussi je ne serai jamais un grand homme comme lui ; mais, en échange, je suis un bon homme, monsieur de Rochefort, et j'espère que je vous le prouverai.

Rochefort connaissait cette voix soyeuse, dans laquelle glissait de temps en temps un sifflement qui ressemblait à celui de la vipère.

— Je suis tout prêt à croire monseigneur, dit-il, quoique, pour ma part, j'aie eu peu de preuves de cette bonhomie dont parle Votre Eminence. N'oubliez pas, monseigneur, reprit Rochefort, voyant le mouvement qu'essayait de réprimer le ministre, n'oubliez pas que depuis cinq ans je suis à la Bastille, et que rien ne fausse les idées comme de voir les choses à travers les grilles d'une prison.

— Ah ! monsieur de Rochefort, je vous ai déjà dit que je n'y étais pour rien, dans votre prison. La reine (colère de femme et de princesse, que voulez-vous ? mais cela passe comme cela vient, et après on n'y pense plus)...

— Je conçois, monseigneur, qu'elle n'y pense plus, elle qui a passé ces cinq ans au Palais-Royal, au milieu des fêtes et des courtisans ; mais moi qui les ai passés à la Bastille...

— Eh ! mon Dieu ! mon cher de Rochefort, croyez-vous que le Palais-Royal soit un séjour bien gai ? Non pas, allez. Nous y avons eu, nous aussi, de grands tracas, je vous assure. Mais, tenez, ne parlons plus de tout cela. Moi, je joue cartes sur table, comme toujours. Voyons, êtes-vous des nôtres, monsieur de Rochefort ?

— Vous devez comprendre, monseigneur, que je ne demande pas mieux ; mais je ne suis plus au courant de rien, moi. A la Bastille, on ne cause politique qu'avec les soldats et les geôliers, et vous n'avez pas idée, monseigneur, comme ces gens-là sont peu au courant des choses qui se passent. J'en suis toujours à M. de Bassompierre, moi... Il est toujours un des dix-sept seigneurs ?

— Il est mort, monsieur, et c'est une grande perte. C'était un homme dévoué à la reine, lui, et les hommes dévoués sont rares !...

— Parbleu ! je crois bien, dit Rochefort. Quand vous en avez, vous les envoyez à la Bastille.

— Mais c'est qu'aussi, dit Mazarin, qu'est-ce qui prouve le dévouement ?

— L'action, répondit Rochefort.

— Ah ! oui, l'action, reprit le ministre réfléchissant ; mais où trouver des hommes d'action ?

Rochefort hocha la tête.

— Il n'en manque jamais, monseigneur, dit-il. Seulement, vous cherchez mal.

— Je cherche mal ? que voulez-vous dire, mon cher monsieur de Rochefort ? Voyons, instruisez-moi. Vous avez dû beaucoup apprendre dans l'intimité de feu M. le cardinal. Ah ! c'était un si grand homme !

— Monseigneur se fâchera-t-il si je lui fais de la morale ?

— Moi ? jamais. Vous le savez bien, on peut tout me dire. Je cherche à me faire aimer et non à me faire craindre.

— Eh bien ! monseigneur, il y a dans mon cachot un proverbe écrit sur la muraille avec la pointe d'un clou.

— Et quel est ce proverbe ? demanda Mazarin.

— Le voici, monseigneur : tel maître...

(1) Voir Louis XIV et son Siècle, Conspiration de Chalais.

— Je le connais : *tel valet.*

— Non : *tel serviteur.* C'est un petit changement que les gens dévoués dont je vous parlais tout à l'heure y ont introduit pour leur satisfaction particulière.

— Eh bien ! que signifie ce proverbe ?

— Il signifie que M. de Richelieu a bien su trouver des serviteurs dévoués, et par douzaines.

— Lui ! le point de mire de tous les poignards ! Lui qui a passé sa vie à parer tous les coups qu'on lui portait !

— Mais il les a parés, enfin, et pourtant ils étaient rudement portés. C'est que, s'il avait de bons ennemis, il avait aussi de bons amis.

— Mais voilà tout ce que je demande !

— J'ai connu des gens continua Rochefort, qui pensa que le moment était venu de tenir parole à d'Artagnan, j'ai connu des gens qui, par leur adresse, ont cent fois mis en défaut la pénétration du cardinal ; par leur bravoure, battu ses gardes et ses espions ; des gens qui, sans argent, sans appui, sans crédit, ont conservé une couronne à une tête couronnée, et fait demander grâce au cardinal.

— Mais ces gens dont vous parlez, dit Mazarin en souriant en lui-même de ce que Rochefort arrivait où il voulait le conduire, ces gens-là n'étaient pas dévoués au cardinal, puisqu'ils luttaient contre lui.

— Non, car ils eussent été mieux récompensés ; mais ils avaient le malheur d'être dévoués à cette même reine pour laquelle tout à l'heure vous demandiez des serviteurs.

— Mais comment pouvez-vous savoir ces choses ?

— Je sais ces choses, parce que ces gens-là étaient mes ennemis à cette époque, parce qu'ils luttaient contre moi, parce que je leur ai fait tout le mal que j'ai pu, parce qu'ils me l'ont rendu de leur mieux, parce que l'un d'eux, à qui j'avais eu plus particulièrement affaire, m'a donné un coup d'épée, voilà sept ans à peu près ; c'était le troisième que je recevais, de la même main... la fin d'un ancien compte.

— Ah ! fit Mazarin avec une bonhomie admirable, si je connaissais des hommes pareils !...

— Eh ! monseigneur, vous en avez un à votre porte depuis six ans, et que depuis six ans vous n'avez jugé bon à rien.

— Qui donc ?

— M. d'Artagnan.

— Ce Gascon ? s'écria Mazarin avec une surprise parfaitement jouée.

— Ce Gascon a sauvé une reine et fait confesser à M. de Richelieu qu'en fait d'habileté, d'adresse et de politique, il n'était qu'un écolier.

— En vérité ?

— C'est comme j'ai l'honneur de le dire à Votre Eminence.

— Contez-moi un peu cela, mon cher monsieur de Rochefort.

— C'est bien difficile, monseigneur, dit le gentilhomme en souriant.

— Il me le contera lui-même, alors.

— J'en doute, monseigneur.

— Et pourquoi cela ?

— Parce que le secret ne lui appartient pas : parce que, comme je vous l'ai dit, ce secret est celui d'une grande reine.

— Et il était seul pour accomplir une pareille entreprise ?

— Non, monseigneur ; il avait trois amis, trois braves, qui le secondaient ; des braves comme vous en cherchiez tout à l'heure.

— Et ces quatre hommes étaient unis, dites-vous ?

— Comme si ces quatre hommes n'en eussent fait qu'un ; comme si ces quatre cœurs eussent battu dans la même poitrine. Aussi, que n'ont-ils pas fait à eux quatre !

— Mon cher monsieur de Rochefort, en vérité, vous piquez ma curiosité à un point que je ne puis vous dire. Ne pourriez-vous donc me narrer cette histoire ?

— Non, mais je puis vous dire un conte, un véritable conte de fée, je vous en réponds, monseigneur.

— Oh ! dites-moi cela, monsieur de Rochefort ; j'aime beaucoup les contes.

— Vous le voulez donc, monseigneur ? dit Rochefort en essayant de démêler une intention sur cette figure fine et rusée.

— Eh bien ! écoutez :

Il y avait une fois une reine... mais une puissante reine, la reine d'un des plus grands royaumes du monde, à laquelle un grand ministre voulait beaucoup de mal pour lui avoir voulu auparavant trop de bien. Ne cherchez pas, monseigneur, vous ne pourriez pas deviner qui. Tout cela se passait bien longtemps avant que vous ne vinssiez dans le royaume où régnait cette reine. Or, il vint à la cour un ambassadeur, si brave, si riche et si élégant, que toutes les femmes en devinrent folles, et que la reine elle-même, en souvenir sans doute de la façon dont il avait traité les affaires d'Etat, eut l'imprudence de lui donner certaine parure si remarquable qu'elle ne pouvait être remplacée.

Comme cette parure venait du roi, le ministre engagea celui-ci à exiger de la princesse que cette parure figurât dans sa toilette au prochain bal. Il est inutile de vous dire, monseigneur, que le ministre savait, de science certaine, que la parure avait suivi l'ambassadeur, lequel ambassadeur était fort loin, de l'autre côté des mers. La grande reine était perdue, perdue comme la dernière de ses sujettes, car elle tombait du haut de toute sa grandeur.

— Vraiment ? fit Mazarin.

— Eh bien ! monseigneur, quatre hommes résolurent de la sauver. Ces quatre hommes, ce n'étaient pas des princes, ce n'étaient pas des ducs, ce n'étaient pas des hommes puissants, ce n'étaient même pas des hommes riches : c'étaient quatre soldats ayant grand cœur, bon bras, franche épée. Ils partirent. Le ministre savait leur départ et avait aposté des gens sur la route pour les empêcher d'arriver à leur but. Trois furent mis hors de combat par leurs nombreux assaillants ; mais un seul arriva au port, tua ou blessa ceux qui voulaient l'arrêter, franchit la mer, et rapporta la parure à la grande reine, qui put l'attacher sur son épaule au jour désigné, ce qui manqua faire damner le ministre. Que dites-vous de ce trait-là, monseigneur ?

— C'est magnifique ! dit Mazarin rêveur.

— Eh bien ! j'en sais dix pareils.

Mazarin ne parlait plus, il songeait...

Cinq ou six minutes s'écoulèrent.

— Vous n'avez plus rien à me demander, monseigneur ? dit Rochefort.

— Si fait. Et M. d'Artagnan était un de ces quatre hommes, dites-vous ?

— C'est lui qui a mené toute l'entreprise.

— Et les autres, quels étaient-ils ?

— Monseigneur, permettez que je laisse à M. d'Artagnan le soin de vous les nommer. C'étaient ses amis et non les miens ; lui seul aurait quelque influence sur eux, et je ne les connais même pas sous leurs véritables noms.

— Vous vous défiez de moi, monsieur de Rochefort. Eh bien ! je veux être franc jusqu'au bout ; j'ai besoin de vous, de lui, de tous.

— Commençons par moi, monseigneur, puisque vous m'avez envoyé chercher et que me voilà ; puis vous passerez à eux. Vous ne vous étonnerez pas de ma curiosité : lorsqu'il y a cinq ans qu'on est en prison, on n'est pas fâché de savoir où l'on va vous envoyer.

— Vous, mon cher monsieur de Rochefort, vous aurez le poste de confiance, vous irez à Vincennes, où M. de Beaufort est prisonnier ; vous me le garderez à vue. Eh bien ! qu'avez-vous donc ?

— J'ai que vous me proposez là une chose impossible, dit Rochefort en secouant la tête d'un air désappointé.

— Comment ! une chose impossible ? Et pourquoi cette chose est-elle impossible ?

— Parce que M. de Beaufort est de mes amis, ou plutôt que je suis des siens. Avez-vous oublié, monseigneur, que c'est lui qui avait répondu de moi à la reine ?

— M. de Beaufort, depuis ce temps-là, est l'ennemi de l'Etat.

— Oui, monseigneur, c'est possible ; mais comme je ne suis ni roi, ni reine, ni ministre, il n'est pas mon ennemi, à moi, et je ne puis accepter ce que vous m'offrez.

— Voilà ce que vous appelez du dévouement ? Je vous en félicite ! Votre dévouement ne vous engage pas trop, monsieur de Rochefort.

— Et puis, monseigneur, reprit Rochefort, vous comprenez que sortir de la Bastille pour entrer à Vincennes, ce n'est que changer de prison.

— Dites tout de suite que vous êtes du parti de M. de Beaufort, et ce sera plus franc de votre part.

— Monseigneur, j'ai été si longtemps enfermé, que je ne suis que d'un parti, c'est du parti du grand air. Employez-moi à tout autre chose; envoyez-moi en mission; occupez-moi activement, mais sur les grands chemins, si c'est possible.

— Mon cher monsieur de Rochefort, dit Mazarin avec son air goguenard, votre zèle vous emporte; vous vous croyez encore un jeune homme, parce que le cœur y est toujours; mais les forces vous manqueraient. Croyez-moi donc, ce qu'il vous faut maintenant, c'est du repos... Holà! quelqu'un!

— Vous ne statuez donc rien sur moi, monseigneur?

— Au contraire, j'ai statué.

Bernouin entra.

— Appelez un huissier, dit-il, et restez près de moi, ajouta-t-il tout bas.

Un huissier entra. Mazarin écrivit quelques mots qu'il remit à cet homme, puis salua de la tête.

— Adieu, monsieur de Rochefort, dit-il.

Rochefort s'inclina respectueusement.

— Je vois, monseigneur, dit-il, que l'on me reconduit à la Bastille.

— Vous êtes intelligent.

— J'y retourne, monseigneur, mais je vous le répète, vous avez tort de ne pas savoir m'employer.

— Vous! l'ami de mes ennemis!...

— Que voulez-vous? il fallait me faire l'ennemi de vos ennemis.

— Pensez-vous qu'il n'y ait que vous seul, monsieur de Rochefort? Croyez-moi, j'en trouverai qui vous vaudront.

— Je vous le souhaite, monseigneur.

— C'est bien. Allez, allez!... A propos, il est inutile que vous m'écriviez davantage, monsieur de Rochefort; vos lettres seraient des lettres perdues.

— J'ai tiré les marrons du feu, murmura Rochefort en se retirant, et si d'Artagnan n'est pas content de moi quand je lui raconterai tout à l'heure l'éloge que j'ai fait de lui, il sera difficile. Mais où diable me mène-t-on?

En effet, on conduisait Rochefort par le petit escalier, au lieu de le faire passer dans l'antichambre où attendait d'Artagnan. Dans la cour, il trouva son carrosse et ses quatre hommes d'escorte; mais il chercha vainement son ami.

— Ah! ah! se dit en lui-même Rochefort, voilà qui change terriblement la chose, et, s'il y a toujours un aussi grand nombre de populaire dans les rues, eh bien! nous tâcherons de prouver au Mazarin que nous sommes encore bon à autre chose, Dieu merci! qu'à garder un prisonnier.

Et il sauta dans le carrosse aussi légèrement que s'il n'eût eu que vingt-cinq ans.

—◇◇—

CHAPITRE IV.

ANNE D'AUTRICHE A QUARANTE-SIX ANS.

Resté seul avec Bernouin, Mazarin demeura un instant pensif; il en savait beaucoup, et cependant il n'en savait pas encore assez. Mazarin était tricheur au jeu; c'est un détail que nous a conservé Brienne: il appelait cela prendre ses avantages. Il résolut de n'entamer la partie avec d'Artagnan que lorsqu'il connaîtrait bien toutes les cartes de son adversaire.

— Monseigneur n'ordonne rien? demanda Bernouin.

— Si fait, répondit Mazarin; éclaire-moi, je vais chez la reine.

Bernouin prit un bougeoir et marcha le premier.

Il y avait un passage secret qui aboutissait des appartements et du cabinet de Mazarin aux appartements de la reine;

c'était par ce corridor que passait le cardinal pour se rendre à toute heure auprès d'Anne d'Autriche (1).

En arrivant dans la chambre à coucher où donnait ce passage, Bernouin rencontra madame Beauvais. Madame Beauvais et Bernouin étaient les confidents intimes de ces amours surannées, et madame Beauvais se chargea d'annoncer le cardinal à Anne d'Autriche, qui était dans son oratoire avec le jeune roi Louis XIV.

Anne d'Autriche, assise dans un grand fauteuil, le coude appuyé sur une table, et la tête appuyée sur sa main, regardait l'enfant royal, qui, couché sur le tapis, feuilletait un grand livre de batailles. Anne d'Autriche était la reine qui savait le mieux s'ennuyer avec majesté; elle restait quelquefois des heures ainsi retirée dans sa chambre ou dans son oratoire sans lire ni prier. Quant au livre avec lequel jouait le roi, c'était un Quinte-Curce enrichi de gravures représentant les hauts faits d'Alexandre.

Madame Beauvais apparut à la porte de l'oratoire et annonça le cardinal de Mazarin.

L'enfant se releva sur un genou, le sourcil froncé, et, regardant sa mère: — Pourquoi donc, dit-il, entre-t-il ainsi sans faire demander audience?

Anne rougit légèrement.

— Il est important, répliqua-t-elle, qu'un premier ministre, dans les temps où nous sommes, puisse venir rendre compte à toute heure de ce qui se passe à la reine, sans avoir à exciter la curiosité ou les commentaires de toute la cour.

— Mais il me semble que M. de Richelieu n'entrait pas ainsi, répondit l'enfant implacable.

— Comment vous rappelez-vous ce que faisait M. de Richelieu? vous ne pouviez le savoir, vous étiez trop jeune.

— Je ne me le rappelle pas; je l'ai demandé, et on me l'a dit.

— Et qui vous a dit cela? reprit Anne d'Autriche avec un mouvement d'humeur mal déguisé.

— Je sais que je ne dois jamais nommer les personnes qui répondent aux questions que je leur fais, répondit l'enfant, ou sans cela je n'apprendrais plus rien.

En ce moment, Mazarin entra. Le roi se leva alors tout à fait, prit son livre, le plia et alla le porter sur la table, près de laquelle il se tint debout pour forcer Mazarin à se tenir debout aussi.

Mazarin surveillait de son œil intelligent toute cette scène, à laquelle il semblait demander l'explication de celle qui l'avait précédée. Il s'inclina respectueusement devant la reine et fit une profonde révérence au roi, qui lui répondit par un salut de tête assez cavalier; mais un regard de sa mère lui reprocha cet abandon aux sentiments de haine que dès son enfance Louis XIV avait voués au cardinal, et il accueillit, le sourire sur les lèvres, le compliment du ministre.

Anne d'Autriche cherchait à deviner sur le visage de Mazarin la cause de cette visite imprévue, le cardinal ordinairement ne venant chez elle que lorsque tout le monde était retiré.

Le ministre fit un signe de tête imperceptible; alors la reine, s'adressant à madame Beauvais:

— Il est temps que le roi se couche, dit-elle; appelez Laporte.

Déjà la reine avait dit deux ou trois fois au jeune roi Louis de se retirer, et toujours l'enfant avait tendrement insisté pour rester; mais cette fois il ne fit aucune observation; seulement il se pinça les lèvres et pâlit. Un instant après, Laporte entra. L'enfant alla droit à lui sans embrasser sa mère.

— Eh bien! Louis, dit Anne, pourquoi ne m'embrassez-vous point?

— Je croyais que vous étiez fâchée contre moi, madame; vous me chassez.

— Je ne vous chasse pas; seulement vous venez d'avoir la petite vérole, vous êtes souffrant encore, et je crains que veiller ne vous fatigue.

— Vous n'avez pas eu la même crainte quand vous m'avez fait aujourd'hui aller au palais pour rendre ces méchants édits qui ont tant fait murmurer le peuple.

_____
(1) Le chemin par lequel le cardinal se rendait chez la reine même se voit encore au Palais-Royal (_Mémoires de la princesse palatine_, page 551.)

— Sire, dit Laporte pour faire diversion, à qui Votre Majesté veut-elle que je donne le bougeoir ?

— A qui tu voudras, Laporte, répondit l'enfant, pourvu, ajouta-t-il à haute voix, que ce ne soit pas à M. Mancini.

M. Mancini était un neveu du cardinal que Mazarin avait placé près du roi comme enfant d'honneur, et sur lequel Louis XIV reportait une partie de la haine qu'il avait pour son ministre.

Et le roi sortit sans embrasser sa mère et sans saluer le cardinal.

— A la bonne heure ! dit Mazarin ; j'aime à voir qu'on élève Sa Majesté dans l'horreur de la dissimulation.

— Pourquoi cela ? demanda la reine d'une voix presque timide.

— Mais il me semble que la sortie du roi n'a pas besoin de commentaires. D'ailleurs, Sa Majesté ne se donne pas la peine de cacher le peu d'affection qu'elle me porte, ce qui ne m'empêche pas, du reste, d'être tout dévoué à son service, comme à celui de Votre Majesté.

— Je vous demande pardon pour lui, cardinal, dit la reine ; c'est un enfant qui ne peut encore savoir toutes les obligations qu'il vous a.

Le cardinal sourit.

— Mais, continua la reine, vous étiez venu sans doute pour quelque objet important. Qu'y a-t-il donc ?

Mazarin s'assit ou plutôt se renversa dans une large chaise, et, d'un air mélancolique :

— Il y a, dit-il, que, selon toute probabilité, nous serons forcés de nous quitter bientôt, à moins que vous ne poussiez le dévouement pour moi jusqu'à me suivre en Italie.

— Et pourquoi cela ? demanda la reine.

— Parce que, comme dit l'opéra de *Thisbé*, reprit Mazarin :

« Le monde entier conspire à diviser nos feux. »

— Vous plaisantez, monsieur, dit la reine en essayant de reprendre un peu de son ancienne dignité.

— Hélas ! non, madame, dit Mazarin, je ne plaisante pas le moins du monde ; je pleurerais bien plutôt, je vous prie de le croire, et il y a de quoi ; car notez bien que j'ai dit :

« Le monde entier conspire à diviser nos feux. »

Or, comme vous faites partie du monde entier, je veux dire que vous aussi m'abandonnez !

— Cardinal !

— Eh ! mon Dieu ! ne vous ai-je pas vue sourire l'autre jour très-agréablement à M. le duc d'Orléans, ou plutôt à ce qu'il vous disait ?

— Et que me disait-il ?

— Il vous disait, madame : « C'est votre Mazarin qui est la pierre d'achoppement ; qu'il parte, et tout ira bien. »

— Que vouliez-vous que je fisse ?

— Oh ! madame, vous êtes la reine, ce me semble !

— Belle royauté ! à la merci du premier gribouilleur de paperasses du Palais-Royal ou du premier gentillâtre du royaume !

— Cependant vous êtes assez forte pour éloigner de vous les gens qui vous déplaisent ?

— C'est-à-dire qui vous déplaisent à vous, répondit la reine.

— A moi !

— Sans doute. Qui a renvoyé madame de Chevreuse, qui, pendant douze ans, avait été persécutée sous l'autre règne ?...

— Une intrigante qui voulait continuer contre moi les cabales commencées contre M. de Richelieu !

— Qui a renvoyé madame de Hautefort, cette amie si parfaite qu'elle avait refusé les bonnes grâces du roi pour rester dans les miennes ?

— Une prude qui vous disait chaque soir, en vous déshabillant, que c'était perdre votre âme que de l'aimer un prêtre, comme si on était prêtre parce qu'on est cardinal !

— Qui a fait arrêter M. de Beaufort ?

— Un brouillon qui ne parlait de rien moins que de m'assassiner !

— Vous voyez bien, cardinal, reprit la reine, que vos ennemis sont les miens.

— Ce n'est point assez, madame : il faudrait encore que vos amis fussent les miens aussi.

— Mes amis, monsieur ! (La reine secoua la tête.) Hélas ! je n'en ai plus.

— Comment n'avez-vous plus d'amis dans le bonheur, quand vous en aviez dans l'adversité ?

— Parce que, dans le bonheur, j'ai oublié ces amis-là, monsieur ; parce que j'ai fait comme la reine Marie de Médicis, qui, au retour de son premier exil, a méprisé tous ceux qui avaient souffert pour elle, et qui, proscrite une seconde fois, est morte, à Cologne, abandonnée du monde entier, et même de son fils, parce que tout le monde la méprisait à son tour.

— Eh bien ! voyons, dit Mazarin, ne serait-il pas temps de réparer le mal ? cherchez parmi vos amis, vos plus anciens.

— Que voulez-vous dire, monsieur ?

— Rien autre chose que ce que je dis : cherchez.

— Hélas ! j'ai beau regarder autour de moi, je n'ai d'influence sur personne. Monsieur, comme toujours, est conduit par son favori. Hier, c'était Choisy ; aujourd'hui, c'est Larivière : demain, ce sera un autre. M. le Prince est conduit par madame de Longueville, qui est elle-même conduite par le prince de Marsillac, son amant. M. de Conti est conduit par le coadjuteur, qui est conduit par madame de Guéménée.

— Aussi, madame, je ne vous dis pas de regarder parmi vos amis du jour, mais parmi vos amis d'autrefois.

— Parmi mes amis d'autrefois ! fit la reine.

— Oui, parmi vos amis d'autrefois, parmi ceux qui vous ont aidée à lutter contre M. le duc de Richelieu, à le vaincre même.

— Où veut-il en venir ? murmura la reine en regardant le cardinal avec inquiétude.

— Oui, continua celui-ci, en certaines circonstances, avec cet esprit puissant et fin qui caractérise Votre Majesté, vous avez su, grâce au concours de vos amis, repousser les attaques de cet adversaire.

— Moi ! dit la reine, j'ai souffert, voilà tout.

— Oui, dit Mazarin, comme souffrent les femmes : en se vengeant. Voyons, allons au fait, connaissez-vous M. de Rochefort ?

— M. de Rochefort n'était pas un de mes amis, dit la reine, mais bien au contraire de mes ennemis les plus acharnés, un des plus fidèles de M. le cardinal. Je croyais que vous saviez cela.

— Je le sais si bien, répondit Mazarin, que nous l'avons fait mettre à la Bastille.

— En est-il sorti ? demanda la reine.

— Non, rassurez-vous, il y est toujours ; aussi, je ne vous parle de lui que pour arriver à un autre. Connaissez-vous M. d'Artagnan ? continua Mazarin en regardant la reine en face.

Anne d'Autriche reçut le coup en plein cœur.

— Le Gascon aurait-il été indiscret ? murmura-t-elle.

Puis, tout haut :

— D'Artagnan ? ajouta-t-elle. Attendez donc. Oui, certainement, ce nom-là m'est familier. D'Artagnan, un mousquetaire qui aimait une de mes femmes, pauvre petite créature qui est morte empoisonnée à cause de moi.

— Voilà tout ? dit Mazarin.

La reine regarda le cardinal avec étonnement.

— Mais, monsieur, dit-elle, il me semble que vous me faites subir un interrogatoire.

— Auquel, en tout cas, dit Mazarin avec son éternel sourire et sa voix toujours douce, vous ne répondez que selon votre fantaisie.

— Exposez clairement vos désirs, monsieur, et j'y répondrai de même, dit la reine avec un commencement d'impatience.

— Eh bien ! madame, dit Mazarin en s'inclinant, je désire que vous me fassiez part de vos amis, comme je vous ai fait part du peu d'industrie et de talent que le ciel a mis en moi. Les circonstances sont graves ; et il va falloir agir énergiquement.

— Encore ! dit la reine, je croyais que nous en serions quittes avec M. de Beaufort.

— Oui, vous n'avez vu que le torrent qui voulait tout

renverser, et vous n'avez pas fait attention à l'eau dormante. Il y a cependant en France un proverbe sur l'eau qui dort.

— Achevez, dit la reine.

— Eh bien! continua Mazarin, je souffre tous les jours les affronts que me font vos princes et vos valets titrés, tous automates qui ne voient pas que je tiens leur fil, et qui, sous ma gravité patiente, n'ont pas deviné le rire de l'homme irrité, qui s'est juré à lui-même d'être un jour le plus fort. Nous avons fait arrêter M. de Beaufort, c'est vrai, mais c'était le moins dangereux de tous; il y a encore M. le Prince.

— Le vainqueur de Rocroi! y pensez-vous?

— Oui, madame, et fort souvent; mais, patienza, comme nous disons, nous autres Italiens. Puis, après M. de Condé, il y a M. le duc d'Orléans.

— Que dites-vous là! le premier prince du sang, l'oncle du roi!

— Non pas le premier prince du sang, non pas l'oncle du roi, mais le lâche conspirateur qui, sous l'autre règne, poussé par son caractère capricieux et fantasque, rongé d'ennuis misérables, dévoré d'une plate ambition, jaloux de tout ce qui le dépassait en loyauté et en courage, irrité de n'être rien, grâce à sa nullité, s'est fait l'écho de tous les mauvais bruits, s'est fait l'âme de toutes les cabales, a fait signe d'aller en avant à tous ces braves gens qui ont eu la sottise de croire à la parole d'un homme du sang royal, et qui les a reniés lorsqu'ils sont montés sur l'échafaud! non pas le premier prince du sang, non pas l'oncle du roi, je le répète, mais l'assassin de Chalais, de Montmorency et de Cinq-Mars, qui essaye aujourd'hui de jouer le même jeu et qui se figure qu'il gagnera la partie parce qu'il a changé d'adversaire, parce que, au lieu d'avoir devant lui un homme qui menace, il a un homme qui sourit. Mais il se trompe, il aura perdu à perdre M. de Richelieu, et je n'ai pas intérêt à laisser près de la reine ce ferment de discorde avec lequel feu M. le cardinal a fait bouillir vingt ans la bile du roi.

Anne rougit et cacha sa tête dans ses deux mains.

— Je ne veux point humilier Votre Majesté, reprit Mazarin revenant à un ton plus calme, mais en même temps d'une fermeté étrange; je veux qu'on respecte la reine et qu'on respecte son ministre, puisque aux yeux de tous je ne suis que cela. Votre Majesté sait, elle, que je ne suis pas, comme beaucoup de gens le disent, un pantin venu d'Italie! Il faut que tout le monde le sache comme Votre Majesté.

— Eh bien donc, que dois-je faire? dit Anne d'Autriche, courbée sous cette voix dominatrice

— Vous devez chercher dans votre souvenir le nom de ces hommes fidèles et dévoués qui ont passé la mer malgré M. de Richelieu, en laissant des traces de leur sang tout le long de la route, pour rapporter à Votre Majesté certaine parure qu'elle avait donnée à M. de Buckingham.

Anne se leva majestueuse et irritée comme si un ressort d'acier l'eût fait bondir, et, regardant le cardinal avec cette hauteur et cette dignité qui la rendaient si puissante aux jours de sa jeunesse:

— Vous m'insultez, monsieur! dit-elle.

— Je veux enfin, continua Mazarin, achevant la pensée qu'avait tranchée par le milieu le mouvement de la reine, je veux que vous fassiez aujourd'hui pour votre mari ce que vous avez fait autrefois pour votre amant.

— Encore cette calomnie! s'écria la reine. Je la croyais cependant bien morte et bien étouffée, car vous me l'aviez épargnée jusqu'à présent; mais voilà que vous m'en parlez à votre tour. Tant mieux! car il en sera question cette fois entre nous, et tout sera fini, entendez-vous bien?

— Mais, madame, dit Mazarin, étonné de ce retour de force, je ne demande pas que vous me disiez tout.

— Et moi, je veux tout vous dire, répondit Anne d'Autriche. Ecoutez donc. Je veux vous dire qu'il y avait effectivement à cette époque quatre cœurs dévoués, quatre âmes loyales, quatre épées fidèles, qui m'ont sauvé plus que la vie, monsieur, qui m'ont sauvé l'honneur...

— Ah! vous l'avouez, dit Mazarin.

— N'y a-t-il donc que les coupables dont l'honneur soit en jeu, monsieur, et ne peut-on pas déshonorer quelqu'un, une femme surtout, avec des apparences? Oui, les apparences étaient contre moi, et j'allais être déshonorée, et cependant, je le jure, je n'étais pas coupable. Je le jure...

La reine chercha une chose sainte sur laquelle elle pût jurer, et, tirant d'une armoire perdue dans la tapisserie un petit coffret de bois de rose incrusté d'argent, et le posant sur l'autel:

— Je le jure, reprit-elle, sur ces reliques sacrées, j'aimais M. de Buckingham; mais M. de Buckingham n'était pas mon amant.

— Et quelles sont ces reliques sur lesquelles vous faites ce serment, madame? dit en souriant Mazarin; car, je vous en préviens, en ma qualité de Romain, je suis incrédule. Il y a relique et relique.

La reine détacha une petite clef d'or de son cou et la présenta au cardinal.

— Ouvrez, monsieur, dit-elle, et voyez vous-même.

Mazarin, étonné, prit la clef et ouvrit le coffre, dans lequel il ne trouva qu'un couteau rongé par la rouille et deux lettres, dont l'une était tachée de sang.

— Qu'est-ce que cela? demanda Mazarin.

— Qu'est-ce que cela, monsieur! dit Anne d'Autriche avec un geste de reine et en étendant sur le coffret ouvert un bras resté parfaitement beau malgré les années; je vais vous le dire. Ces deux lettres sont les deux seules lettres que je lui aie jamais écrites; ce couteau, c'est celui dont Felton l'a frappé. Lisez les lettres, monsieur, et vous verrez si j'ai menti.

Malgré la permission qui lui était donnée, Mazarin, par un sentiment naturel, au lieu de lire les lettres, prit le couteau que Buckingham, mourant, avait arraché de sa blessure, et qu'il avait par Laporte envoyé à la reine. La lame en était toute rongée, car le sang était devenu de la rouille. Puis, après un instant d'examen, pendant lequel la reine était devenue aussi blanche que la nappe de l'autel sur laquelle elle était appuyée, il le replaça dans le coffre avec un frisson involontaire.

— C'est bien, madame, dit-il; je m'en rapporte à votre serment.

— Non, non, lisez, dit la reine en fronçant le sourcil; lisez, je le veux, je l'ordonne, afin, comme je l'ai résolu, que tout soit fini de cette fois, et que nous ne revenions plus sur ce sujet. Croyez-vous, ajouta-t-elle avec un sourire terrible, que je sois disposée à rouvrir ce coffret à chacune de vos accusations à venir?...

Mazarin, dominé par cette énergie, obéit presque machinalement, et lut les deux lettres. L'une était celle par laquelle la reine redemandait les ferrets à Buckingham: c'était celle qu'avait portée d'Artagnan, et qui était arrivée à temps; l'autre était celle que Laporte avait remise au duc, dans laquelle la reine le prévenait qu'il allait être assassiné, et qui était arrivée trop tard.

— C'est bien, madame, dit Mazarin, et il n'y a rien à répondre à cela.

— Si, monsieur, dit la reine en refermant le coffret et en appuyant sa main dessus; si, il y a quelque chose à répondre: c'est que j'ai toujours été ingrate envers ces hommes qui m'ont sauvée, moi, et qui ont fait tout ce qu'ils ont pu pour me sauver, lui; c'est que je n'ai rien donné à ce brave d'Artagnan, dont vous me parliez tout à l'heure, que ma main à baiser et ce diamant.

La reine étendit sa belle main vers le cardinal, et lui montra une pierre admirable qui scintillait à son doigt.

— Il l'a vendu, à ce qu'il paraît, reprit-elle, dans un moment de gêne; il l'a vendu pour me sauver une seconde fois, car c'était pour envoyer un messager au duc et pour le prévenir qu'il devait être assassiné.

— D'Artagnan le savait donc?

— Il savait tout. Comment faisait-il? je l'ignore; mais enfin il l'a vendu à M. des Essarts, au doigt duquel je l'ai vu, et de qui je l'ai racheté. Mais ce diamant lui appartient, monsieur... Rendez-le-lui donc de ma part, et, puisque vous avez le bonheur d'avoir près de vous un pareil homme, tâchez de l'utiliser.

— Merci, madame, dit Mazarin; je profiterai du conseil.

— Et maintenant, dit la reine, comme brisée par l'émotion, avez-vous autre chose à me demander?

— Rien, madame, répondit le cardinal de sa voix la plus caressante, que de vous supplier de me pardonner mes injustes soupçons; mais je vous aime tant, qu'il n'est pas étonnant que je sois jaloux, même du passé.

Un sourire d'une indéfinissable expression passa sur les lèvres de la reine

— Eh bien ! alors, monsieur, dit-elle, si vous n'avez rien autre chose à me demander, laissez-moi... Vous devez comprendre qu'après une pareille scène j'ai besoin d'être seule.

Mazarin s'inclina.

— Je me retire, madame, dit-il. Me permettez-vous de revenir ?

— Oui, mais demain. Je n'aurai pas trop de tout ce temps pour me remettre.

Le cardinal prit la main de la reine et la lui baisa galamment ; puis il se retira.

À peine fut-il sorti, que la reine passa dans l'appartement de son fils, et demanda à Laporte si le roi était couché. Laporte lui montra de la main l'enfant qui dormait.

Anne d'Autriche monta sur les marches du lit, approcha ses lèvres du front plissé de son fils, et y déposa doucement un baiser ; puis elle se retira silencieuse comme elle était venue, se contentant de dire au valet de chambre :

— Tâchez donc, mon cher Laporte, que le roi fasse meilleure mine à M. le cardinal, auquel lui et moi avons de si grandes obligations.

---◦◇◦---

CHAPITRE V.

GASCON ET ITALIEN.

Pendant ce temps, le cardinal était revenu dans son cabinet, à la porte duquel veillait Bernouin, à qui il demanda si rien ne s'était passé de nouveau et s'il n'était venu aucune nouvelle du dehors. Sur sa réponse négative, il lui fit signe de se retirer.

Resté seul, il alla ouvrir la porte du corridor, puis celle de l'antichambre. D'Artagnan, fatigué, dormait sur une banquette.

— Monsieur d'Artagnan ! dit-il d'une voix douce.

D'Artagnan ne broncha point.

— Monsieur d'Artagnan ! dit-il plus haut.

D'Artagnan continua de dormir.

Le cardinal s'avança vers lui et lui toucha l'épaule du bout du doigt.

Cette fois d'Artagnan tressaillit, se réveilla, et, en se réveillant, se trouva tout debout et comme un soldat sous les armes.

— Me voilà, dit-il ; qui m'appelle ?

— Moi, dit Mazarin avec son visage le plus souriant.

— J'en demande pardon à Votre Éminence, dit d'Artagnan, mais j'étais si fatigué.....

— Ne me demandez pas pardon, monsieur, dit Mazarin, car vous vous êtes fatigué à mon service.

D'Artagnan admira l'air gracieux du ministre.

— Ouais ! dit-il entre ses dents. Est-il vrai, le proverbe qui dit que le bien vient en dormant ?

— Suivez-moi, monsieur, dit Mazarin.

— Allons, allons, murmura d'Artagnan, Rochefort m'a tenu parole ; seulement, par où diable est-il passé ?

Et il regarda jusque dans les moindres recoins du cabinet ; mais il n'y avait plus de Rochefort.

— Monsieur d'Artagnan, dit Mazarin en s'asseyant et en s'accommodant sur son fauteuil, vous m'avez toujours paru un brave et galant homme.

— C'est possible, pensa d'Artagnan, mais il a mis le temps à me le dire ; ce qui ne l'empêcha pas de saluer Mazarin jusqu'à terre pour répondre à son compliment.

— Eh bien ! continua Mazarin, le moment est venu de mettre à profit vos talents et votre valeur.

Les yeux de l'officier lancèrent comme un éclair de joie qui s'éteignit aussitôt, car il ne savait pas où Mazarin voulait en venir.

— Ordonnez, monseigneur, dit-il ; je suis prêt à obéir à Votre Éminence.

— Monsieur d'Artagnan, continua Mazarin, vous avez fait sous le dernier règne certains exploits...

— Votre Éminence est trop bonne de se souvenir... C'est vrai, j'ai fait la guerre avec assez de succès.

— Je ne parle pas de vos exploits guerriers, dit Mazarin, car, quoiqu'ils aient fait quelque bruit, ils ont été surpassés par les autres.

D'Artagnan fit l'étonné.

— Eh bien ! dit Mazarin, vous ne répondez pas ?

— J'attends, reprit d'Artagnan, que monseigneur me dise de quels exploits il veut parler.

— Je parle de l'aventure... Hé ! vous savez bien ce que je veux dire.

— Hélas ! non, monseigneur, répondit d'Artagnan, tout étonné.

— Vous êtes discret, tant mieux ! Je veux parler de cette aventure de la reine, de ces ferrets, de ce voyage que vous avez fait avec trois de vos amis...

— Hé ! hé ! pensa le Gascon, est-ce un piège ? Tenons-nous ferme.

Et il arma ses traits d'une stupéfaction que lui eût enviée Mondori ou Bellerose, les deux meilleurs comédiens de l'époque.

— Fort bien, dit Mazarin en riant ; bravo ! on m'avait bien dit que vous étiez l'homme qu'il me fallait. Voyons, là, que feriez-vous bien pour moi ?

— Tout ce que Votre Éminence m'ordonnera de faire, dit d'Artagnan.

— Vous feriez pour moi ce que vous avez fait autrefois pour une reine ?

— Décidément, se dit d'Artagnan à lui-même, on veut me faire parler ; voyons-le venir. Il n'est pas plus fin que le Richelieu, que diable !

— Pour une reine, monseigneur ? Je ne comprends pas.

— Vous ne comprenez pas que j'ai besoin de vous et de vos trois amis ?

— De quels amis, monseigneur ?

— De vos trois amis d'autrefois.

— Autrefois, monseigneur, répondit d'Artagnan, je n'avais pas trois amis, j'en avais cinquante. À vingt ans, on appelle tout le monde ses amis.

— Bien, bien, monsieur l'officier, dit Mazarin, la discrétion est une belle chose ; mais aujourd'hui vous pourriez vous repentir d'avoir été trop discret.

— Monseigneur, Pythagore faisait garder pendant cinq ans le silence à ses disciples pour leur apprendre à se taire.

— Et vous l'avez gardé vingt ans, monsieur. C'est quinze ans de plus qu'un philosophe pythagoricien, ce qui me semble raisonnable. Parlez donc aujourd'hui, car la reine elle-même vous relève de votre serment.

— La reine ! dit d'Artagnan avec un étonnement qui, cette fois, n'était pas joué.

— Oui, la reine, et, pour preuve que je vous parle en son nom, c'est qu'elle m'a dit de vous montrer ce diamant qu'elle prétend que vous connaissez, et qu'elle a racheté de M. des Essarts.

Et Mazarin étendit la main vers l'officier, qui soupira en reconnaissant la bague que la reine lui avait donnée le soir du bal de l'Hôtel de Ville.

— C'est vrai, dit d'Artagnan, je reconnais ce diamant, qui a appartenu à la reine.

— Vous voyez donc bien que je vous parle en son nom. Répondez-moi donc sans jouer davantage la comédie. Je vous l'ai dit déjà, et je vous le répète, il y va de votre fortune.

— Ma foi, monseigneur, j'ai grand besoin de faire fortune, Votre Éminence m'a oublié si longtemps !

— Il ne faut que huit jours pour réparer cela. Voyons, vous voilà, vous ; mais où sont vos amis ?

— Je n'en sais rien, monseigneur.

— Comment ! vous n'en savez rien ?

— Non, il y a longtemps que nous nous sommes séparés, car tous trois ont quitté le service.

— Mais où les retrouverez-vous ?

— Partout où ils seront ; cela me regarde.

— Bien. Vos conditions ?

— De l'argent, monseigneur, tant que nos entreprises en demanderont. Je me rappelle trop parfois combien nous avons été empêchés, faute d'argent, et, sans ce diamant que j'ai été obligé de vendre, nous serions restés en chemin.

— Diable ! de l'argent, et beaucoup, dit Mazarin ; comme vous y allez, monsieur l'officier ! Savez-vous bien qu'il n'y en a pas, d'argent, dans les coffres du roi ?

— Faites comme moi, alors, monseigneur, vendez les diamants de la couronne ; croyez-moi, ne marchandons pas, on fait mal les grandes choses avec de petits moyens.

— Eh bien ! dit Mazarin, nous verrons à vous satisfaire.

— Richelieu, pensa d'Artagnan, m'eût déjà donné cinq cents pistoles d'arrhes

— Vous serez donc à moi ?

— Oui, si mes amis le veulent

— Mais, à leur refus, je pourrais compter sur vous ?

— Je n'ai jamais rien fait de bon tout seul, dit d'Artagnan en secouant la tête

— Allez donc les trouver.

— Que leur dirai-je pour les déterminer à servir Votre Eminence ?

— Vous les connaissez mieux que moi. Selon leurs caractères, vous promettrez.

— Que promettrai-je ?

— Qu'ils me servent comme ils ont servi la reine, et ma reconnaissance sera éclatante.

— Que ferons-nous ?

— Tout, puisqu'il paraît que vous savez tout faire.

— Monseigneur, lorsqu'on a confiance dans les gens et

Monsieur d'Artagnan ! s'écria-t-il : Vade retro, Satanas !...

qu'on veut qu'ils aient confiance en nous, on les renseigne mieux que ne fait Votre Eminence.

— Lorsque le moment d'agir sera venu, soyez tranquille, reprit Mazarin, vous aurez toute ma pensée

— Et jusque-là ?

— Attendez, et cherchez vos amis

— Monseigneur, peut-être ne sont-ils pas à Paris ; c'est probable même , il va falloir voyager Je ne suis qu'un lieutenant de mousquetaires fort pauvre, et les voyages sont chers.

— Mon intention, dit Mazarin, n'est pas que vous paraissiez avec un grand train ; mes projets ont besoin de mystère et souffriraient d'un trop grand équipage.

— Encore, monseigneur, ne puis-je voyager avec ma paye, puisque l'on est en retard de trois mois avec moi, et je ne puis pas voyager avec mes économies, attendu que, depuis vingt-deux ans que je suis au service, je n'ai économisé que des dettes

Mazarin resta un instant pensif, comme si un grand combat se livrait en lui ; puis, allant à une armoire fermée d'une triple serrure, il en tira un sac, et le pesant dans sa main deux ou trois fois avant de le donner à d'Artagnan :

— Prenez donc ceci, dit-il avec un soupir ; voilà pour le voyage.

— Si ce sont des doublons d'Espagne ou même des écus d'or, pensa d'Artagnan, nous pourrons encore faire affaire ensemble.

Il salua le cardinal et engouffra le sac dans sa large poche.

— Eh bien ! c'est donc dit, reprit le cardinal, vous allez voyager...

— Oui, monseigneur.

— Ecrivez-moi tous les jours pour me donner des nouvelles de votre négociation.

— Je n'y manquerai pas, monseigneur.

— Très-bien. A propos, et le nom de vos amis ?

— Le nom de mes amis ? répéta d'Artagnan avec un reste d'inquiétude.

— Oui, pendant que vous chercherez de votre côté, moi, je m'informerai du mien, et peut-être apprendrai-je quelque chose.

— M. le comte de la Fère, autrement dit Athos ; M. Duvallon, autrement dit Porthos, et M. le chevalier d'Herblay, aujourd'hui l'abbé d'Herblay, autrement dit Aramis.

Le cardinal sourit.

Foulez-fous sortir d'izi ? demanda le suisse en frappant violemment du pied comme un homme qui commence sérieusement à se fâcher. — PAGE 19.

— Des cadets, dit-il, qui s'étaient engagés aux mousquetaires sous de faux noms, pour ne pas compromettre leurs noms de famille. Longues rapières, mais bourses légères ; on connaît cela.

— Si Dieu veut que ces rapières-là passent au service de Votre Eminence, dit d'Artagnan, j'ose exprimer un désir, c'est que ce soit à son tour la bourse de monseigneur qui devienne légère et la leur qui devienne lourde, car, avec ces trois hommes et moi, Votre Eminence remuera toute la France et même toute l'Europe, si cela lui convient.

— Ces Gascons, dit Mazarin en riant, valent presque les Italiens pour la bravade.

— En tout cas, dit d'Artagnan avec un sourire pareil à celui du cardinal, ils valent mieux pour l'estocade.

Et il sortit, après avoir demandé un congé qui lui fut accordé à l'instant et signé par Mazarin lui-même.

A peine dehors, il s'approcha d'une lanterne qui était dans la cour et regarda précipitamment dans le sac.

— Des écus d'argent ! fit-il avec mépris ; je m'en doutais ! Ah ! Mazarin, Mazarin ! tu n'as pas confiance en moi ! tant pis, cela te portera malheur.

3

Pendant ce temps, le cardinal se frottait les mains.

— Cent pistoles! murmurait-il, cent pistoles! pour cent pistoles, j'ai eu un secret que M. de Richelieu aurait payé vingt mille écus. Sans compter ce diamant, ajouta-t-il en jetant amoureusement les yeux sur la bague qu'il avait gardée, au lieu de la donner à d'Artagnan; sans compter ce diamant, qui vaut au moins dix mille livres.

Et le cardinal rentra dans sa chambre, tout joyeux de cette soirée dans laquelle il avait fait un si beau bénéfice, plaça la bague dans un écrin garni de brillants de toute espèce, car le cardinal avait le goût des pierreries, et il appela Bernouin pour le déshabiller, sans davantage se préoccuper des rumeurs qui continuaient de venir, par bouffées, battre les vitres, et des coups de fusil qui retentissaient encore dans Paris, quoiqu'il fût plus de onze heures du soir.

Pendant ce temps, d'Artagnan s'acheminait vers la rue Tiquetonne, où il demeurait à l'hôtel de la Chevrette.

Disons un peu comment d'Artagnan avait été amené à faire choix de cette demeure.

---o-o-o---

CHAPITRE VI.

D'ARTAGNAN A QUARANTE ANS.

Hélas! depuis l'époque où, dans notre roman des *Trois Mousquetaires*, nous avons quitté d'Artagnan, rue des Fossoyeurs, 12, il s'était passé bien des choses, et surtout bien des années. D'Artagnan n'avait pas manqué aux circonstances; mais les circonstances avaient manqué à d'Artagnan. Tant que ses amis l'avaient entouré, d'Artagnan était resté dans sa jeunesse et sa poésie; c'était une de ces natures fines et ingénieuses qui s'assimilent facilement les qualités des autres. Athos lui donnait de sa grandeur, Porthos de sa verve, Aramis de son élégance. Si d'Artagnan eût continué de vivre avec ces trois hommes, il fût devenu un homme supérieur. Athos le quitta le premier, pour se retirer dans cette petite terre dont il avait hérité, du côté de Blois; Porthos, le second, pour épouser sa procureuse; enfin Aramis, le troisième, pour entrer définitivement dans les ordres et se faire abbé. A partir de ce moment, d'Artagnan, qui semblait avoir confondu son avenir avec celui de ses trois amis, se trouva isolé et faible, sans courage pour poursuivre une carrière dans laquelle il sentait qu'il ne pouvait devenir quelque chose qu'à la condition que chacun de ses amis lui céderait, si cela peut se dire, une part du fluide électrique qu'il avait reçu du ciel.

Aussi, quoique devenu lieutenant de mousquetaires, d'Artagnan s'en trouva que plus isolé: il n'était pas d'assez haute naissance, comme Athos, pour que les grandes maisons s'ouvrissent devant lui, il n'était pas assez vaniteux, comme Porthos, pour faire croire qu'il voyait la haute société; il n'était pas assez gentilhomme, comme Aramis, pour se maintenir dans son élégance native, en tirant son élégance de lui-même. Quelque temps le souvenir charmant de madame Bonacieux avait imprimé à l'esprit du jeune lieutenant une certaine poésie; mais, comme celui de toutes les choses de ce monde, ce souvenir périssable s'était peu à peu effacé; la vie de garnison est fatale, même aux organisations aristocratiques. Des deux natures opposées qui composaient l'individualité de d'Artagnan, la nature matérielle l'avait peu à peu emporté, et tout doucement, sans s'en apercevoir lui-même, d'Artagnan, toujours en garnison, toujours au camp, toujours à cheval, était devenu (je ne sais comment cela s'appelait à cette époque) ce qu'on appelle de nos jours un vrai *table troupier*.

Ce n'est point que pour cela d'Artagnan eût perdu de sa finesse primitive; non pas. Au contraire, peut-être, cette finesse s'était encore augmentée, ou du moins paraissait doublement remarquable sous une enveloppe un peu plus grossière; mais, cette finesse, il l'avait appliquée aux petites et non aux grandes choses de la vie; au bien-être matériel, au bien-être comme les soldats l'entendent, c'est-à-dire à avoir bon gîte, bonne table, bonne hôtesse. Et

d'Artagnan avait trouvé tout cela, depuis six ans, rue Tiquetonne, à l'enseigne de *la Chevrette*.

Dans les premiers temps de son séjour dans cet hôtel, la maîtresse de la maison, belle et fraîche Flamande de vingt-cinq à vingt-six ans, s'était singulièrement éprise de lui après quelques amours fort traversées par un mari incommode, auquel dix fois d'Artagnan avait fait semblant de passer son épée au travers du corps, ce mari avait disparu un beau matin, désertant à tout jamais, après avoir vendu furtivement quelques pièces de vin et emporté l'argent et les bijoux. On le crut mort. Sa femme surtout, qui se flattait de cette douce idée qu'elle était veuve, soutenait hardiment qu'il était trépassé. Enfin, après trois ans d'une liaison que d'Artagnan s'était bien gardé de rompre, trouvant chaque année son gîte et sa maîtresse plus agréables que jamais, car l'une faisait crédit de l'autre, la maîtresse eut l'exorbitante prétention de devenir femme, et proposa à d'Artagnan de l'épouser.

— Ah! fi! répondit d'Artagnan. De la bigamie, ma chère! Allons donc! vous n'y pensez pas.

— Mais il est mort, j'en suis bien sûre.

— C'était un gaillard très-contrariant et qui reviendrait pour nous faire pendre.

— Eh bien! s'il revient, vous le tuerez; vous êtes si brave et si adroit!

— Peste, ma mie, autre moyen d'être pendu!

— Ainsi, vous repoussez ma demande?

— Comment donc! mais avec acharnement!

La belle hôtelière fut désolée. Elle eût fait bien volontiers de M. d'Artagnan, non-seulement son mari, mais encore son Dieu; c'était un si bel homme et une si fière moustache.

Vers la quatrième année de cette liaison vint l'expédition de Franche-Comté. D'Artagnan fut désigné pour en être et se prépara à partir. Ce furent de grandes douleurs, des larmes sans fin, des promesses solennelles de rester fidèle : le tout de la part de l'hôtesse, bien entendu. D'Artagnan était trop grand seigneur pour rien promettre; aussi promit-il seulement de faire ce qu'il pourrait pour ajouter encore à la gloire de son nom.

Sous ce rapport, on connaît le courage de d'Artagnan; il paya admirablement de sa personne, et, en chargeant à la tête de sa compagnie, il reçut au travers de la poitrine une balle qui le coucha tout de son long sur le champ de bataille. On le vit tomber de son cheval, on ne le vit pas se relever; on le crut mort, et tous ceux qui avaient l'espoir de lui succéder dans son grade dirent à tout hasard qu'il l'était. On croit facilement ce qu'on désire; or, à l'armée, depuis les généraux de division, qui désirent la mort du général en chef, jusqu'aux soldats, qui désirent la mort des caporaux, tout le monde désire la mort de quelqu'un.

Mais d'Artagnan n'était pas homme à se laisser tuer comme cela. Après être resté, pendant la chaleur du jour, évanoui sur le champ de bataille, la fraîcheur de la nuit le fit revenir à lui; il gagna un village, alla frapper à la porte de la plus belle maison, fut reçu comme le sont partout et toujours les Français, fussent-ils blessés; il fut choyé, soigné, guéri, et, mieux portant que jamais, il reprit un beau matin le chemin de la France; une fois en France, la route de Paris, et une fois à Paris, la direction de la rue Tiquetonne.

Mais d'Artagnan trouva sa chambre prise par un portemanteau d'homme complet, sauf l'épée, installé contre la muraille.

— Il sera revenu, dit-il, tant pis et tant mieux!

Il va sans dire que d'Artagnan songeait toujours au mari. Il s'informa : nouveaux garçons, nouvelle servante; la maîtresse était allée à la promenade.

— Seule? demanda d'Artagnan.

— Avec monsieur.

— Monsieur est donc revenu?

— Sans doute, répondit naïvement la servante.

— Si j'avais de l'argent, se dit d'Artagnan à lui-même, je m'en irais; mais je n'en ai pas, il faut demeurer et suivre les conseils de mon hôtesse, en traversant les projets conjugaux de cet importun revenant.

Il achevait ce monologue, ce qui prouve que dans les grandes circonstances rien n'est plus naturel que le monologue, quand la servante, qui guettait à la porte, s'écria tout à coup :

— Ah! tenez, justement voici madame qui revient avec monsieur.

D'Artagnan jeta les yeux au loin dans la rue, et vit en effet, au tournant de la rue Montmartre, l'hôtesse qui revenait suspendue au bras d'un énorme Suisse, lequel se dandinait en marchant avec des airs qui rappelèrent agréablement Porthos à son ancien ami.

— C'est là monsieur? se dit d'Artagnan. Oh! oh! il a fort grandi, ce me semble!

Et il s'assit dans la salle, dans un endroit parfaitement en vue.

L'hôtesse, en entrant, aperçut tout d'abord d'Artagnan, et jeta un petit cri.

A ce petit cri, d'Artagnan, se jugeant reconnu, se leva, courut à elle et l'embrassa tendrement.

Le Suisse regardait d'un air stupéfait l'hôtesse, qui demeurait toute pâle.

— Ah! c'est vous, monsieur! Que me voulez-vous? demanda-t-elle dans le plus grand trouble.

— Monsieur est votre cousin? Monsieur est votre frère? dit d'Artagnan sans se déconcerter le moindrement dans le rôle qu'il jouait, et, sans attendre qu'elle répondît, il se jeta dans les bras de l'Helvétien, qui le laissa faire avec une grande froideur

— Quel est cet homme? demanda-t-il.

L'hôtesse ne répondit que par des suffocations.

— Quel est ce Suisse? demanda d'Artagnan.

— Monsieur va m'épouser, répondit l'hôtesse entre deux spasmes.

— Votre mari est donc mort enfin?

— Que vous imborde! répondit le Suisse.

— Il m'imborde beaucoup, dit d'Artagnan, attendu que vous ne pouvez épouser madame sans mon consentement, et que...

— Et gue? demanda le Suisse.

— Et gue... je ne le donne pas, dit le mousquetaire.

Le Suisse devint pourpre comme une pivoine; il portait son bel uniforme doré; d'Artagnan était enveloppé d'une espèce de manteau gris; le Suisse avait six pieds, d'Artagnan n'en avait guère que cinq; et, le Suisse se croyait chez lui, d'Artagnan lui semblait un intrus.

— Foulez-fous sortir d'izi? demanda le Suisse en frappant violemment du pied comme un homme qui commence sérieusement à se fâcher.

— Moi? Pas du tout! dit d'Artagnan.

— Mais il n'y a qu'à aller chercher main-forte, dit un garçon, qui ne pouvait comprendre que ce petit homme disputât la place à cet homme si grand.

— Toi, dit d'Artagnan, que la colère à son tour commençait à prendre aux cheveux, et en saisissant le garçon par l'oreille; toi, tu vas commencer par te tenir à cette place, et ne bouge pas, ou j'arrache ce que je tiens. Quant à vous, illustre descendant de Guillaume Tell, vous allez faire un paquet de vos habits qui sont dans ma chambre et qui me gênent, et partir vivement pour chercher une autre auberge.

Le Suisse se mit à rire bruyamment.

— Moi, bardir! dit-il, et bourgoi?

— Ah! c'est bien, dit d'Artagnan, je vois que vous comprenez le français. Alors, venez faire un tour avec moi, et je vous expliquerai le reste.

L'hôtesse, qui connaissait d'Artagnan pour une fine lame, commença à pleurer et à s'arracher les cheveux.

D'Artagnan se retourna du côté de la belle éplorée.

— Alors, renvoyez-le, madame, dit-il.

— Pah! répliqua le Suisse, à qui il avait fallu un certain temps pour se rendre compte de la proposition que lui avait faite d'Artagnan; pah! gui êdes-fous, t'apord, bour me brobroser t'aller faire un dour afec fous?

— Je suis lieutenant aux mousquetaires de Sa Majesté, dit d'Artagnan, et par conséquent votre supérieur en tout; seulement, comme il ne s'agit pas de garde ici, mais de billets de logement, vous connaissez la coutume. Venez chercher le vôtre; le premier de retour ici reprendra sa chambre.

D'Artagnan emmena le Suisse, malgré les lamentations de l'hôtesse, qui, au fond, sentait son cœur pencher pour l'ancien amour, mais qui n'eût pas été fâchée de donner une leçon à cet orgueilleux mousquetaire, qui lui avait fait l'affront de refuser sa main.

Les deux adversaires s'en allèrent droit aux fossés Montmartre; il faisait nuit quand ils y arrivèrent; d'Artagnan pria poliment le Suisse de lui céder la chambre et de ne plus revenir; celui-ci refusa d'un signe de tête et tira son épée.

— Alors, vous coucherez ici, dit d'Artagnan; c'est un vilain gîte, mais ce n'est pas ma faute et c'est vous qui l'aurez voulu.

Et à ces mots il tira le fer à son tour et croisa l'épée avec son adversaire.

Il avait affaire à un rude poignet, mais sa souplesse était supérieure à toute force. La rapière de l'Allemand ne trouvait jamais celle du mousquetaire. Le Suisse reçut deux coups d'épée avant de s'en être aperçu, à cause du froid; cependant, tout à coup, la perte de son sang et la faiblesse qu'elle lui occasionna le contraignirent à s'asseoir.

— Là, dit d'Artagnan, que vous avais-je prédit? Vous voilà bien avancé, entêté que vous êtes! Heureusement que vous n'en avez que pour une quinzaine de jours. Restez là, et je vais vous envoyer vos habits par le garçon. Au revoir. A propos, logez-vous rue Montorgueil, au Chat qui pelote, on y est parfaitement nourri, si c'est toujours la même hôtesse. Adieu.

Et là-dessus il revint tout guilleret au logis, envoya en effet les hardes au Suisse, que le garçon trouva assis à la même place où l'avait laissé d'Artagnan, et tout consterné encore de l'aplomb de son adversaire.

Le garçon, l'hôtesse et toute la maison eurent pour d'Artagnan les égards qu'on aurait pour Hercule s'il revenait sur la terre pour y recommencer ses douze travaux.

Mais lorsqu'il fut seul avec l'hôtesse:

— Maintenant, belle Madeleine, dit-il, vous savez la distance qu'il y a d'un Suisse à un gentilhomme; quant à vous, vous vous êtes conduite comme une cabaretière. Tant pis pour vous, car à cette conduite vous perdez mon estime et ma pratique. J'ai chassé le Suisse pour vous humilier, mais je ne logerai plus ici; je ne prends pas gîte là où je méprise. Holà! garçon, qu'on emporte ma valise au Muids d'amour, rue des Bourdonnais. Adieu, madame.

D'Artagnan fut, à ce qu'il paraît, en disant ces paroles, à la fois majestueux et attendrissant. L'hôtesse se jeta à ses pieds, lui demanda pardon, et le retint par une douce violence. Que dire de plus? La broche tournait, le poêle ronflait, la belle Madeleine pleurait; d'Artagnan sentit la faim, le froid et l'amour lui revenir ensemble, il pardonna, et, ayant pardonné, il resta.

Voilà comment d'Artagnan était logé rue Tiquetonne, à l'hôtel de la Chevrette.

CHAPITRE VII.

D'ARTAGNAN EST EMBARRASSÉ, MAIS UNE DE NOS ANCIENNES CONNAISSANCES LUI VIENT EN AIDE.

D'Artagnan s'en revenait donc tout pensif, trouvant un assez vif plaisir à porter le sac du cardinal Mazarin, et songeant à ce beau diamant qui avait été à lui et qu'un instant il avait vu briller au doigt du premier ministre.

— Si ce diamant retombait jamais entre mes mains, disait-il, j'en ferais à l'instant même de l'argent, j'achèterais quelques propriétés autour du château de mon père, qui est une jolie habitation, mais qui n'a, pour toutes dépendances, qu'un jardin, grand à peine comme le cimetière des Innocents; là je me ménage, dans ma majesté, quelque riche héritière, séduite par ma bonne mine, me vînt épouser; puis j'aurais trois garçons: je ferais du premier un grand seigneur comme Athos, du second, un soldat comme Porthos, et du troisième, un gentil abbé comme Aramis; ma foi, cela vaudrait infiniment mieux que la vie que je mène; mais malheureusement monsou de Mazarin est un pleutre qui ne se dessaisira pas de son diamant en ma faveur.

Qu'aurait dit d'Artagnan s'il avait su que ce diamant avait été confié par la reine à Mazarin pour lui être rendu!

En entrant dans la rue Tiquetonne, il vit qu'il s'y faisait une grande rumeur, il y avait un attroupement considérable aux environs de son logement.

— Oh ! oh ! dit il, le feu serait-il à l'hôtel de la Chevrette, ou le mari de la belle Madeleine serait il décidément revenu ?

Ce n'était ni l'un ni l'autre : en approchant, d'Artagnan s'aperçut que ce n'était pas devant son' hôtel, mais devant la maison voisine, que le rassemblement avait lieu. On poussait de grands cris, on courait avec des flambeaux, et à la lueur de ces flambeaux, d'Artagnan aperçut des uniformes. Il demanda ce qui se passait.

On lui répondit que c'était un bourgeois qui avait attaqué avec une vingtaine de ses amis une voiture escortée par les gardes de M. le cardinal, mais qu'un renfort étant survenu, les bourgeois avaient été mis en fuite. Le chef du rassemblement s'était réfugié dans la maison voisine de l'hôtel et on fouillait la maison.

Dans sa jeunesse d'Artagnan eût couru là ou il voyait des uniformes, et eût prêté main-forte aux soldats contre les bourgeois ; mais il était revenu de toutes ces chaleurs de tête : d'ailleurs il avait dans sa poche les cent pistoles du cardinal, et il ne voulait pas s'aventurer dans un rassemblement.

Il rentra dans l'hôtel sans faire d'autres questions. Autrefois d'Artagnan voulait toujours tout savoir, maintenant, il en savait toujours assez.

Il trouva la belle Madeleine qui ne l'attendait pas, croyant, comme le lui avait dit d'Artagnan, qu'il passerait la nuit au Louvre ; elle lui fit donc grande fête de ce retour imprévu, qui, cette fois, lui al'ait d'autant mieux qu'elle avait grand'-peur de ce qui se passait dans la rue, et qu'elle n'avait aucun Suisse pour la garder.

Elle voulut donc entamer la conversation avec lui et lui raconter ce qui s'était passé; mais d'Artagnan réfléchissait, et par conséquent n'était pas en train de causer. Elle lui montra le souper tout fumant; mais d'Artagnan lui dit de faire monter le souper dans sa chambre et d'y joindre une bouteille de vieux bourgogne.

La belle Madeleine était dressée à obéir militairement, c'est-à-dire sur un signe. Cette fois, d'Artagnan avait daigné parler, il fut donc obéi avec une double vitesse.

D'Artagnan prit sa clef et sa chandelle et monta dans sa chambre. Il s'était contenté, pour ne pas nuire à la location, d'une chambre au quatrième. Le respect que nous avons pour la vérité nous force même à dire que la chambre était immédiatement au-dessus de la gouttière et au-dessous du toit.

C'était là sa tente d'Achille. D'Artagnan se renfermait dans cette chambre lorsqu'il voulait par son absence punir la belle Madeleine.

Son premier soin fut d'aller serrer dans un vieux secrétaire, dont la serrure seule était neuve, son sac, qu'il n'eut pas même besoin de vérifier pour se rendre compte de la somme qu'il contenait ; puis, comme un instant après son souper était servi, sa bouteille de vin apportée, il congédia le garçon, ferma la porte et se mit à table.

Ce n'était pas pour réfléchir, comme on pourrait le croire; mais d'Artagnan pensait qu'on ne fait bien les choses qu'en les faisant chacune à son tour. Il avait faim, il soupa ; puis après souper il se coucha. D'Artagnan n'était pas non plus de ces gens qui pensent que la nuit porte conseil : la nuit, d'Artagnan dormait. Mais le matin, au contraire, tout frais, tout avisé, il trouvait les meilleures inspirations. Depuis longtemps, il n'avait pas eu l'occasion de penser le matin, mais il avait toujours dormi la nuit.

Au petit jour il se réveilla, sauta en bas de son lit avec une résolution toute militaire, et se promena autour de sa chambre en réfléchissant.

— En 43, dit-il, six mois à peu près avant la mort du cardinal, j'ai reçu une lettre d'Athos. Où cela ? Voyons... Ah ! c'était au siège de Besançon, je me rappelle... j'étais dans la tranchée. Que me disait-il ? Qu'il habitait une petite terre, oui, c'est bien cela, une petite terre; mais où ? J'en étais là quand un coup de vent a emporté la lettre. Autrefois j'eusse été la chercher, quoique le vent l'eût menée à un endroit fort à découvert. Mais la jeunesse est un grand défaut... quand on n'est plus jeune. J'ai laissé ma lettre s'en aller porter l'adresse d'Athos aux Espagnols qui n'en ont que faire, et qui devraient bien me la renvoyer. Il ne faut donc pas penser à Athos. Voyons... Porthos.

J'ai reçu une lettre de lui; il m'invitait à une grande chasse dans ses terres pour le mois de septembre 1646. Malheureusement, comme à cette époque j'étais en Béarn, à cause de la mort de mon père, la lettre m'y suivit ; j'étais parti quand elle arriva. Mais elle se mit à ma poursuite et toucha à Montmédy quelques jours après que j'avais quitté la ville. Enfin elle me rejoignit au mois d'avril; mais comme c'était seulement au mois d'avril 1647 qu'elle me rejoignit, et que l'invitation était pour le mois de septembre 46, je ne pus en profiter. Voyons, cherchons cette lettre; elle doit être avec mes titres de propriété.

D'Artagnan ouvrit une vieille cassette qui gisait dans un coin de la chambre, pleine de parchemins relatifs à la terre de d'Artagnan, qui, depuis deux cents ans, était entièrement sortie de sa famille, et il poussa un cri de joie : il venait de reconnaître la vaste écriture de Porthos, et, au-dessous, quelques lignes en pattes de mouches tracées par la main sèche de sa digne épouse.

D'Artagnan ne s'amusa point à relire la lettre, il savait ce qu'elle contenait, il courut à l'adresse.

L'adresse était au château du Vallon.

Porthos avait oublié tout autre renseignement. Dans son orgueil, il croyait que tout le monde devait connaître le château auquel il avait donné son nom.

— Au diable le vaniteux! dit d'Artagnan, toujours le même! il m'allait cependant bien de commencer par lui, attendu qu'il ne devait pas avoir besoin d'argent, lui qui a hérité des huit cent mille livres de M. Coquenard. Allons, voilà le meilleur qui me manque. Athos sera devenu idiot à force de boire. Quant à Aramis, il doit être plongé dans ses pratiques de dévotion.

D'Artagnan jeta encore une fois les yeux sur la lettre de Porthos. Il y avait un *post-scriptum*, et ce *post-scriptum* contenait cette phrase :

« J'écris par le même courrier à notre digne Aramis en son couvent. »

— En son couvent! oui, mais quel couvent? Il y en a deux cents à Paris et trois mille en France. Et puis, peut-être en se mettant au couvent a-t-il changé une troisième fois de nom. Ah ! si j'étais savant en théologie et que je me souvinsse seulement du sujet de ses thèses, qu'il discutait si bien à Crévecœur, avec le curé de Montdidier et le supérieur des jésuites, je verrais quelle doctrine il affectionne, et je déduirais de là à quel saint il a pu se vouer... Voyons, si j'allais trouver le cardinal, et que je lui demandasse un sauf-conduit pour entrer dans tous les couvents possibles, même dans ceux de religieuses? Ce serait une idée, et peut-être le retrouverais-je là, comme Achille. Oui, mais c'est avouer, dès le début, mon impuissance, et au premier coup je suis perdu dans l'esprit du cardinal. Les grands ne sont reconnaissants que lorsque l'on fait pour eux l'impossible. « Si c'eût été possible, nous disent-ils, je l'eusse fait moi-même; » et les grands ont raison. Mais attendons un peu, et voyons. J'ai reçu une lettre de lui aussi, le cher ami, à telle enseigne qu'il me demandait même un petit service que je lui ai rendu. Ah ! oui; mais où ai-je mis cette lettre, à présent?

D'Artagnan réfléchit un instant et s'avança vers le portemanteau où étaient pendus ses vieux habits; il y chercha son pourpoint de l'année 1648, et, comme c'était un garçon d'ordre que d'Artagnan, il le retrouva accroché à son clou. Il fouilla dans la poche, et en tira un papier; c'était justement la lettre d'Aramis.

« Monsieur d'Artagnan, lui disait-il, vous savez que j'ai eu querelle avec un certain gentilhomme qui m'a donné rendez-vous pour ce soir, place Royale; comme je suis d'église et que l'affaire pourrait me nuire si j'en faisais part à un autre qu'à un ami aussi sûr que vous, je vous écris pour que vous me serviez de second.

« Vous entrerez par la rue Neuve-Sainte-Catherine; sous le second réverbère à droite vous trouverez votre adversaire. Je serai avec le mien sous le troisième.

« Tout à vous, ARAMIS. »

Cette fois, il n'y avait pas même d'adieux. D'Artagnan essaya de rappeler ses souvenirs; il était allé au rendez-vous, y avait rencontré l'adversaire indiqué, dont il n'avait jamais su le nom, lui avait fourni un joli coup d'épée dans le bras.

puis il s'était approché d'Aramis, qui venait de son côté au-devant de lui, ayant déjà fini son affaire.

— C'est terminé, avait dit Aramis. Je crois que j'ai tué l'insolent. Mais, cher ami, si vous avez besoin de moi, vous savez que je vous suis tout dévoué.

Sur quoi Aramis lui avait donné une poignée de main et avait disparu sous les arcades.

D'Artagnan ne savait donc pas plus où était Aramis qu'où étaient Athos et Porthos, et la chose commençait à devenir assez embarrassante, lorsqu'il crut entendre le bruit d'une vitre qu'on brisait dans sa chambre. Il pensa aussitôt à son sac qui était dans le secrétaire et s'élança du cabinet. Il ne s'était pas trompé : au moment où il entrait par la porte, un homme entrait par la fenêtre.

— Ah! misérable! s'écria d'Artagnan, prenant cet homme pour un larron et mettant l'épée à la main.

— Monsieur, s'écria l'homme, au nom du ciel remettez votre épée au fourreau et ne me tuez pas sans m'entendre. Je ne suis pas un voleur, tant s'en faut! Je suis un honnête bourgeois bien établi, ayant pignon sur rue. Je me nomme ?

Je suis un honnête bourgeois bien établi, ayant pignon sur la rue. — Page 21.

Eh mais, je ne me trompe pas, vous êtes monsieur d'Artagnan!

— Et toi Planchet! s'écria le lieutenant.

— Pour vous servir, monsieur, dit Planchet au comble du ravissement, si j'en étais encore capable.

— Peut-être, dit d'Artagnan, mais que diable fais-tu à courir sur les toits à sept heures du matin dans le mois de janvier?

— Monsieur, dit Planchet, il faut que vous sachiez... mais, au fait, vous ne devez peut-être pas le savoir.

— Voyons, quoi? dit d'Artagnan. Mais d'abord mets une serviette devant la vitre et tire les rideaux.

Planchet obéit, puis quand il eut fini .

— Eh bien? dit d'Artagnan.

— Monsieur, avant toutes choses, dit le prudent Planchet, comment êtes-vous avec M. de Rochefort?

— Mais à merveille. Comment donc! Rochefort? mais tu sais bien que c'est maintenant un de mes meilleurs amis.

— Ah! tant mieux.

— Mais qu'a de commun Rochefort avec cette manière d'entrer dans ma chambre?

— Ah voilà, monsieur! il faut vous dire d'abord que M. de Rochefort est...

Planchet hésita.

— Pardieu! dit d'Artagnan, je le sais bien, il est à la Bastille.

— C'est-à-dire qu'il y était, répondit Planchet.

— Comment! il y était? s'écria d'Artagnan; aurait-il eu le bonheur de se sauver?

— Ah! monsieur, s'écria à son tour Planchet, si vous appelez cela du bonheur, tout va bien; il faut donc vous dire alors qu'il paraît qu'hier on avait envoyé prendre M. de Rochefort à la Bastille.

— Eh! pardieu! je le sais bien, puisque c'est moi qui suis allé l'y chercher.

— Mais ce n'est pas vous qui l'y avez reconduit, heureusement pour lui, car si je vous eusse reconnu parmi l'escorte, croyez, monsieur, que j'ai toujours trop de respect pour vous...

— Achève donc, animal! voyons, qu'est-il donc arrivé?

— Eh bien! il est arrivé qu'au milieu de la rue de la Féronnerie, comme le carrosse de M. de Rochefort traversait un groupe de peuple et que les gens de l'escorte rudoyaient les bourgeois, il s'est élevé des murmures; le prisonnier a pensé que l'occasion était belle; il s'est nommé et a crié à l'aide! Moi, j'étais là, j'ai reconnu le nom du comte de Rochefort; je me suis souvenu que c'était lui qui m'avait fait sergent dans le régiment de Piémont; j'ai dit tout haut que c'était un prisonnier, ami de M. le duc de Beaufort. On s'est ameuté, on a arrêté les chevaux, on a culbuté l'escorte. Pendant ce temps-là j'ai ouvert la portière, M. de Rochefort a sauté à terre et s'est perdu dans la foule. Malheureusement en ce moment-là une patrouille passait; elle s'est réunie aux gardes et nous a chargés. J'ai battu en retraite du côté de la rue Tiquetonne, j'étais suivi de près. Je me suis réfugié dans la maison à côté de celle-ci; on l'a cernée, fouillée, mais inutilement: j'avais trouvé au cinquième étage une personne compatissante qui m'a fait cacher entre deux matelas. Je suis resté dans ma cachette ou à peu près, jusqu'au jour, et, pensant qu'au soir on allait peut-être recommencer les perquisitions, je me suis aventuré sur les gouttières, cherchant une entrée d'abord, puis ensuite une sortie dans une maison quelconque, mais qui ne fût point gardée. Voilà mon histoire, et sur l'honneur, monsieur, je serais désespéré qu'elle vous fût désagréable.

— Non pas, dit d'Artagnan, au contraire, et je suis, ma foi, bien aise que Rochefort soit en liberté; mais sais-tu bien une chose? c'est que si tu tombes dans les mains des gens du roi, tu seras pendu sans miséricorde.

— Pardieu! si je le sais! dit Planchet; c'est bien ce qui me tourmente même; et voilà pourquoi je suis si content de vous avoir retrouvé, car si vous voulez me cacher, personne ne le peut mieux que vous.

— Oui, dit d'Artagnan, je ne demande pas mieux, quoique je ne risque ni plus ni moins mon grade, que s'il était reconnu que j'ai donné asile à un rebelle.

— Ah! monsieur, vous savez bien que moi je risquerais ma vie pour vous.

— Tu pourrais même ajouter que tu l'as risquée, Planchet. Je n'oublie que les choses que je dois oublier, et, quant à celle-ci, je veux m'en souvenir. Assieds-toi donc là et mange tranquille, car je m'aperçois que tu regardes les restes de mon souper avec un regard des plus expressifs.

— Oui, monsieur, car le buffet de la voisine était fort mal garni en choses succulentes, et je n'ai mangé depuis hier midi qu'une tartine de pain et de confitures. Quoique je ne méprise pas les douceurs quand elles viennent en leur lieu et place, j'ai trouvé le souper un peu bien léger.

— Pauvre garçon! dit d'Artagnan; eh bien! voyons, remets-toi.

— Ah! monsieur, vous me sauvez deux fois la vie, dit Planchet.

Et il s'assit à table, où il commença à dévorer comme aux beaux jours de la rue des Fossoyeurs. D'Artagnan continuait de se promener de long en large; il cherchait dans son esprit tout le parti qu'il pouvait tirer de Planchet dans les circonstances où il se trouvait. Pendant ce temps, Planchet travaillait de son mieux à réparer les heures perdues. Enfin il poussa ce soupir de satisfaction de l'homme affamé, qui indique qu'après avoir pris un premier et solide à-compte, il va faire une petite halte.

— Voyons, dit d'Artagnan, qui pensa que le moment était

venu de commencer l'interrogatoire. Procédons par ordre: Sais-tu où est Athos?

— Non, monsieur, répondit Planchet.

— Diable! Sais-tu où est Porthos?

— Pas davantage.

— Diable! diable!... Et Aramis!

— Non plus.

— Diable! diable! diable!

— Mais, dit Planchet de son air narquois, je sais où est Bazin.

— Comment! tu sais où est Bazin?

— Oui, monsieur.

— Et où est-il?

— A Notre-Dame.

— Et que fait-il à Notre-Dame?

— Il est bedeau.

— Bazin bedeau à Notre-Dame! tu en es sûr?

— Parfaitement sûr; je l'ai vu, je lui ai parlé.

— Il doit savoir où est son maître.

— Sans aucun doute.

D'Artagnan réfléchit; puis il prit son manteau et son épée, et s'apprêta à sortir.

— Monsieur, dit Planchet d'un air lamentable, m'abandonnerez-vous ainsi? Songez que je n'ai d'espoir qu'en vous!

— Mais on ne viendra pas te chercher ici, dit d'Artagnan.

— Enfin, si on y venait, dit le prudent Planchet, songez que, pour les gens de la maison qui ne m'ont pas vu entrer, je suis un voleur.

— C'est juste, dit d'Artagnan; voyons, parles-tu un patois quelconque?

— Je parle mieux que cela, monsieur, dit Planchet, je parle une langue: je parle flamand.

— Et où diable l'as-tu appris?

— En Artois, où j'ai fait la guerre deux ans. Ecoutez: Goeden morgen, mynheer, ith ben begeeray te weeten the ge sond hects omstand.

— Ce qui veut dire?

— Bonjour, monsieur; je m'empresse de m'informer de l'état de votre santé.

— Il appelle cela une langue! Mais n'importe, dit d'Artagnan, cela tombe à merveille.

D'Artagnan alla à la porte, appela un garçon et lui ordonna de dire à la belle Madeleine de monter.

— Que faites-vous, monsieur? dit Planchet; vous allez confier notre secret à une femme!

— Sois tranquille, celle-là ne soufflera pas le mot.

En ce moment, l'hôtesse entra; elle accourait, l'air riant, s'attendant à trouver d'Artagnan seul; mais, en apercevant Planchet, elle recula d'un air étonné.

— Ma chère hôtesse, dit d'Artagnan, je vous présente M. votre frère, qui arrive de Flandre, et que je prends pour quelques jours à mon service.

— Mon frère! dit l'hôtesse de plus en plus étonnée.

— Souhaitez donc le bonjour à votre sœur, master Peter.

— Wilkom, zuster! dit Planchet.

— Goeden day, broër! répondit l'hôtesse étonnée.

— Voici la chose, dit d'Artagnan: monsieur est votre frère, que vous ne connaissez pas peut-être, mais que je connais, moi; il est arrivé d'Amsterdam. Vous l'habillerez pendant mon absence; à mon retour, c'est-à-dire dans une heure, vous me le présenterez, et, sur votre recommandation, quoiqu'il ne dise pas un mot de français, comme je n'ai rien à vous refuser, je le prends à mon service, vous entendez?

— C'est-à-dire que je devine ce que vous désirez, et c'est tout ce qu'il me faut, dit Madeleine.

— Vous êtes une femme précieuse, ma belle hôtesse, et je m'en rapporte à vous.

Sur quoi, ayant fait un signe d'intelligence à Planchet, d'Artagnan sortit pour se rendre à Notre-Dame.

—◦—

CHAPITRE VIII.

DES INFLUENCES DIFFÉRENTES QUE PEUT AVOIR UNE DEMI-PISTOLE
SUR UN BEDEAU ET SUR UN ENFANT DE CHŒUR.

D'Artagnan prit le pont Neuf en se félicitant d'avoir retrouvé Planchet; car, tout en ayant l'air de rendre un service au digne garçon, c'était dans la réalité d'Artagnan qui en recevait un de Planchet. Rien ne pouvait, en effet, lui être plus agréable en ce moment qu'un laquais brave et intelligent. Il est vrai que Planchet, selon toute probabilité, ne devait pas rester longtemps à son service; mais, en reprenant sa position sociale rue des Lombards, Planchet demeurait l'obligé de d'Artagnan, qui lui avait, en le cachant chez lui, sauvé la vie ou à peu près; et d'Artagnan n'était pas fâché d'avoir des relations dans la bourgeoisie, au moment où celle-ci s'apprêtait à faire la guerre à la cour. C'était une intelligence dans le camp ennemi, et, pour un homme aussi fin que l'était d'Artagnan, les plus petites choses pouvaient mener aux grandes.

C'était donc dans une disposition d'esprit assez satisfaite du hasard et de lui-même que d'Artagnan atteignit Notre-Dame. Il monta le perron, entra dans l'église, et, s'adressant à un sacristain qui balayait une chapelle, il lui demanda s'il ne connaissait pas M. Bazin.

— M. Bazin le bedeau? dit le sacristain.

— Lui-même.

— Le voilà qui sert la messe là-bas, à la chapelle de la Vierge.

D'Artagnan tressaillit de joie; il lui semblait que, quoi que lui en eût dit Planchet, il ne retrouverait jamais Bazin; mais, maintenant qu'il tenait un bout du fil, il répondait bien d'arriver à l'autre bout.

Il alla s'agenouiller en face de la chapelle pour ne pas perdre son homme de vue. C'était heureusement une messe basse et qui devait finir promptement. D'Artagnan, qui avait oublié ses prières et qui avait négligé de prendre un livre de messe, utilisa ses loisirs en examinant Bazin.

Bazin portait son costume, on peut le dire, avec autant de majesté que de béatitude. On comprenait qu'il était arrivé, ou peu s'en fallait, à l'apogée de ses ambitions, et que la baleine garnie d'argent qu'il tenait à la main lui paraissait aussi honorable que le bâton du commandement que Condé jeta ou ne jeta pas dans les lignes ennemies à la bataille de Fribourg. Son physique avait subi un changement, si on peut le dire, parfaitement analogue au costume. Tout son corps s'était arrondi et comme chanoinisé. Quant à sa figure, les parties saillantes semblaient s'en être effacées. Il avait toujours son nez, mais les joues, en s'arrondissant, en avaient attiré à elles chacune une partie; le menton fuyait sous la gorge; quelque chose, qui était non plus de la graisse, mais de la bouffissure, enfermait ses yeux; quant au front, des cheveux taillés carrément et saintement le couvraient jusqu'à trois lignes des sourcils. Hâtons-nous de dire que le front de Bazin n'avait toujours eu, même au temps de sa plus grande découverte, qu'un pouce et demi de hauteur.

Le desservant achevait la messe en même temps que d'Artagnan son examen; il prononça les paroles sacramentelles et se retira en donnant, au grand étonnement de d'Artagnan, sa bénédiction, que chacun recevait à genoux. Mais l'étonnement de d'Artagnan cessa lorsque, dans l'officiant, il eut reconnu le coadjuteur lui-même, c'est-à-dire le fameux Jean-François de Gondi, qui, à cette époque, pressentant le rôle qu'il allait jouer, commençait, à force d'aumônes, à se faire très-populaire. C'était dans le but d'augmenter cette popularité qu'il disait de temps en temps une de ces messes matinales auxquelles le peuple seul a l'habitude d'assister.

D'Artagnan se mit à genoux comme les autres, reçut sa part de bénédiction, fit le signe de la croix; mais, au moment où Bazin passait à son tour les yeux levés au ciel et marchant humblement le dernier, d'Artagnan l'accrocha par le bas de sa robe.

Bazin baissa les yeux et fit un bond en arrière, comme s'il eût aperçu un serpent.

— Monsieur d'Artagnan! s'écria-t-il: *Vade retrò, Satanas!...*

— Eh bien! mon cher Bazin, dit l'officier en riant, voilà comment vous recevez un ancien ami?

— Monsieur, répondit Bazin, les vrais amis du chrétien sont ceux qui l'aident à faire son salut, et non ceux qui l'en détournent.

— Je ne vous comprends pas, Bazin, dit d'Artagnan, et je ne vois pas en quoi je puis être une pierre d'achoppement à votre salut

— Vous oubliez, monsieur, répondit Bazin, que vous avez failli détruire à jamais celui de mon pauvre maître, et qu'il n'a pas tenu à vous qu'il ne se damnât en restant mousquetaire, quand sa vocation l'entraînait si ardemment vers l'Eglise.

— Mon cher Bazin, reprit d'Artagnan, vous devez voir, par le lieu où vous me rencontrez, que je suis fort changé en toutes choses. L'âge amène la raison, et, comme je ne doute pas que votre maître ne soit en train de faire son salut, je viens m'informer de vous où il est, pour qu'il m'aide par ses conseils à faire le mien.

— Dites plutôt pour le ramener avec vous vers le monde. Heureusement, ajouta Bazin, que j'ignore où il est, car, comme nous sommes dans un lieu saint, je n'oserais pas mentir.

— Comment! s'écria d'Artagnan au comble du désappointement, vous ignorez où est Aramis?

— D'abord, dit Bazin, Aramis était son nom de perdition; dans Aramis, on trouve Simara, qui est un nom de démon, et, par bonheur pour lui, il a quitté à tout jamais ce nom.

— Aussi, dit d'Artagnan, décidé à être patient jusqu'au bout, n'est-ce point Aramis que je cherchais, mais l'abbé d'Herblay. Voyons, mon cher Bazin, dites-moi où il est.

— N'avez-vous pas entendu, monsieur d'Artagnan, que je vous ai répondu que je l'ignorais?

— Oui, sans doute, mais à ceci je vous réponds, moi, que c'est impossible.

— C'est pourtant la vérité, monsieur, la vérité pure, la vérité du bon Dieu.

D'Artagnan vit bien qu'il ne tirerait rien de Bazin; il était évident que Bazin mentait, mais il mentait avec tant d'ardeur et de fermeté, qu'on pouvait deviner facilement qu'il ne reviendrait pas sur son mensonge.

— C'est bien, Bazin, dit d'Artagnan; puisque vous ignorez où demeure votre maître, n'en parlons plus, quittons-nous bons amis, et prenez cette demi-pistole pour boire à ma santé.

— Je ne bois pas, monsieur, dit Bazin en repoussant majestueusement la main de l'officier, c'est bon pour les laïques!

— Incorruptible! murmura d'Artagnan. En vérité, je joue de malheur!...

Et comme d'Artagnan, distrait par ses réflexions, avait lâché la robe de Bazin, Bazin profita de la liberté pour battre vivement en retraite vers la sacristie, dans laquelle il ne se crut encore en sûreté qu'après avoir fermé la porte derrière lui.

D'Artagnan restait immobile, pensif et les yeux fixés sur la porte qui avait mis une barrière entre lui et Bazin, lorsqu'il sentit qu'on lui touchait légèrement l'épaule du bout du doigt.

Il se retourna et allait pousser une exclamation de surprise, lorsque celui qui l'avait touché du bout du doigt ramena ce doigt sur ses lèvres, en signe de silence.

— Vous ici, mon cher Rochefort! dit-il à demi-voix.

— Chut! dit Rochefort. Saviez-vous que j'étais libre?

— Je l'ai su de première main.

— Et par qui?

— Par Planchet.

— Comment, par Planchet!

— Sans doute, c'est lui qui vous a sauvé.

— Planchet?... En effet, j'avais cru le reconnaître. Voilà ce qui prouve, mon cher, qu'un bienfait n'est jamais perdu.

— Et que venez-vous faire ici?

— Je viens remercier Dieu de mon heureuse délivrance, dit Rochefort.

— Et puis quoi encore? car je présume que ce n'est pas tout.

— Et puis prendre les ordres du coadjuteur, pour voir si

nous ne pourrons pas quelque peu faire enrager le Mazarin.

— Mauvaise tête ! Vous allez vous faire fourrer encore à la Bastille.

— Oh ! quant à cela, j'y veillerai, je vous en réponds. C'est si bon le grand air ! Aussi, continua Rochefort en respirant à pleine poitrine, je vais aller me promener à la campagne, faire un tour en province.

— Tiens ! dit d'Artagnan, et moi aussi.

— Et, sans indiscrétion, peut-on vous demander où vous allez ?

— A la recherche de mes amis.

— De quels amis ?

— De ceux dont vous me demandiez des nouvelles hier.

— D'Athos, de Porthos et d'Aramis ? Vous les cherchez ? — Oui.

— D'honneur ?

— Qu'y a-t-il donc là d'étonnant ?

Madeleine.

— Rien. C'est drôle. Et de la part de qui les cherchez-vous ?

— Vous ne vous en doutez pas ?

— Si fait.

— Malheureusement je ne sais pas où ils sont.

— Et vous n'avez aucun moyen d'avoir de leurs nouvelles ? Attendez huit jours, et je vous en donnerai, moi.

— Huit jours, c'est trop ; il faut qu'avant trois jours je les aie trouvés.

— Trois jours, c'est court, dit Rochefort, et la France est grande.

— N'importe, vous connaissez le mot il faut; avec ce mot-là on fait bien des choses.

— Et quand vous mettez-vous à leur recherche ?

— J'y suis.

— Bonne chance !

— Et vous, bon voyage !

— Peut-être nous rencontrerons-nous par les chemins.

— Ce n'est pas probable.

— Qui sait ? le hasard est si capricieux.

— Adieu.

— Au revoir. A propos, si le Mazarin vous parle de moi, dites-lui que je vous ai chargé de lui faire savoir qu'il verrait avant peu si je suis, comme il le dit, trop vieux pour l'action.

Et Rochefort s'éloigna avec un de ces sourires diaboliques qui autrefois avaient si souvent fait frissonner d'Artagnan; mais d'Artagnan le regarda cette fois sans angoisse; et, souriant à son tour avec une expression de mélancolie que ce souvenir seul, peut-être, pouvait donner à son visage :

— Va, démon, dit-il, et fais ce que tu voudras, peu m'importe : il n'y a pas une seconde Constance au monde !

En se retournant, d'Artagnan vit Bazin qui, après avoir déposé ses habits ecclésiastiques, causait avec le sacristain, à qui lui, d'Artagnan, avait parlé en entrant dans l'église. Bazin paraissait fort animé et faisait avec ses gros petits bras courts force gestes. D'Artagnan comprit que, selon toute probabilité, il lui recommandait la plus grande discrétion à son égard.

D'Artagnan profita de la préoccupation des deux hommes d'église pour se glisser hors de la cathédrale et aller s'embusquer au coin de la rue des Canettes. Bazin ne pouvait, du point où était caché d'Artagnan, sortir sans qu'on le vit.

La duchesse de Longueville.

Cinq minutes après, d'Artagnan étant à son poste, Bazin apparut sur le parvis; il regarda de tout côté pour s'assurer s'il n'était pas observé; mais il n'avait garde d'apercevoir notre officier, dont la tête seule passait à l'angle d'une maison, à cinquante pas de là. Tranquillisé par les apparences, il se hasarda dans la rue Notre-Dame. D'Artagnan s'élança de sa cachette et arriva à temps pour lui voir tourner la rue de la Juiverie et entrer, rue de la Calandre, dans une maison d'honnête apparence. Aussi notre officier ne douta point que ce ne fût dans cette maison que logeait le digne bedeau.

D'Artagnan n'avait garde d'aller s'informer à cette maison; le concierge, s'il y en avait un, devait déjà être prévenu, et, s'il n'y en avait point, à qui s'adresserait-il ?

Il entra dans un petit cabaret qui faisait le coin de la rue Saint-Éloi et de la rue de la Calandre, et demanda une mesure d'hypocras. Cette boisson demandait une bonne demi-heure de préparation; d'Artagnan avait tout le temps d'épier Bazin sans éveiller aucun soupçon.

Il avisa dans l'établissement un petit drôle de douze à quinze ans, à l'air éveillé, qu'il crut reconnaître pour l'avoir vu vingt minutes auparavant sous l'habit d'enfant de chœur. Il l'interrogea, et, comme l'apprenti sous-diacre n'avait aucun intérêt à dissimuler, d'Artagnan apprit de lui

4

qu'il exerçait de six à neuf heures du matin la profession d'enfant de chœur, et de neuf heures à minuit celle de garçon de cabaret.

Pendant qu'il causait avec l'enfant, on amena un cheval à la porte de la maison de Bazin. Le cheval était tout sellé et bridé. Un instant après, Bazin descendit.

— Tiens! dit l'enfant, voilà notre bedeau qui va se mettre en route.

— Et où va-t-il comme cela? demanda d'Artagnan.

— Dame! je n'en sais rien.

— Une demi-pistole, dit d'Artagnan, si tu peux le savoir.

— Pour moi, dit l'enfant, dont les yeux étincelèrent de joie, si je puis savoir où va M. Bazin? Ce n'est pas difficile. Vous ne vous moquez pas de moi?

— Non, foi d'officier... Tiens, voilà la demi-pistole.

Et il lui montra la pièce corruptrice, mais sans cependant la lui donner.

— Je vais le lui demander.

— C'est justement le moyen de ne rien savoir, dit d'Artagnan. Attends qu'il soit parti, et puis après, dame! questionne, interroge, informe-toi. Cela te regarde : la demi-pistole est là.

Et il la remit dans sa poche.

— Je comprends, dit l'enfant avec ce sourire narquois qui n'appartient qu'au gamin de Paris; eh bien! on attendra.

On n'eut pas à attendre longtemps. Cinq minutes après, Bazin partit au petit trot, activant le pas de son cheval à coups de parapluie. Bazin avait toujours eu l'habitude de porter un parapluie en guise de cravache.

A peine eut-il tourné le coin de la rue de la Juiverie, que l'enfant s'élança comme un limier sur sa trace.

D'Artagnan reprit sa place à la table où il s'était assis en entrant, parfaitement sûr qu'avant dix minutes il saurait ce qu'il voulait savoir.

En effet, avant que ce temps fût écoulé, l'enfant rentrait.

— Eh bien? demanda d'Artagnan.

— Eh bien! dit le garçon, on sait la chose.

— Et où est-il allé?

— La demi-pistole est toujours pour moi?

— Sans doute... Réponds.

— Je demande à la voir. Prêtez-la-moi, que je voie si elle n'est pas fausse.

— La voilà.

— Dites donc, bourgeois, dit l'enfant, monsieur demande de la monnaie.

Le bourgeois était à son comptoir. Il donna la monnaie et prit la pistole.

L'enfant mit la monnaie dans sa poche.

— Et maintenant, où est-il allé? dit d'Artagnan, qui l'avait regardé faire tout son petit manège en riant.

— Il est allé à Noisy.

— Comment sais-tu cela?

— Ah! pardié, il n'a pas fallu être bien malin. J'avais reconnu le cheval pour être celui du boucher, qui le loue de temps en temps à M. Bazin. Or, j'ai pensé que le boucher ne louait pas son cheval comme cela sans demander où on le conduisait, quoique je ne croie pas M. Bazin capable de surmener un cheval.

— Et il t'a répondu que M. Bazin...

— Allait à Noisy. D'ailleurs, il paraît que c'est son habitude : il y va deux ou trois fois par semaine.

— Et connais-tu Noisy?

— Je crois bien : j'y ai ma nourrice.

— Y a-t-il un couvent à Noisy?

— Et un fier! un couvent de jésuites.

— Bon! fit d'Artagnan; plus de doute.

— Alors, vous êtes content?

— Oui. Comment t'appelle-t-on?

— Friquet.

D'Artagnan prit ses tablettes et écrivit le nom de l'enfant et l'adresse du cabaret.

— Dites donc, monsieur l'officier, dit l'enfant, est-ce qu'il y a encore d'autres demi-pistoles à gagner?

— Peut-être, dit d'Artagnan.

Et, comme il avait appris ce qu'il voulait savoir, il paya la mesure d'hypocras qu'il n'avait point bue, et reprit vivement le chemin de la rue Tiquetonne

CHAPITRE IX.

COMMENT D'ARTAGNAN, EN CHERCHANT BIEN LOIN ARAMIS, S'APERÇUT QU'IL ÉTAIT EN CROUPE DERRIÈRE PLANCHET.

En rentrant, d'Artagnan vit un homme assis au coin du feu : c'était Planchet, mais Planchet si bien métamorphosé, grâce aux vieilles hardes qu'en fuyant le mari avait laissées, que lui-même eut peine à le reconnaître. Madeleine le lui présenta à la vue de tous les garçons. Planchet adressa à l'officier une belle phrase flamande. L'officier lui répondit par quelques paroles qui n'étaient d'aucune langue, et le marché fut conclu. Le frère de Madeleine entrait au service de d'Artagnan.

Le plan de d'Artagnan était parfaitement arrêté : il ne voulait pas arriver de jour à Noisy, de peur d'être reconnu. Il avait donc du temps devant lui, Noisy n'étant situé qu'à trois ou quatre lieues de Paris, sur la route de Meaux. Il commença par déjeuner substantiellement, ce qui peut être un mauvais début quand on veut agir de la tête, mais ce qui est une excellente précaution lorsqu'on veut agir du corps; puis il changea d'habit, craignant que sa casaque de lieutenant de mousquetaires n'inspirât de la défiance; puis il prit la plus forte et la plus solide de ses trois épées, qu'il ne prenait qu'aux grands jours, puis, vers les deux heures, il fit seller les deux chevaux, et, suivi de Planchet, il sortit par la barrière de la Villette. On faisait toujours, dans la maison voisine de l'hôtel de la Chevrette, les perquisitions les plus actives pour retrouver Planchet.

A une lieue et demie de Paris, d'Artagnan, voyant que, dans son impatience, il était encore parti trop tôt, s'arrêta pour faire souffler les chevaux. L'auberge était pleine de gens d'assez mauvaise mine, qui avaient l'air d'être sur le point de tenter quelque expédition nocturne. Un homme enveloppé d'un manteau parut à la porte; mais, voyant un étranger, il fit un signe de la main, et deux buveurs sortirent pour s'entretenir avec lui. Quant à d'Artagnan, il s'approcha de la maîtresse de la maison insoucieusement, vanta son vin, qui était d'un horrible cru de Montreuil, lui fit quelques questions sur Noisy, et apprit qu'il n'y avait dans le village que deux maisons de grande apparence : l'une qui appartenait à monseigneur l'archevêque de Paris, et dans laquelle se trouvait en ce moment sa nièce, madame la duchesse de Longueville; l'autre qui était un couvent de jésuites, et qui, selon l'habitude, était la propriété de ces dignes pères. Il n'y avait pas à se tromper.

A quatre heures, d'Artagnan se remit en route, marchant au pas, car il voulait n'arriver qu'à nuit close. Or, quand on marche au pas, à cheval, par une journée d'hiver, par un temps gris, au milieu d'un paysage sans accident, on n'a guère rien de mieux à faire que ce que fait, comme dit la Fontaine, un lièvre dans son gîte : songer. D'Artagnan songeait donc, et Planchet aussi. Seulement, comme on va le voir, leurs rêveries étaient différentes.

Un mot de l'hôtesse avait imprimé une direction particulière aux pensées de d'Artagnan; ce mot, c'était le nom de madame de Longueville.

En effet, madame de Longueville avait tout ce qu'il fallait pour faire songer : c'était une des plus grandes dames du royaume; c'était une des plus belles femmes de la cour. Mariée au vieux duc de Longueville, qu'elle n'aimait pas, elle avait d'abord passé pour être la maîtresse de Coligny, qui s'était fait tuer pour elle par le duc de Guise, dans un duel sur la place Royale; puis on avait parlé d'une amitié un peu trop tendre qu'elle aurait eue pour le prince de Condé, son frère, et qui avait scandalisé les âmes timorées de la cour; puis enfin, disait-on encore, une haine véritable et profonde avait succédé à cette amitié, et la duchesse de Longueville, en ce moment, avait, disait-on toujours, une liaison politique avec le prince de Marsillac, fils aîné du vieux duc de la Rochefoucault, dont elle était en train de faire un ennemi à M. le duc de Condé, son frère.

D'Artagnan pensait à toutes ces choses. Il pensait que, lorsqu'il était au Louvre, il avait vu souvent passer devant

lui, radieuse et éblouissante, la belle madame de Longueville. Il pensait à Aramis, qui, sans être plus que lui, avait
été autrefois l'amant de madame de Chevreuse, qui était à
l'autre cour ce que madame de Longueville était à celle-ci.
Et il se demandait pourquoi il y a dans le monde des gens
qui arrivent à tout ce qu'ils désirent, ceux-ci comme ambition, ceux-là comme amour; tandis qu'il y en a d'autres qui
restent, soit hasard, soit mauvaise fortune, soit empêche-
ment naturel que la nature a mis en eux, à moitié chemin
de toutes leurs espérances. Il était forcé de s'avouer que,
malgré tout son esprit, malgré toute son adresse, il était et
resterait probablement de ces derniers, lorsque Planchet
s'approcha de lui et lui dit :

— Je parie, monsieur, que vous pensez à la même chose
que moi.

— J'en doute, Planchet, dit en souriant d'Artagnan ; mais
à quoi penses-tu? voyons.

— Je pense, monsieur, à ces gens de mauvaise mine qui
buvaient dans l'auberge où nous nous sommes arrêtés.

— Toujours prudent, Planchet.

— Monsieur, c'est de l'instinct.

— Eh bien! voyons, que te dit ton instinct en cette circonstance?

— Monsieur, mon instinct me disait que ces gens-là
étaient rassemblés dans cette auberge pour un mauvais dessein, et je réfléchissais à ce que mon instinct me disait
dans le plus obscur de l'écurie, lorsqu'un homme enveloppé d'un manteau entra dans cette même écurie, suivi de
deux autres hommes.

— Ah! ah! fit d'Artagnan, le récit de Planchet corres-
pondant avec ses précédentes observations. Eh bien?

— L'un de ces hommes disait :

« Il doit bien certainement être à Noisy ou y venir ce
soir, car j'ai reconnu son domestique.

« — Tu es sûr? a dit l'homme au manteau

« — Oui, mon prince. »

— Mon prince? interrompit d'Artagnan :

— Oui, mon prince. Mais écoutez donc :

« S'il y est, voyons, décidément qu'en faut-il faire? a dit
l'autre buveur.

« — Ce qu'il faut en faire? a dit le prince.

« — Oui. Il n'est pas homme à se laisser prendre comme
cela ; il jouera de l'épée.

« — Eh bien! il faudra faire comme lui, et, cependant,
tâche de l'avoir vivant. Avez-vous des cordes pour le lier et
un bâillon pour lui mettre à la bouche?

« — Nous avons tout cela.

« — Faites attention qu'il sera, selon toute probabilité,
déguisé en cavalier.

« — Oh! oui, oui, monseigneur, soyez tranquille.

« — D'ailleurs, je serai là, et je vous guiderai.

« — Vous répondez de la justice?...

« — Je réponds de tout, dit le prince.

« — C'est bon, nous ferons de notre mieux. »

Et sur ce, ils sont sortis de l'écurie.

— Eh bien! dit d'Artagnan, en quoi cela nous regarde-
t-il? C'est quelques-unes de ces entreprises comme on en
fait tous les jours.

— Et vous êtes sûr qu'elle n'est point dirigée contre
nous?

— Contre nous, et pourquoi?

— Dame! repassez leurs paroles :

« J'ai reconnu son domestique, » a dit l'un ; ce qui pourrait bien se rapporter à moi.

— Après?

— « Il doit être à Noisy, ou va y venir ce soir, » a dit
l'autre, ce qui pourrait bien se rapporter à vous.

— Ensuite?

— Ensuite le prince a dit :

« Faites attention qu'il sera, selon toute probabilité, déguisé en cavalier ; » ce qui ne paraît pas laisser de doute,
puisque vous êtes en cavalier et non en officier de mousquetaires. Eh bien! que dites-vous de cela ?

— Hélas! mon cher Planchet, dit d'Artagnan en poussant
un soupir, je dis que je n'en suis malheureusement plus au
temps où les princes me voulaient faire assassiner. Ah! celui-là, c'était le bon temps. Sois donc tranquille, ces gens-
là n'en veulent point à nous.

— Monsieur en est sûr?

— J'en réponds.

— C'est bien alors, n'en parlons plus.

Et Planchet reprit sa place à la suite de d'Artagnan, avec
cette sublime confiance qu'il avait toujours eue pour son
maître, et que quinze ans de séparation n'avaient pas altérée.

On fit ainsi une lieue à peu près. Au bout de cette lieue,
Planchet se rapprocha de d'Artagnan.

— Monsieur? dit-il.

— Eh bien! fit celui-ci.

— Tenez, monsieur, regardez de ce côté, dit Planchet;
ne vous semble-t-il pas, au milieu de la nuit, voir passer
comme des ombres? Écoutez, il me semble qu'on entend
des pas de chevaux.

— Impossible! dit d'Artagnan, la terre est détrempée par
les pluies; cependant, comme tu me le dis, il me semble
voir quelque chose.

Et il s'arrêta pour regarder et pour écouter.

— Si l'on n'entend pas les pas des chevaux, on entend
leur hennissement au moins ; tenez.

Et, en effet, le hennissement d'un cheval vint, en traversant l'espace et l'obscurité, frapper l'oreille de d'Artagnan.

— Ce sont nos hommes qui sont en campagne, dit-il, mais
cela ne nous regarde pas, continuons notre chemin.

Et ils se remirent en route.

Une demi-heure après ils atteignaient les premières maisons de Noisy; il pouvait être huit heures et demie à neuf
heures du soir.

Selon les habitudes villageoises, tout le monde était couché, et pas une lumière ne brillait dans tout le village.

D'Artagnan et Planchet continuèrent leur route. À droite
et à gauche de leur chemin se découpait sur le gris sombre
du ciel la dentelure plus sombre encore des toits des maisons; de temps en temps un chien éveillé aboyait derrière
une porte, ou un chat effrayé quittait précipitamment le milieu du pavé pour se réfugier dans un tas de fagots où l'on
voyait briller comme des escarboucles ses yeux effarés. C'é-
taient les seuls êtres vivants qui semblaient habiter ce village.

Vers le milieu du bourg à peu près, dominant la place
principale, s'élevait une masse sombre, isolée entre deux
ruelles, et sur la façade de laquelle d'énormes tilleuls étendaient leurs bras décharnés. D'Artagnan examina avec attention la bâtisse.

— Ceci, dit-il à Planchet, ce doit être le château de l'archevêque, la demeure de la belle madame de Longueville.
Mais le couvent, où est-il?

— Le couvent, dit Planchet, il est au bout du village. Je
le connais.

— Eh bien! dit d'Artagnan, un temps de galop jusque-là,
Planchet, tandis que je vais resserrer la sangle de mon cheval, et reviens me dire s'il y a quelque fenêtre éclairée chez
les jésuites.

Planchet obéit et s'éloigna dans l'obscurité, tandis que
d'Artagnan, mettant pied à terre, rajustait comme il l'avait
dit la sangle de sa monture.

Au bout de cinq minutes, Planchet revint.

— Monsieur, dit-il, il y a une seule fenêtre éclairée sur
la face qui donne vers les champs.

— Hum! dit d'Artagnan ; si j'étais frondeur, je frapperais
ici et serais sûr d'avoir un bon gîte ; si j'étais moine, je frapperais là-bas et serais sûr d'avoir un bon souper; tandis
qu'au contraire il est bien possible qu'entre le château et le
couvent nous couchions sur la dure, mourants de soif et de
faim.

— Oui, ajouta Planchet, comme le fameux âne de Buri-
dan. En attendant, voulez-vous que je frappe?

— Chut! dit d'Artagnan; la seule fenêtre qui était éclairée vient de s'éteindre.

— Entendez-vous, monsieur? dit Planchet.

— En effet, quel est ce bruit?

C'était comme la rumeur d'un ouragan qui s'approchait;
au même instant deux troupes de cavaliers, chacune d'une
dizaine d'hommes, débouchèrent par chacune des deux
ruelles qui longeaient la maison, et, fermant toute issue, enveloppèrent d'Artagnan et Planchet.

— Ouais! dit d'Artagnan en tirant son épée et en s'abri-
tant derrière son cheval, tandis que Planchet exécutait la
même manœuvre; aurais-tu pensé juste, et serait-ce à nous
qu'on en veut réellement?

— Le voilà! nous le tenons! dirent les cavaliers en s'élançant sur d'Artagnan, l'épée nue.

— Ne le manquez pas! dit une voix haute.

— Non, monseigneur, soyez tranquille.

D'Artagnan crut que le moment était venu pour lui de se mêler à la conversation.

— Holà! messieurs, dit-il avec son accent gascon, que voulez-vous, que demandez-vous?

— Tu vas le voir, hurlèrent en chœur les cavaliers.

— Arrêtez! arrêtez! cria celui qu'ils avaient appelé monseigneur; arrêtez, sur votre tête! ce n'est pas sa voix.

— Ah çà, messieurs, dit d'Artagnan, est-ce qu'on est enragé par hasard, à Noisy? Seulement, prenez-y garde, car je vous préviens que le premier qui s'approche à la longueur de mon épée, et mon épée est longue, je l'éventre.

Le chef s'approcha.

— Que faites-vous là? dit-il d'une voix hautaine et comme habituée au commandement.

— Et vous-même? dit d'Artagnan.

— Soyez poli, ou l'on vous étrillera de bonne sorte, car, bien qu'on ne veuille pas se nommer, on désire être respecté selon son rang.

— Vous ne voulez pas vous nommer parce que vous dirigez un guet-apens, dit d'Artagnan; mais moi qui voyage tranquillement avec mon laquais, je n'ai pas les mêmes raisons que vous de taire mon nom.

— Assez! assez! comment vous appelez-vous?

— Je vous dis mon nom afin que vous sachiez où me trouver, monsieur, monseigneur ou mon prince, comme il vous plaira qu'on vous appelle, dit notre Gascon, qui ne voulait pas avoir l'air de céder à une menace. Connaissez-vous M. d'Artagnan?

— Lieutenant aux mousquetaires du roi? dit la voix.

— C'est cela même.

— Oui, sans doute.

— Eh bien! continua le Gascon, vous devez avoir entendu dire que c'est un poignet solide et une fine lame.

— Vous êtes monsieur d'Artagnan?

— Je le suis.

— Alors, vous venez ici pour le défendre?

— Le? qui le?...

— Celui que nous cherchons.

— Il paraît, continua d'Artagnan, qu'en venant à Noisy j'ai abordé sans m'en douter dans le royaume des énigmes.

— Voyons, répondez! dit la même voix hautaine, l'attendez-vous sous ces fenêtres? Veniez-vous à Noisy pour le défendre?

— Je n'attends personne, dit d'Artagnan, qui commençait à s'impatienter; je ne compte défendre personne que moi, mais ce moi, je le défendrai vigoureusement, je vous en préviens.

— C'est bien, dit la voix, partez d'ici et quittez-nous la place.

— Partir d'ici, dit d'Artagnan, que cet ordre contrariait dans ses projets; ce n'est pas facile, attendu que je tombe de lassitude et mon cheval aussi; à moins cependant que vous ne soyez disposé à m'offrir à souper et à coucher aux environs.

— Maraud!

— Eh! monsieur, dit d'Artagnan, ménagez vos paroles, je vous prie, car si vous en disiez encore une seconde comme celle-ci, fussiez-vous marquis, duc, prince ou roi, je vous la ferais rentrer dans le ventre, entendez-vous?

— Allons, allons, dit le chef, il n'y a pas à s'y tromper, c'est bien un Gascon qui parle, et, par conséquent, ce n'est pas celui que nous cherchons. Notre coup est manqué pour ce soir; retirons-nous.

— Nous nous retrouverons, maître d'Artagnan, continua le chef en haussant la voix.

— Oui, mais jamais avec les mêmes avantages, dit le Gascon en raillant, car, lorsque vous me retrouverez, peut-être serez-vous seul et fera-t-il jour.

— C'est bon. c'est bon! dit la voix; en route, messieurs.

Et la troupe, murmurant et grondant, disparut dans les ténèbres, retournant du côté de Paris.

D'Artagnan et Planchet demeurèrent un instant encore sur la défensive; mais, le bruit continuant de s'éloigner, ils remirent leurs épées au fourreau.

— Tu vois bien, imbécile, dit tranquillement d'Artagnan à Planchet, que ce n'est pas à nous qu'ils en voulaient.

— Mais à qui donc alors? demanda Planchet.

— Ma foi, je n'en sais rien, et peu m'importe. Ce qui m'importe, c'est d'entrer au couvent des jésuites. Ainsi, à cheval, et allons-y frapper. Vaille que vaille, que diable, ils ne nous mangeront pas!

Et d'Artagnan se remit en selle. Planchet venait d'en faire autant, lorsqu'un poids inattendu tomba sur le derrière de son cheval, qui s'abattit.

— Eh! monsieur, s'écria Planchet, j'ai un homme en croupe.

D'Artagnan se retourna, et vit effectivement deux formes humaines sur le cheval de Planchet.

— Mais c'est donc le diable qui nous poursuit! s'écriat-il en tirant son épée et en s'apprêtant à charger le nouveau venu.

— Non, mon cher d'Artagnan, dit celui-ci; ce n'est pas le diable: c'est moi, c'est Aramis. Au galop, Planchet, et au bout du village, guide à gauche.

Et Planchet, portant Aramis en croupe, partit au galop, suivi d'Artagnan, qui commençait à croire qu'il faisait quelque rêve fantastique et incohérent.

CHAPITRE X.

L'ABBÉ D'HERBLAY.

Au bout du village, Planchet tourna à gauche, comme le lui avait ordonné Aramis, et s'arrêta au-dessous de la fenêtre éclairée. Aramis sauta à terre et frappa trois fois dans ses mains. Aussitôt la fenêtre s'ouvrit et une échelle de corde descendit.

— Mon cher, dit Aramis, si vous voulez monter, je serai enchanté de vous recevoir.

— Ah çà! dit d'Artagnan, c'est comme cela que l'on rentre chez vous?

— Passé neuf heures du soir, il le faut, pardieu, bien! dit Aramis; la consigne du couvent est des plus sévères.

— Pardon, mon cher ami, dit d'Artagnan; il me semble que vous avez dit pardieu!

— Vous croyez? dit Aramis en riant, c'est possible; vous n'imaginez pas, mon cher, combien, dans ces maudits couvents, on prend de mauvaises habitudes et quelles méchantes façons ont tous ces gens d'église avec lesquels je suis forcé de vivre. Mais vous ne montez pas?

— Passez devant, je vous suis.

— Comme disait le feu cardinal au feu roi: « Pour vous montrer le chemin, sire. »

Et Aramis monta lestement à l'échelle, et en un instant il eut atteint la fenêtre. D'Artagnan monta derrière lui, mais plus doucement; on voyait que ce genre de chemin lui était moins familier qu'à son ami.

— Pardon, dit Aramis en remarquant sa gaucherie, si j'avais su avoir l'avantage de votre visite, j'aurais fait apporter l'échelle du jardinier. Mais, pour moi seul, celle-ci est suffisante.

— Monsieur, dit Planchet lorsqu'il vit d'Artagnan sur le point d'achever son ascension, cela va bien pour M. Aramis, cela va encore pour vous, cela, à la rigueur, irait aussi pour moi, mais les deux chevaux ne peuvent pas monter à l'échelle.

— Conduisez-les sous le hangar, mon ami, dit Aramis en montrant à Planchet une espèce de fabrique qui s'élevait dans la plaine. Vous y trouverez de la paille et de l'avoine pour eux.

— Mais pour moi? dit Planchet.

— Vous reviendrez sous cette fenêtre, vous frapperez trois fois dans vos mains, et nous vous ferons passer des vivres; soyez tranquille, morbleu! on ne meurt pas de faim ici; allez!

Et Aramis, retirant l'échelle après lui, ferma la fenêtre. D'Artagnan examinait la chambre.

Jamais il n'avait vu appartement plus guerrier à la fois et plus élégant. A chaque angle étaient des trophées d'armes, offrant à la vue et à la main des épées de toutes sortes, et quatre grands tableaux représentaient dans leurs costumes de bataille le cardinal de Lorraine, le cardinal de Richelieu, le cardinal de Lavalette et l'archevêque de Bordeaux. Il est vrai qu'au surplus rien n'indiquait la demeure d'un abbé; les tentures étaient de damas, les tapis venaient d'Alençon, et le lit surtout avait plutôt l'air du lit d'une petite-maîtresse avec sa garniture de dentelle et son couvre-pied brodé, que celui d'un homme qui avait fait vœu de gagner le ciel par l'abstinence et la macération.

— Vous regardez mon bouge? dit Aramis. Ah! mon cher, excusez-moi; que voulez-vous! je suis logé comme un chartreux. Mais que cherchez-vous des yeux?

— Je cherche qui vous a jeté l'échelle; je ne vois personne, et cependant l'échelle n'est pas venue toute seule.

— Non, c'est Bazin.

— Ah! ah! fit d'Artagnan.

— Mais, continua Aramis, mons Bazin est un garçon bien

Prenez-y garde, car je vous préviens que celui qui s'approche de mon épée, je l'éventre!

dressé, qui, voyant que je ne rentrais pas seul, se sera retiré par discrétion. Asseyez-vous, mon cher, et causons.

Et Aramis poussa à d'Artagnan un large fauteuil, dans lequel celui-ci s'allongea en s'accoudant.

— D'abord, vous soupez avec moi, n'est-ce pas? demanda Aramis.

— Oui, si vous le voulez bien, dit d'Artagnan, et même ce sera avec grand plaisir, je vous l'avoue; la route m'a donné un appétit du diable.

— Ah! mon pauvre ami, dit Aramis, vous trouverez maigre chère, on ne vous attendait pas.

— Est-ce que je suis menacé de l'omelette de Crèvecœur et des théobromes en question? N'est-ce pas comme cela que vous appeliez autrefois les épinards?

— Oh! il faut espérer, dit Aramis, qu'avec l'aide de Dieu et de Bazin nous trouverons quelque chose de mieux dans le garde-manger des dignes pères jésuites... Bazin, mon ami, dit Aramis, Bazin, venez ici.

La porte s'ouvrit et Bazin parut; mais, en apercevant d'Artagnan, il poussa une exclamation qui ressemblait à un cri de désespoir.

— Mon cher Bazin, dit d'Artagnan, je suis bien aise de voir avec quel admirable aplomb vous mentez, même dans une église.

— Monsieur, dit Bazin, j'ai appris des dignes pères jésuites qu'il était permis de mentir, lorsqu'on mentait dans un bonne intention.

— C'est bien, c'est bien, Bazin, d'Artagnan meurt de faim et moi aussi; servez-nous à souper de votre mieux, et surtout montez-nous du bon vin.

Bazin s'inclina en signe d'obéissance, poussa un gros soupir et sortit.

— Maintenant que nous voilà seuls, mon cher Aramis, dit d'Artagnan en ramenant ses yeux de l'appartement au propriétaire, et en achevant par les habits l'examen commencé par les meubles, dites-moi, d'où diable veniez-vous lorsque vous êtes tombé en croupe derrière Planchet?

— Et, corbleu! dit Aramis, vous le voyez bien: du ciel.

— Du ciel? reprit d'Artagnan en hochant la tête; vous ne m'avez pas plus l'air d'en venir que d'y aller.

— Mon cher, dit Aramis avec un air de fatuité que d'Artagnan ne lui avait jamais vu du temps qu'il était mousquetaire, si je ne venais pas du ciel, au moins sortais-je du paradis, ce qui se ressemble beaucoup.

— Alors voilà les savants fixés, reprit d'Artagnan. Jusqu'à présent on n'avait pas pu s'entendre sur la situation positive du paradis; les uns l'avaient placé au mont Ararat; les autres, entre le Tigre et l'Euphrate; il paraît qu'on le cherchait bien loin tandis qu'il était bien près. Le paradis est à Noisy-le-Sec, sur l'emplacement du château de M. l'archevêque de Paris. On en sort, non point par la porte, mais par la fenêtre; on en descend, non par les degrés de marbre d'un péristyle, mais par les branches d'un tilleul; et l'ange à l'épée flamboyante qui le garde m'a bien l'air d'avoir changé son nom céleste de Gabriel en celui plus terrestre de prince de Marsillac.

Aramis éclata de rire.

— Vous êtes toujours joyeux compagnon, mon cher, dit-il, et votre spirituelle humeur gasconne ne vous a pas quitté. Oui, il y a bien un peu de tout cela dans ce que vous me dites, seulement n'allez pas croire, au moins, que ce soit de madame de Longueville que je sois amoureux.

— Peste! je m'en garderais bien, dit d'Artagnan. Après avoir été si longtemps amoureux de madame de Chevreuse, vous n'auriez pas été porter votre cœur à sa plus mortelle ennemie.

— Oui, c'est vrai, dit Aramis d'un air détaché; oui, cette pauvre duchesse, je l'ai fort aimée autrefois, et il faut lui rendre cette justice, qu'elle nous a été fort utile; mais que voulez-vous! il lui a fallu quitter la France; c'était un si rude jouteur, que ce damné cardinal! continua Aramis en jetant un coup d'œil sur le portrait de l'ancien ministre; il avait donné l'ordre de l'arrêter et de la conduire au château de Loches; il lui eût fait trancher la tête, sur ma foi, comme à Chalais, à Montmorency et à Cinq-Mars; elle s'est sauvée, déguisée en homme, avec sa femme de chambre, cette pauvre Ketty; il lui est même arrivé, à ce que j'ai entendu dire, une étrange aventure, dans je ne sais quel village, avec je ne sais quel curé à qui elle demandait l'hospitalité, et qui, n'ayant qu'une chambre, et la prenant pour un cavalier, lui a offert de la partager avec elle. C'est qu'elle portait d'une façon incroyable l'habit d'homme, cette chère Marie. Je ne connais qu'une femme qui le porte aussi bien. Aussi avait-on fait ce couplet sur elle:

Laboissière, dis-moi, etc.

Vous le connaissez?

— Non pas, chantez-le, mon cher.

Et Aramis reprit du ton le plus cavalier.

Laboissière, dis-moi,
Suis-je pas bien en homme?
— Vous chevauchez, ma foi,
Mieux que tant que nous sommes.
Elle est,
Parmi les hallebardes,
Au régiment des gardes,
Comme un cadet.

— Bravo! dit d'Artagnan; vous chantez toujours à merveille, mon cher Aramis, et je vois que la messe ne vous a pas gâté la voix.

— Mon cher, dit Aramis, vous comprenez... Du temps que j'étais mousquetaire, je montais le moins de gardes que je pouvais; aujourd'hui que je suis abbé, je dis le moins de messes que je peux. Mais revenons à cette pauvre duchesse.

— Laquelle? la duchesse de Chevreuse ou la duchesse de Longueville?

— Mon cher, je vous ai dit qu'il n'y avait rien entre moi et la duchesse de Longueville: des coquetteries peut-être, et voilà tout. Non, je parlais de la duchesse de Chevreuse.

— L'avez-vous vue à son retour de Bruxelles, après la mort du roi?

— Oui, certes, et elle était fort belle encore.

— Oui, dit Aramis. Aussi l'ai-je quelque peu revue à cette époque; je lui ai donné d'excellents conseils dont elle n'a point profité; je me suis tué de lui dire que le Mazarin était l'amant de la reine; elle n'a pas voulu me croire, disant qu'elle connaissait Anne d'Autriche, et qu'elle était trop fière pour aimer un pareil faquin. Puis, en attendant, elle s'est jetée dans la cabale du duc de Beaufort, et le faquin a fait arrêter M. le duc de Beaufort et exilé madame de Chevreuse.

— Vous savez, dit d'Artagnan, qu'elle a obtenu la permission de revenir.

— Oui, et même qu'elle est revenue.

— Elle va encore faire quelque sottise.

— Oh! mais, cette fois peut-être, suivra-t-elle vos conseils.

— Oh! cette fois, dit Aramis, je ne l'ai pas revue; elle est fort changée.

— Ce n'est pas comme vous, mon cher Aramis, car vous êtes toujours le même; vous avez toujours vos beaux cheveux noirs, toujours votre taille élégante, toujours vos mains de femme, qui sont devenues d'admirables mains de prélat.

— Oui, dit Aramis, c'est vrai, je me soigne beaucoup. Savez-vous, mon cher, que je me fais vieux? je vais avoir trente-sept ans!

— Ecoutez, mon cher, dit d'Artagnan avec un sourire, puisque nous nous retrouvons, convenons d'une chose, c'est de l'âge que nous aurons à l'avenir.

— Comment cela? dit Aramis.

— Oui, reprit d'Artagnan; autrefois c'était moi qui étais votre cadet de deux ou trois ans, et, si je ne fais pas d'erreur, j'ai quarante ans bien sonnés.

— Vraiment! dit Aramis. Alors c'est moi qui me trompe, car vous avez toujours été, mon cher, un admirable mathématicien. J'aurais donc quarante-trois ans, à votre compte? Diable! diable! mon cher, n'allez pas le dire à l'hôtel Rambouillet, cela me ferait tort.

— Soyez tranquille, dit d'Artagnan, je n'y vais pas.

— Ah çà mais! s'écria Aramis, que fait donc cet animal de Bazin?... Bazin! dépêchons-nous donc, monsieur le drôle! nous enrageons de faim et de soif!

Bazin, qui entrait en ce moment, leva au ciel ses mains chargées chacune d'une bouteille.

— Enfin, dit Aramis, sommes-nous prêt, voyons!

— Oui, monsieur, à l'instant même, dit Bazin; mais il m'a fallu le temps de monter toutes les...

— Parce que vous vous croyez toujours votre simarre de bedeau sur les épaules, interrompit Aramis, et que vous passez votre temps à lire votre bréviaire. Mais je vous préviens que si, à force de polir toutes les affaires qui sont dans les chapelles, vous désapprenez à fourbir mon épée, j'allume un grand feu de toutes vos images bénites, et je vous y fais rôtir.

Bazin, scandalisé, fit un signe de croix avec la bouteille qu'il tenait. Quant à d'Artagnan, plus surpris que jamais du ton et des manières de l'abbé d'Herblay, qui contrastaient si fort avec celles du mousquetaire Aramis, il demeurait les yeux écarquillés en face de son ami.

Bazin couvrit vivement la table d'une nappe damassée, et sur cette nappe rangea tant de choses dorées, parfumées, friandes, que d'Artagnan en demeura tout ébahi.

— Mais vous attendiez donc quelqu'un? demanda l'officier.

— Heu! dit Aramis, j'ai toujours un en cas; puis je savais que vous me cherchiez.

— Par qui?

— Mais par maître Bazin, qui vous a pris pour le diable, mon cher, et qui est accouru pour me prévenir du danger qui menaçait mon âme si je revoyais aussi mauvaise compagnie qu'un officier de mousquetaires.

— Oh! monsieur! fit Bazin les mains jointes et d'un air suppliant.

— Allons, pas d'hypocrisies! vous savez que je ne les aime pas. Vous ferez bien mieux d'ouvrir la fenêtre et de descendre un pain, un poulet et une bouteille de vin à votre ami Planchet, qui s'extermine depuis une heure à frapper dans ses mains.

En effet, Planchet, après avoir donné la paille et l'avoine à ses chevaux, était revenu sous la fenêtre et avait répété deux ou trois fois le signal indiqué.

Bazin obéit, attacha au bout d'une corde les trois objets désignés et les descendit à Planchet, qui, n'en demandant pas davantage, se retira aussitôt sous son hangar.

— Maintenant soupons, dit Aramis.

Les deux amis se mirent à table, et Aramis commença à découper poulets, perdreaux et jambons avec une adresse toute gastronomique.

— Peste! dit d'Artagnan, comme vous vous nourrissez!

— Oui, assez bien : j'ai pour les jours maigres des dispenses de Rome que m'a fait avoir M. le coadjuteur, à cause de ma santé; puis j'ai pris pour cuisinier l'ex-cuisinier de Lafollone, vous savez? l'ancien ami du cardinal, ce fameux gourmand qui disait, pour toutes prières, après son dîner : « Mon Dieu, faites-moi la grâce de bien digérer ce que j'ai si bien mangé. »

— Ce qui ne l'a pas empêché de mourir d'indigestion, dit en riant d'Artagnan.

— Que voulez-vous! reprit Aramis d'un air résigné, on ne peut fuir à sa destinée!

— Mais pardon, mon cher, de vous faire la question que je vais vous faire, reprit d'Artagnan.

— Comment donc! faites, vous savez bien qu'entre nous il ne peut pas y avoir d'indiscrétion.

— Vous êtes donc devenu riche?

— Oh! mon Dieu, non! je me fais une douzaine de mille livres par an, sans compter un petit bénéfice d'un millier d'écus que m'a fait avoir M. le Prince.

— Et avec quoi vous faites-vous ces douze mille livres? dit d'Artagnan; est-ce vos poëmes?

— Non, j'ai renoncé à la poésie, excepté pour faire de temps en temps quelque chanson à boire, quelques sonnets galants ou quelque épigramme innocente. Je fais des sermons, mon cher.

— Comment, des sermons?

— Oh! mais des sermons prodigieux, voyez-vous! à ce qu'il paraît, du moins.

— Que vous prêchez?

— Non, que je vends.

— A qui?

— A ceux de mes confrères qui visent à être de grands orateurs, donc!

— Ah! vraiment? Et vous n'avez pas été tenté de la gloire pour vous-même?

— Si fait, mon cher; mais la nature l'a emporté. Quand je suis en chaire, et que, par hasard, une jolie femme me regarde, je la regarde; si elle sourit, je souris aussi. Alors, je bats la campagne : au lieu de parler des tourments de l'enfer, je parle des joies du paradis. Eh! tenez, la chose m'est arrivée un jour à l'église Saint-Louis, au Marais... Un cavalier m'a ri au nez. Je me suis interrompu pour lui dire qu'il était un sot. Le peuple est sorti pour ramasser des pierres; mais, pendant ce temps, j'ai si bien retourné l'esprit des assistants, que c'est lui qu'ils ont lapidé. Il est vrai que, le lendemain, il s'est présenté chez moi, croyant avoir affaire à un abbé comme tous les abbés.

— Et qu'est-il résulté de sa visite? dit d'Artagnan en se tenant les côtes de rire.

— Il en est résulté que nous avons pris, pour le lendemain soir, rendez-vous sur la place Royale. Eh! pardieu! vous en savez quelque chose.

— Serait-ce, par hasard, contre cet impertinent que je vous aurais servi de second? demanda d'Artagnan.

— Justement. Vous avez vu comme je l'ai arrangé.

— En est-il mort?

— Je n'en sais rien; mais, en tout cas, je lui avais donné l'absolution in *articulo mortis*. C'est assez de tuer le corps sans tuer l'âme.

Bazin fit un signe de désespoir qui voulait dire qu'il approuvait peut-être cette morale, mais qu'il désapprouvait fort le ton dont elle était faite.

— Bazin, mon ami, vous ne remarquez pas que je vous vois dans cette glace, et qu'une fois pour toutes je vous ai interdit tout signe d'approbation ou d'improbation. Vous allez donc me faire le plaisir de nous servir le vin d'Espagne et de vous retirer chez vous. D'ailleurs, mon ami d'Artagnan a quelque chose de secret à me dire. N'est-ce pas, d'Artagnan?

D'Artagnan fit signe de la tête que oui, et Bazin se retira après avoir posé le vin d'Espagne sur la table.

Les deux amis, restés seuls, demeurèrent un instant silencieux en face l'un de l'autre. Aramis semblait attendre une douce digestion. D'Artagnan préparait son exorde. Chacun d'eux, lorsque l'autre ne le regardait pas, risquait un coup d'œil en dessous.

Aramis rompit le premier le silence.

---◇---

CHAPITRE XI.

LES DEUX GASPARDS.

— A quoi songez-vous, d'Artagnan? dit-il, et quelle pensée vous fait sourire?

— Je songe, mon cher, que, lorsque vous étiez mousquetaire, vous tourniez sans cesse à l'abbé, et qu'aujourd'hui que vous êtes abbé vous me paraissez tourner fort au mousquetaire.

— C'est vrai, dit Aramis en riant. L'homme, vous le savez, mon cher d'Artagnan, est un étrange animal, tout composé de contrastes. Depuis que je suis abbé, je ne rêve plus que bataille.

— Cela se voit à votre ameublement; vous avez là des rapières de toutes les formes et pour les goûts les plus difficiles. Est-ce que vous tirez toujours bien?

— Moi, je tire comme vous tiriez autrefois, mieux encore peut-être. Je ne fais que cela toute la journée.

— Et avec qui?

— Avec un excellent maître d'armes que nous avons ici.

— Comment, ici?

— Oui, ici, dans ce couvent, mon cher. Il y a de tout dans un couvent de jésuites.

— Alors vous auriez tué M. de Marsillac s'il fût venu vous attaquer seul, au lieu de venir à la tête de vingt hommes.

— Parfaitement, dit Aramis, et même à la tête de ses vingt hommes, si j'avais pu dégainer sans être reconnu.

— Dieu me pardonne! dit tout bas d'Artagnan, je crois qu'il est devenu encore plus Gascon que moi.

Puis tout haut :

— Eh bien! mon cher Aramis, vous me demandiez pourquoi je vous cherchais?

— Non, je ne vous le demandais pas, dit Aramis avec son air fin, mais j'attendais que vous me le disiez.

— Eh bien! je vous cherchais pour vous offrir tout uniment un moyen de tuer M. de Marsillac quand cela vous fera plaisir, tout prince qu'il est.

— Tiens, tiens, tiens, dit Aramis, c'est une idée, cela!

— Dont je vous invite à faire votre profit, mon cher. Voyons, avec une abbaye de 1,000 écus et les 12,000 livres que vous vous faites en vendant des sermons, êtes-vous riche? Répondez franchement.

— Moi? je suis gueux comme Job, et, en fouillant poches et coffres, je crois que vous ne trouveriez pas ici cent pistoles.

— Peste! cent pistoles! se dit tout bas d'Artagnan, il appelle cela être gueux comme Job! Si je les avais toujours devant moi, je me trouverais riche comme Crésus.

Puis, tout haut :

— Êtes-vous ambitieux? ajouta-t-il.

— Comme Encelade!

— Eh bien! mon ami, je vous apporte de quoi être riche, puissant et libre de faire tout ce que vous voudrez.

L'ombre d'un nuage passa sur le front d'Aramis, aussi rapide que celle qui flotte en août sur les blés ; mais, si rapide qu'elle fût, d'Artagnan la remarqua.

— Parlez, dit Aramis.

— Encore une question auparavant. Vous occupez-vous de politique ?

Un éclair passa dans les yeux d'Aramis, rapide comme l'ombre qui avait passé sur son front, mais pas si rapide cependant que d'Artagnan ne le vit.

— Non, répondit Aramis.

— Alors toutes propositions vous agréeront, puisque vous n'avez pour le moment d'autre maître que Dieu, dit en riant le Gascon.

— C'est possible.

— Avez-vous, mon cher Aramis, songé quelquefois à ces beaux jours de notre jeunesse que nous passions riant, buvant et nous battant ?

— Oui certes, et plus d'une fois je les ai regrettés. C'était un heureux temps ! *Delectabile tempus !*

— Eh bien ! mon cher, ces beaux jours peuvent renaître,

Ah ça! dit d'Artagnan, c'est comme cela que l'on rentre chez vous.

cet heureux temps peut revenir ! J'ai reçu mission d'aller trouver mes compagnons, et j'ai voulu commencer par vous, qui étiez l'âme de notre association.

Aramis s'inclina plus poliment qu'affectueusement.

— Me remettre dans la politique? dit-il d'une voix mourante et en se renversant sur son fauteuil; ah ! cher d'Artagnan, voyez comme je vis régulièrement et à l'aise. Nous avons essuyé l'ingratitude des grands, vous le savez.

— C'est vrai, dit d'Artagnan, mais peut-être les grands se repentent-ils d'avoir été ingrats.

— En ce cas, dit Aramis, ce serait autre chose. Voyons : à

tout péché miséricorde. D'ailleurs, vous avez raison sur un point : c'est que si l'envie nous reprenait de nous mêler des affaires d'État, le moment, je crois, serait venu.

— Comment savez-vous cela, vous qui ne vous occupez pas de politique ?

— Eh ! mon Dieu ! sans m'en occuper personnellement, je vis dans un monde où l'on s'en occupe. Tout en cultivant la poésie, tout en faisant l'amour, je me suis lié avec M. Sarrazin, qui est à M. de Conti ; avec M. Voiture, qui est au coadjuteur, et avec M. de Bois-Robert, qui, depuis qu'il n'est plus à M. le cardinal de Richelieu, n'est à personne, ou à tout le monde, comme vous voudrez; en sorte que le mouvement politique ne m'a pas tout à fait échappé.

— Je m'en doutais, dit d'Artagnan.

— Au reste, mon cher, ne prenez tout ce que je vais vous dire que pour paroles de cénobite, d'homme qui parle comme un écho, en répétant purement et simplement ce qu'il a entendu dire, reprit Aramis. J'ai entendu dire que dans ce moment-ci le cardinal Mazarin était fort inquiet de la manière dont marchaient les choses. Il paraît qu'on n'a pas pour ses commandements tout le respect qu'on

avait autrefois pour ceux de notre ancien épouvantail, le feu cardinal, dont vous voyez ici le portrait, car, quoi qu'on ait dit, il faut convenir, mon cher, que c'était un grand homme.

— Je ne vous contredirai pas là-dessus, mon cher Aramis; c'est lui qui m'a fait lieutenant.

— Ma première opinion avait été tout entière pour le cardinal; je m'étais dit qu'un ministre n'est jamais aimé, mais que, avec le génie qu'on accorde à celui-ci, il finirait par triompher de ses ennemis et se faire craindre, ce qui,

J.A. BEAUCÉ

Aramis revint en riant, un chapeau sur la tête et un chapeau à la main.

selon moi, vaut peut-être mieux encore que de se faire aimer.

D'Artagnan fit un signe de tête qui voulait dire qu'il approuvait entièrement cette douteuse maxime.

— Voilà donc, poursuivit Aramis, quelle était mon opinion première; mais, comme je suis fort ignorant dans ces sortes de matières et que l'humilité dont je fais profession m'impose la loi de ne pas m'en rapporter à mon propre jugement, je me suis informé Eh bien! mon cher ami...

Aramis fit une pause.

— Eh bien! quoi? demanda d'Artagnan.

— Eh bien! reprit Aramis, il faut que je mortifie mon orgueil, il faut que j'avoue que je m'étais trompé.

— Vraiment?

— Oui, je me suis informé, comme je vous disais, et voici ce que m'ont répondu plusieurs personnes toutes différentes, de goûts et d'ambition : M. de Mazarin n'est point un homme de génie, comme je le croyais.

— Bah! fit d'Artagnan.

— Non. C'est un homme de rien qui a été domestique du cardinal Bentivoglio, qui s'est poussé par l'intrigue; un parvenu, un homme sans nom, qui ne fera en France qu'un chemin de partisan. Il entassera beaucoup d'écus, dilapidera fort les revenus du roi, se payera à lui-même toutes les pensions que le feu cardinal de Richelieu payait à tout le monde, mais ne gouvernera jamais par le droit du plus fort, du plus grand ou du plus honoré. Il paraît en outre qu'il n'est pas gentilhomme de manières et de cœur, ce ministre, et que c'est une espèce de bouffon, de Pulcinella, de Pantalon. Le connaissez-vous? Moi, je ne le connais pas.

— Heu! fit d'Artagnan; il y a un peu de vrai dans ce que vous dites.

— Eh bien! vous me comblez d'orgueil, mon cher, si j'ai pu, grâce à certaine pénétration vulgaire dont je suis doué, me rencontrer avec un homme comme vous, qui vivez à la cour.

— Mais vous m'avez parlé de lui personnellement et non de son parti et de ses ressources.

— C'est vrai. Il a pour lui la reine.

— C'est quelque chose, ce me semble.

— Mais il n'a pas pour lui le roi.

— Un enfant!

— Un enfant qui sera majeur dans quatre ans.

— C'est le présent.

— Oui, mais ce n'est pas l'avenir, et encore dans le présent il n'a pour lui ni le parlement ni le peuple, c'est-à-dire l'argent; il n'a pour lui ni la noblesse ni les princes, c'est-à-dire l'épée.

D'Artagnan se gratta l'oreille, il était forcé de s'avouer à lui-même que c'était non-seulement largement mais encore justement pensé.

— Voyez, mon pauvre ami, si je suis toujours de ma perspicacité ordinaire. Je vous dirai que peut-être ai-je tort de vous parler ainsi à cœur ouvert, car vous, vous me paraissez pencher pour le Mazarin.

— Moi! s'écria d'Artagnan; moi! pas le moins du monde!

— Vous parliez de mission.

— Ai-je parlé de mission? Alors j'ai eu tort. Non, je me suis dit comme vous ne dites : Voilà les affaires qui s'embrouillent. Eh bien! jetons la plume au vent, allons du côté où le vent l'emportera, et reprenons la vie d'aventure. Nous étions quatre chevaliers vaillants, quatre cœurs tendrement unis; unissons de nouveau, non pas nos cœurs, qui n'ont jamais été séparés, mais nos fortunes et nos courages. L'occasion est bonne pour conquérir quelque chose de mieux qu'un diamant.

— Vous aviez raison, d'Artagnan, toujours raison, continua Aramis, et la preuve, c'est que j'avais eu la même idée que vous; seulement, à moi, qui n'ai pas votre verveuse et féconde imagination, elle m'avait été suggérée : tout le monde a besoin aujourd'hui d'auxiliaires, on m'a fait des propositions, il a transpercé quelque chose de nos fameuses prouesses d'autrefois, et je vous avouerai franchement que le coadjuteur m'a fait parler.

— M. de Gondi, l'ennemi du cardinal! s'écria d'Artagnan.

— Non, l'ami du roi, dit Aramis, l'ami du roi, entendez-vous! Eh bien! il s'agirait de servir le roi, ce qui est le devoir d'un gentilhomme.

— Mais le roi est avec M. de Mazarin, mon cher.

— De fait, pas de volonté; d'apparence, mais pas de cœur, et voilà justement le piège que les ennemis du roi tendent au pauvre enfant.

— Ah çà! mais c'est la guerre civile tout bonnement que vous me proposez là, mon cher Aramis.

— La guerre pour le roi.

— Mais le roi sera à la tête de l'armée où sera Mazarin.

— Mais il sera de cœur dans l'armée que commandera M. de Beaufort.

— M. de Beaufort? il est à Vincennes.

— Ai-je dit M. de Beaufort? dit Aramis; M. de Beaufort ou un autre; M. de Beaufort ou M. le Prince.

— Mais M. le Prince va partir pour l'armée, il est entièrement au cardinal.

— Heu! heu! fit Aramis, ils ont quelques discussions ensemble justement en ce moment-ci. Mais d'ailleurs, si ce n'est M. le Prince, M. de Conti...

— Mais M. de Conti va être cardinal; on demande pour lui le chapeau.

— N'y a-t-il pas des cardinaux fort belliqueux? dit Aramis. Voyez : voici autour de vous quatre cardinaux qui, à la tête des armées, valaient bien M. de Guebriant et M. de Gassion.

— Mais un général bossu!

— Sous sa cuirasse on ne verra pas sa bosse. D'ailleurs, souvenez-vous qu'Alexandre boitait et qu'Annibal était borgne.

— Voyez-vous de grands avantages dans ce parti? demanda d'Artagnan.

— J'y vois la protection de princes puissants.

— Avec la proscription du gouvernement.

— Annulée par les parlements et les émeutes.

— Tout cela pourrait se faire comme vous le dites, si l'on parvenait à séparer le roi de sa mère.

— On y arrivera peut-être.

— Jamais! s'écria d'Artagnan, rentrant cette fois dans sa conviction. J'en appelle à vous, Aramis, à vous qui connaissez Anne d'Autriche aussi bien que moi. Croyez-vous que jamais elle puisse oublier que son fils est sa sûreté, son palladium, le gage de sa considération, de sa fortune et de sa vie? Il faudrait qu'elle passât avec lui du côté des princes, en abandonnant Mazarin; mais vous savez mieux que personne qu'il y a des raisons puissantes pour qu'elle ne l'abandonne jamais.

— Peut-être avez-vous raison, dit Aramis rêveur; ainsi je ne m'engagerai pas.

— Avec eux, dit d'Artagnan; mais avec moi?

— Avec personne. Je suis prêtre, qu'ai-je à faire de la politique?... je ne lis aucun bréviaire; j'ai une petite clientèle de coquins d'abbés spirituels et de femmes charmantes; plus les affaires se troubleront, moins mes escapades feront de bruit, tout va donc à merveille sans que je m'en mêle, et décidément, tenez, cher ami, je ne m'en mêlerai pas.

— Eh bien! tenez, mon cher, dit d'Artagnan, votre philosophie me gagne, parole d'honneur, et je ne sais pas quelle diable de mouche d'ambition m'avait piqué; j'ai une espèce de charge qui me nourrit; je puis, à la mort de ce pauvre M. de Tréville, qui se fait vieux, devenir capitaine; c'est un fort joli bâton de maréchal pour un cadet de Gascogne, et je sens que je me rattache aux charmes du pain modeste, mais quotidien : au lieu de courir les aventures, eh bien! j'accepterai les invitations de Porthos, j'irai chasser dans ses terres; vous savez qu'il a des terres, Porthos?

— Comment donc! je crois bien. Dix lieues de bois, de marais et de vallées; il est seigneur du mont et de la plaine, et il plaide pour droits féodaux contre l'évêque de Noyon.

— Bon! dit d'Artagnan à lui-même, voilà ce que je voulais savoir : Porthos est en Picardie.

Puis tout haut :

— Et il a repris son ancien nom de du Vallon?

— Auquel il a ajouté celui de Bracieux, une terre qui a été baronnie, par ma foi.

— De sorte que nous verrons Porthos baron.

— Je n'en doute pas; la baronne Porthos surtout sera admirable.

Les deux amis éclatèrent de rire.

— Ainsi, reprit d'Artagnan, vous ne voulez pas passer au Mazarin?

— Ni vous aux princes?

— Non. Ne passons à personne, alors, et restons amis; ne soyons ni cardinalistes ni frondeurs.

— Oui, dit Aramis, soyons mousquetaires.

— Même avec le petit collet? reprit d'Artagnan.

— Surtout avec le petit collet! s'écria Aramis, c'est ce qui en fait le charme.

— Alors adieu, adieu, dit d'Artagnan.

— Je ne vous retiens pas, mon cher, dit Aramis, vu que je ne saurais où vous coucher, et que je ne puis décemment vous offrir la moitié du hangar de Planchet.

— D'ailleurs, je suis à trois lieues à peine de Paris; les chevaux sont reposés, et en moins d'une heure je serai rendu.

Et d'Artagnan se versa un dernier verre de vin.

— A notre ancien temps! dit-il.

— Oui, reprit Aramis, malheureusement c'est un temps passé : *fugit irreparabile tempus.*

— Bah! dit d'Artagnan, il reviendra peut-être. En tout cas, si vous avez besoin de moi, rue Tiquetonne, hôtel de la *Chevrette.*

— Et moi, au couvent des jésuites : de six heures du matin à huit heures du soir, par la porte; de huit heures du soir à six heures du matin, par la fenêtre.

— Adieu, mon cher.

— Oh! je ne vous quitte pas ainsi, laissez-moi vous reconduire.

Et il prit son épée et son manteau.

— Il veut s'assurer que je pars, dit en lui-même d'Artagnan.

Aramis siffla Bazin; mais Bazin dormait dans l'antichambre sur les restes de son souper, et Aramis fut forcé de le secouer par l'oreille pour le réveiller. Bazin étendit les bras, se frotta les yeux et essaya de se rendormir.

— Allons, allons, maître dormeur, vite l'échelle.

— Mais, dit Bazin en bâillant à se démonter la mâchoire, elle est restée à la fenêtre, l'échelle.

— L'autre, celle du jardinier. N'as-tu pas vu que d'Artagnan a eu peine à monter, et aura encore plus grand'peine à descendre?

D'Artagnan allait assurer Aramis qu'il descendrait fort bien, lorsqu'il lui vint une idée: cette idée fit qu'il se tut.

Bazin poussa un profond soupir et sortit pour aller chercher l'échelle. Un instant après, une bonne et solide échelle de bois était posée contre la fenêtre.

— Allons donc, dit d'Artagnan, voilà ce qui s'appelle un moyen de communication; une femme monterait à une échelle comme celle-là.

Un regard perçant d'Aramis sembla vouloir aller chercher la pensée de son ami jusqu'au fond de son cœur; mais d'Artagnan soutint ce regard avec un air d'admirable naïveté. D'ailleurs, en ce moment, il mettait le pied sur le premier échelon de l'échelle et descendait. En un instant il fut à terre. Quant à Bazin, il demeura à la fenêtre.

— Reste là, dit Aramis, je reviens.

Tous deux s'acheminèrent vers le hangar; à leur approche, Planchet sortit, tenant en bride les deux chevaux.

— A la bonne heure, dit Aramis, voilà un serviteur actif et vigilant; ce n'est pas comme ce paresseux de Bazin, qui n'est plus bon à rien depuis qu'il est homme d'église. Suivez-nous, Planchet; nous allons, en causant, jusqu'au bout du village.

Effectivement, les deux amis traversèrent tout le village en causant de choses indifférentes; puis, aux dernières maisons.

— Allez donc, cher ami, dit Aramis, suivez votre carrière; la fortune vous sourit, ne la laissez pas échapper; souvenez-vous que c'est une courtisane, et traitez-la en conséquence; quant à moi, je reste dans mon humilité et dans ma paresse; adieu!

— Ainsi, c'est bien décidé, dit d'Artagnan, ce que je vous ai offert ne vous agrée point?

— Cela m'agréerait fort, au contraire, dit Aramis, si j'étais un homme comme un autre; mais, je vous le répète, en vérité, je suis un composé de contrastes; ce que je hais aujourd'hui, je l'adorerai demain, et *vice versâ*. Vous voyez bien que je ne puis m'engager comme vous, par exemple, qui avez des idées arrêtées.

— Tu mens, sournois! se dit à lui-même d'Artagnan; tu es le seul, au contraire, qui saches te choisir un but et qui y marches obscurément.

— Adieu donc, mon cher, continua Aramis, et merci de vos excellentes intentions, et surtout des bons souvenirs que votre présence a éveillés en moi.

Ils s'embrassèrent. Planchet était déjà à cheval; d'Artagnan se mit en selle à son tour; puis ils se serrèrent encore une fois la main. Les cavaliers piquèrent leurs chevaux et s'éloignèrent du côté de Paris.

Aramis resta debout et immobile sur le milieu du pavé jusqu'à ce qu'il les eût perdus de vue.

Mais, au bout de deux cents pas, d'Artagnan s'arrêta court, sauta à terre, jeta la bride de son cheval au bras de Planchet, et prit les pistolets de ses fontes, qu'il passa à sa ceinture.

— Qu'avez-vous donc, monsieur? dit Planchet tout effrayé.

— J'ai que, si fin qu'il soit, dit d'Artagnan, il ne sera pas dit que je serai sa dupe. Reste ici et ne bouge pas; seulement, mets-toi sur le revers du chemin et attends-moi.

A ces mots, d'Artagnan s'élança de l'autre côté du fossé qui bordait la route et piqua à travers la plaine, de manière à tourner le village. Il avait remarqué entre la maison qu'habitait madame de Longueville et le couvent des jésuites un espace vide qui n'était fermé que par une haie.

Peut-être, une heure auparavant, eût-il eu de la peine retrouver cette haie; mais la lune venait de se lever, et, quoique de temps en temps elle fût couverte par des nuages, on y voyait, même pendant les obscurcies, assez clair pour retrouver son chemin.

D'Artagnan gagna donc la haie et se cacha derrière. En passant devant la maison où avait eu lieu la scène que nous avons racontée, il avait remarqué que la même fenêtre s'était éclairée de nouveau, et il était convaincu qu'Aramis n'était pas encore rentré chez lui, et que, lorsqu'il y rentrerait, il n'y rentrerait pas seul.

En effet, au bout d'un instant, il entendit des pas qui s'approchaient, et comme un bruit de voix qui parlaient tout bas.

Au commencement de la haie les pas s'arrêtèrent.

D'Artagnan mit un genou en terre, cherchant la plus grande épaisseur de la haie pour s'y cacher.

En ce moment deux hommes apparurent, au grand étonnement de d'Artagnan, mais bientôt son étonnement cessa, car il entendit vibrer une voix douce et harmonieuse; l'un de ces deux hommes était une femme déguisée en cavalier.

— Soyez tranquille, mon cher René, disait la voix douce, la même chose ne se renouvellera plus; j'ai découvert une espèce de souterrain qui passe sous la rue, et nous n'aurons qu'à soulever une des dalles qui sont devant la porte, pour vous ouvrir une entrée et une sortie.

— Oh! dit une autre voix que d'Artagnan reconnut pour celle d'Aramis, je vous jure bien, princesse, que si votre renommée ne dépendait pas de toutes ces précautions, et que je n'y risquasse que ma vie...

— Oui, oui, je sais que vous êtes brave et aventureux autant qu'homme du monde; mais vous n'appartenez pas seulement à moi seule, vous appartenez à tout notre parti. Soyez donc prudent, soyez donc sage!

— J'obéis toujours, madame, dit Aramis, quand on me sait commander avec une si douce voix.

Et il lui baisa tendrement la main.

— Ah! s'écria le cavalier à la voix douce.

— Quoi? demanda Aramis.

— Mais ne voyez-vous pas que le vent a enlevé mon chapeau?

Et Aramis s'élança après le feutre fugitif. D'Artagnan profita de la circonstance pour chercher un endroit de la haie moins touffu qui laissât son regard pénétrer librement jusqu'au problématique cavalier. En ce moment, justement, la lune, curieuse peut-être comme l'officier, sortait de derrière un nuage, et, à sa clarté indiscrète, d'Artagnan reconnut les grands yeux bleus, les cheveux d'or et la noble tête de la duchesse de Longueville.

Aramis revint en riant, un chapeau sur la tête et un chapeau à la main, et tous deux continuèrent leur chemin vers le couvent des jésuites.

— Bon! dit d'Artagnan en se relevant et en brossant son genou, maintenant je te tiens: tu es frondeur et amant de madame de Longueville.

CHAPITRE XII.

MONSIEUR PORTHOS DU VALLON DE BRACIEUX DE PIERREFONDS.

Grâce aux informations prises près d'Aramis, d'Artagnan, qui savait déjà que Porthos, de son nom de famille, s'appelait du Vallon, avait appris que, de son nom de terre, il s'appelait de Bracieux, et qu'à cause de cette terre de Bracieux il était en procès avec l'évêque de Noyon.

C'était donc dans les environs de Noyon qu'il devait aller chercher cette terre, c'est-à-dire sur la frontière de l'île de France et de la Picardie.

Son itinéraire fut promptement arrêté: il irait jusqu'à Dammartin, où s'embranchent deux routes, l'une qui va à

Soissons, l'autre à Compiègne ; là il s'informerait de la terre de Bracieux, et, selon la réponse, il suivrait tout droit ou prendrait à gauche.

Planchet, qui n'était pas encore bien rassuré à l'endroit de son escapade, déclara qu'il suivrait d'Artagnan jusqu'au bout du monde, prit-il tout droit, ou prit-il à gauche. Seulement, il supplia son ancien maître de partir le soir, l'obscurité présentant plus de garantie. D'Artagnan lui proposa alors de prévenir sa femme pour la rassurer au moins sur son sort, mais Planchet répondit avec beaucoup de sagacité qu'il était bien certain que sa femme ne mourrait point d'inquiétude de ne pas savoir où il était, tandis que, connaissant l'incontinence de langue dont elle était atteinte, lui, Planchet, mourrait d'inquiétude si elle le savait.

Ces raisons parurent si bonnes à d'Artagnan, qu'il n'insista pas davantage, et que vers les huit heures du soir, au moment où la brune commençait à s'épaissir par les rues, il partit de l'hôtel de la Chevrette, et, suivi de Planchet, sortit de la capitale par la porte Saint-Denis.

A minuit les deux voyageurs étaient à Dammartin.

C'était trop tard pour prendre des renseignements. L'hôte du *Cygne de la Croix* était couché. D'Artagnan remit donc la chose au lendemain.

Le lendemain, il fit venir l'hôte. C'était un de ces rusés Normands qui ne disent ni oui ni non, et qui croient toujours qu'ils se compromettent en répondant directement à la question qu'on leur fait ; seulement, ayant cru comprendre qu'il devait suivre tout droit, d'Artagnan se remit en marche sur ce renseignement assez équivoque. A neuf heures du matin il était à Nanteuil ; là il s'arrêta pour déjeuner.

Cette fois, l'hôte était un bon et franc Picard, qui, reconnaissant dans Planchet un compatriote, ne fit aucune difficulté pour lui donner les renseignements qu'il désirait. La terre de Bracieux était à quelques lieues de Villers-Cotterets.

D'Artagnan connaissait Villers-Cotterets pour y avoir suivi deux ou trois fois la cour, car à cette époque Villers-Cotterets était une résidence royale. Il s'achemina donc vers cette ville, et descendit à son hôtel ordinaire, c'est-à-dire au *Dauphin d'or*.

Là les renseignements furent des plus satisfaisants, il apprit que la terre de Bracieux était située à quatre lieues de cette ville, mais que ce n'était point là qu'il fallait chercher Porthos. Porthos avait eu effectivement des démêlés avec l'évêque de Noyon à propos de la terre de Pierrefonds, qui limitait la sienne, et, ennuyé de tous ces démêlés judiciaires, auxquels il ne comprenait rien, il avait, pour en finir, acheté Pierrefonds, de sorte qu'il avait ajouté ce nouveau nom à ses anciens noms. Il s'appelait maintenant du Vallon de Bracieux de Pierrefonds, et demeurait dans sa nouvelle propriété. A défaut d'autre illustration, Porthos visait évidemment à celle du marquis de Carabas.

Il fallait encore attendre au lendemain ; les chevaux avaient fait dix lieues dans leur journée et étaient fatigués. On aurait pu en prendre d'autres, il est vrai, mais il y avait toute une grande forêt à traverser, et Planchet, on se le rappelle, n'aimait pas les forêts la nuit.

Il y avait une chose encore que Planchet n'aimait pas, c'était de se mettre en route à jeun : aussi, en se réveillant, d'Artagnan trouva-t-il son déjeuner tout prêt. Il n'y avait pas moyen de se plaindre d'une pareille attention. D'Artagnan se mit à table ; il va sans dire que Planchet, en reprenant ses anciennes fonctions, avait repris son ancienne humilité et n'était pas plus honteux de manger les restes de d'Artagnan que ne l'étaient madame de Motteville et madame de Fargis de manger ceux d'Anne d'Autriche.

On ne put donc partir que vers les huit heures. Il n'y avait pas à se tromper, il fallait suivre la route qui mène de Villers-Cotterets à Compiègne, et, en sortant du bois, prendre à droite.

Il faisait une belle matinée de printemps, les oiseaux chantaient dans les grands arbres, de larges rayons de soleil passaient à travers les clairières et semblaient des rideaux de gaze dorée. En d'autres endroits, la lumière perçait à peine la voûte épaisse des feuilles, et les pieds des vieux chênes que rejoignaient précipitamment, à la vue des voyageurs, les écureuils agiles, étaient plongés dans l'ombre ; il sortait de toute cette nature matinale un parfum d'herbes, de fleurs et de feuilles qui réjouissait le cœur.

D'Artagnan, lassé de l'odeur fétide de Paris, se disait à lui-même que, lorsqu'on portait trois noms de terre embrochés les uns aux autres, on devait être bien heureux dans un pareil paradis ; puis il secouait la tête en se disant : « Si j'étais Porthos et que d'Artagnan me vînt faire la proposition que je vais faire à Porthos, je sais bien ce que je répondrais à d'Artagnan. »

Quant à Planchet, il ne pensait à rien, il digérait.

A la lisière du bois, d'Artagnan aperçut le chemin indiqué, et au bout du chemin les tours d'un immense château féodal.

— Oh ! oh ! murmura-t-il, il me semblait que ce château appartenait à l'ancienne branche d'Orléans. Porthos en aurait-il traité avec le duc de Longueville ?

— Ma foi, monsieur, dit Planchet, voici des terres bien tenues, et, si elles appartiennent à M. Porthos, je lui en ferai mon compliment.

— Peste ! dit d'Artagnan, ne va pas l'appeler Porthos, ni même du Vallon ; appelle-le de Bracieux ou de Pierrefonds. Tu me ferais manquer mon ambassade.

A mesure qu'il approchait du château qui avait d'abord attiré ses regards, d'Artagnan comprenait que ce n'était point là que pouvait habiter son ami : les tours, quoique solides et paraissant bâties d'hier, étaient ouvertes et comme éventrées. On eût dit que quelque géant les avait fendues à coups de hache.

Arrivé à l'extrémité du chemin, d'Artagnan se trouva dominer une charmante vallée au fond de laquelle on voyait dormir au pied d'un charmant petit lac quelques maisons éparses çà et là, et qui semblaient, humbles et couvertes les unes de tuiles et les autres de chaume, reconnaître pour seigneur suzerain un joli château bâti vers le commencement du règne de Henri IV, que surmontaient des girouettes seigneuriales. Cette fois, d'Artagnan ne douta pas qu'il ne fût en vue de la demeure de Porthos.

Le chemin conduisait droit à ce joli château, qui était à son aïeul, le château de la montagne, ce qu'un petit maître de la coterie de M. le duc d'Enghien était à un chevalier bardé de fer du temps de Charles VII ; d'Artagnan mit son cheval au trot et suivit le chemin ; Planchet régla le pas de son coursier sur celui de son maître.

Au bout de dix minutes, d'Artagnan se trouva à l'extrémité d'une allée régulièrement plantée de beaux peupliers, et qui aboutissait à une grille de fer dont les piques et les bandes transversales étaient dorées. Au milieu de cette avenue se tenait une espèce de seigneur habillé de vert et doré comme la grille, lequel était à cheval sur un gros roussin. A sa droite et à sa gauche étaient deux valets galonnés sur toutes les coutures ; bon nombre de croquants assemblés lui rendaient des hommages fort respectueux.

— Ah ! se dit d'Artagnan, serait-ce là le seigneur du Vallon de Bracieux de Pierrefonds ? Eh ! mon Dieu ! comme il est recroquevillé depuis qu'il ne s'appelle plus Porthos !

— Ce ne peut être lui, dit Planchet, répondant à ce que d'Artagnan s'était dit à lui-même. M. Porthos avait près de six pieds, et celui-là en a cinq à peine.

— Cependant, reprit d'Artagnan, on salue bien bas ce monsieur.

A ces mots, d'Artagnan piqua vers le roussin, l'homme considérable et les valets. A mesure qu'il approchait, il lui semblait reconnaître les traits du personnage.

— Jésus Dieu ! monsieur, dit Planchet, qui, de son côté, croyait le reconnaître, serait-il donc possible que ce fût lui ?

A cette exclamation, l'homme à cheval se retourna lentement et d'un air fort noble, et les deux voyageurs purent voir briller dans tout leur éclat les gros yeux, la trogne vermeille et le sourire si éloquent de Mousqueton.

En effet, c'était Mousqueton, Mousqueton gras à lard, croulant de bonne santé, bouffi de bien-être, qui, reconnaissant d'Artagnan, tout au contraire de cet hypocrite Bazin, se laissa glisser de son roussin par terre et s'approcha chapeau bas vers l'officier, de sorte que les hommages de l'assemblée firent un quart de conversion vers ce nouveau soleil qui éclipsait l'ancien.

— Monsieur d'Artagnan ! monsieur d'Artagnan ! répétait dans ses joues mornes Mousqueton, tout suant d'allégresse, monsieur d'Artagnan ! Oh ! quelle joie pour monseigneur et maître, M. du Vallon de Bracieux de Pierrefonds !

— Ce bon Mousqueton ! Il est donc ici, ton maître?

— Vous êtes sur ses domaines.

— Mais comme te voilà beau, comme te voilà gras, comme te voilà fleuri ! continua d'Artagnan, infatigable à détailler les changements que la bonne fortune avait apportés chez l'ancien affamé.

— Eh ! oui, Dieu merci ! monsieur, dit Mousqueton, je me porte assez bien.

— Mais ne dis-tu donc rien à ton ami Planchet ?

— A mon ami Planchet ! Planchet, serait-ce toi par hasard ? s'écria Mousqueton, les bras ouverts et des larmes plein les yeux.

— Moi-même, dit Planchet toujours prudent; mais je voulais voir si tu n'étais pas devenu fier.

— Devenu fier avec un ancien ami ! Jamais, Planchet. Tu n'as pas pensé cela ou tu ne connais pas Mousqueton.

— A la bonne heure ! dit Planchet en descendant de son cheval et en tendant à son tour les bras à Mousqueton; ce n'est pas comme cette canaille de Bazin, qui m'a laissé deux heures sous un hangar sans même faire semblant de me reconnaître.

Et Planchet et Mousqueton s'embrassèrent avec une effusion qui toucha fort les assistants, et qui leur fit croire que Planchet était quelque seigneur déguisé, tant ils appréciaient à sa plus haute valeur la position de Mousqueton.

— Et maintenant, monsieur, dit Mousqueton lorsqu'il se fut débarrassé de l'étreinte de Planchet, qui avait inutilement essayé de joindre ses mains derrière le dos de son ami; et maintenant, monsieur, permettez-moi de vous quitter, car je ne veux pas que mon maître apprenne la nouvelle de votre arrivée par d'autre que par moi; il ne me pardonnerait pas de m'être laissé devancer.

— Ce cher ami, dit d'Artagnan, évitant de donner à Por-

Le château de Pierrefonds.

thos ni son ancien ni son nouveau nom, il ne m'a donc pas oublié ?

— Oublié ! lui ! s'écria Mousqueton, c'est-à-dire, monsieur, qu'il n'y a pas de jour que nous ne nous attendions à apprendre que vous étiez nommé maréchal, ou en place de M. de Cassion, ou en place de M. de Bassompierre.

D'Artagnan laissa errer sur ses lèvres un de ces rares sourires mélancoliques qui avaient survécu dans le plus profond de son cœur au désenchantement de ses jeunes années.

— Et vous, manants, continua Mousqueton, demeurez près de M. le comte d'Artagnan, et faites-lui honneur de votre mieux, tandis que je vais prévenir monseigneur de son arrivée.

Et remontant, aidé de deux âmes charitables, sur son robuste cheval, tandis que Planchet, plus ingambe, remontait tout seul sur le sien, Mousqueton prit sur le gazon de l'avenue un petit galop qui témoignait encore plus en faveur des reins que des jambes du quadrupède.

— Ah çà ! mais voilà qui s'annonce bien ! dit d'Artagnan, pas de mystères, pas de manteaux, pas de politique par ici; on rit à gorge déployée, on pleure de joie, je ne vois que des visages larges d'une aune; en vérité, il me semble que la nature elle-même est en fête, que les arbres, au lieu de feuilles et de fleurs, sont couverts de petits rubans verts et roses.

— Et moi, dit Planchet, il me semble que je sens d'ici la plus délectable odeur de rôti, que je vois des marmitons se ranger en haie pour nous voir passer. Ah ! monsieur, quel cuisinier doit avoir M. de Pierrefonds, lui qui aimait déjà tant et si bien manger quand il ne s'appelait encore que M. Porthos.

— Halte-là ! dit d'Artagnan; tu me fais peur. Si la réalité répond aux apparences, je suis perdu. Un homme si heureux ne sortira jamais de son bonheur, et je vais échouer près de lui comme j'ai échoué près d'Aramis.

CHAPITRE XIII.

COMMENT D'ARTAGNAN S'APERÇUT EN RETROUVANT PORTHOS QUE
LA FORTUNE NE FAIT PAS LE BONHEUR.

D'Artagnan franchit la grille et se trouva en face du château; il mettait pied à terre quand une sorte de géant apparut sur le perron. Rendons cette justice à d'Artagnan, qu'à part tout sentiment d'égoïsme, le cœur lui battit avec joie à l'aspect de cette haute taille et de cette figure martiale qui lui rappelaient un homme brave et bon.

Il courut à Porthos et se précipita dans ses bras; toute la valetaille, rangée en cercle à distance respectueuse, regardait avec une humble curiosité. Mousqueton au premier rang s'essuya les yeux. Le pauvre garçon n'avait pas cessé de pleurer de joie depuis qu'il avait reconnu d'Artagnan et Planchet.

Porthos prit son ami par le bras.

— Ah! quelle joie de vous revoir, cher d'Artagnan! s'écria-t-il d'une voix qui avait tourné du baryton à la basse; vous ne m'avez donc pas oublié, vous?

— Vous oublier! ah! cher du Vallon, oublie-t-on les plus beaux jours de sa jeunesse et ses amis dévoués, les périls affrontés ensemble? mais c'est-à-dire qu'en vous revoyant il n'y a pas un instant de notre ancienne existence qui ne se représente à ma pensée.

— Oui, oui, dit Porthos en essayant de redonner à sa moustache ce pli coquet qu'elle avait perdu dans la solitude; oui, nous en avons fait de belles dans notre temps, et nous avons donné du fil à retordre à ce pauvre cardinal.

Et il poussa un soupir. D'Artagnan le regarda.

— En tout cas, continua Porthos d'un ton languissant, soyez le bienvenu, cher ami, vous m'aiderez à retrouver ma joie; nous courrons demain le lièvre dans ma plaine, qui est superbe, ou le chevreuil dans mes bois, qui sont fort beaux; j'ai quatre lévriers qui passent pour les plus légers de la province, et une meute qui n'a point sa pareille à vingt lieues à la ronde.

Et Porthos poussa un second soupir.

— Oh! oh! se dit d'Artagnan tout bas, mon gaillard serait-il donc moins heureux qu'il n'en a l'air?

Puis tout haut.

— Mais avant tout, dit-il, vous me présenterez à madame du Vallon, car je me rappelle certaine lettre d'obligeante invitation que vous m'avez écrite, et au bas de laquelle elle avait bien voulu ajouter quelques lignes.

Troisième soupir de Porthos.

— J'ai perdu madame du Vallon il y a deux ans, dit-il, et vous m'en voyez encore tout affligé; c'est pour cela que j'ai quitté mon château du Vallon, près de Corbeil, pour venir habiter ma terre de Bracieux, changement qui m'a amené à acheter celle-ci. Pauvre madame du Vallon! continua Porthos en faisant une grimace de regret, ce n'était pas une femme d'un caractère fort égal, mais elle avait fini cependant par s'accoutumer à mes façons et par accepter mes petites volontés.

— Ainsi, vous êtes riche et libre? dit d'Artagnan.

— Hélas! dit Porthos, je suis veuf et j'ai quarante mille livres de rente. Allons déjeuner, voulez-vous?

— Je le veux bien, dit d'Artagnan; l'air du matin m'a mis en appétit.

— Oui, dit Porthos, mon air est excellent.

Ils entrèrent dans le château. Ce n'étaient que dorures du haut en bas; les corniches étaient dorées, les moulures étaient dorées, les bois des fauteuils étaient dorés.

Une table servie attendait.

— Vous voyez, dit Porthos, c'est mon ordinaire.

— Peste! dit d'Artagnan, je vous en fais mon compliment; le roi n'en a pas un pareil.

— Oui, reprit Porthos, j'ai entendu dire qu'il était fort mal nourri par M. de Mazarin. Goûtez cette côtelette, mon cher d'Artagnan, c'est de mes moutons.

— Vous avez des moutons fort tendres, dit d'Artagnan, et je vous en félicite.

— Oui, on les nourrit dans mes prairies, qui sont excellentes.

— Donnez-m'en encore.

— Non; prenez plutôt de ce lièvre que j'ai tué hier dans une de mes garennes.

— Peste! quel goût! dit d'Artagnan. Ah çà! vous ne les nourrissez donc que de serpolet, vos lièvres?

— Et que pensez-vous de mon vin? dit Porthos. Il est agréable, n'est-ce pas?

— Il est charmant.

— C'est cependant du vin du pays.

— Vraiment?

— Oui, un petit versant au midi, là-bas, sur ma montagne; il fournit vingt muids.

— Mais c'est une véritable vendange, cela!

Porthos soupira pour la cinquième fois. D'Artagnan avait compté les soupirs de Porthos.

— Ah çà, mais, dit-il curieux d'approfondir le problème; on dirait, mon cher ami, que quelque chose vus chagrine. Seriez-vous souffrant, par hasard?... Est-ce que cette santé...

— Excellente, mon cher, meilleure que ja ais; je tuerais un bœuf d'un coup de poing.

— Alors, des chagrins de famille?...

— De famille? par bonheur je n'ai que moi au monde.

— Mais alors qu'est-ce donc qui vous fait soupirer?

— Mon cher, dit Porthos, je serai franc avec vous: je ne suis pas heureux.

— Vous pas heureux, Porthos? Vous qui avez un château, des prairies, des montagnes, des bois; vous qui avez quarante mille livres de rente, enfin, vous n'êtes pas heureux!

— Mon cher, j'ai tout cela, c'est vrai; mais je suis seul au milieu de tout cela.

— Ah! je comprends; vous êtes entouré de croquants que vous ne pouvez pas voir sans déroger.

Porthos pâlit légèrement et vida un énorme verre de son petit vin du versant.

— Non pas, dit-il, au contraire; imaginez-vous que ce sont des hobereaux qui ont tous un titre quelconque e prétendent remonter à Pharamond, à Charlemagne, ou tout au moins à Hugues Capet. Dans le commencement, j'étais le dernier venu, par conséquent j'ai dû faire les avances; je les ai faites; mais vous le savez, mon cher, madame du Vallon...

Porthos, en disant ces mots, parut avaler avec peine sa salive.

— Madame du Vallon, reprit-il, était de noblesse douteuse; elle avait, en premières noces (je crois, d'Artagnan, ne vous apprendre rien de nouveau), épousé un procureur. Ils trouvèrent cela nauséabond. Ils ont dit nauséabond! Vous comprenez, c'était un mot à faire tuer trente mille hommes. J'en ai tué deux; cela a fait taire les autres, mais ne m'a pas rendu leur ami. De sorte que je n'ai plus de société, que je vis seul, que je m'ennuie, que je me ronge.

D'Artagnan sourit; il voyait le défaut de la cuirasse, et il apprêtait le coup.

— Mais enfin, dit-il, vous êtes par vous-même, et votre femme ne peut pas vous défaire.

— Oui, mais vous comprenez, n'étant pas de noblesse historique comme les Coucy, qui se contentaient d'être sires, et les Rohan, qui ne voulaient pas être ducs, tous ces gens-là, qui sont tous ou vicomtes ou comtes, ont le pas sur moi, à l'église, dans les cérémonies, partout, et je n'ai rien à dire. Ah! si j'étais seulement...

— Baron, n'est-ce pas? dit d'Artagnan, achevant la phrase de son ami.

— Ah! s'écria Porthos, dont les traits s'épanouirent, ah! si j'étais baron!

— Bon! pensa d'Artagnan, je réussirai ici.

Puis tout haut.

— Eh bien! cher, ami ce titre que vous souhaitez, je viens vous l'apporter aujourd'hui.

Porthos fit un bond qui ébranla toute la salle; deux ou trois bouteilles en perdirent l'équilibre et roulèrent à terre, où elles furent brisées; Mousqueton accourut au bruit, et l'on aperçut à la perspective Planchet la bouche pleine et la serviette à la main.

— Monseigneur m'appelle? demanda Mousqueton.

Porthos fit signe de la main à Mousqueton de ramasser les éclats de bouteilles.

— Je vois avec plaisir, dit d'Artagnan, que vous avez toujours ce brave garçon.

— Il est mon intendant, dit Porthos; puis haussant la voix : — Il a fait ses affaires, le drôle, on voit cela ; mais, continua-t-il plus bas, il m'est attaché et ne me quitterait pour rien au monde.

— Et il l'appelle monseigneur, pensa d'Artagnan.

— Sortez, Mouston, dit Porthos.

— Vous dites Mouston ? Ah ! oui, par abréviation : Mousqueton était trop long à prononcer.

— Oui, dit Porthos, et puis cela sentait son maréchal des logis d'une lieue. Mais nous parlions affaires quand ce drôle est entré, dit Porthos.

— Oui, dit d'Artagnan, cependant remettons la conversation à plus tard, vos gens pourraient soupçonner quelque chose; il y a peut-être des espions dans le pays. Vous devinez, Porthos, qu'il s'agit de choses sérieuses.

— Peste ! dit Porthos. Eh bien ! pour faire la digestion, promenons-nous dans mon parc.

— Volontiers.

Et, comme tous deux avaient suffisamment déjeuné, ils commencèrent à faire le tour d'un jardin magnifique ; des allées de marronniers et de tilleuls enfermaient un espace de trente arpents au moins; au bout de chaque quinconce, bien fourré de taillis et d'arbustes, on voyait courir les lapins, disparaissant dans les glandées et se jouant dans les hautes herbes.

— Ma foi, dit d'Artagnan, le parc correspond à tout le reste, et, s'il y a autant de poissons dans votre étang que de lapins dans vos garennes, vous êtes un homme heureux, mon cher Porthos, pour peu que vous ayez conservé le goût de la chasse et acquis celui de la pêche.

— Mon ami, dit Porthos, je laisse la pêche à Mousqueton : c'est un plaisir roturier ; mais je chasse quelquefois, c'est-à-dire que, quand je m'ennuie, je m'assieds sur un de ces bancs de marbre, je me fais apporter mon fusil, je me fais amener Gredinet, mon chien favori, et je tire des lapins.

— Mais c'est fort divertissant ! dit d'Artagnan.

— Oui, répondit Porthos avec un soupir, c'est fort divertissant !

D'Artagnan ne les comptait plus.

— Puis, ajouta Porthos, Gredinet va les chercher et les porte lui-même au cuisinier; il est dressé à cela.

— Ah ! la charmante petite bête ! dit d'Artagnan.

— Mais, reprit Porthos, laissons là Gredinet, que je vous donnerai si vous en avez envie, car je commence à m'en lasser, et revenons à notre affaire.

— Volontiers, dit d'Artagnan ; seulement, je vous préviens, cher ami, pour que vous ne disiez pas que je vous ai pris en traître, qu'il vous faudra bien changer d'existence.

— Comment cela ?

— Reprendre le harnais, ceindre l'épée, courir les aventures, laisser, comme dans le temps passé, un peu de sa chair par les chemins ; vous savez, la manière d'autrefois, enfin.

— Ah diable ! fit Porthos.

— Oui, je comprends, vous vous êtes gâté, cher ami, vous avez pris du ventre, et le poignet n'a plus cette élasticité dont les gardes de M. le cardinal ont eu tant de preuves.

— Ah ! le poignet est encore bon, je vous le jure, dit Porthos en étendant une main pareille à une épaule de mouton.

— Tant mieux.

— C'est donc la guerre qu'il faut que nous fassions ?

— Eh ! mon Dieu, oui.

— Et contre qui ?

— Avez-vous suivi la politique, mon ami ?

— Moi ? pas le moins du monde.

— Alors, êtes-vous pour le Mazarin ou pour les princes ?

— Moi ? je ne suis pour personne.

— C'est-à-dire que vous êtes pour nous. Tant mieux, Porthos, c'est la bonne position pour faire ses affaires. Eh bien ! mon cher, je vous dirai que je viens de la part du cardinal.

Ce mot fit son effet sur Porthos, comme si on eût encore été en 1640 et qu'il se fût agi du vrai cardinal.

— Oh ! oh ! que me veut Son Eminence ?

— Son Eminence veut vous avoir à son service.

— Et qui lui a parlé de moi ?

— Rochefort, vous rappelez-vous ?

— Oui, pardieu ! celui qui nous a donné tant d'ennuis dans le temps, et qui nous a fait tant courir par les chemins, le même à qui vous avez fourni successivement trois coups d'épée, qu'il n'avait pas volés, au reste.

— Mais vous savez qu'il est devenu notre ami ? dit d'Artagnan.

— Non ! je ne le savais pas. Ah ! il n'a pas de rancune ?

— Vous vous trompez, Porthos, dit d'Artagnan à son tour : c'est moi qui n'en ai point.

Porthos ne comprit pas très-bien ; mais, on se le rappelle, la compréhension n'était pas son fort.

— Vous dites donc, continua-t-il, que c'est le comte de Rochefort qui a parlé de moi au cardinal ?

— Oui, et puis la reine.

— Comment, la reine ?

— Pour nous inspirer confiance, elle lui a même remis le fameux diamant, vous savez, que j'avais vendu à M. des Essarts et qui, je ne sais comment, est rentré en sa possession.

— Mais il me semble, dit Porthos avec son gros bon sens, qu'elle eût mieux fait de le remettre à vous.

— C'est aussi mon avis, dit d'Artagnan ; mais que voulez-vous ? les rois et les reines ont quelquefois des caprices. Au bout du compte, comme ce sont eux qui tiennent les richesses et les honneurs, qui distribuent l'argent et les titres, on leur est dévoué.

— Oui, on leur est dévoué, dit Porthos. Alors vous êtes donc dévoué, dans ce moment-ci... ?

— Au roi, à la reine et au cardinal, et j'ai de plus répondu de votre dévouement.

— Et vous dites que vous avez fait certaines conditions pour moi ?

— Magnifiques, mon cher, magnifiques ! D'abord vous avez de l'argent, n'est-ce pas ? Quarante mille livres de rentes, vous me l'avez dit.

Porthos entra en défiance.

— Eh ! mon ami, lui dit-il, on n'a jamais trop d'argent. Madame du Vallon a laissé une succession embrouillée ; je ne suis pas grand clerc, moi, en sorte que je vis un peu au jour le jour.

— Il a peur que je ne sois venu pour lui emprunter de l'argent, pensa d'Artagnan.

— Ah ! mon ami, dit-il tout haut, tant mieux si vous êtes gêné !

— Comment, tant mieux ? dit Porthos.

— Oui, car Son Eminence donnera tout ce que l'on voudra, terres, argent et titres.

— Ah ! ah ! ah ! fit Porthos écarquillant les yeux à ce dernier mot.

— Sous l'autre cardinal, continua d'Artagnan, nous n'avons pas su profiter de la fortune ; c'était le cas, pourtant ; je ne dis pas cela pour vous, qui aviez vos quarante mille livres de rentes en vue, et qui me paraissez l'homme le plus heureux de la terre.

Porthos soupira.

— Toutefois, continua d'Artagnan, malgré vos quarante mille livres de rentes et peut-être même à cause de vos quarante mille livres de rentes, il me semble qu'une petite couronne ferait bien sur votre carrosse. Eh ! eh !

— Mais oui, dit Porthos.

— Eh bien ! mon cher, gagnez-la ; elle est au bout de votre épée. Nous ne nous nuirons pas. Votre but, à vous, c'est un titre : mon but, à moi, c'est de l'argent. Que j'en gagne assez pour faire reconstruire Artagnan, que mes ancêtres, appauvris par les croisades, ont laissé tomber en ruines depuis ce temps, et pour acheter une trentaine d'arpents de terre autour, c'est tout ce qu'il me faut ; je m'y retire et j'y meurs tranquille.

— Et moi, dit Porthos, je veux être baron.

— Vous le serez.

— Et n'avez-vous donc point pensé aussi à nos autres amis ? demanda Porthos.

— Si fait, j'ai vu Aramis.

— Eh bien ! que désire-t-il, lui ? d'être évêque ?

— Aramis, dit d'Artagnan, qui ne voulait pas désenchanter Porthos ; Aramis, imaginez-vous, mon cher, qu'il est devenu moine et jésuite, qu'il vit comme un ours ; il renonce à tout, et ne pense qu'à son salut. Mes offres n'ont pu le décider.

— Tant pis ! dit Porthos, il avait de l'esprit. Et Athos ?

— Je ne l'ai pas encore vu ; mais j'irai le voir en vous quittant. Savez-vous où je le trouverai, lui ?

— Près de Blois, dans une petite terre qu'il a héritée de je ne sais quel parent.

— Et qu'on appelle ?

— Bragelonne. Comprenez-vous, mon cher ? Athos, qui était noble comme l'empereur et qui hérite d'une terre qui a le titre de comté ! Que fera-t-il de tous ces comtés-là ? Comté de la Fère, comté de Bragelonne ?

— Avec cela qu'il n'a pas d'enfants, dit d'Artagnan.

— Heu ! fit Porthos, j'ai entendu dire qu'il avait adopté un jeune homme qui lui ressemblait par le visage.

— Athos, notre Athos, qui était vertueux comme Scipion ? L'avez-vous vu ?

— Non

Se battra-t-on beaucoup ? — Je l'espère. — Tant mieux, au bout du compte.

— Eh bien ! j'irai demain lui porter de vos nouvelles. J'ai peur, entre nous, que son penchant pour le vin ne l'ait fort vieilli et fort dégradé.

— Oui, dit Porthos, c'est vrai, il buvait beaucoup.

— Puis c'était notre aîné à tous, dit d'Artagnan.

— De quelques années seulement, reprit Porthos ; son air grave le vieillissait beaucoup.

— Oui, c'est vrai. Donc, si nous avons Athos, ce sera tant mieux ; si nous ne l'avons pas, eh bien ! nous nous en passerons. Nous en valons bien douze à nous deux.

, — Oui, dit Porthos, souriant au souvenir de ses anciens exploits ; mais à nous quatre nous en aurions valu trente-six, d'autant plus que le métier sera dur, à ce que vous dites.

— Dur pour des recrues, oui, mais pour nous, non.

— Sera-ce long ?

— Dame ! cela peut durer trois ou quatre ans

— Se battra-t-on beaucoup ?

— Je l'espère.

— Tant mieux ! au bout du compte, tant mieux ! s'écria Porthos. Vous n'avez point idée, mon cher, combien les os me craquent depuis que je suis ici ! Quelquefois, le dimanche, en sortant de la messe, je cours à cheval, dans les champs et sur les terres des voisins, pour rencontrer quelque bonne querelle, car je sens que j'en ai besoin ; mais rien, mon cher ! Soit qu'on me respecte, soit qu'on me craigne, ce qui est plus probable, on me laisse fouler les luzernes avec mes chiens, passer sur le ventre à tout le monde, et je reviens plus ennuyé, voilà tout. Au moins, dites-moi, se bat-on un peu plus facilement à Paris ?

— Quant à cela, mon cher, c'est charmant : plus d'édits, plus de gardes du cardinal, plus de Jussac ni d'autres li-

miers. Mon Dieu ! voyez-vous, sous une lanterne, dans une auberge, partout. Etes-vous Mazarin, êtes-vous frondeur, on dégaîne, et tout est dit. M. de Guise a tué M. de Coligny en pleine place Royale, et il n'en a rien été.

— Ah ! voilà qui va bien, alors, dit Porthos.

— Et puis, avant peu, continua d'Artagnan, nous aurons des batailles rangées, du canon, des incendies ; ce sera très-varié.

— Alors, je me décide.

— J'ai donc votre parole ?

L.A. BEAUCE.   POUGET.

Planchet.

— Oui, c'est dit. Je frapperai d'estoc et de taille pour le Mazarin. Mais...

— Mais ?

— Mais il me fait baron !

— Eh pardieu ! dit d'Artagnan, c'est arrêté d'avance ; je

vous l'ai dit et je vous le répète, je réponds de votre baronnie.

Sur cette promesse, Porthos, qui n'avait jamais douté de la parole de son ami, reprit avec lui le chemin du château.

CHAPITRE XIV.

Tout en revenant vers le château et tandis que Porthos
nageait dans ses rêves de baronnie, d'Artagnan réfléchissait
à la misère de cette pauvre nature humaine, toujours mé-
contente de ce qu'elle a, toujours désireuse de ce qu'elle
n'a pas. A la place de Porthos, d'Artagnan se serait trouvé
l'homme le plus heureux de la terre, et, pour que Porthos
fût heureux, il lui manquait, quoi? cinq lettres à mettre
avant tous ses noms et une petite couronne à faire peindre
sur les panneaux de sa voiture.

— Je passerai donc toute ma vie, disait en lui-même
d'Artagnan, à regarder à droite et à gauche sans voir jamais
la figure d'un homme complétement heureux?

Il faisait cette réflexion philosophique, lorsque la Providence sembla vouloir lui donner un démenti. Au moment
où Porthos venait de le quitter pour donner quelques ordres
à son cuisinier, il vit s'approcher de lui Mousqueton. La
figure du brave garçon, moins un léger trouble qui, comme
un nuage d'été, gazait sa physionomie plutôt qu'elle ne la
voilait, paraissait celle d'un homme parfaitement heureux.

— Voilà ce que je cherchais, se dit d'Artagnan; mais,
hélas! le pauvre garçon ne sait pas pourquoi je suis venu.

Mousqueton se tenait à distance. D'Artagnan s'assit sur
un banc et lui fit signe de s'approcher.

— Monsieur, dit Mousqueton, profitant de la permission,
j'ai une grâce à vous demander.

— Parle, mon ami, dit d'Artagnan.

— C'est que je n'ose, j'ai peur que vous ne pensiez que
la prospérité m'a tourné.

— Tu es donc heureux, mon ami? dit d'Artagnan.

— Aussi heureux qu'il est possible de l'être, et cependant vous pouvez me rendre plus heureux encore.

— Eh bien! parle, et, si la chose dépend de moi, elle est
faite.

— Oh! monsieur, elle ne dépend que de vous.

— J'attends.

— Monsieur, la grâce que j'ai à vous demander, c'est de
ne plus m'appeler Mousqueton, mais bien Mouston. Depuis
que j'ai l'honneur d'être intendant de monseigneur, j'ai
pris ce dernier nom, qui est plus digne et sert à me faire
respecter de mes inférieurs. Vous savez, monsieur, combien la subordination est nécessaire à la valetaille.

D'Artagnan sourit; Porthos allongeait ses noms, Mousqueton raccourcissait le sien.

— Eh bien! monsieur? dit Mousqueton tout en tremblant.

— Eh bien! oui, mon cher Mouston, dit d'Artagnan; sois
tranquille, je n'oublierai pas ta requête, et, si cela te fait
plaisir, je ne te tutoierai même plus.

— Oh! s'écria Mousqueton, rouge de joie, si vous me fai-
siez un pareil honneur, monsieur, j'en serais reconnaissant toute ma vie; mais ce serait trop demander peut-être.

— Hélas! dit en lui-même d'Artagnan, c'est bien peu en
échange des tribulations inattendues que j'apporte à ce pauvre diable qui m'a si bien reçu.

— Et monsieur reste longtemps avec nous? dit Mousqueton, dont la figure, rendue à son entière sérénité, s'épa-
nouissait comme une pivoine.

— Je pars demain, mon ami, dit d'Artagnan.

— Ah! monsieur, dit Mousqueton, c'était donc seulement
pour nous donner des regrets que vous étiez venu?

— J'en ai peur, dit d'Artagnan si bas, que Mousqueton,
qui se retirait en saluant, ne put l'entendre.

Un remords traversait l'esprit de d'Artagnan, quoique son
cœur se fût fort racorni: il ne regrettait pas d'engager Porthos dans une route où sa vie et sa fortune allaient être
compromises, car Porthos risquait volontiers tout cela pour

le titre de baron, que depuis quinze ans il désirait atteindre; mais Mousqueton, qui ne désirait rien que d'être appelé Mouston, n'était-il pas bien cruel de l'arracher à la vie
délicieuse de son grenier d'abondance? Cette idée-là le préoccupait lorsque Porthos reparut.

— A table! dit Porthos.

— Comment, à table? dit d'Artagnan; quelle heure est-il
donc?

— Eh! mon cher, il est une heure passée.

— Votre habitation est un paradis, Porthos; on y oublie
le temps. Je vous suis, mais je n'ai pas faim.

— Venez; si l'on ne peut pas toujours manger, on peut
toujours boire; c'est une des maximes de ce pauvre Athos,
dont j'ai reconnu la solidité depuis que je m'ennuie.

D'Artagnan, dont son naturel gascon avait toujours fait
sobre, ne paraissait pas aussi convaincu que son ami de la
vérité de l'axiome d'Athos; néanmoins, il fit ce qu'il put
pour se tenir à la hauteur de son hôte.

Cependant, tout en regardant manger Porthos et en buvant de son mieux, cette idée de Mousqueton revenait à
l'esprit de d'Artagnan, et cela avec d'autant plus de force
que Mousqueton, sans servir lui-même à table, ce qui eût
été au-dessous de sa nouvelle position, apparaissait de temps
en temps à la porte et trahissait sa reconnaissance pour
d'Artagnan par l'âge et le cru des vins qu'il faisait servir.

Aussi, quand, au dessert, sur un signe de d'Artagnan,
Porthos eut renvoyé ses laquais, et que les deux amis se
trouvèrent seuls:

— Porthos, dit d'Artagnan, qui vous accompagnera donc
dans vos campagnes?

— Mais, répondit naturellement Porthos, Mouston, ce
me semble.

Ce fut un coup pour d'Artagnan; il vit déjà se changer en
grimaces de douleur le bienveillant sourire de l'intendant.

— Cependant, répliqua d'Artagnan, Mouston n'est plus
de la première jeunesse, mon cher; de plus, il est devenu
très-gros, et peut-être a-t-il perdu l'habitude du service
actif?

— Je le sais, dit Porthos; mais je me suis accoutumé à
lui; et d'ailleurs, il ne voudrait pas me quitter, il m'aime
trop.

— O aveugle amour-propre! pensa d'Artagnan.

— D'ailleurs, vous-même, demanda Porthos, n'avez-vous
pas toujours à votre service votre même laquais, ce bon, ce
brave, cet intelligent... Comment l'appeliez-vous donc?

— Planchet. Oui, je l'ai retrouvé; mais il n'est plus laquais.

— Qu'est-il donc?

— Eh bien! avec ses 1,600 livres, vous savez, les 1,600
livres qu'il a gagnées au siége de la Rochelle en portant la
lettre à lord de Winter, il a ouvert une petite boutique rue
des Lombards, et il est confiseur...

— Ah! il est confiseur rue des Lombards! Mais comment
vous suit-il?

— Il a fait quelques escapades, dit d'Artagnan, et il craint
d'être inquiété.

— Eh bien! dit alors Porthos, si on vous eût dit, mon
cher, qu'un jour Planchet ferait sauver Rochefort, et que
vous le cacheriez pour cela?

— Je ne l'aurais pas cru. Mais que voulez-vous! les événements changent les hommes.

— Rien de plus vrai, dit Porthos; mais ce qui ne change
pas, ou ce qui change pour se bonifier, c'est le vin. Goûtez de
celui-ci; c'est d'un cru d'Espagne qu'estimait fort notre ami
Athos: c'est du Xérès.

A ce moment, l'intendant vint consulter son maître sur
le menu du lendemain et aussi sur la partie de chasse projetée.

— Dis-moi, Mouston, demanda Porthos, mes armes sont-
elles en bon état?

D'Artagnan commença à battre la mesure sur la table pour
cacher son embarras.

— Vos armes, monseigneur? demanda Mouston; quelles
armes?

— Eh pardieu! mes harnais.

— Quels harnais?

— Mes harnais de guerre.

— Mais oui, monseigneur. Je le crois, du moins.

— Tu t'en assureras demain, et tu les feras fourbir si elles en ont besoin. Quel est mon meilleur cheval de course?

— Vulcain.

— Et de fatigue?

— Bayard.

— Quel cheval aimes-tu, toi?

— J'aime Rustaud, monseigneur; c'est une bonne bête, avec laquelle je m'entends à merveille.

— C'est vigoureux, n'est-ce pas?

— Normand, croisé mecklembourg, ça irait jour et nuit.

— Voilà notre affaire. Tu feras restaurer les trois bêtes, tu fourbiras ou tu feras fourbir mes armes; plus, des pistolets pour toi et un couteau de chasse.

— Nous voyagerons donc, monseigneur? dit Mousqueton déjà inquiet.

D'Artagnan, qui n'avait jusque-là fait que des accords vagues, battit une marche.

— Mieux que cela, Mouston, répondit Porthos.

— Nous faisons une expédition, monsieur? dit l'intendant, dont les roses commençaient à se changer en lis.

— Nous rentrons au service, Mouston, répondit Porthos en essayant toujours de faire reprendre à sa moustache ce pli martial qu'elle avait perdu.

Ces paroles étaient à peine prononcées que Mousqueton fut agité d'un tremblement qui secouait ses grosses joues marbrées; il regarda d'Artagnan d'un air indicible de tendre reproche, que l'officier ne put supporter sans se sentir attendri; puis il chancela, et d'une voix étranglée :

— Du service! du service dans les armées du roi? dit-il

— Oui et non. Nous allons refaire campagne, chercher toutes sortes d'aventures, reprendre la vie d'autrefois, enfin.

Ce dernier mot tomba sur Mousqueton comme la foudre. C'était cet *autrefois* si terrible qui faisait le *maintenant* si doux.

— O mon Dieu! qu'est-ce que j'entends? dit Mousqueton avec un regard plus suppliant encore que le premier à l'adresse de d'Artagnan.

— Que voulez-vous, mon pauvre Mouston! dit d'Artagnan; la fatalité...

Malgré la précaution qu'avait prise d'Artagnan de ne pas le tutoyer et de donner à son nom la mesure qu'il ambitionnait, Mousqueton n'en reçut pas moins le coup, et le coup fut si terrible, qu'il sortit tout bouleversé en oubliant de fermer la porte.

— Ce bon Mouston! il ne se connaît plus de joie! dit Porthos du ton que don Quichotte dut mettre à encourager Sancho à seller son grison pour une dernière campagne.

Les deux amis restés seuls se mirent à parler de l'avenir et à faire mille châteaux en Espagne. Le bon vin de Mousqueton leur faisait voir, à d'Artagnan une perspective toute reluisante de quadruples et de pistoles, à Porthos le cordon bleu et le manteau ducal. Le fait est qu'ils dormaient sur la table lorsqu'on vint les inviter à passer dans leur lit.

Cependant, dès le lendemain Mousqueton fut un peu réconforté par d'Artagnan, qui lui annonça que probablement la guerre se ferait toujours au cœur de Paris et à la portée du château du Vallon, qui était près de Corbeil; de Bracieux, qui était près de Melun, et de Pierrefonds, qui était entre Compiègne et Villers-Cotterets.

— Mais il me semble qu'autrefois... dit timidement Mousqueton.

— Oh! dit d'Artagnan, on ne fait plus la guerre à la manière d'autrefois. Ce sont aujourd'hui affaires diplomatiques; demandez à Planchet.

Mousqueton alla demander ces renseignements à son ancien ami, lequel confirma en tout point ce qu'avait dit d'Artagnan. Seulement, ajouta-t-il, dans cette guerre les prisonniers courent le risque d'être pendus.

— Peste! dit Mousqueton, je crois que j'aime encore mieux le siége de la Rochelle.

Quant à Porthos, après avoir fait tuer un chevreuil à son hôte, après l'avoir conduit de ses bois à sa montagne, de sa montagne à ses étangs, après lui avoir fait voir ses lévriers, sa meute, Gredinet, tout ce qu'il possédait enfin, et fait refaire trois autres repas des plus somptueux, il demanda ses instructions définitives à d'Artagnan, forcé de le quitter pour continuer son chemin.

— Voici, cher ami, lui dit le messager : il me faut quatre jours pour aller d'ici à Blois, un jour pour y rester, trois ou quatre jours pour retourner à Paris. Partez donc dans une semaine avec vos équipages; vous descendrez rue Tiquetonne, à l'hôtel de la Chevrette, et vous attendrez mon retour.

— C'est convenu, dit Porthos.

— Moi, je vais faire un tour sans espoir chez Athos, répliqua d'Artagnan; mais, quoique je le croie devenu fort incapable, il faut observer les procédés avec ses amis.

— Si j'allais avec vous, dit Porthos, cela me distrairait peut-être.

— C'est possible, observa d'Artagnan, et moi aussi; mais vous n'auriez plus le temps de faire vos préparatifs.

— C'est vrai, dit Porthos. Partez donc et bon courage. Quant à moi, je suis plein d'ardeur.

— A merveille, ajouta d'Artagnan.

Et ils se séparèrent sur les limites de la terre de Pierrefonds, jusqu'aux extrémités de laquelle Porthos voulut conduire son ami.

— Au moins, disait d'Artagnan tout en prenant la route de Villers-Cotterets, au moins je ne serai pas seul. Ce diable de Porthos est encore d'une vigueur superbe. Si Athos vient, eh bien! nous serons trois à nous moquer d'Aramis, de ce petit frocard à bonnes fortunes.

A Villers-Cotterets il écrivit au cardinal :

« Monseigneur, j'en ai déjà un à offrir à Votre Eminence, et celui-là vaut vingt hommes. Je pars pour Blois, le comte de la Fère habitant le château de Bragelonne, aux environs de cette ville. »

Et sur ce, il prit la route de Blois, tout en devisant avec Planchet, qui lui était une grande distraction pendant ce long voyage.

CHAPITRE XV.

DEUX TÊTES D'ANGES.

Il s'agissait d'une longue route; mais d'Artagnan ne s'en inquiétait point : il savait que ses chevaux s'étaient rafraîchis aux plantureux râteliers du seigneur de Bracieux. Il se lança donc avec confiance dans les quatre ou cinq journées de marche qu'il avait à faire, suivi du fidèle Planchet.

Comme nous l'avons déjà dit, ces deux hommes, pour combattre les ennuis de la route, cheminaient côte à côte et causaient toujours ensemble. D'Artagnan avait peu à peu dépouillé le maître, et Planchet avait quitté tout à fait la peau de laquais. C'était un profond matois, qui, depuis sa bourgeoisie improvisée, avait regretté souvent les franches lippées du grand chemin, ainsi que la conversation et la compagnie brillante des gentilshommes, et qui, se sentant une certaine valeur personnelle, souffrait de se voir démonétiser par le contact perpétuel des gens à idées plates.

Il s'éleva donc bientôt avec celui qu'il appelait encore son maître au rang de confident. D'Artagnan depuis longues années n'avait pas ouvert son cœur. Il arriva que ces deux hommes, en se retrouvant, s'agencèrent admirablement.

D'ailleurs, Planchet n'était pas un compagnon d'aventures tout à fait vulgaire : il était homme de bon conseil; sans chercher le danger, il ne reculait pas aux coups, comme d'Artagnan avait eu plusieurs fois l'occasion de s'en apercevoir; enfin, il avait été soldat, et les armes ennoblissaient; et puis, plus que tout cela, si Planchet avait besoin de lui, Planchet ne lui était pas non plus inutile. Ce fut donc presque sur le pied de deux bons amis que d'Artagnan et Planchet arrivèrent dans le Blaisois.

Chemin faisant, d'Artagnan disait en secouant la tête et en revenant à cette idée qui l'obsédait sans cesse :

— Je sais bien que ma démarche près d'Athos est inutile et absurde, mais je dois ce procédé à un ancien ami, homme qui avait en lui l'étoffe du plus noble et du plus généreux de tous les hommes.

— Oh! M. Athos était un fier gentilhomme, dit Planchet.

— N'est-ce pas? reprit d'Artagnan.

— Semant l'argent comme le ciel fait de la grêle, continua Planchet, mettant l'épée à la main avec un air royal. Vous souvient-il, monsieur, du duel avec les Anglais dans l'enclos des Carmes? Ah! que M. Athos était beau et magnifique ce jour-là, lorsqu'il dit à son adversaire . « Vous avez exigé que je vous dise mon nom, monsieur; tant pis pour vous, car je vais être forcé de vous tuer. » J'étais près de lui et je l'ai entendu. Ce sont mot à mot ses propres paroles. Et ce coup d'œil, monsieur, lorsqu'il toucha son adversaire comme il l'avait dit, et que son adversaire tomba, sans seulement dire ouf! Ah ! monsieur, je le répète, c'était un fier gentilhomme.

— Oui, dit d'Artagnan, tout cela est vrai comme l'Evangile, mais il aura perdu toutes ces qualités avec un seul défaut.

— Je m'en souviens, dit Planchet, il aimait à boire, ou plutôt il buvait. Mais il ne buvait pas comme les autres. Ses yeux ne disaient rien quand il portait le verre à ses lèvres. En vérité, jamais silence n'a été si parlant. Quant à moi, il me semble que je l'entendais murmurer : « Entre, liqueur, et chasse mes chagrins. » Et comme il trouvais le pied l'un verre ou le cou d'une bouteille! il n'y avait que lui pour cela.

— Eh bien! aujourd'hui, continua d'Artagnan, voilà le triste spectacle qui nous attend. Ce noble gentilhomme à l'œil fier, ce beau cavalier si brillant sous les armes que l'on s'étonnait toujours qu'il tînt une simple épée à la main au lieu d'un bâton de commandement, eh bien ! il se sera transformé en un vieillard courbé, au nez rouge, aux yeux pleurants. Nous allons le trouver couché sur quelque gazon, d'où il nous regardera d'un œil terne, et qui, peut-être, ne nous reconnaîtra pas. Dieu m'est témoin, Planchet, continua

d'Artagnan, que je fuirais ce triste spectacle si je ne tenais à prouver mon respect à cette ombre illustre du glorieux comte de la Fère, que nous avons tant aimé.

Planchet hocha la tête et ne dit mot : on voyait facilement qu'il partageait les craintes de son maître.

— Et puis, reprit d'Artagnan, cette décrépitude, car Athos est vieux maintenant, la misère peut-être, car il aura négligé le peu de bien qu'il avait, et le sale Grimaud, plus muet que jamais et plus ivrogne que son maître... tiens, Planchet, tout cela me fend le cœur.

— Il me semble que j'y suis et que je le vois là, bégayant et chancelant, dit Planchet d'un ton piteux.

— Ma seule crainte, je l'avoue, reprit d'Artagnan, c'est qu'Athos n'accepte mes propositions dans un moment d'ivresse guerrière. Ce serait pour Porthos et moi un grand malheur et surtout un véritable embarras; mais, pendant sa première orgie, nous le quitterons, voilà tout. En revenant à lui, il comprendra.

— En tout cas, monsieur, dit Planchet, nous ne tarderons pas à être éclairés, car je crois que ces murs si hauts, qui rougissent au soleil couchant, sont les murs de Blois.

— C'est probable, répondit d'Artagnan, et ces clochetons aigus et sculptés que nous entrevoyons là-bas à gauche dans le bois ressemblent à ce que j'ai ouï dire de Chambord.

— Entrerons-nous en ville? demanda Planchet.

— Sans doute, pour nous renseigner.

— Monsieur, je vous conseille, si nous y entrons, de goûter à certains petits pots de crème dont j'ai fort entendu parler, mais qu'on ne peut malheureusement faire venir à Paris et qu'il faut manger sur place.

— Eh bien! nous en mangerons, sois tranquille, dit d'Artagnan.

En ce moment, un de ces lourds chariots, attelés de bœufs, qui portent le bois coupé dans les belles forêts du pays jusqu'aux ports de la Loire, déboucha par un sentier plein d'ornières sur la route que suivaient les deux cavaliers. Un homme l'accompagnait, portant une longue gaule armée d'un clou avec laquelle il aiguillonnait son lent attelage.

— Eh! l'ami! cria Planchet au bouvier.

— Qu'y a-t-il pour votre service, messieurs? dit le paysan avec cette pureté de langage particulière aux gens de ce pays, et qui ferait honte aux citadins puristes de la place de la Sorbonne et de la rue de l'Université.

— Nous cherchons la maison de M. le comte de la Fère, dit d'Artagnan; connaissez-vous ce nom-là parmi ceux des seigneurs des environs?

Le paysan ôta son chapeau en entendant ce nom, et répondit :

— Messieurs, ce bois que je charrie est à lui; je l'ai coupé dans sa futaie, et je le conduis au château.

D'Artagnan ne voulut pas questionner cet homme; il lui répugnait d'entendre dire par un autre peut-être ce qu'il avait dit lui-même à Planchet.

— Le château! se dit-il à lui-même, le château! Ah! je comprends, Athos n'est pas endurant; il aura forcé, comme Porthos, ses paysans à l'appeler monseigneur et à nommer château sa maison; il avait la main lourde, ce cher Athos, surtout quand il avait bu.

Les bœufs avançaient lentement. D'Artagnan et Planchet marchaient derrière la voiture; cette allure les impatienta.

— Le chemin est donc celui-ci? demanda d'Artagnan au bouvier, et nous pouvons le suivre sans crainte de nous égarer?

— Oh! mon Dieu, oui, monsieur, dit l'homme, et vous pouvez le prendre au lieu de vous ennuyer à escorter des bêtes si lentes. Vous n'avez qu'une demi-lieue à faire, et vous apercevez un château sur la droite; on ne le voit pas encore d'ici, à cause d'un rideau de peupliers qui le cache. Ce château n'est point Bragelonne, c'est la Vallière; vous passerez outre; mais, à trois portées de mousquet plus loin, une grande maison blanche, à toits en ardoises, bâtie sur un tertre ombragé de sycomores énormes, c'est le château de M. le comte de la Fère.

— Et cette demi-lieue est-elle longue? demanda d'Artagnan, car il y a lieue et lieue dans notre beau pays de France.

— Dix minutes de chemin, monsieur, pour les jambes fines de votre cheval.

D'Artagnan remercia le bouvier et piqua aussitôt; puis, troublé malgré lui à l'idée de revoir cet homme singulier qu'il avait tant aimé, qui avait tant contribué par ses conseils et par son exemple à son éducation de gentilhomme, il ralentit peu à peu le pas de son cheval et continua d'avancer la tête basse comme un rêveur.

Planchet aussi avait trouvé dans la rencontre et l'attitude de ce paysan matière à de graves réflexions. Jamais, ni en Normandie, ni en Franche-Comté, ni en Artois, ni en Picardie, pays qu'il avait particulièrement habités, il n'avait rencontré chez les villageois cette allure facile, cet air poli, ce langage épuré. Il était tenté de croire qu'il avait rencontré quelque gentilhomme, frondeur comme lui, qui, pour cause politique, avait été forcé comme lui de se déguiser.

Bientôt, au détour du chemin, le château de la Vallière, comme l'avait dit le bouvier, apparut aux yeux des voyageurs, puis, à un quart de lieue plus loin environ, la maison blanche, encadrée dans ses sycomores, se dessina sur le

J.A.BEAUCE   JATTICT

Le comte de la Fère.

fond d'un massif d'arbres épais que le printemps poudrait d'une neige de fleurs.

A cette vue, d'Artagnan, qui, d'ordinaire, s'émotionnait peu, sentit un trouble étrange pénétrer jusqu'au fond de son cœur; tant sont puissants, pendant tout le cours de la vie, ces souvenirs de jeunesse. Planchet, qui n'avait pas les mêmes motifs d'impression, interdit de voir son maître si agité, regardait alternativement d'Artagnan et la maison.

Le mousquetaire fit encore quelques pas en avant, et se trouva en face d'une grille travaillée avec le goût qui distingue les fontes de cette époque.

On voyait, par cette grille, des potagers tenus avec soin, une cour assez spacieuse, dans laquelle piétinaient plusieurs chevaux de main, tenus par des valets en livrées différentes, et un carrosse attelé de deux chevaux du pays.

— Nous nous trompons, ou cet homme nous a trompés, dit d'Artagnan, ce ne peut être là que demeure Athos. Mon Dieu! serait-il mort, et cette propriété appartiendrait-elle à quelqu'un de son nom? Mets pied à terre, Planchet, et va t'informer; j'avoue que, pour moi, je n'en ai pas le courage.

Planchet mit pied à terre.

— Tu ajouteras, dit d'Artagnan, qu'un gentilhomme qui passe désire avoir l'honneur de saluer M. le comte de la

Fère, et, si tu es content des renseignements, eh bien! alors nomme-moi.

Planchet, trainant son cheval par la bride, s'approcha de la porte, fit retentir 'la cloche de la grille, et aussitôt un homme de service, aux cheveux blanchis, à la taille droite malgré son âge, vint se présenter et reçut Planchet.

— C'est ici que demeure M. le comte de la Fère? demanda Planchet.

— Oui, monsieur, c'est ici, répondit le serviteur à Planchet, qui ne portait pas de livrée.

— Un seigneur retiré du service, n'est-ce pas?

— C'est cela même.

— Et qui avait un laquais nommé Grimaud, reprit Planchet, qui, avec sa prudence habituelle, ne croyait pas pouvoir s'entourer de trop de renseignements.

— M. Grimaud est absent du château pour le moment, dit le serviteur, commençant à regarder Planchet des pieds à la tête, peu accoutumé qu'il était à de pareilles interrogations

— Alors, s'écria Planchet radieux, je vois que c'est bien le même comte de la Fère que nous cherchons. Veuillez m'ouvrir alors, car je désirerais annoncer à M. le comte que mon maître, un gentilhomme de ses amis, est là qui voudrait le saluer.

— Que ne disiez-vous cela plus tôt! dit le serviteur en ouvrant la grille. Mais votre maître, où est-il?

— Derrière moi, il me suit.

Le serviteur ouvrit la grille et précéda Planchet, lequel fit signe à d'Artagnan, qui, le cœur plus palpitant que jamais, entra à cheval dans la cour.

Lorsque Planchet fut sur le perron, il entendit une voix sortant d'une salle basse, et qui disait :

— Eh bien! où est-il, ce gentilhomme, et pourquoi ne pas le conduire ici?

Cette voix, qui parvint jusqu'à d'Artagnan, réveilla dans son cœur mille sentiments, mille souvenirs qu'il avait oubliés. Il sauta précipitamment en bas de son cheval, tandis que Planchet, le sourire sur les lèvres, s'avançait vers le maître du logis.

— Mais je connais ce garçon-là! dit Athos en apparaissant sur le seuil.

— Oh! oui, monsieur le comte, vous me connaissez, et moi aussi je vous connais bien. Je suis Planchet, monsieur le comte, Planchet, vous savez bien.

Mais l'honnête serviteur n'en put dire davantage, l'aspect inattendu du gentilhomme l'avait saisi.

— Quoi! Planchet! s'écria Athos. M. d'Artagnan serait-il donc ici?

— Me voici, ami, me voici, cher Athos! dit d'Artagnan en balbutiant et presque chancelant.

A ces mots, une émotion visible se peignit à son tour sur le beau visage et les traits calmes d'Athos. Il fit deux pas rapides vers d'Artagnan sans le perdre du regard et le serra tendrement dans ses bras. D'Artagnan, remis de son trouble, l'étreignit à son tour avec une cordialité qui brillait en larmes dans ses yeux.

Athos le prit alors par la main qu'il serrait dans les siennes, et le mena au salon, où plusieurs personnes étaient réunies. Tout le monde se leva.

— Je vous présente, dit Athos, M. le chevalier d'Artagnan, lieutenant aux mousquetaires de Sa Majesté, un ami bien dévoué, et l'un des plus braves et des plus aimables gentilshommes q' e j'aie jamais connus.

D'Artagnan, selon l'usage, reçut les compliments des assistants, les rendit de son mieux, prit place au cercle, et, tandis que la conversation, interrompue un moment, redevenait générale, il se mit à examiner Athos.

Chose étrange! Athos avait vieilli à peine. Ses beaux yeux, dégagés de ce cercle de bistre que dessinent les veilles et l'orgie, semblaient plus grands et d'un fluide plus pur que jamais; son visage un peu plus allongé avait gagné en majesté ce qu'il avait perdu d'agitation fébrile; sa main, toujours admirablement belle et nerveuse, malgré la souplesse des chairs, resplendissait sous une manchette de dentelle comme certaines mains de Titien et de Van Dick; il était plus svelte qu'autrefois; ses épaules bien effacées et larges annonçaient une vigueur peu commune; ses longs

cheveux noirs, parsemés à peine de quelques cheveux gris, tombaient élégants sur ses épaules et ondulés comme par un pli naturel; sa voix était toujours fraîche comme s'il n'eût eu que vingt-cinq ans, et ses dents magnifiques, qu'il avait conservées blanches et intactes, donnaient un charme inexprimable à son sourire.

Cependant les hôtes du comte, qui s'aperçurent, à la froideur imperceptible de l'entretien, que les deux amis brûlaient du désir de se retrouver seuls, commencèrent à préparer, avec tout cet art et cette politesse d'autrefois, leur départ, cette grave affaire des gens du grand monde, quand il y avait des gens du grand monde; mais alors un grand bruit de chiens aboyants retentit dans la cour, et plusieurs personnes dirent en même temps .

— Ah! c'est Raoul qui revient.

Athos, à ce nom de Raoul, regarda d'Artagnan, et sembla épier la curiosité que ce nom devait faire naître sur son visage. Mais d'Artagnan ne comprenait encore rien; il était mal revenu de son éblouissement. Ce fut donc machinalement qu'il se retourna lorsqu'un beau jeune homme de quinze ans, vêtu simplement, mais avec un goût parfait, entra dans le salon en levant gracieusement son feutre orné de longues plumes rouges.

Cependant ce nouveau personnage tout à fait inattendu le frappa. Tout un monde d'idées nouvelles se présenta à son esprit, lui expliquant par toutes les source ce son intelligence le changement d'Athos, qui jusque-là lui avait paru inexplicable. Une ressemblance singulière entre le gentilhomme et l'enfant lui expliquait le mystère de c tte vie régénérée. Il attendit, regardant et écoutant.

— Vous voici de retour, Raoul? dit le comte.

— Oui, monsieur, répondit le jeune homme avec respect, et je me suis acquitté de la commission que vous m'aviez donnée.

— Mais qu'avez-vous, Raoul? dit Athos avec sollicitude; vous êtes pâle et vous paraissez agité.

— C'est qu'il vient, monsieur, répondit le jeune homme d'arriver un malheur à notre petite voisine.

— A mademoiselle de ' allière? dit vivement Athos.

— Quoi donc? de mandèrent quelques voix.

— Elle se pr menait avec sa bonne Marceline dans l'enclos où les bûcherons équarissent leurs arbres, lorsqu'en passant à cheval je l'ai aperçue et me suis arrêté. Elle m'a aperçu à son tour, et en voulant sauter du haut d'une pile de b is où elle était montée, le pied de la pauvre enfant est to bé à faux et elle n'a pu se relever. Elle s'est, je crois, foulé la cheville.

— Oh! mon Dieu! dit Athos; et madame de Saint-Remy, sa mère, est-elle prévenue?

— Non, monsieur. Madame de Saint-Remy est à Blois, près de madame la duchesse d'Orléans. J'ai eu peur que les premiers secours fussent inhabilement appliqués, et j'accourais, monsieur, vous demander des conseils.

— Envoyez vite à Blois, Raoul, ou plutôt prenez votre cheval et courez-y vous-même.

Raoul s'inclina.

— Mais où est Louise? continua le comte.

— Je l'ai apportée jusqu'ici, monsieur, et l'ai déposée chez la femme de Charlot, qui, en attendant lui a fait mettre le pied dans de l'eau glacée.

Après cette explication, qui avait fourni un prétexte pour se lever, les hôtes d'Athos prirent congé de lui; le vieux duc de Barbé seul, qui agissait familièrement en vertu d'une amitié de vingt ans avec la maison de la Vallière, ella voir la petite Louise, qui pleurait et qui, en apercevant Raoul, essuya ses beaux yeux et sourit aussitôt. Alors il proposa d'amener la petite Louise à Blois dans son carrosse.

— Vous avez raison, monsieur, dit Athos, elle sera plus tôt près de sa mère; quant à vous, Raoul, je suis sûr que vous aurez agi étourdiment, et qu'il y a de votre faute.

— Oh! non, non, monsieur, je vous le jure! s'écria la jeune fille tandis que le jeune homme pâlissait à l'idée qu'il était peut-être la cause de cet accident.

— Oh! monsieur, je vous assure... murmura Raoul.

— Vous n'en irez pas moins à Blois, continua le comte avec bonté, et vous ferez vos excuses et les miennes à ra-dame de Saint-Remy, puis vous reviendrez

Les couleurs reparurent sur les joues du jeune homme; après avoir consulté des yeux le comte, il reprit dans ses bras déjà vigoureux la petite fille, dont la jolie tête endolorie et souriante à la fois posait sur son épaule, et il l'installa doucement dans le carrosse; puis, sautant sur son cheval avec l'élégance et l'agilité d'un écuyer consommé, après avoir salué Athos et d'Artagnan, il s'éloigna rapidement, accompagnant la portière du carrosse, vers l'intérieur duquel ses yeux restèrent constamment fixés.

—◦—

CHAPITRE XVI.

LE CHATEAU DE BRAGELONNE.

D'Artagnan était resté pendant toute cette scène le regard effaré, la bouche presque béante; il avait si peu trouvé les choses selon ses prévisions, qu'il en était resté stupide d'étonnement. Athos lui prit le bras et l'emmena dans le jardin.

— Pendant qu'on nous prépare à souper, dit-il en souriant, vous ne serez point fâché, n'est-ce pas, mon ami, d'éclaircir un peu tout ce mystère qui vous fait rêver?

— Il est vrai, monsieur le comte, dit d'Artagnan, qui avait senti peu à peu Athos reprendre sur lui cette immense supériorité d'aristocratie qu'il avait toujours eue.

Athos le regarda avec son doux sourire.

— Et d'abord, dit-il, mon cher d'Artagnan, il n'y a point ici de M. le comte. Si je vous ai appelé chevalier, c'était pour vous présenter à mes hôtes, et afin qu'ils sussent qui vous étiez; mais, pour vous, d'Artagnan, je suis, je l'espère, toujours Athos, votre compagnon, votre ami. Préférez-vous le cérémonial parce que vous m'aimez moins?

— Oh! Dieu m'en préserve! dit le Gascon avec un de ces loyaux élans de jeunesse qu'on retrouve si rarement dans l'âge mûr.

— Alors, reprit Athos, revenons à nos habitudes, et pour commencer soyons francs. Tout vous étonne ici?

— Profondément.

— Mais ce qui vous étonne le plus, dit Athos en souriant, c'est moi, avouez-le.

— Je l'avoue.

— Je suis encore jeune, n'est-ce pas, malgré mes quarante-neuf ans? Je suis reconnaissable encore.

— Tout au contraire, dit d'Artagnan, tout prêt à outrer la recommandation de franchise que lui avait faite Athos, c'est que vous ne l'êtes plus du tout.

— Ah! je comprends, dit Athos avec une légère rougeur : tout a une fin, d'Artagnan, la folie comme autre chose.

— Puis il s'est fait un changement dans votre fortune, ce me semble. Vous êtes admirablement logé; cette maison est à vous, je présume?

— Oui; c'est ce petit bien, vous savez, mon ami, dont je vous ai dit que j'avais hérité quand j'ai quitté le service.

— Vous avez parc, chevaux, équipages.

Athos sourit.

— Le parc a vingt arpents, mon ami, dit-il; vingt arpents sur lesquels sont pris les potagers et les communs. Mes chevaux sont au nombre de deux; bien entendu que je ne compte pas le courtaud de mon valet. Mes équipages se réduisent à quatre chiens de bois, à deux lévriers et à un chien d'arrêt. Encore tout ce luxe de meute, ajouta Athos en souriant, n'est-il pas pour moi.

— Oui, je comprends, dit d'Artagnan, c'est pour le jeune homme, pour Raoul.

Et d'Artagnan regarda Athos avec un sourire involontaire.

— Vous avez deviné, mon ami, dit Athos.

— Et ce jeune homme est votre commensal, votre filleul, votre parent peut-être. Ah! que vous êtes changé, mon cher Athos!

— Ce jeune homme, répondit Athos avec calme, ce jeune homme, d'Artagnan, est un orphelin que sa mère avait abandonné chez un pauvre curé de campagne; je l'ai nourri, élevé.

— Eh! il doit vous être bien attaché?

— Je crois qu'il m'aime comme si j'étais son père.

— Bien reconnaissant surtout?

— Oh! quant à la reconnaissance, dit Athos, elle est réciproque; je lui dois autant qu'il me doit, et je ne le lui dis pas, à lui; mais je le dis à vous, d'Artagnan, je suis encore son obligé.

— Comment cela? dit le mousquetaire étonné.

— Eh! mon Dieu oui! c'est lui qui a causé en moi le changement que vous voyez; je me desséchais comme un pauvre arbre isolé qui ne tient en rien sur la terre; il n'y avait qu'une affection profonde qui pût me faire reprendre racine dans la vie. Une maîtresse? j'étais trop vieux. Des amis? je ne vous avais plus là. Eh bien! cet enfant m'a fait retrouver tout ce que j'avais perdu; je n'avais plus le courage de vivre pour moi, j'ai vécu pour lui. Les leçons sont beaucoup pour un enfant; l'exemple vaut mieux. Je lui ai donné l'exemple, d'Artagnan. Les vices que j'avais, je m'en suis corrigé; les vertus que je n'avais pas, j'ai feint de les avoir. Aussi, je ne crois pas m'abuser, d'Artagnan, mais Raoul est destiné à être un gentilhomme aussi complet qu'il est donné à notre âge appauvri d'en fournir encore.

D'Artagnan regardait Athos avec une admiration croissante, ils se promenaient sous une allée fraîche et ombreuse, à travers laquelle filtraient obliquement quelques rayons de soleil couchant. Un de ces rayons dorés illuminait le visage d'Athos, et ses yeux semblaient rendre à leur tour ce feu tiède et calme du soir qu'ils recevaient.

L'idée de milady vint se présenter à l'esprit de d'Artagnan.

— Et vous êtes heureux? dit-il à son ami.

L'œil vigilant d'Athos pénétra jusqu'au fond du cœur de d'Artagnan et sembla y lire sa pensée.

— Aussi heureux qu'il est permis à une créature de Dieu de l'être sur la terre. Mais achevez votre pensée, d'Artagnan, car vous ne me l'avez pas dite tout entière.

— Vous êtes terrible, Athos, et l'on ne vous peut rien cacher, dit d'Artagnan. Eh bien! oui, je voulais vous demander si vous n'avez pas quelquefois des mouvements inattendus de terreur qui ressemblent...

— A des remords? continua Athos. J'achève votre phrase, mon ami. Oui et non, je n'ai pas de remords, parce que cette femme, je le crois, méritait la peine qu'elle a subie. Je n'ai pas de remords, parce que, si nous l'eussions laissée vivre, elle eût sans aucun doute continué son œuvre de destruction. Mais ce n'est point à dire, ami, que j'aie la conviction que nous avions le droit de faire ce que nous avons fait. Peut-être tout sang versé veut-il une expiation. Elle a accompli la sienne; peut-être à notre tour nous reste-t-il à accomplir la nôtre.

— Je l'ai quelquefois pensé comme vous, Athos, dit d'Artagnan.

— Elle avait un fils, cette femme?

— Oui.

— En avez-vous quelquefois entendu parler?

— Jamais.

— Il doit avoir vingt-trois ans, murmura Athos; je pense souvent à ce jeune homme, d'Artagnan!

— C'est étrange! et moi je l'avais oublié!

Athos sourit mélancoliquement.

— Et lord de Winter, en avez-vous eu quelque nouvelle?

— Je sais qu'il était en grande faveur près du roi Charles Ier.

— Il aura suivi sa fortune, qui est mauvaise en ce moment. Tenez, d'Artagnan, continua Athos, cela revient à ce que je vous disais tout à l'heure. Lui, il a laissé couler le sang de Strafford; le sang appelle le sang. Et la reine?

— Quelle reine?

— Madame Henriette d'Angleterre, la fille de Henri IV.

— Elle est au Louvre, comme vous savez.

— Oui, où elle manque de tout, n'est-ce pas? Pendant les grands froids de cet hiver, sa fille malade, m'a-t-on dit, était forcée, faute de bois, de rester couchée. Comprenez-vous cela? dit Athos en haussant les épaules. La fille de Henri IV grelottant, faute d'un fagot! Pourquoi n'est-elle pas venue demander l'hospitalité au premier venu de nous, au lieu de la demander à Mazarin? elle n'eût manqué de rien

— La connaissez-vous donc, Athos?

— Non, mais ma mère l'a vue enfant. Vous ai-je jamais dit que ma mère avait été dame d'honneur de Marie de Médicis?

— Jamais. Vous ne dites pas de ces choses-là, vous, Athos.

— Ah! mon Dieu, si, vous le voyez, reprit Athos; mais encore faut-il que l'occasion s'en présente.

— Porthos ne l'attendrait pas si patiemment, dit d'Artagnan avec un sourire.

— Chacun sa nature, mon cher d'Artagnan. Porthos a, malgré un peu de vanité, des qualités excellentes. L'avez-vous revu?

— Je le quitte, il y a cinq jours, dit d'Artagnan.

Et alors il raconta, avec la verve de son humeur gasconne, toutes les magnificences de Porthos en son château de Pierrefonds; et, tout en criblant son ami, il lança

J. A. BEAUCÉ.   PISAN

Croyez-moi, il n'y a que les méchants qui nient l'amitié, parce qu'ils ne la comprennent pas.

deux ou trois flèches à l'adresse de cet excellent M. Mouston.

— J'admire, répliqua Athos en souriant de cette gaieté qui lui rappelait leurs bons jours, que nous ayons autrefois formé au hasard une société d'hommes encore si bien liés les uns aux autres malgré vingt ans de séparation. L'amitié jette des racines bien profondes dans les cœurs honnêtes, d'Artagnan; croyez-moi, il n'y a que les méchants qui nient l'amitié, parce qu'ils ne la comprennent pas. Et Aramis?

— Je l'ai vu aussi, dit d'Artagnan, mais il m'a paru froid.

— Ah! vous avez vu Aramis? reprit Athos en regardant d'Artagnan avec son œil investigateur. Mais c'est un véritable pèlerinage que vous faites, cher ami, au temple de l'amitié, comme diraient les poètes.

— Mais oui, dit d'Artagnan embarrassé.

— Aramis, vous le savez, continua Athos, est naturellement froid; puis il est toujours empêché dans des intrigues de femmes.

— Je lui en crois en ce moment une fort compliquée, dit d'Artagnan.

Athos ne répondit pas.

— Il n'est pas curieux, pensa d'Artagnan.

Non-seulement Athos ne répondit pas, mais encore il changea la conversation.

— Vous le voyez, dit-il en faisant remarquer à d'Artagnan qu'ils étaient revenus près du château en une heure de promenade; nous avons quasi fait le tour de mes domaines.

— Tout y est charmant, et surtout tout y sent son gentilhomme, répondit d'Artagnan.

En ce moment on entendit les pas d'un cheval.

— C'est Raoul qui revient, dit Athos, nous allons avoir des nouvelles de la pauvre petite.

En effet, le jeune homme reparut à la grille, et rentra dans la cour tout couvert de poussière; puis, sautant à bas de son cheval, qu'il remit aux mains d'une espèce de palefrenier, il vint saluer le comte et d'Artagnan avec une politesse respectueuse.

— Monsieur, dit Athos en posant sa main sur l'épaule de d'Artagnan, monsieur est le chevalier d'Artagnan, dont vous m'avez entendu parler bien souvent, Raoul.

Puis, sautant à bas de son cheval, il vint saluer le comte et d'Artagnan.

— Monsieur, dit le jeune homme en saluant de nouveau et plus profondément, M. le comte a prononcé votre nom devant moi comme un exemple chaque fois qu'il a eu à citer un gentilhomme intrépide et généreux.

Ce petit compliment ne laissa pas que d'émouvoir d'Artagnan, qui sentit son cœur doucement remué. Il tendit une main à Raoul en lui disant :

— Mon jeune ami, tous les éloges que l'on fait de moi doivent retourner à M. le comte que voici, car il a fait mon éducation en toutes choses, et ce n'est pas sa faute si l'élève a si mal profité. Mais il se rattrapera sur vous, j'en

suis sûr. J'aime votre air, Raoul, et votre politesse m'a touché.

Athos fut plus ravi qu'on ne le saurait dire : il regarda d'Artagnan avec reconnaissance, puis attacha sur Raoul un de ces sourires étranges dont les enfants sont fiers lorsqu'ils les saisissent.

— A présent, se dit d'Artagnan, à qui ce jeu muet de physionomie n'avait point échappé, j'en suis certain.

— Eh bien ! dit Athos, j'espère que l'accident n'a pas eu de suites ?

— On ne sait encore rien, monsieur, et le médecin n'a

7

rien pu dire à cause de l'enflure; il craint cependant qu'il n'y ait quelque nerf endommagé.

— Et vous n'êtes pas resté plus tard près de madame de Saint-Remy?

— J'aurais craint de n'être pas de retour pour l'heure de votre dîner, monsieur, dit Raoul, et par conséquent de vous faire attendre.

En ce moment un petit garçon, moitié paysan, moitié laquais, vint avertir que le souper était servi. Athos conduisit son hôte dans une salle à manger fort simple, mais dont les fenêtres s'ouvraient d'un côté sur le jardin et de l'autre sur une serre où poussaient de magnifiques fleurs. — D'Artagnan jeta les yeux sur le service : la vaisselle était magnifique; on voyait que c'était de la vieille argenterie de famille. Sur un dressoir une aiguière d'argent superbe; d'Artagnan s'arrêta à la regarder.

— Ah ! voilà qui est divinement fait ! dit-il.

— Oui, répondit Athos, c'est un chef-d'œuvre d'un grand artiste florentin nommé Benvenuto Cellini.

— Et la bataille qu'elle représente?

— Est celle de Marignan. C'est le moment où l'un de mes ancêtres donne son épée à François 1er, qui vient de briser la sienne. Ce fut à cette occasion qu'Enguerrand de la Fère, mon aïeul, fut fait chevalier de Saint-Michel. En outre, le roi, quinze ans plus tard, car il n'avait pas oublié qu'il avait combattu trois heures encore avec l'épée de son ami Enguerrand que celle-ci se rompit, lui fit don de cette aiguière et d'une épée que vous avez peut-être vue autrefois chez moi, et qui est aussi un assez beau morceau d'orfévrerie. C'était le temps des géants, dit Athos. Nous sommes des nains, nous autres, à côté de ces hommes-là. Asseyons-nous, d'Artagnan, et soupons. A propos, dit Athos au petit laquais qui venait de servir le potage, appelez Charlot.

L'enfant sortit, et, un instant après, l'homme de service auquel les deux voyageurs s'étaient adressés en arrivant entra.

— Mon cher Charlot, lui dit Athos, je vous recommande particulièrement, pour tout le temps qu'il demeurera ici, Planchet, le laquais de M. d'Artagnan. Il aime le bon vin; vous avez la clef des caves. Il a couché longtemps sur la dure, et ne doit pas détester un bon lit; veillez encore à cela, je vous prie.

Charlot s'inclina et sortit.

— Charlot est aussi un brave homme, dit le comte, voici dix-huit ans qu'il me sert.

— Vous pensez à tout, dit d'Artagnan, et je vous remercie pour Planchet, mon cher Athos.

Le jeune homme ouvrit de grands yeux à ce nom et regarda si c'était bien au comte que d'Artagnan parlait.

— Ce nom vous paraît bizarre, n'est-ce pas, Raoul? dit Athos en souriant. C'était mon nom de guerre, alors que M. d'Artagnan, deux braves amis et moi faisions prouesses à la Rochelle sous le défunt cardinal et sous M. de Bassompierre, qui est mort aussi depuis. Monsieur daigne me conserver ce nom d'amitié, et, chaque fois que je l'entends, mon cœur est joyeux.

— Ce nom-là était célèbre, dit d'Artagnan, et il eut un jour les honneurs du triomphe.

— Que voulez-vous dire, monsieur? demanda Raoul avec curiosité juvénile.

— Je n'en sais ma foi rien, dit Athos.

— Vous avez oublié le bastion Saint-Gervais, et cette serviette dont trois balles firent un drapeau. J'ai meilleure mémoire que vous, je m'en souviens, et je vais vous raconter cela, jeune homme.

Et il raconta à Raoul toute l'histoire du bastion, comme Athos lui avait raconté celle de son aïeul. A ce récit, le jeune homme crut voir se dérouler un de ces faits d'armes racontés par le Tasse ou l'Arioste, et qui appartiennent au temps prestigieux de la chevalerie.

— Mais ce que ne vous dit pas d'Artagnan, Raoul, reprit à son tour Athos, c'est qu'il était un des meilleures lames de son temps; jarret de fer, poignet d'acier, coup d'œil sûr et regard brûlant, voilà ce qu'il offrait à son adversaire; il avait dix-huit ans, trois ans de plus que vous, Raoul, lorsque je le vis à l'œuvre pour la première fois, et contre des hommes éprouvés.

— Et M. d'Artagnan fut vainqueur? dit le jeune homme, dont les yeux brillaient pendant cette conversation et semblaient implorer des détails.

— J'en tuai un, je crois, dit d'Artagnan, interrogeant Athos du regard. Quant à l'autre, je le désarmai, ou je le blessai, je ne me le rappelle plus.

— Oui, vous le blessâtes. Oh ! vous étiez un rude athlète !

— Eh ! je n'ai pas encore trop perdu, reprit d'Artagnan avec son petit rire gascon plein de contentement de lui-même, et dernièrement encore...

Un regard d'Athos lui ferma la bouche.

— Je veux que vous sachiez, Raoul, reprit Athos, vous qui vous croyez une fine épée et dont la vanité pourrait souffrir un jour quelque cruelle déception; je veux que vous sachiez combien est dangereux l'homme qui unit le sang-froid à l'agilité, car jamais je ne pourrais vous en offrir un plus frappant exemple : priez demain M. d'Artagnan, s'il n'est pas trop fatigué, de vouloir bien vous donner une leçon.

— Peste ! mon cher Athos, vous êtes cependant un bon maître, surtout sous le rapport des qualités que vous vantez en moi. Tenez, aujourd'hui encore, Planchet me parlait de ce fameux duel de l'enclos des Carmes, avec lord de Winter et ses compagnons... Ah ! jeune homme, continua d'Artagnan, il doit y avoir ici quelque part une épée que j'ai souvent appelée la première du royaume.

— Oh ! j'aurai gâté ma main avec cet enfant, dit Athos.

— Il y a des mains qui ne se gâtent jamais, mon cher Athos, dit d'Artagnan, mais qui gâtent beaucoup les autres.

Le jeune homme eût voulu prolonger cette conversation toute la nuit; mais Athos lui fit observer que leur hôte devait être fatigué et avait besoin de repos. D'Artagnan se défendit par politesse, mais Athos insista pour que d'Artagnan prît possession de sa chambre. Raoul y conduisit l'hôte du logis, et comme Athos pensa qu'il resterait le plus tard possible près de d'Artagnan pour lui faire dire toutes les vaillantises de leur jeune temps, il vint le chercher un instant après, et ferma cette bonne soirée par une poignée de main bien amicale et un souhait de bonne nuit au mousquetaire.

---◆---

CHAPITRE XVII.

LA DIPLOMATIE D'ATHOS

D'Artagnan s'était mis au lit bien moins pour dormir que pour être seul et penser à tout ce qu'il avait vu et entendu dans cette soirée.

Comme il était d'un bon naturel et qu'il avait eu tout d'abord pour Athos un penchant instinctif qui avait fini par devenir une amitié sincère, il fut enchanté de trouver un homme brillant d'intelligence et de force au lieu de cet ivrogne abruti qu'il s'attendait à voir cuver son vin sur quelque fumier; il accepta même sans trop regimber cette supériorité constante d'Athos sur lui, et, au lieu de ressentir la jalousie et le désappointement qui eussent attristé une nature moins généreuse, il n'éprouva en résumé qu'une joie sincère et loyale qui lui fit concevoir pour sa négociation les plus favorables espérances.

Cependant il lui semblait qu'il ne retrouvait point Athos franc et clair sur tous les points. Qu'était-ce que ce jeune homme qu'il disait avoir adopté et qui avait avec lui une si grande ressemblance? Qu'était-ce que ce retour à la vie du monde et cette sobriété exagérée qu'il avait remarquée à table? Une chose même insignifiante en apparence, cette absence de Grimaud, dont Athos ne pouvait se séparer autrefois et dont le nom même n'avait pas été prononcé malgré les ouvertures faites à ce sujet, tout cela inquiétait d'Artagnan. Il ne possédait donc plus la confiance de son ami, ou bien Athos était attaché à quelque chaine invisible, ou bien encore prévenu d'avance contre la visite qu'il lui faisait. Il ne put s'empêcher de songer à Rochefort et à ce qu'il lui avait dit dans l'église de Notre-Dame. Rochefort aurait-il précédé d'Artagnan chez Athos?

D'Artagnan n'avait pas de temps à perdre en longues études. Aussi résolut-il d'en venir dès le lendemain à une explication. Ce peu de fortune d'Athos si habilement déguisé annonçait l'envie de paraître et trahissait un reste d'ambition facile à réveiller. La vigueur d'esprit et la netteté d'idées d'Athos en faisaient un homme plus prompt qu'un autre à s'émouvoir. Il entrerait dans les plans du ministre avec d'autant plus d'ardeur, que son activité naturelle serait doublée d'une dose de nécessité. Ces idées maintenaient d'Artagnan éveillé malgré sa fatigue; il dressait ses plans d'attaque, et, quoiqu'il sût qu'Athos était un rude adversaire, il fixa l'action au lendemain après le déjeuner.

Cependant il se disait aussi d'un autre côté que sur un terrain si nouveau il fallait s'avancer avec prudence, étudier pendant plusieurs jours les connaissances d'Athos, suivre ses nouvelles habitudes et s'en rendre compte, essayer de tirer du naïf jeune homme, soit en faisant des armes avec lui, soit en courant quelque gibier, les renseignements intermédiaires qui lui manquaient pour joindre l'Athos d'autrefois à l'Athos d'aujourd'hui; et cela devait être facile, car le précepteur devait avoir déteint sur le cœur et l'esprit de son élève. Mais d'Artagnan lui-même, qui était un garçon d'une grande finesse, comprit sur-le-champ quelles chances il donnerait contre lui au cas où une indiscrétion de sa maladresse laisserait à découvert ses manœuvres à l'œil exercé d'Athos.

Puis, faut-il le dire, d'Artagnan tout prêt à user de ruse contre la finesse d'Aramis ou la vanité de Porthos, d'Artagnan avait honte de biaiser avec Athos, l'homme franc, le cœur loyal. Il lui semblait qu'en le reconnaissant leur maître en diplomatie, Aramis et Porthos l'en estimeraient davantage, tandis qu'au contraire Athos l'en estimerait moins.

— Ah! pourquoi Grimaud, le silencieux Grimaud, n'est-il pas ici? disait d'Artagnan; il y a bien des choses dans son silence que j'aurais comprises; Grimaud avait un silence si éloquent!

Cependant toutes les rumeurs s'étaient éteintes successivement dans la maison; d'Artagnan avait entendu se fermer les portes et les volets; puis, après s'être répondu quelque temps les uns aux autres dans la campagne, les chiens s'étaient tus à leur tour; enfin, un rossignol perdu dans un massif d'arbres avait quelque temps égrené au milieu de la nuit ses gammes harmonieuses et s'était endormi; il ne se faisait plus dans le château qu'un bruit de pas égal et monotone au-dessous de sa chambre; il supposait que c'était la chambre d'Athos.

— Il se promène et réfléchit, pensa d'Artagnan, mais à quoi? C'est ce qu'il est impossible de savoir. On pouvait deviner le reste, mais non pas cela.

Enfin Athos se mit au lit sans doute, car ce dernier bruit s'éteignit.

Le silence et la fatigue unis ensemble vainquirent d'Artagnan; il ferma les yeux à son tour, et presque aussitôt le sommeil le prit.

D'Artagnan n'était pas dormeur. A peine l'aube eut-elle doré ses rideaux qu'il sauta en bas de son lit et ouvrit les fenêtres: il lui sembla alors voir à travers la jalousie quelqu'un qui rôdait dans la cour en évitant de faire du bruit. Selon son habitude de ne rien laisser passer à sa portée sans s'assurer de ce que c'était, d'Artagnan regarda attentivement sans faire aucun bruit, et reconnut le justaucorps grenat et les cheveux bruns de Raoul.

Le jeune homme, car c'était bien lui, ouvrit la porte de l'écurie, en tira le cheval bai qu'il avait déjà monté la veille, le sella et brida lui-même avec autant de promptitude et de dextérité qu'eût pu le faire le plus habile écuyer, puis il fit sortir l'animal par l'allée droite du potager, ouvrit une petite porte latérale qui donnait sur un sentier, tira son cheval dehors, la referma derrière lui, et alors, par-dessus le mur, d'Artagnan le vit passer comme une flèche en se courbant sous les branches pendantes et fleuries des érables et des acacias.

D'Artagnan avait remarqué la veille que le sentier devait

— Eh! eh! dit le Gascon, voici un gaillard qui fait déjà des siennes, et qui ne me paraît point partager les haines d'Athos contre le beau sexe: il ne va pas chasser, car il n'a ni armes ni chiens; il ne remplit pas un message, car il se cache. De qui se cache-t-il?... est-ce de moi ou de son père?... car je suis sûr que le comte est son père... Parbleu! quant à cela, je le saurai, car j'en parlerai tout net à Athos.

Le jour grandissait; tous ces bruits que d'Artagnan avait entendus s'éteindre successivement la veille se réveillaient l'un après l'autre: l'oiseau dans les branches, le chien dans l'étable, les moutons dans les champs; les bateaux amarrés sur la Loire paraissaient eux-mêmes s'animer, se détachant du rivage et se laissant aller au fil de l'eau. D'Artagnan resta ainsi à sa fenêtre pour ne réveiller personne, puis, lorsqu'il eut entendu les portes et les volets du château s'ouvrir, il donna un dernier pli à ses cheveux, un dernier tour à sa moustache, brossa par habitude les rebords de son feutre avec la manche de son pourpoint, et descendit. Il avait à peine franchi la dernière marche du perron qu'il aperçut Athos baissé vers terre et dans l'attitude d'un homme qui cherche un écu dans le sable.

— Eh! bonjour, cher hôte, dit d'Artagnan.

— Bonjour, cher ami. La nuit a-t-elle été bonne?

— Excellente, Athos, comme votre lit, comme votre souper d'hier soir qui devait me conduire au sommeil, comme votre accueil quand vous m'avez revu. Mais que regardiez-vous donc là si attentivement? seriez-vous devenu amateur de tulipes, par hasard?

— Mon cher ami, il ne faudrait pas pour cela vous moquer de moi. A la campagne, les goûts changent bien, et l'on arrive à aimer, sans y faire attention, toutes ces belles choses que le regard de Dieu fait sortir du fond de la terre, et que l'on méprise fort dans les villes. Je regardais tout bonnement des iris que j'avais déposés près de ce réservoir et qui ont été écrasés ce matin. Ces jardiniers sont les gens les plus maladroits du monde. En ramenant le cheval après lui avoir fait tirer de l'eau, ils l'auront laissé marcher dans la plate-bande.

D'Artagnan se prit à sourire.

— Ah! dit-il, vous croyez? Et il amena son ami le long de l'allée, où bon nombre de pas pareils à celui qui avait écrasé les iris étaient imprimés.

— Les voici, encore, ce me semble; tenez, Athos, dit-il indifféremment.

— Mais oui, et des pas tout frais!

— Tout frais, répéta d'Artagnan.

— Qui donc est sorti par ici ce matin? se demanda Athos avec inquiétude. Un cheval se serait-il échappé de l'écurie?

— Ce n'est pas probable, dit d'Artagnan, car les pas sont très-égaux et très-reposés.

— Où est Raoul? s'écria Athos, et comment se fait-il que je ne l'aie pas aperçu?

— Chut! dit d'Artagnan en mettant avec un sourire son doigt sur sa bouche.

— Qu'y a-t-il donc? demanda Athos.

D'Artagnan raconta ce qu'il avait vu, en épiant la physionomie de son hôte.

— Ah! je devine tout maintenant, dit Athos avec un léger mouvement d'épaules: le pauvre garçon est allé à Blois.

— Pourquoi faire?

— Eh mon Dieu! pour savoir des nouvelles de la petite la Vallière. Vous savez, cette enfant qui s'est foulé hier le pied.

— Vous croyez? dit d'Artagnan incrédule.

— Non-seulement je le crois, mais j'en suis sûr, répondit Athos. N'avez-vous donc pas remarqué que Raoul est amoureux?

— Bon! De qui? de cette enfant de sept ans?

— Mon cher, à l'âge de Raoul le cœur est si plein, qu'il faut bien le répandre sur quelque chose, rêve ou réalité. Eh bien! son amour, à lui, est moitié l'un, moitié l'autre.

— Vous voulez rire! Quoi! cette petite fille?

— N'avez-vous donc pas regardé? C'est la plus jolie petite créature qui soit au monde: des cheveux d'un blond d'argent, des yeux bleus déjà mutins et langoureux à la fois

— Mais que dites-vous de cet amour?

— Je ne dis rien, je ris et je me moque ae Raoul; mais les premiers besoins du cœur sont tellement impérieux, ces épanchements de la mélancolie amoureuse chez les jeunes gens sont si doux et si amers tout ensemble, que cela paraît avoir souvent tous les caractères de la passion. Moi, je me rappelle qu'à l'âge de Raoul j'étais devenu amoureux d'une statue grecque que le bon roi Henri IV avait donnée à mon père, et que je pensai devenir fou de douleur lorsqu'on me dit que l'histoire de Pygmalion n'était qu'une fable.

— C'est du désœuvrement. Vous n'occupez pas assez Raoul, et il cherche à s'occuper de son côté.

— Pas autre chose. Aussi songé-je à l'éloigner d'ici.

— Et vous ferez bien.

— Sans doute il se sera lui briser le cœur, et il souffrira autant que pour un véritable amour. Depuis trois ou quatre ans, et, à cette époque, lui-même était un enfant, il s'est habitué à parer et à admirer cette petite idole qu'il finirait un jour par adorer, s'il restait ici. Ces enfants rêvent tout le jour ensemble et causent de mille choses sérieuses comme de vrais amants de vingt ans. Bref, cela a fait longtemps sourire les parents de la petite la Vallière; mais je crois qu'ils commencent à froncer le sourcil.

— Enfantillage! Mais Raoul a besoin d'être distrait; éloignez-le bien vite d'ici, ou, morbleu! vous n'en ferez jamais un homme.

— Je crois, dit Athos, que je vais l'envoyer à Paris.

— Ah! fit d'Artagnan

Et il pensa que le moment des hostilités était arrivé.

— Si vous voulez, dit-il, nous pouvons faire un sort à ce jeune homme.

— Ah! fit à son tour Athos.

— Je veux même vous consulter sur quelque chose qui m'est passé en tête.

— Faites.

— Croyez-vous que le temps soit venu de prendre du service?

— Mais n'êtes-vous pas toujours au service, vous, d'Artagnan?

— Je m'entends : du service actif. La vie d'autrefois n'a-t-elle plus rien qui vous tente, et, si des avantages réels vous attendaient, ne seriez-vous pas bien aise de recommencer, en ma compagnie et en celle de notre ami Porthos, les exploits de notre jeunesse?

— C'est une proposition que vous me faites alors? dit Athos

— Nette et franche.

— Pour rentrer en campagne?

— Oui.

— De la part de qui et contre qui? demanda tout à coup Athos, en attachant son œil si clair et si bienveillant sur le Gascon.

— Ah diable! vous êtes pressant!

— Et surtout précis. Écoutez bien, d'Artagnan. Il n'y a qu'une personne ou plutôt une cause à qui un homme comme moi puisse être utile : celle du roi.

— Voilà précisément, dit le mousquetaire.

— Oui, mais entendons-nous, reprit sérieusement Athos : si, par la cause du roi, vous entendez celle de M. de Mazarin, nous cessons de nous comprendre.

— Je ne dis pas précisément, répondit le Gascon embarrassé.

— Voyons, d'Artagnan, dit Athos, ne jouons pas au fin. Votre hésitation, vos détours, me disent de quelle part vous venez. Cette cause, en effet, on n'ose l'avouer hautement, et, lorsqu'on recrute pour elle, c'est l'oreille basse et la voix embarrassée.

— Ah! mon cher Athos! dit d'Artagnan.

— Eh! vous savez bien, reprit Athos, que je ne parle pas pour vous, qui êtes la perle des gens braves et hardis; je vous parle de cet Italien mesquin et intrigant, de ce cuistre qui essaye de mettre sur sa tête une couronne qu'il a volée sous un oreiller; de ce faquin qui appelle son parti le parti du roi, et qui s'avise de faire mettre des princes du sang en prison, n'osant pas les tuer, comme faisait notre cardinal à nous, le grand cardinal; un fesse-mathieu qui pèse ses écus e' qui garde les rognés, de peur, quoiqu'il triche, de les

perdre à son jeu du lendemain; un drôle enfin qui maltraite la reine, à ce qu'on assure..... au reste, tant pis pour elle!... et qui va, d'ici à trois mois, nous faire une guerre civile pour garder ses pensions. C'est là le maître que vous me proposez, d'Artagnan? Grand merci!

— Vous êtes plus vif qu'autrefois, Dieu me pardonne, dit d'Artagnan, et les années ont échauffé votre sang, au lieu de le refroidir. Qui vous dit donc que ce soit là mon maître, et que je veuille vous l'imposer?

« Diable! s'était dit le Gascon, ne livrons pas nos secrets à un homme si mal disposé. »

— Mais alors, cher ami, reprit Athos, qu'est-ce donc que ces propositions?

— Eh! mon Dieu! rien de plus simple : vous vivez dans vos terres, vous, et il paraît que vous êtes heureux dans votre médiocrité dorée. Porthos a cinquante ou soixante mille livres de revenu peut-être; Aramis a toujours quinze duchesses qui se disputent le prélat, comme elles se disputaient le mousquetaire; c'est encore un enfant gâté du sort; mais moi, que fais-je en ce monde? je porte ma cuirasse et mon buffle depuis vingt ans, cramponné à ce grade insuffisant, sans avancer, sans reculer, sans vivre. Je suis mort, en un mot! Eh bien! lorsqu'il s'agit pour moi de ressusciter un peu, vous venez tous me dire : C'est un faquin! c'est un drôle! un cuistre! un mauvais maître! Eh parbleu! je suis de votre avis, moi; mais trouvez-m'en un meilleur, ou faites-moi des rentes.

Athos réfléchit trois secondes, et, pendant ces trois secondes, il comprit la ruse de d'Artagnan, qui, pour s'être trop avancé tout d'abord, rompait maintenant, afin de cacher son jeu. Il vit clairement que les propositions qu'on venait de lui faire étaient réelles, et se fussent déclarées dans tout leur développement, pour peu qu'il eût prêté l'oreille.

— Bon! se dit-il, d'Artagnan est Mazarin.

De ce moment il s'observa avec une extrême prudence.

De son côté, d'Artagnan joua plus serré que jamais.

— Mais, enfin, vous avez une idée? continua Athos.

— Assurément. Je voulais prendre conseil de vous tous et aviser au moyen de faire quelque chose, car les uns sans les autres nous serons toujours incomplets.

— C'est vrai. Vous me parliez de Porthos; l'avez-vous donc décidé à chercher fortune? Mais cette fortune, il l'a.

— Sans doute, il l'a; mais l'homme est ainsi fait, il désire toujours quelque chose.

— Et que désire Porthos?

— D'être baron.

— Ah! c'est vrai, j'oubliais, dit Athos en riant.

— C'est vrai! pensa d'Artagnan. Et d'où a-t-il appris cela? Correspondrait-il avec Aramis? Ah! si je savais cela, je saurais tout.

La conversation finit là, car Raoul entra juste en ce moment. Athos voulut le gronder sans aigreur; mais le jeune homme était si chagrin, qu'il n'en eut pas le courage et qu'il s'interrompit pour lui demander ce qu'il avait.

— Est-ce que notre petite voisine irait plus mal? dit d'Artagnan

— Ah! monsieur, reprit Raoul presque suffoqué par la douleur, sa chute est grave, et, sans difformité apparente, le médecin craint qu'elle ne boite toute sa vie.

— Ah! ce serait affreux! dit Athos.

D'Artagnan avait une plaisanterie au bout des lèvres, mais, en voyant la part que prenait Athos à ce malheur, il se retint.

— Ah! monsieur, ce qui me désespère surtout, reprit Raoul, c'est que ce malheur, c'est moi qui en suis cause.

— Comment vous, Raoul? demanda Athos

— Sans doute : n'est-ce point pour accourir à moi qu'elle a sauté du haut de cette pile de bois?

— Il ne vous reste plus qu'une ressource, mon cher Raoul, c'est de l'épouser en expiation, dit d'Artagnan.

— Ah! monsieur, dit Raoul, vous plaisantez avec une douleur réelle; c'est mal, cela.

Et Raoul, qui avait besoin d'être seul pour pleurer tout à son aise, rentra dans sa chambre, d'où il ne sortit qu'à l'heure du déjeuner.

La bonne intelligence des deux amis n'avait pas le moins du monde été altérée par l'escarmouche du matin: aussi déjeunèrent-ils du meilleur appétit, regardant de temps en temps le pauvre Raoul, qui, les yeux tout humides et le cœur gros, mangeait à peine.

A la fin du déjeuner, deux lettres arrivèrent, qu'Athos lut avec une extrême attention, sans pouvoir s'empêcher de tressaillir plusieurs fois. D'Artagnan, qui le vit lire ces lettres d'un côté de la table à l'autre, et dont la vue si perçante, jura qu'il reconnaissait, à n'en pas douter, la petite écriture d'Aramis. Quant à l'autre, c'était une écriture de femme, longue et embarrassée.

— Allons, dit d'Artagnan à Raoul, voyant qu'Athos désirait demeurer seul, soit pour répondre à ces lettres, soit pour y réfléchir, allons faire un tour à la salle d'armes, et cela vous distraira.

Le jeune homme regarda Athos, qui répondit à ce regard par un signe d'assentiment.

Tous deux passèrent dans une salle basse où étaient suspendus des fleurets, des masques, des gants, des plastrons et tous les accessoires de l'escrime.

— Eh bien? dit Athos en arrivant un quart d'heure après.

La salle d'armes.

— C'est déjà votre main, mon cher Athos, dit d'Artagnan, et, si c'est votre sang-froid, je n'aurai que des compliments à lui faire.

Quant au jeune homme, il était un peu honteux. Pour une ou deux fois qu'il avait touché d'Artagnan, soit au bras, soit à la cuisse, celui-ci l'avait boutonné vingt fois en plein corps.

En ce moment, Charlot entra, porteur d'une lettre très-pressée pour d'Artagnan, qu'un messager venait d'apporter.

Ce fut au tour d'Athos de regarder du coin de l'œil.

D'Artagnan lut la lettre sans aucune émotion apparente, après avoir lu, avec un léger hochement de tête.

— Voyez, mon cher ami, dit-il, ce que c'est que le service, et vous avez, ma foi, bien raison de n'en pas vouloir reprendre : M. de Tréville est malade, et voilà la compagnie qui ne peut se passer de moi; de sorte que mon congé se trouve perdu.

— Vous retournez à Paris? dit vivement Athos.

— Eh mon Dieu! oui, dit d'Artagnan; mais n'y venez-vous pas vous-même?

Athos rougit un peu et répondit :

— Si j'y allais, je serais fort heureux de vous y voir.

— Holà, Planchet! s'écria d'Artagnan de la porte, nous partons dans dix minutes : donnez l'avoine aux chevaux

Puis se retournant vers Athos :

— Il me semble qu'il me manque quelque chose ici, et je suis vraiment désespéré de vous quitter sans avoir revu ce bon Grimaud.

— Grimaud! dit Athos. Ah! c'est vrai, je m'étonnais aussi que vous ne me demandiez pas de ses nouvelles. Je l'ai prêté à un de mes amis.

— Qui comprendra ses signes? demanda d'Artagnan.

— Je l'espère, dit Athos.

Les deux amis s'embrassèrent cordialement. D'Artagnan serra la main de Raoul, fit promettre à Athos de le visiter s'il venait à Paris, et de lui écrire s'il ne venait pas, et il monta à cheval. Planchet, toujours exact, était déjà en selle.

— Ne venez-vous point avec moi? dit-il en riant a Raoul, je passe par Blois.

Raoul se retourna vers Athos, qui le retint d'un signe imperceptible.

— Non, monsieur, répondit le jeune homme, je reste près de M. le comte.

— En ce cas, adieu tous deux, mes bons amis, dit d'Artagnan en leur serrant une dernière fois la main, et Dieu vous garde! comme nous nous disions chaque fois que nous nous quittions du temps du feu cardinal.

Athos lui fit un signe de la main, Raoul une révérence, et d'Artagnan et Planchet partirent.

Le comte les suivit des yeux, la main appuyée sur l'épaule du jeune homme, dont la taille égalait déjà presque la sienne; mais aussitôt qu'ils eurent disparu derrière le mur :

— Raoul, dit le comte, nous partons ce soir pour Paris.

— Comment! dit le jeune homme en pâlissant.

— Vous pouvez aller présenter mes adieux et les vôtres à madame de Saint-Remy. Je vous attendrai ici a sept heures.

Le jeune homme s'inclina avec une expression mêlée de douleur et de reconnaissance, et se retira pour aller seller son cheval.

Quant à d'Artagnan, à peine hors de vue, de son côté il ait tiré la lettre de sa poche et l'avait relue :

« Revenez sur-le-champ à Paris.   J. M... »

— La lettre est sèche, murmura d'Artagnan, et, s'il n'y vait un *postcriptum*, peut-être ne l'eussé-je pas comprise, mais heureusement il y a un *postcriptum*.

Et il lut ce fameux *postcriptum* qui lui faisait passer par-dessus la sécheresse de la lettre :

P. S. « Passez chez le trésorier du roi, à Blois, dites-lui votre nom, et montrez-lui cette lettre : vous toucherez deux cents pistoles. »

— Décidément, dit d'Artagnan, j'aime cette prose, et le cardinal écrit mieux que je ne croyais. Allons, Planchet, allons rendre visite à M. le trésorier du roi, et puis piquons.

— Vers Paris, monsieur ?

— Vers Paris.

Et tous deux partirent au plus grand trot de leurs montures.

--◦--

CHAPITRE XVIII.

MONSIEUR DE BEAUFORT.

Voici ce qui était arrivé et quelles étaient les causes qui nécessitaient le retour de d'Artagnan à Paris.

Un soir que Mazarin, selon son habitude, se rendait chez la reine à l'heure où tout le monde s'en était retiré, et qu'en passant près de la salle des gardes, dont une porte donnait sur ses antichambres, il avait entendu parler haut dans cette chambre, il avait voulu savoir de quel sujet s'entretenaient les soldats, s'était approché à pas de loup, suivant sa coutume, avait poussé la porte, et par l'entre-bâillement avait passé la tête.

Il y avait discussion parmi les gardes.

— Et moi je vous réponds, disait l'un d'eux, que, si Coysel a prédit cela, la chose est aussi sûre que si elle était arrivée. Je ne le connais pas, mais j'ai entendu dire qu'il était non-seulement astrologue, mais encore magicien.

— Peste! mon cher, s'il est de tes amis, prends garde; tu lui rends un mauvais service.

— Pourquoi cela?

— Parce qu'on pourrait bien lui faire son procès.

— Ah bah! ou ne brûle plus les sorciers aujourd'hui

— Non? Il me semble, cependant, qu'il n'y a pas si longtemps que le feu cardinal a fait brûler Urbain Grandier. J'en sais quelque chose, moi ; j'étais de garde au bûcher, et je l'ai vu rôtir.

— Mon cher, Urbain Grandier n'était pas un sorcier, c'était un savant, ce qui est tout autre chose. Urbain Grandier ne prédisait pas l'avenir : il savait le passé, ce qui, quelquefois, est bien pis.

Mazarin hocha la tête en signe d'assentiment; désirant connaître la prédiction sur laquelle on discutait, il demeura à la même place.

— Je ne te dis pas, reprit le garde, que Coysel ne soit pas un sorcier; mais je te dis que, s'il publie d'avance sa prédiction, c'est le moyen qu'elle ne s'accomplisse point.

— Pourquoi?

— Sans doute. Si nous nous battons l'un contre l'autre et que je te dise . « Je vais te porter, ou un coup droit, ou un coup de seconde, » tu pareras tout naturellement. Eh bien! si Coysel dit assez haut, pour que le cardinal l'entende : « Avant tel jour, tel prisonnier se sauvera, » il est bien évident que le cardinal prendra si bien ses précautions, que le prisonnier ne se sauvera pas.

— Eh! mon Dieu, dit un autre, qui semblait dormir couché sur un banc, et qui, malgré son sommeil apparent, ne perdait pas un mot de la conversation ; eh! mon Dieu, croyez-vous que les hommes puissent échapper à leur destinée? S'il est écrit là-haut que le duc de Beaufort doit se sauver, M. de Beaufort se sauvera, et toutes les précautions du cardinal n'y feront rien.

Mazarin tressaillit. Il était Italien, c'est-à-dire superstitieux ; il s'avança rapidement au milieu des gardes, qui, l'apercevant, interrompirent leur conversation.

— Que disiez-vous donc, messieurs? fit-il avec son air caressant, que M. de Beaufort s'était évadé, je crois?

— Oh! non, monseigneur, dit le soldat incrédule; pour le moment il n'a garde. On disait seulement qu'il devait se sauver.

— Et qui dit cela?

— Voyons, répétez votre histoire, Saint-Laurent, dit le garde se retournant vers le narrateur.

— Monseigneur, dit le garde, je racontais purement et simplement à ces messieurs ce que j'ai entendu dire de la prédiction du nommé Coysel, qui prétend que, si bien gardé que soit M. de Beaufort, il se sauvera avant la Pentecôte.

— Et ce Coysel est un rêveur? un fou ? reprit le cardinal toujours souriant.

— Non pas, dit le garde, tenace dans sa crédulité, il a prédit beaucoup de choses qui sont arrivées, comme, exemple, que la reine accoucherait d'un fils, que M. de Coligny serait tué dans son duel avec le duc de Guise, enfin que le coadjuteur serait nommé cardinal. Eh bien? la reine est accouchée, non-seulement d'un premier fils, mais encore, deux ans après, d'un second fils, et M. de Coligny a été tué

— Oui, dit Mazarin; mais M. le coadjuteur n'est pas encore cardinal.

— Non, monseigneur, dit le garde, mais il le sera.

Mazarin fit une grimace qui voulait dire : Il ne tient pas encore la barrette. Puis il ajouta :

— Ainsi votre avis, mon ami, est que M. de Beaufort doit se sauver?

— C'est si bien mon avis, monseigneur, dit le soldat, que, si Votre Éminence m'offrait à cette heure la place de M. de Chavigny, c'est-à-dire celle de gouverneur du château de Vincennes, je ne l'accepterais pas. Oh! le lendemain de la Pentecôte, ce serait autre chose

Il n'y a rien de plus convainquant qu'une grande conviction; elle influe même sur les incrédules, et loin d'être incrédule, nous l'avons dit, Mazarin était superstitieux. Il se retira donc tout pensif.

— Le ladre! dit le garde qui était accoudé contre la muraille, il fait semblant de ne pas croire à votre magicien, Saint-Laurent, pour n'avoir rien à vous donner, mais il ne sera pas plutôt rentré chez lui, qu'il fera son profit de votre prédiction.

En effet, au lieu de continuer son chemin vers la chambre de la reine, Mazarin rentra dans son cabinet, et, appelant Bernouin, il donna l'ordre que le lendemain au point du jour on lui allât chercher l'exempt ou à autre placé auprès de M. de Beaufort, et qu'on l'éveillât aussitôt qu'il arriverait.

Sans s'en douter, le garde avait touché du doigt la plaie la plus vive du cardinal. Depuis cinq ans que M. de Beaufort était en prison, il n'y avait pas de jour que Mazarin ne pensât qu'à un moment ou à autre il en sortirait. On ne pouvait pas retenir toute sa vie prisonnier un petit-fils d'Henri IV, surtout quand ce petit-fils d'Henri IV avait à peine trente ans. Mais, de quelque façon qu'il en sortît, quelle haine n'avait-il pas dû, dans sa captivité, amasser contre celui à qui il la devait; qui l'avait pris riche, brave, glorieux, aimé des femmes, craint des hommes, pour retrancher de sa vie ses plus belles années, car ce n'est pas exister que de vivre en prison! En attendant, Mazarin redoublait de surveillance contre M. de Beaufort. Seulement il était pareil à l'avare de la fable, qui ne pouvait dormir près de son trésor. Bien des fois la nuit il se réveillait en sursaut, rêvant qu'on lui avait volé M. de Beaufort. Alors il s'informait de lui, et à chaque information il avait la douleur d'entendre que le prisonnier jouait, buvait, chantait, que c'était merveille; mais que, tout en jouant, buvant et chantant, il s'interrompait toujours pour jurer que le Mazarin lui payerait cher tout ce plaisir qu'il le forçait de prendre à Vincennes.

Cette pensée avait fort préoccupé le ministre pendant son sommeil; aussi, lorsqu'à sept heures du matin Bernouin entra dans sa chambre pour le réveiller, son premier mot fut :

— Eh! qu'y a-t-il? Est-ce que M. de Beaufort s'est sauvé de Vincennes?

— Je ne crois pas, monseigneur, dit Bernouin, dont le calme officiel ne se démentait jamais; mais en tout cas vous allez en avoir des nouvelles, car l'exempt la Ramée, que l'on a envoyé chercher ce matin à Vincennes, est là qui attend les ordres de Votre Eminence.

— Ouvrez ici et faites-le entrer, dit Mazarin en accommodant ses oreillers de manière à le recevoir dans son lit.

L'officier entra. C'était un grand et gros homme jouffu et de bonne mine. Il avait un air de tranquillité qui donna des inquiétudes à Mazarin.

— Ce drôle-là m'a tout l'air d'un sot, murmura-t-il.

L'exempt demeurait debout et silencieux à la porte.

— Approchez, monsieur, dit Mazarin.

L'exempt obéit.

— Savez-vous ce qu'on dit ici? continua le cardinal.

— Non, Votre Eminence.

— Eh bien! l'on dit que M. de Beaufort va se sauver de Vincennes, s'il ne l'a déjà fait.

La figure de l'officier exprima la plus profonde stupéfaction. Il ouvrit tout ensemble ses petits yeux et sa grande bouche pour mieux humer la plaisanterie que Son Eminence lui faisait l'honneur de lui adresser; puis, ne pouvant tenir plus longtemps son sérieux à une pareille supposition, il éclata de rire, mais d'une telle façon que ses gros membres étaient secoués par cette hilarité comme par une fièvre violente.

Mazarin fut enchanté de cette expression peu respectueuse; mais cependant il ne cessa point de garder son air grave

Quand la Ramée eut bien ri et se fut essuyé les yeux, il crut qu'il était temps enfin de parler et d'excuser l'inconvenance de sa gaieté.

— Se sauver, monseigneur? dit-il, se sauver? Mais Votre Eminence ne sait donc pas où est M. de Beaufort?

— Si fait, monsieur, je sais qu'il est au donjon de Vincennes.

— Oui, monseigneur, dans une chambre dont les murs ont sept pieds d'épaisseur, avec des fenêtres à grillages croisés dont chaque barre est grosse comme le bras.

— Monsieur, dit Mazarin, avec de la patience on perce tous les murs, et avec un ressort de montre on scie un barreau.

— Mais monseigneur ignore donc qu'il a près de lui huit gardes, quatre dans son antichambre et quatre dans sa chambre, et que ces gardes ne le quittent jamais.

— Mais il sort de sa chambre, il joue au mail, il joue à la paume.

— Monseigneur, ce sont les amusements permis aux prisonniers. Cependant, si Son Eminence veut, on les lui retranchera.

— Non pas, non pas, dit le Mazarin, qui craignait, en lui retranchant ces plaisirs, que, si son prisonnier sortait jamais de Vincennes, il n'en sortît encore plus exaspéré contre lui. Seulement je demande avec qui il joue.

— Monseigneur, il joue avec l'officier de garde, ou bien avec moi, ou bien avec les autres prisonniers.

— Mais n'approche-t-il point des murailles en jouant?

— Monseigneur, Votre Eminence ne connaît-elle point les murailles? Les murailles ont soixante pieds de hauteur, et je doute que M. de Beaufort soit encore assez las de la vie pour risquer de se rompre le cou en sautant du haut en bas.

— Hum! fit le cardinal, qui commençait à se rassurer Vous dites donc, mon cher monsieur la Ramée ..

— Qu'à moins que M. de Beaufort trouve moyen de se changer en oiseau, je réponds de lui.

— Prenez garde! vous vous avancez fort, reprit Mazarin. M. de Beaufort a dit aux gardes qui le conduisaient à Vincennes qu'il avait souvent pensé au cas où il serait emprisonné, et que, dans ce cas, il avait trouvé quarante manières de s'évader de prison.

— Monseigneur, si parmi ces quarante manières il y en avait eu une bonne, répondit la Ramée, croyez-moi, il serait dehors depuis longtemps.

— Allons, allons, pas si bête que je croyais, murmura Mazarin.

— D'ailleurs, monseigneur oublie que M. de Chavigny est gouverneur de Vincennes, continua la Ramée, et M. de Chavigny n'est pas des amis de M. de Beaufort.

— Oui, mais M. de Chavigny s'absente.

— Quand il s'absente j'y suis là.

— Mais quand vous vous absentez vous-même?

— Oh! quand je m'absente moi-même, j'ai en mon lieu et place un gaillard qui aspire à devenir exempt de Sa Majesté, et qui, je vous en réponds, fait bonne garde. Depuis trois semaines que je l'ai pris à mon service, je n'ai qu'un reproche à lui faire, c'est d'être trop dur au prisonnier.

— Et quel est ce cerbère? demanda le cardinal.

— Un certain Grimaud, monseigneur.

— Et que faisait-il avant d'être auprès de vous à Vincennes?

— Mais il était en province, à ce que m'a dit celui qui me l'a recommandé; il s'y est fait je ne sais quelle méchante affaire, à cause de sa mauvaise tête, et je crois qu'il ne serait pas fâché de trouver l'impunité sous l'uniforme du roi.

— Et qui vous a recommandé cet homme?

— L'intendant M. le duc de Grammont.

— Alors, on peut s'y fier, à votre avis?

— Comme à moi-même, monseigneur.

— Ce n'est pas un bavard?

— Jésus-Dieu! monseigneur, j'ai cru longtemps qu'il était muet, il ne parle et ne répond que par signes; il paraît que c'est son ancien maître qui l'a dressé à cela.

— Eh bien! dites-lui, mon cher monsieur la Ramée, reprit le cardinal, que, s'il nous fait bonne et fidèle garde, on fermera les yeux sur ses escapades de province, qu'on lui mettra sur le dos un uniforme qui le fera respecter, et dans les poches de cet uniforme quelques pistoles pour boire la santé du roi.

Mazarin était fort large en promesses, c'était tout le contraire de ce bon M. Grimaud, que vantait la Ramée, lequel parlait peu et agissait beaucoup.

Le cardinal fit encore à la Ramée une foule de questions

sur le prisonnier, sur la façon dont il était nourri, logé et couché, auxquelles celui-ci répondit d'une façon si satisfaisante, qu'il le congédia presque rassuré.

Puis, comme il était neuf heures du matin, il se leva, se parfuma, s'habilla et passa chez la reine pour lui faire part des causes qui l'avaient retenu chez lui. La reine, qui ne craignait guère moins M. de Beaufort que le cardinal le craignait lui-même, et qui était presque aussi superstitieuse que lui, lui fit répéter mot pour mot toutes les promesses de la Ramée et tous les éloges qu'il donnait à son **second**, puis lorsque le cardinal eut fini.

— Hélas! monsieur, dit-elle à demi-voix, que n'avons-nous un Grimaud près de chaque prince!

— Patience, dit Mazarin avec son sourire italien, cela viendra peut-être un jour; mais en attendant. .

— Eh bien! en attendant?

— Je vais toujours prendre mes précautions.

Et, sur ce, il avait écrit à d'Artagnan de presser son retour.

J.A. BEAUCÉ.

La Ramée.

CHAPITRE XIX.

CE A QUOI SE RÉCRÉAIT M. LE DUC DE BEAUFORT AU DONJON DE VINCENNES

Le prisonnier qui faisait si grand'peur à M. le cardinal, et dont les quarante moyens d'évasion troublaient le repos de toute la cour, ne se doutait guère de tout cet effroi qu'à cause de lui on ressentait au Palais-Royal. Il se voyait si admirablement gardé, qu'il avait reconnu l'inutilité de ses tentatives, toute sa vengeance consistait à lancer nombre d'imprécations et d'injures contre le Mazarin. Il avait même essayé de faire des couplets, mais il y avait bien vite renoncé. En effet, M. de Beaufort non-seulement n'avait pas reçu du ciel le don d'aligner des vers, mais encore ne s'exprimait souvent en prose qu'avec la plus grande peine du monde. Aussi, Blot, le chansonnier de l'époque, disait-il de lui:

Beaufort, de grande renommée,
Qui sut ravitailler Paris,

Doit toujours tirer son épée
Sans jamais dire son avis.

S'il veut servir toute la France,
Qu'il n'approche pas du barreau;
Qu'il rengaine son éloquence
Et tire son fer du fourreau.

Dans un combat il brille, il tonne,
On le redoute avec raison,

Mais de la façon qu'il raisonne,
On le prendrait pour un oison.

Gaston pour faire une harangue
Eprouve bien moins d'embarras;
Pourquoi Beaufort n'a-t-il la langue!
Pourquoi Gaston n'a-t-il le bras !

Ceci posé, on comprend que le prisonnier se soit borné aux injures et aux imprécations.

« Ritratto dell' illustrissimo facchino Mazarini. »

Le duc de Beaufort était petit-fils de Henri IV et de Gabrielle d'Estrées, aussi bon, aussi brave, aussi fier, et surtout aussi gascon que son aïeul, mais beaucoup moins lettré. Après avoir été l'homme de confiance, le premier à la cour enfin, un jour il lui avait fallu céder la place à Mazarin, et il s'était trouvé le second; et le lendemain, comme il avait eu le mauvais esprit de se fâcher de cette transposition et l'imprudence de le dire, la reine l'avait fait arrêter et conduire à Vincennes par ce même Guitaut que nous avons vu apparaître au commencement de cette histoire et que nous aurons l'occasion de retrouver. Bien entendu, qui

dit la reine, dit Mazarin. Non-seulement on s'était débarrassé ainsi de sa personne et de ses prétentions, mais encore on ne comptait plus avec lui, tout prince populaire qu'il était, et depuis cinq ans il habitait une chambre fort peu royale au donjon de Vincennes.

Cet espace de temps, qui eût mûri les idées de tout autre que M. de Beaufort, avait passé sur sa tête sans y opérer aucun changement. Un autre en effet eût réfléchi que, s'il n'avait pas affecté de braver le cardinal, de mépriser les princes et de marcher seul, sans autres acolytes que, comme le dit le cardinal de Retz, quelques mélancoliques

8

qui avaient l'air de songe-creux, il aurait eu depuis cinq ans, ou sa liberté, ou des défenseurs. Ces considérations ne se présentèrent probablement pas même à l'esprit du duc, que sa longue réclusion ne fit au contraire qu'affermir davantage dans sa mutinerie, et chaque jour le cardinal reçut des nouvelles de lui qui étaient on ne peut plus désagréables pour Son Éminence.

Après avoir échoué en poésie, M. de Beaufort avait essayé de la peinture. Il dessinait avec du charbon les traits du cardinal, et, comme ses talents assez médiocres en cet art ne lui permettaient pas d'atteindre à une grande ressemblance, pour ne pas laisser de doute sur l'original du portrait, il écrivait au-dessous . « Ritratto dell' illustrissimo facchino Mazarini. » M. de Chavigny, prévenu, vint faire une visite au duc, et le pria de se livrer à un autre passe-temps, ou tout au moins de faire des portraits sans légendes. Le lendemain la chambre était pleine de légendes et de portraits. M. de Beaufort, comme tous les prisonniers, du reste, ressemblait fort aux enfants, qui ne s'entêtent qu'aux choses qu'on leur défend.

M. de Chavigny fut prévenu de ce surcroît de profils. M. de Beaufort, pas assez sûr de lui pour risquer la tête de face, avait fait de sa chambre une véritable salle d'exposition. Cette fois le gouverneur ne dit rien, mais, un jour que M. de Beaufort jouait à la paume, il fit passer l'éponge sur tous ses dessins et peindre la chambre à la détrempe.

M. de Beaufort remercia M. de Chavigny, qui avait la bonté de lui remettre ses cartons à neuf; et cette fois il divisa sa chambre en compartiments, et consacra chacun de ces compartiments à un trait de la vie du cardinal de Mazarin.

Le premier devait représenter l'illustrissime faquin Mazarini recevant une volée de coups de bâton du cardinal Bentivoglio, dont il avait été domestique.

Le second, l'illustrissime faquin Mazarini jouant le rôle d'Ignace de Loyola dans la tragédie de ce nom.

Le troisième, l'illustrissime faquin Mazarini volant le portefeuille de premier ministre à M. de Chavigny, qui croyait déjà le tenir.

Enfin, le quatrième, l'illustrissime faquin Mazarini refusant des draps à Laporte, valet de chambre de Louis XIV, et disant que c'est assez pour un roi de France de changer de draps tous les trimestres.

C'étaient là de grandes compositions et qui dépassaient certainement la mesure du talent du prisonnier; aussi s'était-il contenté de tracer les cadres et de mettre les inscriptions.

Mais les cadres et les inscriptions suffirent pour éveiller la susceptibilité de M. de Chavigny, lequel fit prévenir M. de Beaufort que, s'il ne renonçait pas aux tableaux projetés, il lui enlèverait tout moyen d'exécution. M. de Beaufort répondit que, puisqu'on lui ôtait la chance de se faire une réputation dans les armes, il voulait s'en faire une dans la peinture, et que, ne pouvant être un Bayard ou un Trivulce, il voulait devenir un Michel-Ange ou un Raphaël.

Un jour que M. de Beaufort se promenait au préau, on enleva son feu, avec son feu ses charbons, avec ses charbons ses cendres, de sorte qu'en rentrant il ne trouva plus le plus petit objet dont il pût faire un crayon.

M. de Beaufort jura, tempêta, hurla, dit qu'on voulait le faire mourir de froid et d'humidité comme étaient morts Puylaurens, le maréchal Ornano et le grand prieur de Vendôme, ce à quoi M. de Chavigny répondit qu'il n'avait qu'à donner sa parole de renoncer au dessin ou promettre de ne point faire de peintures historiques, et qu'on lui rendrait du bois et tout ce qu'il fallait pour l'allumer. M. de Beaufort ne voulut pas donner sa parole, et il resta sans feu pendant tout le reste de l'hiver.

De plus, pendant une des sorties du prisonnier, on gratta les inscriptions, et la chambre se retrouva blanche et nue sans la moindre trace de fresque.

M. de Beaufort alors acheta à l'un de ses gardiens un chien nommé Pistache, rien ne s'opposant à ce que les prisonniers eussent un chien. M. de Beaufort restait quelquefois des heures entières enfermé avec son chien. On se doutait bien que pendant ces heures le prisonnier s'occupait de l'éducation de Pistache, mais on ignorait dans quelle voie il la di-

rigeait. Un jour, Pistache se trouvant suffisamment dressé, M. de Beaufort invita M. de Chavigny et les officiers de Vincennes à une grande représentation qu'il donna dans sa chambre. Les invités arrivèrent; la chambre était éclairée d'autant de bougies qu'avait pu s'en procurer M. de Beaufort. Les exercices commencèrent.

Le prisonnier, avec un morceau de plâtre détaché de la muraille, avait tracé au milieu de la chambre une longue ligne blanche représentant une corde. Pistache, au premier ordre de son maître, se plaça sur cette ligne, se dressa sur les pattes de derrière, et, tenant une baguette à battre les habits entre ses pattes de devant, il commença à suivre la ligne avec toutes les contorsions que fait un danseur de corde; puis, après avoir parcouru deux ou trois fois en avant et en arrière la longueur de la ligne, il rendit la baguette à M. de Beaufort et recommença les mêmes évolutions sans balancier.

L'intelligent animal fut criblé d'applaudissements.

Le spectacle était divisé en trois parties; la première achevée, on passa à la seconde.

Il s'agissait d'abord de dire l'heure qu'il était. M. de Chavigny montra sa montre à Pistache. Il était six heures et demie. Pistache leva et baissa la patte six fois, et à la septième resta la patte en l'air. Il était impossible d'être plus clair, un cadran solaire n'aurait pas mieux répondu : comme chacun sait, le cadran solaire a le désavantage de ne dire l'heure que tant que le soleil luit.

Ensuite il s'agissait de reconnaître dans toute la société quel était le meilleur geôlier de toutes les prisons de France. Le chien fit trois fois le tour du cercle et alla se coucher de la façon la plus respectueuse du monde aux pieds de M. de Chavigny.

M. de Chavigny fit semblant de trouver la plaisanterie charmante, et rit du bout des dents. Quand il eut fini de rire, il se mordit les lèvres et commença à froncer le sourcil.

Enfin M. de Beaufort posa à Pistache cette question si difficile à résoudre, à savoir quel était le plus grand voleur du monde connu. Pistache, cette fois, fit le tour de la chambre, mais ne s'arrêta à personne, et, s'en allant à la porte, il se mit à gratter et à se plaindre.

— Voyez, messieurs, dit le prince, cet intéressant animal, ne trouvant pas ici ce que je lui demande, va chercher dehors. Mais, soyez tranquilles, vous ne serez pas privé de sa réponse pour cela. — Pistache, mon ami, continua le duc, venez ici... Le chien lui obéit... Le plus grand voleur du monde connu, reprit le prince, est-ce M. le secrétaire du roi Lecamus, qui est venu à Paris avec vingt livres et qui possède maintenant six millions?

Le chien secoua la tête en signe de négation.

— Est-ce, continua le prince, M. le surintendant d'Émery, qui a donné à M. Thoré, son fils, en le mariant, 300,000 livres de rentes et un hôtel près duquel les Tuileries sont une masure et le Louvre une bicoque?

Le chien secoua la tête en signe de négation.

— Ce n'est pas encore lui, reprit le prince. Voyons, cherchons bien : serait-ce, par hasard, l'illustrissimo facchino Mazarini di Piscina, hein?

Pistache fit désespérément signe que oui en levant et en baissant la tête huit ou dix fois de suite.

— Messieurs, vous le voyez, dit M. de Beaufort aux assistants, qui, cette fois, n'osèrent pas même rire du bout des dents, l'illustrissimo facchino Mazarini di Piscina est le plus grand voleur du monde connu, c'est Pistache qui le dit, du moins.

Passons à un autre exercice.

— Messieurs, continua le duc de Beaufort, profitant d'un grand silence qui se faisait pour produire le programme de la troisième partie de la soirée, vous vous rappelez tous que M. le duc de Guise avait appris à tous les chiens de Paris à sauter pour mademoiselle de Pons, qu'il avait proclamée la belle des belles; eh bien ! messieurs, ce n'était rien, car ces animaux obéissaient machinalement, ne sachant point faire de *dissidence* (M. de Beaufort voulait dire différence) entre ceux pour lesquels ils devaient sauter et ceux pour lesquels ils ne le devaient pas. Pistache va vous montrer, ainsi qu'à M. le gouverneur, qu'il est fort au-dessus de ses confrères. Monsieur de Chavigny, ayez la bonté de me prêter votre canne.

M. de Chavigny prêta sa canne à M. de Beaufort.

M. de Beaufort la plaça horizontalement à la hauteur d'un pied.

— Pistache, mon ami, dit-il, faites-moi le plaisir de sauter pour madame de Montbazon.

Tout le monde se mit à rire ; on savait qu'au moment où il avait été arrêté M. le duc de Beaufort était l'amant déclaré de madame de Montbazon.

Pistache ne fit aucune difficulté et sauta joyeusement pardessus la canne.

— Mais, dit M. de Chavigny, il me semble que Pistache fait juste ce que faisaient ses confrères quand ils sautaient pour mademoiselle de Pons.

— Attendez, dit le prince.

— Pistache, mon ami, dit-il, sautez pour la reine ; et il haussa la canne de six pouces.

Le chien sauta respectueusement par-dessus la canne.

— Pistache, mon ami, continua le duc en haussant encore la canne de six pouces, sautez pour le roi.

Le chien prit son élan, et, malgré la hauteur, sauta légèrement par-dessus.

— Et maintenant, attention, reprit le duc en baissant la canne presque au niveau de terre : Pistache, mon ami, sautez pour l'illustrissimo facchino Mazarini di Piscina.

Le chien tourna le derrière à la canne.

— Eh bien ! qu'est-ce que cela ? dit M. de Beaufort en décrivant un demi-cercle de la queue à la tête de l'animal et en lui présentant de nouveau la canne ; sautez donc, monsieur Pistache.

Mais Pistache, comme la première fois, fit demi-tour sur lui-même et présenta le derrière à la canne.

M. de Beaufort fit la même évolution et répéta la même phrase ; mais cette fois la patience de Pistache était à bout, il se jeta avec fureur sur la canne, l'arracha des mains du prince et la brisa entre ses dents.

M. de Beaufort lui prit les deux morceaux de la gueule, et, avec un grand sérieux, les rendit à M. de Chavigny en lui faisant force excuses et en lui disant que la soirée était finie, mais que, s'il voulait bien dans trois mois assister à une autre séance, Pistache aurait appris de nouveaux tours.

Trois jours après, Pistache était empoisonné.

On chercha le coupable, mais, comme on le pense bien, le coupable demeura inconnu. M. de Beaufort lui fit élever un tombeau avec cette épitaphe : « Ci-gît Pistache, un des chiens les plus intelligents qui aient jamais existé. »

Il n'y avait rien à dire à cet éloge, et M. de Chavigny ne put l'empêcher.

Mais alors le duc dit bien haut qu'on avait fait sur son chien l'essai de la drogue dont on devait se servir pour lui, et un jour, après son dîner, il se mit au lit en criant qu'il avait des coliques, et que c'était le Mazarin qui l'avait fait empoisonner.

Cette nouvelle espièglerie revint aux oreilles du cardinal et lui fit grand'peur. Le donjon de Vincennes passait pour fort malsain, et madame de Rambouillet avait dit que la chambre dans laquelle étaient morts Puylaurens, le maréchal Ornano et le grand prieur de Vendôme valait son pesant d'arsenic, et ce mot avait fait fortune. Il ordonna donc que le prisonnier ne mangeât plus rien sans qu'on fît l'essai du vin et des viandes. Ce fut alors que l'exempt la Ramée fut placé près de lui à titre de dégustateur.

Cependant M. de Chavigny n'avait point pardonné au duc les impertinences qu'avait déjà expiées l'innocent Pistache. M. de Chavigny était une créature du feu cardinal ; on disait même que c'était son fils ; il devait donc quelque peu se connaître en tyrannie. Il se mit à rendre ses noises à M. de Beaufort : il lui enleva ce qu'on lui avait laissé jusqu'alors de couteaux de fer et de fourchettes d'argent ; il lui fit donner des couteaux d'argent et des fourchettes de bois. M. de Beaufort se plaignit, mais M. de Chavigny lui fit répondre qu'il venait d'apprendre que le cardinal ayant dit à madame de Vendôme que son fils était au donjon de Vincennes pour toute sa vie, il avait craint qu'à cette désastreuse nouvelle son prisonnier ne se portât à quelque tentative de suicide.

Quinze jours après, M. de Beaufort trouva deux rangées d'arbres gros comme le petit doigt plantés sur le chemin du jeu de paume ; il demanda ce que c'était, et il lui fut répondu que c'était pour lui donner de l'ombre un jour. Enfin, un matin, le jardinier vint le trouver, et, sous couleur de lui plaire, lui annonça qu'on allait faire pour lui des planches d'asperges. Or, comme chacun le sait, les asperges, qui mettent aujourd'hui quatre ans à venir, en mettaient cinq à cette époque, où le jardinage était moins perfectionné. Cette civilité mit M. de Beaufort en fureur.

Alors M. de Beaufort pensa qu'il était temps de recourir à l'un de ses quarante moyens, et il essaya d'abord du plus simple, qui était de corrompre la Ramée ; mais la Ramée, qui avait acheté sa charge d'exempt quinze cents écus, tenait fort à sa charge. Aussi, au lieu d'entrer dans les vues du prisonnier, alla-t-il tout courant prévenir M. de Chavigny, aussitôt M. de Chavigny mit huit hommes dans la chambre même du prince, doubla les sentinelles et tripla les postes. A partir de ce moment, le prince ne marcha plus que comme les rois de théâtre, avec quatre hommes devant lui et quatre derrière, sans compter ceux qui marchaient en serre-file.

M. de Beaufort rit beaucoup d'abord de cette sévérité, qui lui devenait une distraction. Il répéta tant qu'il put : Cela m'amuse, cela me *diversifie*. (M. de Beaufort voulait dire : Cela me divertit, mais, comme on l'a vu, il ne disait pas toujours ce qu'il voulait dire.) Puis il ajoutait : D'ailleurs, quand je voudrai me soustraire aux honneurs que vous me rendez, j'ai encore trente-neuf autres moyens.

Mais cette distraction devint à la fin un ennui. Par fanfaronnade, M. de Beaufort tint bon six mois ; mais, au bout de six mois, voyant toujours huit hommes s'asseyant quand il s'asseyait, se levant quand il se levait, s'arrêtant quand il s'arrêtait, il commença à froncer le sourcil et à compter les jours.

Cette nouvelle persécution amena une recrudescence de haine contre le Mazarin. Le prince jurait du matin au soir, ne parlant que de capilotade d'oreilles mazarines. C'était à faire frémir ; le cardinal, qui savait tout ce qui se passait à Vincennes, en enfonçait malgré lui sa barette jusqu'au cou.

Un jour, M. de Beaufort rassembla les gardiens, et, malgré sa difficulté d'élocution devenue proverbiale, il leur fit ce discours, qui, il est vrai, avait été préparé à l'avance :

— Messieurs, leur dit-il, souffrirez-vous qu'un petit-fils du bon roi Henri IV soit abreuvé d'outrages et d'*ignobilies* (il voulait dire d'ignominies) ? Ventre-saint-gris ! comme disait mon grand-père, j'ai presque régné dans Paris, savez-vous ! j'ai eu en garde pendant tout un jour le roi et Monsieur. La reine me caressait alors et m'appelait le plus honnête homme du royaume. Messieurs les bourgeois, maintenant, mettez-moi dehors : j'irai droit au Louvre, je tordrai le cou au Mazarin, vous serez mes gardes du corps, je vous ferai tous officiers et avec de bonnes pensions. Ventre-saint-gris ! en avant, marche !

Mais, si pathétique qu'elle fût, l'éloquence du petit-fils de Henri IV n'avait point touché ces cœurs de pierre ; pas un ne bougea ; ce que voyant M. de Beaufort, il leur dit qu'ils étaient tous des gredins, et s'en fit des ennemis cruels.

Quelquefois, lorsque M. de Chavigny le venait voir, ce à quoi il ne manquait jamais deux ou trois fois la semaine, le duc profitait de ce moment pour le menacer.

— Que feriez-vous, monsieur, lui disait-il, si un beau jour vous voyiez apparaître une armée de Parisiens tout bardés de fer et hérissés de mousquets venant me délivrer ?

— Monseigneur, répondait M. de Chavigny en saluant profondément le prince, j'ai sur les remparts vingt pièces d'artillerie, et dans mes casemates trente mille coups à tirer : je les canonnerais de mon mieux.

— Oui, mais quand vous auriez tiré vos trente mille coups, ils prendraient le donjon, et, le donjon pris, je serais forcé de les laisser vous prendre, ce dont je serais bien marri, certainement.

Et à son tour le prince saluait M. de Chavigny avec la plus grande politesse.

— Mais moi, monseigneur, reprenait M. de Chavigny, au premier croquant qui passerait le seuil de mes poternes, ou

qui mettrait le pied sur mon rempart, je serais forcé, à mon
bien grand regret, de vous tuer de ma propre main, attendu
que vous m'êtes confié tout particulièrement, et que je dois
vous rendre mort ou vif.

Et il saluait Son Altesse de nouveau.

— Oui, continuait le duc ; mais comme, bien certainement, ces braves gens-là ne viendraient ici qu'après avoir
un peu pendu M. Giulio Mazarini, vous vous garderiez bien
de porter la main sur moi, et vous me laisseriez vivre, de
peur d'être tiré à quatre chevaux par les Parisiens, ce qui
est plus désagréable encore que d'être pendu, allez.

Ces plaisanteries aigres-douces allaient ainsi dix minutes,
un quart d'heure, vingt minutes au plus, mais elles finis-
saient toujours ainsi.

M. de Chavigny se retournant vers la porte :

— Holà ! la Ramée ? criait-il.

La Ramée entrait.

— La Ramée, continuait M. de Chavigny, je vous recommande tout particulièrement M. de Beaufort ; traitez-le avec
tous les égards dus à son nom et à son rang, et, à cet effet,
ne le perdez pas un seul instant de vue.

Puis il se retirait en saluant M. de Beaufort avec une politesse ironique qui mettait celui-ci dans des colères bleues.

La Ramée était donc devenu le commensal obligé du
prince, son gardien éternel, l'ombre de son corps, mais, il
faut le dire, la compagnie de la Ramée, joyeux vivant, franc
convive, buveur reconnu, grand joueur de paume, bon diable au fond, et n'ayant pour M. de Beaufort qu'un défaut,
celui d'être incorruptible, était devenu pour le prince plutôt
une distraction qu'une fatigue.

Malheureusement il n'en était point de même pour maître
la Ramée, et, quoiqu'il estimât l'honneur d'être enfermé
avec un prisonnier de si hauts importance : le plaisir de
vivre dans la familiarité du petit-fils d'Henri IV ne com-
pensait pas celui qu'il eût éprouvé à aller faire de temps
en temps visite à sa famille. On peut être excellent exempt
du roi en même temps que bon père et bon époux. Or,
la Ramée adorait sa femme et ses enfants, qu'il ne faisait
plus qu'entrevoir du haut de la muraille, lorsque, pour
lui donner cette consolation paternelle et conjugale, ils
se venaient promener de l'autre côté des fossés ; décidément, c'était trop peu pour lui, et la Ramée sentait que sa
oyeuse humeur, qu'il avait considérée comme la cause de sa
bonne santé, sans calculer qu'au contraire elle n'en était
probablement que le résultat, ne tiendrait pas longtemps à
un pareil régime. Cette conviction ne fit que croître dans
son esprit lorsque peu à peu les relations de M. de Beaufort
et de M. de Chavigny s'étant aigries de plus en plus, ils ces-
sèrent tout à fait de se voir. La Ramée sentit alors la res-
ponsabilité peser plus forte sur sa tête, et comme justement,
par ces raisons que nous venons d'expliquer, il cherchait
du soulagement, il accueillit très-chaudement l'ouverture
que lui avait faite son ami, l'intendant du maréchal de Grammont, de lui donner un acolyte ; il en avait aussitôt parlé à
M. de Chavigny, lequel avait répondu qu'il ne s'y opposait
en aucune manière, à la condition, toutefois, que le sujet lui
convînt.

Nous regardons comme parfaitement inutile de faire à nos
lecteurs un portrait physique ou moral de Grimaud : si,
comme nous l'espérons, ils n'ont pas tout à fait oublié la
première partie de cet ouvrage, ils doivent avoir conservé
un souvenir assez net de cet excellent personnage, lequel
quel il ne s'était fait d'autres changements que d'avoir pris
vingt ans de plus ; acquisition qui n'avait fait que le rendre
plus taciturne et plus silencieux, quoique, depuis le changement qui s'était opéré en lui, Athos lui eût rendu toute permission de parler.

Mais à cette époque il y avait déjà douze ou quinze ans
que Grimaud se taisait, et une habitude de douze ou quinze
ans est devenue une seconde nature.

---◆---

CHAPITRE XX.

GRIMAUD ENTRE EN FONCTIONS.

Grimaud se présenta donc avec ses dehors favorables au
donjon de Vincennes. M. de Chavigny se piquait d'avoir
l'œil infaillible, ce qui pourrait faire croire qu'il était véritablement le fils du cardinal de Richelieu, dont c'était aussi
la prétention éternelle : il examina donc avec attention le
postulant, et conjectura que les sourcils rapprochés, les lèvres minces, le nez crochu et les pommettes saillantes de
Grimaud étaient des indices parfaits. Il ne lui adressa que
douze paroles ; Grimaud en répondit quatre.

— Voilà un garçon distingué, et je l'avais jugé tel, dit
M. de Chavigny ; allez vous faire agréer de M. la Ramée,
et dites-lui que vous me convenez sur tous les points.

Grimaud tourna sur ses talons et s'en alla passer l'inspec-
tion beaucoup plus rigoureuse de la Ramée. Ce qui le rendait plus difficile, c'est que M. de Chavigny savait qu'il pouvait se reposer sur lui, et que lui voulait pouvoir se reposer
sur Grimaud.

Grimaud avait juste les qualités qui peuvent séduire un
exempt qui désire un sous-exempt ; aussi, après mille questions qui n'obtinrent chacune qu'un quart de réponse, la
Ramée, fasciné par cette sobriété de paroles, se frotta les
mains et enrôla Grimaud.

— La consigne ? demanda Grimaud.

— La voici : Ne jamais laisser le prisonnier seul, lui ôter
tout instrument piquant ou tranchant, l'empêcher de faire
signe aux gens du dehors ou de causer trop longtemps avec
ses gardiens.

— C'est tout ? demanda Grimaud.

— Tout pour le moment, répondit la Ramée. Des circonstances nouvelles, s'il y en a, amèneront de nouvelles con-
signes.

— Bon, répondit Grimaud.

Et il entra chez M. le duc de Beaufort.

Celui-ci était en train de se peigner la barbe, qu'il laissait
pousser, ainsi que ses cheveux, pour faire pièce au Mazarin
en étalant sa misère et en faisant parade de sa mauvaise
mine. Mais, comme quelques jours auparavant il avait cru,
du haut du donjon, reconnaître au fond d'un carrosse la
belle madame de Montbazon, dont le souvenir lui était toujours cher, il n'avait pas voulu être pour elle ce qu'il était
pour Mazarin ; il avait donc, dans l'espérance de la revoir,
demandé un peigne de plomb qui lui avait été accordé.

M. de Beaufort avait demandé un peigne de plomb, parce
que, comme tous les blonds, il avait la barbe un peu rouge ;
il se la teignait en se la peignant.

Grimaud, en entrant, vit le peigne que le prince venait
de déposer sur la table ; il le prit en faisant une révérence.

Le duc regarda cette étrange figure avec étonnement.

La figure mit le peigne dans sa poche.

— Holà hé ! qu'est-ce que cela ! s'écria le duc, et quel est
ce drôle ?

Grimaud ne répondit point, mais salua une seconde fois.

— Es-tu muet ? s'écria le duc.

Grimaud fit signe que non.

— Qu'es-tu alors ? réponds, je te l'ordonne, dit le duc.

— Gardien, répondit Grimaud.

— Gardien ! s'écria le duc ; bien, il ne manquait que
cette figure patibulaire à ma collection. Holà ! la Ramée '
quelqu'un !

La Ramée, appelé, accourut ; malheureusement pour le
prince, il allait, se reposant sur Grimaud, se rendre à Paris ; il était déjà dans la cour et remonta mécontent.

— Qu'est-ce, mon prince ? demanda-t-il.

— Quel est ce maraud qui prend mon peigne et qui le
met dans sa sale poche ? demanda M. de Beaufort.

— C'est un de vos gardes, monseigneur, un garçon plein

de mérite, et que vous apprécierez comme M. de Chavigny et moi, j'en suis sûr.

— Pourquoi me prend-il mon peigne?

— En effet, dit la Ramée, pourquoi prenez-vous le peigne de monseigneur?

Grimaud tira le peigne de sa poche, passa son doigt dessus, et, en regardant et montrant la grosse dent, se contenta de prononcer ce seul mot :

— Piquant.

— C'est vrai, dit la Ramée.

— Que dit cet animal? demanda le duc.

— Que tout instrument piquant est interdit par le roi à monseigneur.

— Ah çà, dit le duc. êtes-vous fou, la Ramée? Mais c'est vous-même qui me l'avez donné, ce peigne.

— Et grand tort j'ai eu, monseigneur ; car en vous le donnant je me suis mis en contravention avec ma consigne.

Le duc regarda furieusement Grimaud, qui avait rendu le peigne à la Ramée.

Grimaud.

— Je prévois que ce drôle me déplaira énormément, murmura le prince.

En effet, en prison, il n'y a pas de sentiment intermédiaire; comme tout, hommes et choses, vous est ou ami ou ennemi, on aime ou l'on hait quelquefois avec raison, mais bien plus souvent encore par instinct. Or, par ce motif infiniment simple que Grimaud, au premier coup d'œil, avait plu à M. de Chavigny et à la Ramée, il devait, ses qualités aux yeux du gouverneur et de l'exempt devenant des défauts aux yeux du prisonnier, déplaire tout d'abord à M. de Beaufort.

Cependant Grimaud ne voulut pas dès le premier jour rompre directement en visière avec le prisonnier ; il avait besoin, non pas d'une répugnance improvisée, mais d'une belle et bonne haine bien tenace. Il se retira donc pour faire place à quatre gardes, qui, venant de déjeuner, pouvaient reprendre leur service près du prince.

De son côté, le prince avait à confectionner une nouvelle plaisanterie sur laquelle il comptait beaucoup : il avait demandé des écrevisses pour son déjeuner du lendemain, et comptait passer la journée à faire une petite potence pour pendre la plus belle au milieu de sa chambre. La couleur rouge que devait lui donner la cuisson ne laisserait aucun doute sur l'allusion, et ainsi il aurait eu le plaisir de pendre le cardinal en effigie en attendant qu'il fût pendu en réalité, sans qu'on pût toutefois lui reprocher d'avoir pendu autre chose qu'une écrevisse.

La journée fut employée aux préparatifs de l'exécution. On devient très-enfant en prison, et M. de Beaufort était de caractère à le devenir plus que tout autre ; il alla se promener comme d'habitude, brisa deux ou trois petites branches destinées à jouer un rôle dans sa parade, et, après avoir beaucoup cherché, trouva un morceau de verre cassé, trouvaille qui parut lui faire le plus grand plaisir. Rentré chez lui, il effila son mouchoir.

Aucun de ces détails n'échappa à l'œil investigateur de Grimaud.

Le lendemain matin, la potence était prête ; et, afin de pouvoir la planter dans le milieu de la chambre, M. de Beaufort en effilait un des bouts avec son verre brisé.

La Ramée le regardait faire avec la curiosité d'un père qui pense qu'il va peut-être découvrir un joujou nouveau pour ses enfants, et les quatre gardes avec cet air de désœuvrement qui faisait, à cette époque comme aujourd'hui, le caractère principal de la physionomie du soldat.

Grimaud entra comme le prince venait de poser son morceau de verre, quoiqu'il n'eût pas encore achevé d'effiler le pied de sa potence ; mais il s'était interrompu pour attacher le fil à son extrémité opposée. Il jeta sur Grimaud un coup d'œil où se révélait un reste de la mauvaise humeur de la veille ; mais, comme il était d'avance très-satisfait du résultat que ne pouvait manquer d'avoir sa nouvelle invention, il n'y fit pas autrement attention. Seulement, quand il eut fini de faire un nœud à la marinière à un bout de son fil et un nœud coulant à l'autre, quand il eut jeté un regard sur le plat d'écrevisses, et choisi de l'œil la plus majestueuse, il se retourna pour aller chercher son morceau de verre ; le morceau de verre avait disparu.

— Qui m'a pris mon morceau de verre ? demanda le prince en fronçant le sourcil.

Grimaud fit signe que c'était lui.

— Comment ! toi encore ! et pourquoi me l'as-tu pris ?

— Oui, demanda la Ramée, pourquoi avez-vous pris le morceau de verre à Son Altesse ?

Grimaud, qui tenait le fragment de vitre à sa main, passa le doigt sur le fil, et dit :

— Tranchant.

— C'est juste, monseigneur, dit la Ramée. Ah ! peste ! que nous avons acquis là un garçon précieux !

— Monsieur Grimaud, dit le prince, dans votre propre intérêt, je vous en conjure, ayez soin de ne jamais vous trouver à la portée de ma main.

Grimaud fit la révérence, et se retira au bout de la chambre.

— Chut ! chut ! monseigneur, dit la Ramée, donnez-moi votre potence, je vais l'effiler avec mon couteau.

— Vous ? dit le duc en riant.

— Oui, moi ; n'était-ce pas cela que vous désiriez ?

— Sans doute... Tiens, au fait, dit le duc, ce sera plus drôle. Tenez, prenez mon ami la Ramée.

La Ramée, qui n'avait rien compris à l'exclamation du prince, effila le pied de la potence le plus proprement du monde.

— Là, dit le duc, maintenant faites-moi un petit trou en terre pendant que je vais aller chercher le patient.

La Ramée mit un genou en terre et creusa le sol.

Pendant ce temps, le prince suspendit son écrevisse au fil. Puis il planta la potence au milieu de la chambre en éclatant de rire.

La Ramée aussi rit de tout son cœur, sans trop savoir de quoi il riait, et les gardes firent chorus.

Grimaud seul ne rit pas. Il s'approcha de la Ramée, et lui montrant l'écrevisse qui tournait au bout de son fil :

— Cardinal ! dit-il.

— Pendu par Son Altesse le duc de Beaufort, reprit le prince en riant plus fort que jamais, et par maître Jacques-Chrysostôme la Ramée, exempt du roi.

La Ramée poussa un cri de terreur et se précipita vers la potence, qu'il arracha de terre, qu'il mit incontinent en morceaux, et dont il jeta les morceaux par la fenêtre. Il allait en faire autant de l'écrevisse, tant il avait perdu l'esprit, lorsque Grimaud la lui prit des mains.

— Bonne à manger ! dit-il ; et il la mit dans sa poche.

Cette fois, le duc avait pris si grand plaisir à cette scène, qu'il pardonna presque à Grimaud le rôle qu'il y avait joué. Mais, comme, dans le courant de la journée, il réfléchit à l'intention qu'avait eue son gardien, et qu'au fond cette intention lui parut mauvaise, il sentit sa haine pour lui s'augmenter d'une manière sensible.

Mais l'histoire de l'écrevisse n'en eut pas moins, au grand désespoir de la Ramée, un immense retentissement dans l'intérieur du donjon et même au dehors. M. de Chavigny, qui, au fond du cœur, détestait fort le cardinal, eut soin de confier l'anecdote à deux ou trois amis bien intentionnés, qui la répandirent à l'instant même.

Cela fit passer deux ou trois bonnes journées à M. de Beaufort.

Cependant le duc avait remarqué parmi ses gardes un homme porteur d'une assez bonne figure, et il l'amadouait d'autant plus qu'à chaque instant Grimaud lui déplaisait davantage. Or, un matin qu'il avait pris cet homme à part et qu'il était parvenu à lui parler quelque temps en tête à tête, Grimaud entra, regarda ce qui se passait ; puis, s'approchant respectueusement du garde et du prince, il prit le garde par le bras.

— Que voulez-vous ? demanda brutalement le duc.

Grimaud conduisit le garde à quatre pas et lui montra la porte.

— Allez, dit-il.

Le garde obéit.

— Oh ! mais, s'écria le prince, vous m'êtes insupportable, je vous châtierai !

Grimaud salua respectueusement.

— Je vous romprai les os ! s'écria le prince exaspéré.

Grimaud salua en reculant.

— Monsieur l'espion, continua le duc, je vous étranglerai de mes propres mains !

Grimaud salua encore en reculant toujours.

— Et cela, reprit le prince, qui pensait qu'autant valait en finir tout de suite, pas plus tard qu'à l'instant même.

Et il étendit ses deux mains crispées vers Grimaud, qui se contenta de pousser le garde dehors et de fermer la porte derrière lui.

En même temps il sentit les mains du prince qui s'abaissaient sur ses épaules pareilles à deux tenailles de fer ; mais il se contenta, au lieu d'appeler ou de se défendre, d'amener lentement son index à la hauteur de ses lèvres et de prononcer à demi-voix, en colorant sa figure de son plus gracieux sourire, le mot :

— Chut !

C'était une chose si rare de la part de Grimaud qu'un geste, un sourire et une parole, que Son Altesse s'arrêta tout court, au comble de la stupéfaction.

Grimaud profita de ce moment pour tirer de la doublure de sa veste un charmant petit billet à cachet aristocratique, auquel sa longue station dans les habits de M. Grimaud n'avait pu faire perdre entièrement son premier parfum, et le présenta au duc sans prononcer une parole.

Le duc, de plus en plus étonné, lâcha Grimaud, prit le billet, et reconnaissant l'écriture :

— De madame de Montbazon ! s'écria-t-il.

Grimaud fit signe de la tête que oui.

Le duc déchira rapidement l'enveloppe, passa la main sur ses yeux, tant il était ébloui, et lut ce qui suit :

« Mon cher duc,

« Vous pouvez vous fier entièrement au brave garçon qui vous remettra ce billet, car c'est le valet d'un gentilhomme qui est à nous et qui nous l'a garanti comme éprouvé par vingt ans de fidélité. Il a consenti à entrer au service de votre exempt, et à s'enfermer avec vous à Vincennes pour préparer et aider votre fuite, de laquelle nous nous occupons.

Le moment de la délivrance approche; prenez patience et courage en songeant que, malgré le temps et l'absence, tous vos amis vous ont conservé les sentiments qu'ils vous avaient voués.

Votre toute et toujours affectionnée,

« MARIE DE MONTBAZON. »

P. S. Je signe en toutes lettres, car ce serait par trop de vanité de penser qu'après cinq ans d'absence vous reconnaîtriez mes initiales. »

Le duc demeura un instant étourdi. Ce qu'il cherchait depuis cinq ans sans avoir pu le trouver, c'est-à-dire un serviteur, un aide, un ami, lui tombait tout à coup du ciel au moment où il s'y attendait le moins. Il regarda Grimaud avec étonnement et revint à sa lettre, qu'il relut d'un bout à l'autre.

— Oh! chère Marie! murmura-t-il quand il eut fini, c'est donc bien elle que j'avais aperçue au fond de son carrosse! Comment, elle pense encore à moi, après cinq ans de séparation! Morbleu! voilà une constance comme on n'en voit que dans l'*Astrée*.

Puis, se retournant vers Grimaud :

— Et toi, mon brave garçon, ajouta-t-il, tu consens donc à nous aider?

Grimaud fit signe que oui.

— Et tu es venu ici exprès pour cela?

Grimaud répéta le même signe.

— Et moi qui voulais t'étrangler! s'écria le duc.

Grimaud se prit à sourire.

— Mais attends, dit le duc.

Et il fouilla dans sa poche.

— Attends, continua-t-il en renouvelant l'expérience infructueuse une première fois, il ne sera pas dit qu'un pareil dévouement pour un petit-fils de Henri IV restera sans récompense.

Le mouvement du duc de Beaufort dénonçait la meilleure intention du monde. Mais une des précautions qu'on prenait à Vincennes était de ne pas laisser d'argent au prisonnier. Sur quoi Grimaud, voyant le désappointement du duc, tira de sa poche une bourse pleine d'or, et la lui présenta.

— Voilà ce que vous cherchez, dit-il.

Le duc ouvrit la bourse et voulut la vider entre les mains de Grimaud; mais Grimaud secoua la tête.

Merci, monseigneur, ajouta-t-il en se reculant, je suis

...e duc tombait de surprise en surprise, il tendit la main à Grimaud, qui s'approcha et la lui baisa respectueusement. Les grandes manières d'Athos avaient déteint sur Grimaud.

— Et maintenant, demanda le duc, qu'allons-nous faire?

— Il est onze heures du matin, reprit Grimaud. Que monseigneur, à deux heures, demande à faire une partie de paume avec la Ramée et envoie deux ou trois balles par-dessus les remparts.

— Eh bien! après?

— Après... monseigneur s'approchera de la muraille et criera à un homme qui travaille dans les fossés de les lui renvoyer.

— Je comprends, dit le duc.

Le visage de Grimaud parut exprimer une vive satisfaction; le peu d'usage qu'il faisait d'habitude de la parole lui rendait la conversation difficile. Il fit un mouvement pour se retirer.

— Ah çà, dit le duc, tu ne veux donc rien accepter?

— Je voudrais que monseigneur me fît une promesse.

— Laquelle? parle.

— C'est que, lorsque nous nous sauverons, je passerai toujours et partout le premier; car, si l'on rattrape monseigneur, le plus grand risque qu'il coure est d'être réintégré dans sa prison, tandis que, si l'on me rattrape, moi, le moins qu'il puisse m'arriver c'est d'être pendu.

— C'est trop juste, dit le duc, et, foi de gentilhomme, il sera fait comme tu demandes.

— Maintenant, reprit Grimaud, je n'ai plus qu'une chose à demander à monseigneur : c'est qu'il continue de me faire l'honneur de me détester comme auparavant.

— Je tâcherai, répondit le duc.

On frappa à la porte.

Le duc mit le billet et la bourse dans sa poche et se jeta sur son lit. On savait que c'était sa ressource dans ses grands moments d'ennuis. Grimaud alla ouvrir, c'était la Ramée qui venait de chez le cardinal, où s'était passée la scène que nous avons racontée.

La Ramée porta un regard investigateur autour de lui, et, voyant toujours les mêmes symptômes d'antipathie entre le prisonnier et son gardien, il sourit plein d'une satisfaction intérieure. Puis se retournant vers Grimaud :

— Bien, mon ami, lui dit-il, bien. Il vient d'être parlé de vous en bon lieu, et vous aurez bientôt, je l'espère, des nouvelles qui ne vous seront point désagréables.

Grimaud salua d'un air qu'il tâcha de rendre gracieux et se retira, ce qui était son habitude quand son supérieur entrait.

— Eh bien! monseigneur, demanda la Ramée avec son gros rire, vous boudez donc toujours ce pauvre garçon?

— Ah! c'est vous, la Ramée? répondit le duc; ma foi, il était temps que vous arrivassiez. Je m'étais jeté sur mon lit et j'avais tourné le nez au mur pour ne pas céder à la tentation de tenir ma promesse en étranglant ce scélérat de Grimaud.

— Je doute pourtant, dit la Ramée, faisant une spirituelle allusion au mutisme de son subordonné, qu'il eût dit quelque chose de désagréable à Votre Altesse.

— Je le crois, pardieu, bien : un muet d'Orient. Je vous jure qu'il était temps que vous revinssiez, le Ramée, et que j'avais hâte de vous revoir.

— Monseigneur est trop bon, répliqua la Ramée, flatté du compliment.

— Oui, continua le duc, en vérité, je me sens aujourd'hui d'une maladresse qui vous fera plaisir à voir.

— Nous ferons donc une partie de paume? dit machinalement la Ramée.

— Si vous le voulez bien.

— Je suis aux ordres de monseigneur.

— C'est-à-dire, mon cher la Ramée, observa le duc, que vous êtes un homme charmant, et que je voudrais demeurer éternellement à Vincennes pour avoir le plaisir de passer ma vie avec vous.

— Monseigneur, dit la Ramée, je crois qu'il ne tiendra pas au cardinal que vos souhaits ne soient accomplis.

— Comment cela? l'avez-vous vu depuis peu?

— Il m'a envoyé quérir ce matin.

— Vraiment! pour vous parler de moi?

— De quoi voulez-vous qu'il me parle?... En vérité, monseigneur, vous êtes son cauchemar.

Le duc sourit amèrement.

— Ah! dit-il, si vous acceptiez mes offres, la Ramée.

— Allons, monseigneur, voilà encore que vous allez reparler de cela; mais vous voyez bien que vous n'êtes pas raisonnable.

— La Ramée, je vous ai dit et je vous répète que je ferais votre fortune.

— Avec quoi? Vous ne serez pas plutôt sorti de prison que vos biens seront confisqués.

— Je ne serai pas plutôt sorti de prison que je serai maître de Paris.

— Chut! chut, donc! Eh bien! mais, est-ce que je puis entendre des choses comme cela? Voilà une belle conversation à tenir à un officier du roi! Je vois bien, monseigneur, qu'il me faudra que je cherche un second Grimaud.

— Allons! n'en parlons plus. Ainsi, il a été question de moi entre toi et le cardinal? La Ramée, tu devrais, un jour qu'il te fera demander, me laisser mettre tes habits. J'irais à ta place, je l'étranglerais, et, foi de gentilhomme, si c'était une condition, je reviendrais me mettre en prison.

— Monseigneur, je vois bien qu'il faut que j'appelle Grimaud.

— J'ai tort. Et que t'a-t-il dit, le cuistre?

— Je vous passe le mot, monseigneur, répliqua la Ramée d'un air fin, parce qu'il rime avec ministre. Ce qu'il m'a dit? il m'a dit de vous surveiller.

Et pourquoi cela, me surveiller? demanda le duc inquiet.

— Parce qu'un astrologue a prédit que vous vous échapperiez.

— Ah! un astrologue a prédit cela? dit le duc, tressaillant malgré lui.

— Oh! mon Dieu! oui! ils ne savent que s'imaginer, ma parole d'honneur, pour tourmenter les honnêtes gens, ces imbéciles de magiciens!

— Et qu'as-tu répondu à l'illustrissime Eminence?

— Que, si l'astrologue en question faisait des almanachs, je ne lui conseillais pas d'en acheter.

— Pourquoi?

— Parce que, pour vous sauver, il faudrait que vous devinssiez pinson ou roitelet.

— Et tu as bien raison, malheureusement! Allons faire une partie de paume, la Ramée.

— Monseigneur, j'en demande bien pardon à Votre Altesse, mais il faut qu'elle m'accorde une demi-heure.

— Et pourquoi cela?

— Parce que monseigneur Mazarini est plus fier que vous, quoiqu'il ne soit pas tout à fait de si bonne naissance, et qu'il a oublié de m'inviter à déjeuner.

— Eh bien! veux-tu que je te fasse apporter à déjeuner ici.

— Non pas, monseigneur. Il faut vous dire que le pâtissier qui demeurait en face du château et qu'on appelait le père Marteau.

— Eh bien?

L'Ecrevisse. — Page 62.

— Eh bien, il y a huit jours qu'il a vendu son fonds à un pâtissier de Paris, à qui les médecins, à ce qu'il paraît, ont recommandé l'air de la campagne.

— Eh bien! qu'est-ce que cela me fait à moi?

— Attendez donc, monseigneur; de sorte que ce damné pâtissier a devant sa boutique une masse de choses qui vous font venir l'eau à la bouche.

— Gourmand!

— Eh, mon Dieu! monseigneur, reprit la Ramée, on n'est pas gourmand parce qu'on aime à bien manger. Il est dans la nature de l'homme de chercher la perfection dans les pâtés comme dans les autres choses. Or, ce gueux de pâtissier, il faut vous dire, monseigneur, que quand il m'a vu m'arrêter devant son étalage, il est venu à moi la langue toute enfarinée et m'a dit : « Monsieur la Ramée, il faut me faire avoir la pratique des prisonniers du donjon. J'ai acheté l'é-

tablissement de mon prédécesseur parce qu'il m'a assuré qu'il fournissait le château, et cependant, sur mon honneur, monsieur la Ramée, depuis huit jours que je suis établi, M. de Chavigny ne m'a pas fait acheter une tartelette.

« — Mais, lui ai-je dit alors, c'est probablement que M. de Chavigny craint que votre pâtisserie ne soit pas bonne.

« — Pas bonne, ma pâtisserie! eh bien! monsieur la Ramée, je veux vous en faire juge, et cela à l'instant même.

« — Je ne peux pas, lui ai-je répondu, il faut absolument que je rentre au château.

« — Eh bien! a-t-il dit, allez à vos affaires, puisque vous paraissez pressé, mais revenez dans une demi-heure.

« — Dans une demi-heure?

« — Oui. Avez-vous déjeuné?

« — Ma foi, non.

« — Eh bien, voici un pâté qui vous attendra avec un

bouteille de vieux bourgogne... » Et vous comprenez, monseigneur, comme je suis à jeun, je voudrais, avec la permission de Votre Altesse...

Et la Ramée s'inclina.

— Va donc, animal, dit le duc ; mais fais attention que je ne te donne qu'une demi-heure.

— Puis-je promettre votre pratique au successeur du père Marteau, monseigneur ?

— Oui, pourvu qu'il ne mette pas de champignons dans ses pâtés ; tu sais, ajouta le prince, que les champignons du bois de Vincennes sont mortels à ma famille.

La Ramée sortit sans relever l'allusion, et, cinq minutes après sa sortie, l'officier de garde entra sous prétexte de faire honneur au prince en lui tenant compagnie, mais en réalité pour accomplir les ordres du cardinal, qui, ainsi que nous l'avons dit, recommandait de ne pas perdre le prisonnier de vue.

Mais, pendant les cinq minutes qu'il était resté seul, le

Tu sais que les champignons du bois de Vincennes sont mortels à ma famille

duc avait eu le temps de relire le billet de madame de Montbazon, lequel prouvait au prisonnier que ses amis ne l'avaient pas oublié et s'occupaient de sa délivrance ; de quelle façon ? il l'ignorait encore ; mais il se promettait bien, quel que fût son mutisme, de finir par faire parler Grimaud, dans lequel il avait une confiance d'autant plus grande, qu'il se rendait maintenant compte de toute sa conduite et qu'il comprenait qu'il n'avait inventé toutes les petites persécutions dont il poursuivait le duc que pour ôter à ses gardiens toute idée qu'il pouvait s'entendre avec lui.

Cette ruse donna au duc une haute idée de l'intellect de Grimaud, auquel il résolut de se fier entièrement.

CHAPITRE XXI.

CE QUE CONTENAIENT LES PATÉS DU SUCCESSEUR DU PÈRE
MARTEAU.

Une demi-heure après, la Ramée rentra gai et allègre
comme un homme qui a bien mangé et qui surtout a bien
bu. Il avait trouvé les pâtés excellents et le vin délicieux.

Le temps était beau et permettait la partie projetée; le
jeu de paume de Vincennes était un jeu de longue paume,
c'est-à-dire en plein air; rien n'était donc plus facile au
duc que de faire ce que lui avait recommandé Grimaud,
c'est-à-dire d'envoyer les balles dans les fossés. Cependant,
tant que deux heures ne furent pas sonnées, le duc ne fut
pas trop maladroit, car deux heures étaient l'heure dite. Il
n'en perdit pas moins les parties engagées jusque-là, ce qui
lui permit de se mettre en colère et de faire ce qu'on fait
en pareil cas, faute sur faute.

Aussi, à deux heures sonnant, les balles commencèrent-
elles à prendre le chemin des fossés à la grande joie de la
Ramée, qui marquait quinze à chaque dehors que faisait le
prince.

Les dehors se multiplièrent tellement que bientôt on
manqua de balles. La Ramée proposa alors d'envoyer quelqu'un pour les ramasser dans le fossé. Mais le duc fit observer très-judicieusement que c'était du temps perdu; et,
s'approchant du rempart, qui, à cet endroit, comme l'avait
dit l'exempt, avait au moins cinquante pieds de haut, il
aperçut un homme qui travaillait dans un des mille petits
jardins que défrichaient les paysans sur les revers du fossé.

— Eh! l'ami? cria le duc.

L'homme leva la tête, et le duc fut prêt à pousser un cri
de surprise. Cet homme, ce paysan, ce jardinier, c'était Rochefort, que le prince croyait à la Bastille.

— Eh bien, qu'y a-t-il là-haut? demanda l'homme.

— Ayez l'obligeance de nous rejeter nos balles, dit
le duc.

Le jardinier fit un signe de la tête, et se mit à jeter les
balles, que ramassèrent la Ramée et les gardes. Une d'elles
tomba aux pieds du duc, et, comme celle-là lui était visiblement destinée, il la mit dans sa poche. Puis, ayant fait au
jardinier un signe de remercîment, il retourna à sa partie.

Mais décidément le duc était dans son mauvais jour, les
balles continuèrent de battre la campagne, au lieu de se
maintenir dans les limites du jeu : deux ou trois retournèrent dans le fossé; mais, comme le jardinier n'était plus là
pour les renvoyer, elles furent perdues ; puis le duc déclara
qu'il avait honte de tant de maladresse et qu'il ne voulait
pas continuer.

La Ramée était enchanté d'avoir aussi complétement
battu un prince du sang. Le prince rentra chez lui et se
coucha ; c'était ce qu'il faisait presque toute la journée, depuis qu'on lui avait enlevé ses livres.

La Ramée prit les habits du prince sous prétexte qu'ils
étaient couverts de poussière et qu'il allait les faire brosser,
mais en réalité pour être sûr que le prince ne bougerait
pas. C'était un homme de précaution que la Ramée. Heureusement le prince avait eu le temps de cacher la balle
sous son traversin.

Aussitôt que la porte fut refermée, le duc déchira l'enveloppe de la balle avec ses dents, car on ne lui laissait aucun instrument tranchant : il mangeait avec des couteaux à
lames d'argent pliantes et qui ne coupaient pas. Sous l'enveloppe était une lettre qui contenait les lignes suivantes :

« Monseigneur, vos amis veillent et l'heure de votre délivrance approche ; demandez après-demain à manger un pâté
fait par le nouveau pâtissier qui a acheté le fonds de boutique de l'ancien, et qui n'est autre que Noirmont, votre
maître d'hôtel ; n'ouvrez le pâté que lorsque vous serez
seul, j'espère que vous serez content de ce qu'il contiendra.

« Le serviteur toujours dévoué de Votre Altesse, à la bastille comme ailleurs.

            « Comte de ROCHEFORT. »

« *P. S.* Votre Altesse peut se fier à Grimaud en tout point,
c'est un garçon fort intelligent et qui nous est tout à fait
dévoué. »

Le duc de Beaufort, à qui l'on avait rendu son feu depuis qu'il avait renoncé à la peinture, brûla la lettre,
comme il avait fait avec plus de regret de celle de madame
de Montbazon, et il allait en faire autant de la balle, lorsqu'il pensa qu'elle pourrait lui être utile pour faire parvenir
sa réponse à Rochefort.

Il était bien gardé, car au mouvement qu'il avait fait, la
Ramée entra.

— Monseigneur a besoin de quelque chose? dit-il.

— J'avais froid, répondit le duc, et j'attisais le feu pour
qu'il donnât plus de chaleur. Vous savez, mon cher, que
les chambres du donjon de Vincennes sont réputées pour
leur fraîcheur. On pourrait y conserver la glace et on y ré-
colte du salpêtre. Celles où sont morts Puylaurens, le maréchal d'Ornano et le grand prieur, mon oncle, valaient
sous ce rapport, comme le disait madame de Rambouillet,
leur pesant d'arsenic.

Et le duc se recoucha en fourrant sa balle sous son traversin. La Ramée sourit du bout des lèvres. C'était un brave
homme au fond, qui s'était pris d'une grande affection pour
son illustre prisonnier, et qui eût été désespéré qu'il lui
arrivât malheur. Or, les malheurs successifs arrivés aux
trois personnages qu'avait nommés le duc étaient incontes-
tables.

— Monseigneur, lui dit-il, il ne faut point se livrer à de
pareilles pensées. Ce sont ces pensées-là qui tuent et non le
salpêtre.

— Eh! mon cher, dit le duc, vous êtes charmant; si je
pouvais comme vous aller manger des pâtés et boire du vin
de Bourgogne chez le successeur du père Marteau, cela me
distrairait.

— Le fait est, monseigneur, dit la Ramée, que ses pâtés
sont de fameux pâtés, et que son vin est un fier vin.

— En tout cas, reprit le duc, sa cave et sa cuisine n'ont
pas de peine à valoir mieux que celles de M. de Chavigny.

— Eh bien! monseigneur, dit la Ramée, donnant dans le
piége, qui vous empêche d'en tâter? d'ailleurs, je lui ai promis votre pratique.

— Tu as raison, dit le duc, si je dois rester ici à perpé-
tuité, comme mons Mazarin a eu la bonté de me le faire entendre, il faut que je me crée une distraction pour mes vieux
jours, il faut que je me fasse gourmand.

— Monseigneur, dit la Ramée, croyez-en un bon conseil,
n'attendez pas que vous soyez vieux pour cela.

— Bon! dit à part lui le duc de Beaufort, tout homme
doit avoir, pour perdre son corps ou son âme, reçu de la
munificence céleste un des sept péchés capitaux, quand il
n'en a pas reçu deux ; il paraît que celui de maître la Ramée
est la gourmandise. Soit, nous en profiterons.

Puis tout haut :

— Eh bien! mon cher la Ramée, ajouta-t-il, c'est après-
demain fête.

— Oui, monseigneur, c'est la Pentecôte.

— Voulez-vous me donner une leçon après-demain?

— De quoi?

— De gourmandise.

— Volontiers, monseigneur.

— Mais une leçon en tête à tête. Nous enverrons dîner
les gardes à la cantine de M. de Chavigny, et nous ferons ici
un déjeuner dont je vous laisse la direction.

— Hum ! fit la Ramée.

L'offre était séduisante; mais la Ramée, quoi qu'en eût
pensé de désavantageux en le voyant M. le cardinal, était un
vieux routier qui connaissait tous les piéges que peut tendre
un prisonnier. M. de Beaufort avait, disait-il, préparé quarante moyens de fuir de prison. Ce déjeuner ne cachait-il
pas quelque ruse?

Il réfléchit un instant; mais le résultat de ses réflexions
fut qu'il commanderait les vivr

quent aucune poudre ne serait semée sur les vivres, aucune liqueur ne serait mêlée au vin. Quant à le griser, le duc ne pouvait avoir une pareille intention, et il se mit à rire à cette seule pensée; puis une idée lui vint qui conciliait tout.

Le duc avait suivi le monologue intérieur de la Ramée d'un œil assez inquiet à mesure que le trahissait sa physionomie; mais enfin le visage de l'exempt s'éclaira.

— Eh bien! demanda le duc, cela va-t-il?

— Oui, monseigneur, à une condition.

— Laquelle?

— C'est que Grimaud nous servira à table.

Rien ne pouvait mieux aller au prince. Cependant il eut cette puissance de faire prendre à sa figure une teinte de mauvaise humeur des plus visibles.

— Au diable votre Grimaud! s'écria-t-il, il me gâtera toute la fête.

— Je lui ordonnerai de se tenir derrière Votre Altesse, et, comme il ne souffle pas un mot, Votre Altesse ne le verra ni ne l'entendra, et avec un peu de bonne volonté pourra se figurer qu'il est à cent lieues d'elle.

— Mon cher, dit le duc, savez-vous ce que je vois de plus clair dans tout cela?.. c'est que vous vous défiez de moi.

— Monseigneur, c'est après-demain la Pentecôte.

— Eh bien! que me fait la Pentecôte à moi? avez-vous peur que le Saint-Esprit ne descende sous la figure d'une langue de feu pour m'ouvrir les portes de ma prison?

— Non, monseigneur; mais je vous ai raconté ce qu'avait prédit ce magicien damné.

— Et qu'a-t-il prédit?

— Que le jour de la Pentecôte ne se passerait pas sans que Votre Altesse fût hors de Vincennes.

— Tu crois donc aux magiciens, imbécile?

— Moi, dit la Ramée, je m'en soucie comme de cela, et il fit claquer ses doigts. Mais c'est monseigneur Giulio qui s'en soucie; en qualité d'Italien, il est superstitieux.

Le duc haussa les épaules.

— Eh bien! soit, dit-il avec une bonhomie parfaitement jouée, j'accepte Grimaud, car sans cela la chose n'en finirait point; mais je ne veux personne autre que Grimaud; vous vous chargerez de tout; vous commanderez le déjeuner comme vous l'entendrez; le seul mets que je désigne est un de ces pâtés dont vous m'avez parlé. Vous le commanderez pour moi, afin que le successeur du père Marteau se surpasse, et vous lui promettrez ma pratique, non-seulement pour tout le temps que je resterai en prison, mais encore pour le moment où j'en serai sorti.

— Vous croyez donc toujours que vous en sortirez? dit la Ramée.

— Dame! répliqua le prince, ne fût-ce qu'à la mort du Mazarin; j'ai quinze ans de moins que lui. Il est vrai, ajouta-t-il en souriant, qu'à Vincennes on vit plus vite.

— Monseigneur, reprit la Ramée, monseigneur!...

— Ou qu'on meurt plus tôt, ajouta le duc de Beaufort, ce qui revient au même.

— Monseigneur, dit la Ramée, je vais commander le déjeuner.

— Et vous croyez que vous pourrez faire quelque chose de votre élève?

— Mais je l'espère, monseigneur, répondit la Ramée.

— S'il vous en laisse le temps, murmura le duc.

— Que dit monseigneur? demanda la Ramée.

— Monseigneur dit que vous n'épargniez pas la bourse de M. le cardinal, qui a bien voulu se charger de notre pension.

La Ramée s'arrêta à la porte.

— Qui monseigneur veut-il que je lui envoie?

— Qui vous voudrez, excepté Grimaud.

— L'officier des gardes, alors?

— Avec son jeu d'échecs.

— Oui.

Et la Ramée sortit.

Cinq minutes après, l'officier des gardes entrait, et le duc

de Beaufort paraissait profondément plongé dans les sublimes combinaisons de l'échec et mat.

C'est une singulière chose que la pensée, et quelles révolutions un signe, un mot, une espérance y opèrent. Le duc était depuis cinq ans en prison, et un regard jeté en arrière lui faisait paraître ces cinq années, qui cependant s'étaient écoulées bien lentement, moins longues que les deux jours, les quarante-huit heures, qui le séparaient encore du moment fixé pour l'évasion.

Puis il y avait une chose surtout qui le préoccupait affreusement. C'était de quelle manière s'opérerait cette évasion. On lui avait fait espérer le résultat; mais on lui avait caché les détails que devait contenir le mystérieux pâté. Quels amis l'attendaient? Il avait donc encore des amis après cinq ans de prison? En ce cas, il était un prince bien privilégié.

Il oubliait qu'outre ses amis, chose bien plus extraordinaire, une femme s'était souvenue de lui; il est vrai qu'elle ne lui avait peut-être pas été bien scrupuleusement fidèle; mais elle ne l'avait pas oublié, ce qui était beaucoup.

Il y en avait là plus qu'il n'en fallait pour donner des préoccupations au duc; aussi en fut-il des échecs comme de la longue paume. M. de Beaufort fit école sur école, et l'officier le battit à son tour le soir comme l'avait battu le matin la Ramée.

Mais ses défaites successives avaient eu un avantage, c'était de conduire le prince jusqu'à huit heures du soir; c'étaient toujours trois heures gagnées; puis la nuit allait venir, et avec la nuit le sommeil.

Le duc le pensait ainsi du moins; mais le sommeil est une divinité fort capricieuse, et c'est justement lorsqu'on l'invite qu'elle se fait attendre. Le duc l'attendit jusqu'à minuit, se tournant et se retournant sur ses matelas comme saint Laurent sur son gril. Enfin il s'endormit.

Mais avec le jour il s'éveilla. Il avait fait des rêves fantastiques; il lui était poussé des ailes; il avait alors et tout naturellement voulu s'envoler, et d'abord ses ailes l'avaient parfaitement soutenu; mais, parvenu à une certaine hauteur, cet appui étrange lui avait manqué tout à coup, ses ailes s'étaient brisées, et il lui avait semblé qu'il roulait dans des abîmes sans fond, et il s'était réveillé le front couvert de sueur et brisé comme s'il avait réellement fait une chute aérienne.

Alors il s'était rendormi pour errer de nouveau dans un dédale de songes plus insensés les uns que les autres: à peine ses yeux étaient-ils fermés, que son esprit, tendu vers un seul but, son évasion, se reprenait à tenter cette évasion. Alors c'était autre chose: on avait trouvé un passage souterrain qui devait le conduire hors de Vincennes; il s'était engagé dans ce passage, et Grimaud marchait devant lui une lanterne à la main; mais peu à peu le passage se rétrécissait, et cependant le duc continuait toujours son chemin; enfin le souterrain devenait si étroit, que le fugitif essayait inutilement d'aller plus loin; les parois de la muraille se resserraient et le pressaient entre elles; il faisait des efforts inouïs pour avancer; la chose était impossible, et cependant il voyait au loin devant lui Grimaud, avec sa lanterne, qui continuait de marcher; il voulait l'appeler pour qu'il lui aidât à se tirer de ce défilé qui l'étouffait; mais impossible de prononcer une parole. Alors, à l'autre extrémité, à celle par laquelle il était venu, il entendait les pas de ceux qui le poursuivaient; ces pas se rapprochaient incessamment; il était découvert, il n'avait plus d'espoir de fuir. La muraille semblait être d'intelligence avec ses ennemis, et le pressait d'autant plus qu'il avait plus besoin de fuir; enfin il entendait la voix de la Ramée, il l'apercevait. La Ramée étendait la main et lui posait cette main sur l'épaule en éclatant de rire; il était repris et conduit dans cette chambre basse et voûtée où étaient morts le maréchal Ornano, Puylaurens et son oncle; leurs trois tombes étaient là, bosselant le terrain, et une quatrième fosse était ouverte, n'attendant plus qu'un cadavre.

Aussi, quand il se réveilla, le duc fit-il autant d'efforts pour se tenir éveillé qu'il en avait fait pour s'endormir, et, lorsque la Ramée entra, il le trouva si pâle et si fatigué, qu'il lui demanda s'il était malade.

— En effet, dit un des gardes, qui avait couché dans la chambre, et qui n'avait pas pu dormir à cause d'un mal de dents que lui avait donne l'humidité, monseigneur a eu une nuit fort agitée, et deux ou trois fois dans ses rêves a appelé au secours.

— Qu'a donc monseigneur? demanda la Ramée.

— Et c'est toi, imbécile, dit le duc, qui avec toutes tes billevesées d'évasion m'as rompu hier la tête, et qui es cause que j'ai rêvé que je me sauvais, et qu'en me sauvant je me cassais le cou.

La Ramée éclata de rire.

— Vous le voyez, monseigneur, dit la Ramée, c'est un avertissement du ciel; aussi j'espère que monseigneur ne commettra jamais de pareilles imprudences qu'en rêve.

— Et vous avez raison, mon cher la Ramée, dit le duc en essuyant la sueur qui lui coulait encore sur le front, tout éveillé qu'il était, je ne veux plus penser qu'à Loire et à manger.

— Chut! dit la Ramée.

Et il éloigna les gardes les uns après les autres sous un prétexte quelconque.

— Eh bien? demanda le duc quand ils furent seuls.

— Eh bien! dit la Ramée, votre souper est commandé.

— Ah! fit le prince, et de quoi se composera-t-il? voyons, monsieur mon majordome.

— Monseigneur a promis de s'en rapporter à moi.

— Et il y aura un pâté?

— Je crois bien! gros comme une tour.

— Fait par le successeur du père Marteau?

— Il est commandé.

— Et tu lui as dit que c'était pour moi?

— Je le lui ai dit.

— Et il a répondu?...

— Qu'il ferait de son mieux pour contenter Votre Altesse.

— A la bonne heure! dit le duc en se frottant les mains.

— Peste! monseigneur, dit la Ramée, comme vous mordez à la gourmandise; je ne vous ai pas encore vu, depuis cinq ans, si joyeux visage qu'en ce moment.

Le duc vit qu'il n'avait point été assez maître de lui; mais, en ce moment, comme s'il eût écouté à la porte et qu'il eût compris que leur distraction aux idées de la Ramée était urgente, Grimaud fit signe à la Ramée qu'il avait quelque chose à lui dire. La Ramée s'approcha de Grimaud, qui lui parla tout bas. Le duc se remit pendant ce temps.

— J'ai déjà défendu à cet homme, dit-il, de se présenter ici sans ma permission.

— Monseigneur, dit la Ramée, il faut lui pardonner, car c'est moi qui l'ai mandé.

— Et pourquoi l'avez-vous mandé, puisque vous savez qu'il me déplaît?

— Monseigneur se rappelle ce qui a été convenu, dit la Ramée, et qu'il doit nous servir à ce fameux souper. Monseigneur a oublié le souper?

— Non. Mais j'avais oublié M. Grimaud.

— Monseigneur sait qu'il n'y a pas de souper sans lui.

— Allons donc! faites à votre guise.

— Approchez, mon garçon, dit la Ramée, et écoutez ce que je vais vous dire.

Grimaud s'approcha avec son visage le plus renfrogné.

La Ramée continua

— Monseigneur me fait l'honneur de m'inviter à souper demain en tête à tête.

Grimaud fit un signe qui voulait dire qu'il ne voyait pas en quoi la chose pouvait le regarder.

— Si fait, si fait, dit la Ramée, la chose vous regarde, au contraire, car vous aurez l'honneur de nous servir, sans compter que, si bon appétit et si grande soif que nous ayons, il restera bien quelque chose au fond des plats et au fond des bouteilles, et que ce quelque chose sera pour vous.

Grimaud s'inclina en signe de remerciment.

— Et maintenant, monseigneur, dit la Ramée, j'en demande pardon à Votre Altesse, il paraît que M. de Chavigny s'absente pour quelques jours, et, avant son départ, il me prévient qu'il a des ordres à me donner.

Le duc essaya d'échanger un regard avec Grimaud; mais l'œil de Grimaud était sans regard.

— Allez, dit le duc à la Ramée, et revenez le plus tôt possible.

— Monseigneur veut-il donc prendre sa revanche de la partie de paume d'hier?

Grimaud fit un signe de tête imperceptible du haut en bas.

— Oui, dit le duc, mais prenez garde, mon cher la Ramée, les jours se suivent et ne se ressemblent pas, de sorte qu'aujourd'hui je suis décidé à vous battre d'importance.

La Ramée sortit; Grimaud le suivit des yeux, sans que le reste de son corps déviât d'une ligne; puis, lorsqu'il vit la porte refermée, il tira vivement de sa poche un crayon et un carré de papier.

— Ecrivez, monseigneur, dit-il.

— Et que faut-il que j'écrive?

Grimaud fit signe du doigt et dicta:

« Tout est prêt pour demain soir, tenez-vous sur vos gardes de sept à neuf heures; ayez deux chevaux de main tout prêts; nous descendrons par la première fenêtre de la galerie. »

— Après? dit le duc.

— Après, monseigneur? reprit Grimaud étonné. Après? signez.

— Et c'est tout?

— Que voulez-vous de plus, monseigneur? reprit Grimaud, qui était pour la plus austère concision.

Le duc signa.

— Maintenant, dit Grimaud, monseigneur a-t-il perdu la balle?

— Quelle balle?

— Celle qui contenait la lettre.

— Non, j'ai pensé qu'elle pouvait nous être utile. La voici.

Et le duc prit la balle sous son oreiller et la présenta à Grimaud.

Grimaud sourit le plus agréablement qu'il lui fut possible.

— Eh bien? demanda le duc.

— Eh bien! monseigneur, dit Grimaud, je recouds le papier dans la balle, et en jouant à la paume vous envoyez la balle dans le fossé.

— Mais peut-être sera-t-elle perdue?

— Soyez tranquille, monseigneur, il y aura quelqu'un pour la ramasser.

— Un jardinier? demanda le duc

Grimaud fit signe que oui.

— Le même qu'hier?

Grimaud répéta son signe.

— Le comte de Rochefort, alors?

Grimaud fit trois fois signe que oui.

— Mais, voyons, dit le duc, donne-moi au moins quelques détails sur la manière dont nous devons fuir.

— Cela m'est défendu, dit Grimaud, avant le moment même de l'exécution.

— Quels sont ceux qui m'attendront de l'autre côté du fossé?

— Je n'en sais rien, monseigneur.

— Mais, au moins, dis-moi ce que contiendra ce fameux pâté, si tu ne veux pas que je devienne fou.

— Monseigneur, dit Grimaud, il contiendra deux poignards, une corde à nœuds et une poire d'angoisse.

— Bien, je comprends.

— Monseigneur voit qu'il y en aura pour tout le monde.

— Nous prendrons pour nous les poignards et la corde, dit le duc.

— Et nous ferons manger la poire à la Ramée, répondit Grimaud.

— Mon cher Grimaud, dit le duc, tu ne parles pas souvent; mais, quand tu parles, c'est une justice à te rendre, tu parles d'or.

—◦◦—

CHAPITRE XXII.

Vers la même heure ou ces projets d'évasion se tramaient entre le duc de Beaufort et Grimaud, deux hommes à cheval, suivis à quelques pas par un laquais, entraient dans Paris par la rue du Faubourg-Saint-Marcel. Ces deux hommes, c'étaient le comte de la Fère et le vicomte de Brage-lonne.

C'était la première fois que le jeune homme venait à Paris, et Athos n'avait pas mis grande coquetterie en faveur de la capitale, son ancienne amie, en la lui montrant de ce côté. Certes, le dernier village de la Touraine était plus agréable à la vue que Paris, vu sous la face avec laquelle il regarde Blois. Aussi, faut-il le dire à la honte de cette ville

C'était la première fois que le jeune homme venait à Paris.

tant vantée, elle produisit un médiocre effet sur le jeune homme.

Athos avait toujours son air insoucieux et serein.

Arrivé à Saint-Médard, Athos, qui servait dans ce grand labyrinthe de guide à son compagnon de voyage, prit la rue des Postes, puis celle de l'Estrapade, puis celle des Fossés-Saint-Michel, puis celle de Vaugirard. Parvenus à la rue Férou, les voyageurs s'y engagèrent. Vers la moitié de cette rue, Athos leva les yeux en souriant, et montrant une maison de bourgeoise apparence au jeune homme :

— Tenez, Raoul, lui dit-il, voici une maison où j'ai passé sept des plus douces et des plus cruelles années de ma vie.

Le jeune homme sourit à son tour et salua la maison. La piété de Raoul pour son protecteur se manifestait dans tous les actes de sa vie. Quant à Athos, nous l'avons dit, Raoul était non-seulement pour lui le centre, mais encore, moins ses anciens souvenirs de régiment, le seul objet de ses affections, et l'on comprend de quelle façon tendre et profonde cette fois pouvait aimer le cœur d'Athos.

Les deux voyageurs s'arrêtèrent rue du Vieux-Colombier, à l'enseigne du *Renard vert*. Athos connaissait la taverne de longue date. Cent fois il y était venu avec ses amis ; mais depuis vingt ans il s'était fait force changements dans l'hôtel, à commencer par les maîtres.

Les voyageurs remirent leurs chevaux aux mains des garçons, et, comme c'étaient des animaux de noble race, ils recommandèrent qu'on en eût le plus grand soin, qu'on ne leur donnât que de la paille et de l'avoine, et qu'on leur lavât le poitrail et les jambes avec du vin tiède. Ils avaient fait vingt lieues dans la journée. Puis, s'étant occupés d'abord de leurs chevaux, comme doivent faire de vrais cavaliers, ils demandèrent ensuite deux chambres pour eux.

— Vous allez faire toilette, Raoul, dit Athos ; je vous présente à quelqu'un.

— Aujourd'hui, monsieur ? demanda le jeune homme.

— Dans une demi-heure.

Le jeune homme salua.

Peut-être, moins infatigable qu'Athos, qui semblait de fer, eût-il préféré un bain dans cette rivière de Seine, dont il avait tant entendu parler, et qu'il se promettait bien de trouver inférieure à la Loire, après ; mais le comte de la Fère avait parlé, il ne songea qu'à obéir.

— A propos, dit Athos, soignez-vous, Raoul ; je veux qu'on vous trouve beau.

— J'espère, monsieur, dit le jeune homme en souriant, qu'il ne s'agit point de mariage. Vous savez mes engagements avec Louise.

Athos sourit à son tour.

— Non, soyez tranquille, dit-il, quoique ce soit à une femme que je vais vous présenter.

— Une femme ? demanda Raoul.

— Oui, et je désire même que vous l'aimiez.

Le jeune homme regarda le comte avec une certaine inquiétude, mais, au sourire d'Athos, il fut bien vite rassuré.

— Et quel âge a-t-elle ? demanda le vicomte de Bragelonne.

— Mon cher Raoul, apprenez une fois pour toutes, dit Athos, que voilà une question qui ne se fait jamais. Quand vous pouvez lire son âge sur le visage d'une femme, il est inutile de le lui demander ; quand vous ne le pouvez plus, c'est indiscret.

— Et est-elle belle ?

— Il y a seize ans, elle passait, non-seulement pour la plus jolie, mais encore pour la plus gracieuse femme de France.

Cette réponse rassura complètement le vicomte. Athos ne pouvait avoir aucun projet sur lui et sur une femme qui passait pour la plus jolie et la plus gracieuse de France un an avant qu'il ne vînt au monde. Il se retira donc dans sa chambre, et, avec cette coquetterie qui va si bien à la jeunesse, il s'appliqua à suivre les instructions d'Athos, c'est-à-dire à se faire le plus beau qu'il lui était possible. Or, c'était chose facile avec ce que la nature avait fait pour cela.

Lorsqu'il reparut, Athos le reçut avec ce sourire paternel dont autrefois il accueillait d'Artagnan, mais qui s'était empreint d'une plus profonde tendresse encore pour Raoul.

Athos jeta un regard sur ses pieds, sur ses mains et sur ses cheveux, ces trois signes de race. Ses cheveux noirs étaient élégamment partagés comme on les portait à cette époque et retombaient en boucles, encadrant son visage au teint mat ; des gants de daim grisâtre, et qui s'harmonisaient avec son feutre dessinaient une main fine et élégante, tandis que ses bottes, de la même couleur que ses gants et son feutre, pressaient un pied qui semblait être celui d'un enfant de dix ans.

— Allons, murmura-t-il, si elle n'est pas fière de lui, elle sera bien difficile.

Il était trois heures de l'après-midi, c'est-à-dire l'heure convenable aux visites. Les deux voyageurs s'acheminèrent par la rue de Grenelle, prirent la rue des Rosiers, entrèrent dans la rue Saint-Dominique, et s'arrêtèrent devant un magnifique hôtel, situé en face des Jacobins, et que surmontaient les armes de Luynes.

— C'est ici, dit Athos.

Il entra dans l'hôtel de ce pas ferme et assuré qui indique au suisse que celui qui entre a le droit d'en agir ainsi. Il monta le perron, et, s'adressant à un laquais qui attendait en grande livrée, il demanda si madame la duchesse de Chevreuse était visible, et si elle pouvait recevoir M. le comte de la Fère.

Un instant après, le laquais rentra et dit que, quoique madame la duchesse de Chevreuse n'eût pas l'honneur de connaître M. le comte de la Fère, elle le priait de vouloir bien entrer.

Athos suivit le laquais, qui lui fit traverser une longue file d'appartements et s'arrêta enfin devant une porte fermée. On était dans un salon. Athos fit signe au vicomte de Bragelonne de s'arrêter là où il était.

Le laquais ouvrit et annonça M. le comte de la Fère.

Madame de Chevreuse, dont nous avons si souvent parlé dans notre histoire des *Trois Mousquetaires*, sans avoir eu jamais l'occasion de la mettre en scène, passait encore pour une fort belle femme. En effet, quoiqu'elle eût à cette époque déjà quarante-quatre ou quarante-cinq ans, à peine en paraissait-elle trente-huit ou trente-neuf ; elle avait toujours ses beaux cheveux blonds, ses grands yeux vifs et intelligents que l'intrigue avait si souvent ouverts et l'amour si souvent fermés, et sa taille de nymphe, qui faisait que, lorsqu'on la voyait par derrière, elle semblait toujours être la jeune fille qui sautait avec Anne d'Autriche ce fossé des Tuileries qui priva, en 1623, la couronne de France d'un héritier.

Au reste, c'était toujours la même folle créature qui a jeté sur ses amours un tel cachet d'originalité, que ses amours sont presque devenues une illustration pour sa famille.

Elle était dans un petit boudoir dont la fenêtre donnait sur le jardin. Ce boudoir, selon la mode qu'en avait fait venir madame de Rambouillet en bâtissant son hôtel, était tendu d'une espèce de damas bleu à fleurs roses et à feuillage d'or. Il y avait une grande coquetterie à une femme de l'âge de madame de Chevreuse à rester dans un pareil boudoir, et surtout comme elle était en ce moment, c'est-à-dire couchée sur une chaise longue et la tête appuyée à la tapisserie. Elle tenait à la main un livre entr'ouvert et avait un coussin pour soutenir le bras qui tenait ce livre.

A l'annonce du laquais, elle se souleva un peu et avança curieusement la tête.

Athos parut. Il était vêtu de velours violet avec des passementeries pareilles ; les aiguillettes étaient d'argent bruni, son manteau n'avait aucune broderie d'or, et une simple plume violette enveloppait son feutre noir. Il avait aux pieds des bottes de cuir noir, et à son ceinturon verni pendait cette épée à la poignée magnifique que Porthos avait si souvent admirée rue Férou, mais qu'Athos n'avait jamais voulu lui prêter. De splendides dentelles formaient le col rabattu de sa chemise ; des dentelles retombaient aussi sur les revers de ses bottes.

Il y avait dans toute la personne de celui qu'on venait d'annoncer ainsi sous un nom complètement inconnu à madame de Chevreuse un tel air de gentilhomme de haut lieu, qu'elle se souleva à demi et lui fit gracieusement signe de prendre un siége auprès d'elle.

Athos salua et obéit. Le laquais allait se retirer, lorsque Athos fit un signe qui le retint.

— Madame, dit-il à la duchesse, j'ai eu cette audace de me présenter à votre hôtel sans être connu de vous, elle m'a réussi, puisque vous avez daigné me recevoir. J'ai maintenant celle de vous demander une demi-heure d'entretien.

— Je vous l'accorde, monsieur, répondit madame de Chevreuse avec son plus gracieux sourire.

— Mais ce n'est pas le tout, madame. Oh ! je suis un grand ambitieux, je le sais ! L'entretien que je vous demande est un entretien de tête à tête, et dans lequel j'aurais un bien vif désir de ne pas être interrompu.

— Je n'y suis pour personne, dit la duchesse de Chevreuse au laquais. Allez.

Le laquais sortit.

Il se fit un instant de silence, pendant lequel ces deux personnages, qui se reconnaissaient si bien à la première vue pour être de haute race, s'examinèrent sans aucun embarras de part ni d'autre.

La duchesse de Chevreuse rompit la première le silence.

— Eh bien ! monsieur, dit-elle en souriant, ne voyez-vous pas que j'attends avec impatience ?

— Et moi, madame, répondit Athos, je regarde avec admiration.

— Monsieur, dit madame de Chevreuse, il faut m'excuser, car j'ai hâte de savoir à qui je parle. Vous êtes homme de cour, c'est incontestable, et cependant je ne vous ai jamais vu à la cour. Sortez-vous de la Bastille, par hasard ?

— Non, madame, répondit en souriant Athos, mais peut-être suis-je sur le chemin qui y mène.

— Ah ! en ce cas, dites-moi vite qui vous êtes et allez-vous-en, répondit la duchesse de ce ton enjoué qui avait un si grand charme chez elle ; car je suis déjà bien assez compromise comme cela, sans me compromettre encore davantage.

— Qui je suis, madame ? On vous a dit mon nom : le comte de la Fère. Ce nom, vous ne l'avez jamais su. Autrefois j'en portais un autre que vous avez su peut-être, mais que vous avez certainement oublié.

— Dites toujours, monsieur.

— Autrefois, reprit le comte de la Fère, je m'appelais Athos.

Madame de Chevreuse ouvrit de grands yeux étonnés. Il était évident, comme le lui avait dit le comte, que ce nom n'était pas tout à fait effacé de sa mémoire, quoiqu'il y fût fort confondu parmi d'anciens souvenirs.

— Athos ? dit-elle ; attendez donc.

Et elle posa ses deux mains sur son front comme pour forcer les mille idées fugitives qu'il contenait à se fixer un instant pour lui laisser voir clair dans leur troupe brillante et diaprée.

— Voulez-vous que je vous aide, madame ? dit en souriant Athos.

— Mais oui, dit la duchesse déjà fatiguée de chercher ; vous me ferez plaisir.

— Cet Athos était lié avec trois jeunes mousquetaires qui se nommaient d'Artagnan, Porthos, et...

Athos s'arrêta.

— Et Aramis, dit vivement la duchesse.

— Et Aramis, c'est cela, reprit Athos ; vous n'avez donc pas tout à fait oublié ce nom ?

— Non, dit-elle, non ; pauvre Aramis ! c'était un charmant gentilhomme, élégant, discret, et faisant de jolis vers ; je crois qu'il a mal tourné, dit-elle.

— Au plus mal : il s'est fait abbé.

— Ah ! quel malheur ! dit madame de Chevreuse, jouant négligemment avec son éventail. En vérité, monsieur, je vous remercie.

— De quoi, madame ?

— De m'avoir rappelé ce souvenir, qui est un des souvenirs agréables de ma jeunesse.

— Me permettez-vous alors, dit Athos, de vous en rappeler un second ?

— Qui se rattache à celui-là ?

— Oui et non.

— Ma foi, dit madame de Chevreuse, dites toujours. D'un homme comme vous je risque tout.

Athos salua.

— Aramis, continua-t-il, était lié avec une jeune lingère de Tours.

— Une jeune lingère de Tours ? dit madame de Chevreuse.

— Oui, une cousine à lui, qu'on appelait Marie Michon.

— Ah ! je la connais, s'écria madame de Chevreuse : c'est celle à laquelle il écrivait, du siége de la Rochelle, pour la prévenir d'un complot qui se tramait contre ce pauvre Buckingham.

— Justement, dit Athos ; voulez-vous bien me permettre de vous parler d'elle ?

Madame de Chevreuse regarda Athos.

— Oui, dit-elle, pourvu que vous ne m'en disiez pas trop de mal.

— Je serais un ingrat, dit Athos, et je regarde l'ingratitude, non pas comme un défaut ou un crime, mais comme un vice, ce qui est bien pis.

— Vous, ingrat envers Marie Michon, monsieur ? dit madame de Chevreuse, essayant de lire dans les yeux d'Athos. Mais comment cela pourrait-il être ? Vous ne l'avez jamais connue personnellement.

— Eh ! madame, qui sait ! reprit Athos. Il y a un proverbe populaire qui dit qu'il n'y a que les montagnes qui ne se rencontrent pas, et les proverbes populaires sont quelquefois d'une justesse incroyable.

— Oh ! continuez, monsieur, continuez, dit vivement madame de Chevreuse, car vous ne pouvez vous faire idée combien cette conversation m'amuse.

— Vous m'encouragez, dit Athos, je vais donc poursuivre. Cette cousine d'Aramis, cette Marie Michon, cette jeune lingère enfin, malgré sa condition vulgaire, avait les plus hautes connaissances ; elle appelait les plus grandes dames de la cour ses amies, et la reine, toute fière qu'elle est en sa double qualité d'Autrichienne et d'Espagnole, l'appelait sa sœur.

— Hélas ! dit madame de Chevreuse avec un léger soupir et un petit mouvement de sourcils qui n'appartenait qu'à elle, les choses sont bien changées depuis ce temps-là !

— Et la reine avait raison, continua Athos, car elle lui était fort dévouée, dévouée au point de lui servir d'intermédiaire avec son frère, le roi d'Espagne.

— Ce qui, reprit la duchesse, lui est imputé aujourd'hui à grand crime.

— Si bien, continua Athos, que le cardinal, le vrai cardinal, l'autre, résolut un beau matin de faire arrêter la pauvre Marie Michon et de la faire conduire au château de Loches. Heureusement la chose ne put se faire si secrètement, que ce projet ne transpirât ; le cas était prévu : si Marie Michon était menacée de quelque danger, la reine devait lui faire parvenir un livre d'heures relié en velours vert.

— C'est cela, monsieur ! vous êtes bien instruit.

— Un matin, le livre vert arriva, apporté par le prince de Marsillac. Il n'y avait pas de temps à perdre. Par bonheur, Marie Michon et une suivante qu'elle avait, nommée Ketty, portaient admirablement les habits d'homme. Le prince leur procura, à Marie Michon un habit de cavalier, à Ketty un habit de laquais, leur remit deux excellents chevaux, et les deux fugitives quittèrent rapidement Tours, se dirigeant vers l'Espagne, tremblant au moindre bruit, suivant les chemins détournés, parce qu'elles n'osaient suivre les grandes routes, et demandant l'hospitalité quand elles ne trouvaient pas d'auberge.

— Mais, en vérité, c'est que c'est cela tout à fait ! s'écria madame de Chevreuse en frappant ses mains l'une dans l'autre. Il serait vraiment curieux... elle s'arrêta.

— Que je suivisse les deux fugitives jusqu'au bout de leur voyage ? dit Athos. Non, madame, je n'abuserai pas ainsi de vos moments, et nous ne les accompagnerons que jusqu'à un petit village du Limousin situé entre Tulle et Angoulême, un petit village que l'on nomme Roche-l'Abeille.

Madame de Chevreuse jeta un cri de surprise, et regarda Athos avec une expression d'étonnement qui fit sourire l'ancien mousquetaire.

— Attendez, madame, continua Athos, car ce qu'il me reste à vous dire est bien autrement étrange que ce que je vous ai dit.

— Monsieur, dit madame de Chevreuse, je vous tiens pour sorcier ; je m'attends à tout ; mais, en vérité... n'importe, allez toujours.

— Cette fois, reprit Athos, la journée avait été longue et fatigante ; il faisait froid : c'était le 11 octobre. Ce village ne présentait ni auberge ni château. Les maisons des paysans étaient pauvres et sales. Marie Michon était une personne fort aristocrate, et, comme la reine, sa sœur, elle était habituée aux bonnes odeurs et au linge fin. Elle résolut donc de demander l'hospitalité au presbytère.

Athos fit une pause.

— Oh ! continuez, dit la duchesse, je vous ai prévenu que je m'attendais à tout.

— Les deux voyageurs frappèrent à la porte; il était tard, le prêtre, qui était couché, leur cria d'entrer. Elles entrèrent, car la porte n'était point fermée. La confiance est grande dans les villages. Une lampe brûlait dans la chambre où était le prêtre. Marie Michon, qui faisait bien le plus charmant cavalier de la terre, poussa la porte, passa la tête et demanda l'hospitalité

— Volontiers, mon jeune cavalier, dit le prêtre, si vous voulez vous contenter des restes de mon souper et de la moitié de ma chambre.

Les deux voyageurs se consultèrent un instant; le prêtre les entendit éclater de rire; puis le maître, ou plutôt la maîtresse, répondit :

— Merci, monsieur le curé, j'accepte.

Le jeune homme mit un genou en terre et baisa la main de madame de Chevreuse.

— Alors, soupez et faites le moins de bruit possible, répondit le prêtre; car moi aussi j'ai couru toute la journée, et je ne serais pas fâché de dormir cette nuit.

Madame de Chevreuse marchait évidemment de surprise en étonnement et d'étonnement en stupéfaction; sa figure, en regardant Athos, avait pris une expression impossible à rendre; on voyait qu'elle eût voulu parler, et cependant elle se taisait, de peur de perdre une des paroles de son interlocuteur.

— Après? dit-elle.

— Après? dit Athos. Ah! voilà justement le difficile.

— Dites! dites! dites! On peut tout me dire, à moi. D'ailleurs, cela ne me regarde pas, et c'est l'affaire de mademoiselle Marie Michon.

— Ah! c'est juste, dit Athos. Eh bien donc, Marie Michon soupa avec sa suivante, et, après avoir soupé, selon la permission qui lui avait été donnée, elle rentra dans la chambre où reposait son hôte, tandis que Ketty s'accommodait sur un fauteuil dans la première pièce, c'est-à-dire dans celle où l'on avait soupé.

— En vérité, monsieur, dit madame de Chevreuse, à moins que vous ne soyez le démon en personne, je ne sais pas comment vous pouvez connaître tous ces détails.

— C'était une charmante femme que cette Marie Michon, reprit Athos, une de ces folles créatures à qui passent sans cesse dans l'esprit les idées les plus étranges, un de ces êtres nés pour nous damner tous tant que nous sommes. Or,

en pensant que son hôte était prêtre, il vint à l'esprit de la coquette que ce serait un joyeux souvenir pour sa vieillesse, au milieu de tant de souvenirs joyeux qu'elle avait déjà, que celui d'avoir damné un abbé.

— Comte, dit la duchesse, ma parole d'honneur, vous m'épouvantez.

— Hélas! reprit Athos, le pauvre abbé n'était pas un saint Ambroise, et, je le répète, Marie Michon était une adorable créature.

— Comte, dit la duchesse, ma parole d'honneur, vous m'épouvantez.

— Monsieur, s'écria la duchesse en saisissant les mains d'Athos, dites-moi tout de suite comment vous savez tous ces détails, ou je fais venir un moine du couvent des Vieux-Augustins, et je vous exorcise.

Athos se mit à rire.

— Rien de plus facile, madame. Un cavalier, qui lui-même était chargé d'une mission importante, était venu demander une heure avant vous l'hospitalité au presbytère, et cela au moment même où le curé, appelé auprès d'un mourant, quittait non-seulement sa maison, mais le village pour toute la nuit. Alors l'homme de Dieu, plein de confiance dans son

hôte, qui, d'ailleurs, était gentilhomme, lui avait abandonné maison, souper et chambre. C'était donc à l'hôte du bon abbé, et non à l'abbé lui-même, que Marie Michon était venue demander l'hospitalité.

— Et ce cavalier, cet hôte, ce gentilhomme, arrivé avant elle...

— C'était moi, le comte de la Fère, dit Athos en se levant et en saluant respectueusement la duchesse de Chevreuse.

La duchesse resta un moment stupéfaite, puis tout à coup éclatant de rire :

— Ah! ma foi, dit-elle, c'est fort drôle, et cette folle de Marie Michon a trouvé mieux qu'elle n'espérait. Asseyez-vous, cher comte, et reprenez votre récit.

— Maintenant il me reste à m'accuser, madame. Je vous ai dit, moi-même je voyageais pour une mission pressée; ès le point du jour, je sortis de la chambre sans bruit, laissant dormir mon charmant compagnon de gite. Dans la première pièce dormait aussi, la tête renversée sur un fauteuil, la suivante, en tout digne de la maitresse. Sa jolie figure me frappa; je m'approchai, et je reconnus cette petite Ketty que notre ami Aramis avait placée auprès d'elle. Ce fut ainsi que je sus que la charmante voyageuse était...

— Marie Michon, dit vivement madame de Chevreuse.

— Marie Michon, reprit Athos. Alors je sortis de la maison; j'allai à l'écurie, je trouvai mon cheval sellé et mon laquais prêt; nous partimes.

— Et vous n'êtes jamais repassé par ce village? demanda vivement madame de Chevreuse.

— Un an après, madame.

— Eh bien?

— Eh bien! je voulus revoir le bon curé. Je le trouvai fort préoccupé d'un événement auquel il ne comprenait rien. Il avait, huit jours auparavant, reçu dans une bercelonnette un charmant petit garçon de trois mois avec une bourse pleine d'or et un billet contenant ces simples mots : 11 octobre 1633.

— C'était la date de cette étrange aventure, reprit madame de Chevreuse.

— Oui, mais il n'y comprenait rien, sinon qu'il avait passé cette nuit-là près d'un mourant, car Marie Michon avait quitté elle-même le presbytère avant qu'il fût de retour.

— Vous savez, monsieur, que Marie Michon, lorsqu'elle revint en France en 1643, fit redemander à l'instant même des nouvelles de cet enfant, car, fugitive, elle ne pouvait le garder; mais, revenue à Paris, elle le voulait faire élever près d'elle.

— Et que lui dit l'abbé? demanda à son tour Athos.

— Qu'un seigneur, qu'il ne connaissait pas, avait bien voulu s'en charger, avait répondu de son avenir, et il l'avait emporté avec lui.

— C'était la vérité.

— Ah! je comprends alors! ce seigneur c'était vous, c'était son père!

— Chut! ne parlez pas si haut, madame; il est là.

— Il est là! s'écria madame de Chevreuse, se levant vivement; il est là, mon fils! le fils de Marie Michon est là! Mais je veux le voir à l'instant!

— Faites attention, madame, qu'il ne connait ni son père ni sa mère, interrompit Athos.

— Vous avez gardé le secret, et vous me l'amenez ainsi, pensant que vous me rendrez bien heureuse. Oh! merci, merci, monsieur! s'écria madame de Chevreuse en saisissant sa main, qu'elle essaya de porter à ses lèvres! merci; vous êtes un noble cœur.

— Je vous l'amène, dit Athos en retirant sa main, pour qu'à votre tour vous fassiez quelque chose pour lui, madame. Jusqu'à présent, j'ai veillé sur son éducation, et j'en ai fait, je le crois, un gentilhomme accompli; mais le moment est venu où je me trouve de nouveau forcé de reprendre la vie errante et dangereuse d'homme de parti. Dès demain, je me jette dans une affaire aventureuse où je puis être tué; alors il n'aura plus que vous pour le pousser dans le monde, où il est appelé à tenir une place.

— Oh! soyez tranquille! s'écria la duchesse. Malheureusement j'ai peu de crédit à cette heure, mais ce qu'il m'en reste est à lui. Quant à sa fortune et à son titre...

— De ceci, ne vous en inquiétez point, madame; je lui ai substitué la terre de Bragelonne, que je tiens d'héritage, laquelle lui donne le titre de vicomte et dix mille livres de rentes.

— Sur mon âme, monsieur, dit la duchesse, vous êtes un vrai gentilhomme! mais j'ai hâte de voir notre jeune vicomte. Où est-il donc?

— Là, dans le salon; je vais le faire venir, si vous le voulez bien.

Athos fit un mouvement vers la porte. Madame de Chevreuse l'arrêta.

— Est-il beau? demanda-t-elle.

Athos sourit.

— Il ressemble à sa mère, dit-il.

Et en même temps il ouvrit la porte, et fit signe au jeune homme, qui apparut sur le seuil. Madame de Chevreuse ne put s'empêcher de jeter un cri de joie en apercevant un si charmant cavalier, qui dépassait toutes les espérances que son orgueil avait pu concevoir.

— Vicomte, approchez-vous, dit Athos; madame la duchesse de Chevreuse permet que vous lui baisiez la main.

Le jeune homme s'approcha avec son charmant sourire et la tête découverte, mit un genou en terre et baisa la main de madame de Chevreuse.

— Monsieur le comte, dit-il en se retournant vers Athos, n'est-ce pas pour ménager ma timidité que vous m'avez dit que madame était la duchesse de Chevreuse, et n'est-ce pas plutôt la reine?

— Non, vicomte, dit madame de Chevreuse en lui prenant la main à son tour, en le faisant asseoir auprès d'elle et le regardant avec des yeux brillants de plaisir. Non, malheureusement, je ne suis point la reine, car, si je l'étais, je ferais à l'instant même pour vous tout ce que vous méritez; mais, voyons, telle que je suis, ajouta-t-elle en se retenant à peine d'appuyer ses lèvres sur son front si pur, voyons, quelle carrière désirez-vous embrasser?

Athos debout les regardait tous deux avec une expression d'indicible bonheur.

— Mais, madame, dit le jeune homme avec sa voix douce et sonore à la fois, il me semble qu'il n'y a qu'une carrière pour un gentilhomme, c'est celle des armes. M. le comte m'a élevé avec l'intention, je crois, de faire de moi un soldat, et il m'a laissé espérer qu'il me présenterait à Paris à quelqu'un qui pourrait me recommander peut-être à M. le prince.

— Oui, je comprends, il va bien à un jeune soldat comme vous de servir sous un jeune général comme lui; mais voyons, attendez... personnellement je suis assez mal avec lui, à cause des querelles de madame de Montbazon, ma belle-mère, avec madame de Longueville; mais, par le prince de Marsillac..... Eh! vraiment, tenez, comte, c'est cela! M. le prince de Marsillac est un ancien ami à moi; il recommandera notre jeune ami à madame de Longueville, laquelle lui donnera une lettre pour son frère, M. le prince, qui l'aime trop tendrement pour ne pas faire à l'instant même pour lui tout ce qu'elle lui demandera.

— Eh bien! voilà qui va à merveille! dit le comte. Seulement, oserais-je maintenant vous recommander la plus grande diligence? J'ai des raisons pour désirer que le vicomte ne soit plus demain soir à Paris.

— Désirez-vous que l'on sache que vous vous intéressez à lui, monsieur le comte?

— Mieux vaudrait peut-être pour son avenir que l'on ignorât qu'il m'ait jamais connu.

— Oh! monsieur! s'écria le jeune homme.

— Vous savez, Bragelonne, dit le comte, que je ne fais jamais rien sans raison.

— Oui, monsieur, répondit le jeune homme, je sais que la suprême sagesse est en vous, et je vous obéirai, comme j'ai l'habitude de le faire.

— Eh bien! comte, laissez-le-moi, dit la duchesse; je vais envoyer chercher le prince de Marsillac, qui par bonheur est à Paris, et je ne le quitterai pas que l'affaire ne soit terminée.

— C'est bien, madame la duchesse, mille grâces. J'ai moi-même plusieurs courses à faire aujourd'hui, et à mon retour, c'est-à-dire vers les six heures du soir, j'attendrai le vicomte à l'hôtel.

— Que faites-vous ce soir?

— Nous allons chez l'abbé Scarron, pour lequel j'ai une lettre, et chez qui je dois rencontrer un de mes amis.

— C'est bien, dit la comtesse de Chevreuse, j'y passerai moi-même un instant : ne quittez donc pas son salon que vous ne m'ayez vue.

Athos salua madame de Chevreuse et s'apprêta à sortir.

— Eh bien ! monsieur le comte, dit en riant la duchesse, quitte-t-on si cérémonieusement ses anciens amis ?

— Ah ! murmura Athos en lui baisant la main, si j'avais su plus tôt que Marie Michon fût une si charmante créature !...

Et il se retira en soupirant.

—◦◊◦—

CHAPITRE XXIII.

L'ABBÉ SCARRON.

Il y avait, rue des Tournelles, un logis que connaissaient tous les porteurs de chaises et tous les laquais de Paris, et pourtant ce logis n'était point celui d'un grand seigneur ni celui d'un financier. On n'y mangeait pas, on n'y jouait jamais et l'on n'y dansait guère. Cependant c'était le rendez-vous du beau monde, et tout Paris y allait.

Ce logis était celui du petit Scarron. On y riait tant, chez ce spirituel abbé, on y débitait tant de nouvelles, ces nouvelles étaient si vite commentées, déchiquetées et transformées, soit en contes, soit en épigrammes, que chacun voulait aller passer une heure avec le petit Scarron, entendre ce qu'il disait et reporter ailleurs ce qu'il avait dit. Beaucoup brûlaient aussi d'y placer leur mot, et, s'il était drôle, ils étaient eux-mêmes les bien venus.

Le petit abbé Scarron, qui n'était au reste abbé que parce qu'il possédait une abbaye, et non point du tout parce qu'il était dans les ordres, avait été autrefois un des plus coquets prébendiers de la ville du Mans. Or, un jour de carnaval, ayant voulu réjouir outre mesure cette bonne ville dont il était l'âme, il s'était fait frotter de miel par son valet, puis, ayant ouvert un lit de plume, il s'était roulé dedans, de sorte qu'il parut le plus grotesque volatile qu'il fût possible de voir. Il avait commencé alors à faire visite à ses amis et amies dans cet étrange costume. On avait commencé par le suivre avec ébahissement, puis avec des huées, puis les crocheteurs l'avaient insulté, puis les enfants lui avaient jeté des pierres, puis enfin il avait été obligé de prendre la fuite pour échapper aux projectiles. Du moment où il avait fui, tout le monde l'avait poursuivi, pressé, traqué, relancé de tous côtés ; Scarron n'avait trouvé d'autre moyen d'échapper à son escorte qu'en se jetant à la rivière. Il nageait comme un poisson, mais l'eau était glacée. Scarron était en sueur, le froid le saisit, et, en atteignant l'autre rive, il était perclus.

On avait alors essayé par tous les moyens connus de lui rendre l'usage de ses membres ; on l'avait tant fait souffrir du traitement, qu'il avait renvoyé tous les médecins en disant qu'il préférait de beaucoup la maladie, puis il était revenu à Paris, où déjà sa réputation d'homme d'esprit était établie. Là il s'était fait confectionner une chaise de son invention, et comme un jour, dans cette chaise, il faisait une visite à la reine Anne d'Autriche, celle-ci, charmée de son esprit, lui avait demandé s'il ne désirait pas quelque titre.

— Oui, Votre Majesté, il en est un que j'ambitionne fort, avait répondu Scarron.

— Et lequel ? avait demandé Anne d'Autriche.

— Celui de votre malade, répondit l'abbé.

Et Scarron avait été nommé *malade de la reine* avec une pension de quinze cents livres.

A partir de ce moment, n'ayant plus d'inquiétude sur l'avenir, Scarron avait mené joyeuse vie, mangeant le fonds et le revenu. Un jour cependant, un émissaire du cardinal lui avait donné à entendre qu'il avait tort de recevoir M. le coadjuteur.

— Et pourquoi cela ? avait demandé Scarron ; n'est-ce donc point un homme de naissance ?

— Si fait, pardieu !

— Aimable ?

— Incontestablement.

— Spirituel ?

— Il n'a malheureusement que trop d'esprit.

— Eh bien ! alors, avait répondu Scarron, pourquoi voulez-vous que je cesse de voir un pareil homme ?

— Parce qu'il pense mal.

— Vraiment ! Et de qui ?

— Du cardinal.

— Comment ! avait dit Scarron, je continue bien de voir M. Gilles Despréaux, qui pense mal de moi, et vous voulez que je cesse de voir M. le coadjuteur parce qu'il pense mal d'un autre ? impossible !

La conversation en était restée là, et Scarron, par esprit de contrariété, n'en avait vu que plus souvent M. de Gondy.

Or, le matin du jour où nous sommes arrivés, et qui était le jour d'échéance de son trimestre, Scarron, comme c'était l'habitude, avait envoyé son laquais avec un reçu pour toucher son trimestre à la caisse des pensions, mais il lui avait été répondu :

« Que l'État n'avait plus d'argent pour M. l'abbé Scarron. »

Lorsque le laquais apporta cette réponse à Scarron, il avait près de lui M. le duc de Longueville, qui offrit de lui donner une pension double de celle que le Mazarin lui supprimait ; mais le rusé goutteux n'avait garde d'accepter. Il fit si bien, qu'à quatre heures de l'après-midi toute la ville savait le refus du cardinal. Justement c'était le jeudi, jour de réception chez l'abbé ; on y vint en foule et l'on fronda d'une manière enragée par toute la ville.

Athos rencontra dans la rue Saint-Honoré deux gentilshommes qu'il ne connaissait pas, à cheval comme lui, suivis d'un laquais comme lui et faisant le même chemin que lui. L'un des deux mit le chapeau à la main et lui dit :

— Croiriez-vous bien, monsieur, que ce pleutre de Mazarin a supprimé la pension au pauvre Scarron !

— Cela est extravagant, dit Athos en saluant à son tour les deux cavaliers.

— On voit que vous êtes honnête homme, monsieur, répondit le même seigneur qui avait déjà adressé la parole à Athos, et ce Mazarin est véritablement un fléau.

— Hélas ! monsieur, répondit Athos, à qui le dites-vous !

Et ils se séparèrent avec force politesses.

— Cela tombe bien, que nous devions y aller ce soir, dit Athos au vicomte ; nous ferons notre compliment à ce pauvre homme.

— Mais qu'est-ce donc que ce M. Scarron qui met ainsi en émoi tout Paris ? demanda Raoul. Est-ce quelque ministre disgracié ?

— Oh ! mon Dieu, non, vicomte, répondit Athos : c'est tout bonnement un petit gentilhomme de grand esprit qui sera tombé dans la disgrâce du cardinal pour avoir fait quelque quatrain contre lui.

— Est-ce que les gentilshommes font des vers ? demanda naïvement Raoul ; je croyais que c'était déroger.

— Oui, mon cher vicomte, répondit Athos en riant, quand on les fait mauvais, mais, quand on les fait bons, cela illustre encore. Voyez M. de Rotrou. Cependant, continua Athos du ton dont on donne un conseil salutaire, je crois qu'il vaut mieux ne pas en faire.

— Et alors, demanda Raoul, ce M. Scarron est poëte ?

— Oui, vous voilà prévenu, vicomte, faites bien attention à vous dans cette maison, ne parlez que par gestes, ou plutôt écoutez toujours.

— Oui, monsieur, répondit Raoul.

— Vous me verrez causant beaucoup avec un gentilhomme de mes amis : ce sera l'abbé d'Herblay, dont vous m'avez souvent entendu parler.

— Je me le rappelle, monsieur.

— Approchez-vous quelquefois de nous comme pour nous parler, mais ne nous parlez pas ; n'écoutez pas non plus. Ce jeu servira pour que les importuns ne nous dérangent point.

— Fort bien, monsieur, et je vous obéirai très-exactement.

Athos alla faire deux visites dans Paris. Puis, à sept heures, ils se dirigèrent vers la rue des Tournelles. La rue était obstruée par les porteurs, les chevaux et les valets de pied. Athos se fit faire passage et entra suivi du jeune homme. La première personne qui le frappa en entrant fut Aramis, installé près d'un fauteuil à roulettes fort large, recouvert d'un dais en tapisserie, sous lequel s'agitait, enveloppée dans une couverture de brocart, une petite figure assez jeune, assez rieuse, mais parfois pâlissante, sans que ses yeux cessassent néanmoins d'exprimer un sentiment vif, spirituel ou gracieux. C'était l'abbé Scarron, toujours riant, raillant, complimentant, souffrant et se grattant avec une petite baguette.

Autour de cette espèce de tente roulante s'empressait une foule de gentilshommes et de dames. La chambre était fort propre et convenablement meublée. De grandes pentes de soie brochées de fleurs qui avaient été autrefois de couleurs vives, et qui pour le moment étaient un peu passées, tombaient des larges fenêtres. La tapisserie était modeste, mais de bon goût; deux laquais fort polis et dressés aux bonnes manières faisaient le service avec distinction.

En apercevant Athos, Aramis s'avança vers lui, le prit par la main et le présenta à M. Scarron, qui témoigna autant de plaisir que de respect au nouvel hôte, et fit un compliment très-spirituel pour le vicomte. Raoul resta interdit, car il ne s'était pas préparé à la majesté du bel esprit. Toutefois il salua avec beaucoup de grâce. Athos reçut ensuite les compliments de deux ou trois seigneurs auxquels le présenta Aramis; puis le petit tumulte de son entrée s'effaça peu à peu, et la conversation devint générale.

Au bout de quatre ou cinq minutes, que Raoul employa à se remettre et à prendre topographiquement connaissance de l'assemblée, la porte se rouvrit, et un laquais annonça mademoiselle Paulet.

Athos toucha de la main l'épaule du vicomte.

— Regardez cette femme, Raoul, dit-il, car c'est un personnage historique; c'est chez elle que se rendait le roi Henri IV lorsqu'il fut assassiné.

Raoul tressaillit; à chaque instant, depuis quelques jours, se levait pour lui quelque rideau qui lui découvrait un aspect héroïque : cette femme, encore jeune et encore belle, qui entrait, avait connu Henri IV et lui avait parlé.

Chacun s'empressa près de la nouvelle venue, car elle était toujours fort à la mode. C'était une grande personne à taille fine et onduleuse, avec une forêt de cheveux dorés, comme Raphaël les affectionnait, et comme Titien en a mis à toutes ses Madeleines. Cette couleur fauve, ou peut-être aussi la royauté qu'elle avait conquise sur les autres femmes, l'avait fait surnommer la *Lionne*.

Nos belles dames d'aujourd'hui qui visent à ce titre fashionable sauront donc qu'il leur vient, non pas d'Angleterre, comme elles le croyaient peut-être, mais de leur belle et spirituelle compatriote mademoiselle Paulet.

Mademoiselle Paulet alla droit à Scarron au milieu du murmure que de toutes parts s'éleva à son arrivée.

— Eh bien! mon cher abbé, dit-elle de sa voix tranquille, vous voilà donc pauvre? Nous avons appris cela cet après-midi chez madame de Rambouillet. C'est M. de Grasse qui nous l'a dit.

— Oui, mais l'État est riche maintenant, dit Scarron; il faut savoir se sacrifier à son pays.

— M. le cardinal va s'acheter pour quinze cents livres de plus de pommades et de parfum par an, dit un frondeur qu'Athos reconnut pour le gentilhomme qu'il avait rencontré rue Saint-Honoré.

— Mais la muse, que dira-t-elle? répondit Aramis de sa voix mielleuse; la muse, qui a besoin de la médiocrité dorée? Car enfin :

Si Virgilio puer aut tolerabile desit
Hospitium, caderent omnes à crinibus hydri.

— Bon, dit Scarron en tendant la main à mademoiselle Paulet; mais si je n'ai plus mon hydre, il me reste au moins ma lionne.

Tous les mots de Scarron paraissaient exquis ce soir-là. C'est le privilège de la persécution. M. Ménage en fit des bonds d'enthousiasme.

Mademoiselle Paulet alla prendre sa place accoutumée; mais, avant de s'asseoir, elle promena du haut de sa grandeur un regard de reine sur toute l'assemblée, et ses yeux s'arrêtèrent sur Raoul.

Athos sourit.

— Vous avez été remarqué par mademoiselle Paulet, vicomte; allez la saluer; donnez-vous pour ce que vous êtes, pour un franc provincial, mais ne vous avisez pas de lui parler d'Henri IV.

Le vicomte s'approcha en rougissant de la Lionne, et se confondit bientôt avec tous les seigneurs qui entouraient sa chaise.

Cela faisait déjà deux groupes bien distincts, celui qui entourait M. Ménage et celui qui entourait mademoiselle Paulet; Scarron courait de l'un à l'autre, manœuvrant son fauteuil à roulettes au milieu de tout ce monde, avec autant d'adresse qu'un pilote expérimenté ferait d'une barque au milieu d'une mer parsemée d'écueils.

— Quand causerons-nous? dit Athos à Aramis.

— Tout à l'heure, répondit celui-ci; il n'y a pas encore assez de monde, et nous serions remarqués.

En ce moment, la porte s'ouvrit, et le laquais annonça M. le coadjuteur.

A ce nom, tout le monde se retourna, car c'était un nom qui commençait déjà à devenir célèbre.

Athos fit comme les autres. Il ne connaissait l'abbé de Gondi que de nom. Il vit entrer un petit homme noir, mal fait, myope, maladroit de ses mains à toutes choses, excepté à tirer l'épée et le pistolet, qui alla tout d'abord donner contre une table, qu'il faillit renverser, mais ayant avec tout cela quelque chose de haut et de fier dans le visage.

Scarron se tourna de son côté et vint au-devant de lui dans son fauteuil; mademoiselle Paulet salua de sa place et de la main.

— Eh bien! dit le coadjuteur en apercevant Scarron, ce qui ne fut que lorsqu'il se trouva sur lui, vous voilà donc en disgrâce, l'abbé?

— C'était la phrase sacramentelle; elle avait été dite cent fois dans la soirée, et Scarron en était à son centième mot sur le même sujet; aussi faillit-il rester court; mais un effort désespéré le sauva.

— M. le cardinal Mazarin a bien voulu songer à moi, dit-il.

— Prodigieux! s'écria Ménage.

— Mais comment allez-vous faire pour continuer de nous recevoir? ajouta le coadjuteur. Si vos revenus baissent, je vais être obligé de vous faire nommer chanoine de Notre-Dame.

— Oh! non pas, dit Scarron, je vous compromettrais trop.

— Alors vous avez des ressources que nous ne connaissons pas.

— J'emprunterai à la reine.

— Mais Sa Majesté n'a rien à elle, dit Aramis; ne vit-elle pas sous le régime de la communauté?

Le coadjuteur se retourna et sourit à Aramis en lui faisant du bout du doigt un signe d'amitié.

— Pardon, mon cher abbé, lui dit-il, vous êtes en retard, et il faut que je vous fasse un cadeau.

— De quoi? dit Aramis.

— D'un cordon de chapeau.

Chacun se retourna du côté du coadjuteur, qui tira de sa poche un cordon de soie d'une forme singulière.

— Ah! mais, dit Scarron, c'est une fronde, cela!

— Justement, dit le coadjuteur, on fait tout à la fronde. Mademoiselle Paulet, j'ai un éventail pour vous à la fronde. Je vous donnerai mon marchand de gants, d'Herblay, il fait des gants à la fronde; et à vous, Scarron, mon boulanger avec un crédit illimité : il fait des pains à la fronde qui sont excellents.

Aramis prit le cordon et le noua autour de son chapeau.

En ce moment la porte s'ouvrit, et le laquais cria à haute voix :

— Madame la duchesse de Chevreuse.

Au nom de madame de Chevreuse, tout le monde se leva. Scarron dirigea vivement son fauteuil du côté de la porte. Raoul rougit. Athos fit un signe à Aramis, qui alla se tapir dans l'embrasure d'une fenêtre.

Au milieu des compliments respectueux qui l'accueillirent à son entrée, la duchesse cherchait visiblement quelqu'un ou quelque chose. Enfin elle distingua Raoul, et ses yeux devinrent étincelants ; elle aperçut Athos, et devint rêveuse ; elle vit Aramis dans l'embrasure de sa fenêtre, et fit un imperceptible mouvement de surprise derrière son éventail.

— A propos, dit-elle, comme pour chasser les idées qui l'envahissaient malgré elle, comment va ce pauvre Voiture ? savez-vous, Scarron ?

— Comment, M. Voiture est malade ? demanda le seigneur qui avait parlé à Athos dans la rue Saint-Honoré ; et qu'a-t-il donc fait encore ?

— Il a joué sans avoir eu le soin de faire prendre par

— Ah ! mais, dit Scarron, c'est une fronde cela.

son laquais des chemises de rechange, dit le coadjuteur, de sorte qu'il a attrapé un froid et s'en va mourant.

— Où donc cela ?

— Eh mon Dieu ! chez moi. Imaginez donc que le pauvre Voiture avait fait un vœu solennel de ne plus jouer. Au bout de trois jours, il n'y peut plus tenir, et s'achemine vers l'archevêché pour que je le relève de son vœu. Malheureusement, en ce moment-là, j'étais en affaires très-sérieuses avec ce bon conseiller Broussel, au plus profond de mon appartement, lorsque Voiture aperçoit le marquis de Luynes à une table et attendant un joueur. Le marquis l'appelle, l'invite à se mettre à table. Voiture répond qu'il ne peut pas jouer que je ne l'aie relevé de son vœu. Luynes s'engage en mon nom, prend le péché pour son compte ; Voiture se met à table et perd quatre cents écus, prend froid en sortant et se couche pour ne plus se relever.

— Est-il donc si mal que cela, ce cher Voiture ? demanda Aramis à moitié caché derrière son rideau de fenêtre.

— Hélas ! répondit M. Ménage, il est fort mal, et ce grand homme va peut-être nous quitter, *deseret orbem.*

— Bon, dit avec aigreur mademoiselle Paulet, lui mourir ! il n'a de garde ! il est entouré de sultanes comme un

Turc. Madame de Saintot est accourue et lui donne des bouillons, la Renaudot lui chauffe ses draps, et il n'y a pas jusqu'à notre amie, la marquise de Rambouillet, qui ne lui envoie des tisanes.

— Vous ne l'aimez pas, ma chère Parthénie, dit en riant Scarron.

— Oh! quelle injustice, mon cher malade! je le hais si peu que je ferais dire avec plaisir des messes pour le repos de son âme.

— Vous n'êtes pas nommée Lionne pour rien, ma chère, dit madame de Chevreuse de sa place, et vous mordez rudement.

— Vous maltraitez fort un grand poëte, madame, hasarda Raoul.

— Un grand poëte, lui?... allons, on voit bien, vicomte, que vous arrivez de province, comme vous le disiez tout à l'heure, et que vous ne l'avez jamais vu. Lui! un grand poëte? eh! il a à peine cinq pieds.

— Bravo! bravo! dit un grand homme sec et noir, avec une moustache orgueilleuse et une énorme rapière. Bravo, belle Paulet! il est temps enfin de remettre ce petit Voiture à sa place. Je déclare hautement que je crois me connaître en poésie, et que j'ai toujours trouvé la sienne fort détestable.

— Quel est donc ce capitan, monsieur? demanda Raoul à Athos.

— M. de Scudéry.

— L'auteur de la *Clélie* et du **Grand Cyrus?**

— Il les a composés de compte à demi avec sa sœur, qui cause en ce moment avec cette jolie personne là-bas, près de M. Scarron.

Raoul se retourna et vit effectivement deux figures nouvelles qui venaient d'entrer; l'une, toute charmante, toute frêle, toute triste, encadrée dans de beaux cheveux noirs, avec des yeux veloutés comme ces belles fleurs violettes de la pensée sous lesquelles étincelle un calice d'or; l'autre femme, semblant tenir celle-ci sous sa tutelle, était froide, sèche et jaune, une véritable figure de duègne ou de dévote.

Raoul se promit bien de ne pas sortir du salon sans avoir parlé à la belle jeune fille aux yeux veloutés, qui, par un étrange jeu de la pensée, venait, quoiqu'elle n'eût aucune ressemblance avec elle, de lui rappeler sa pauvre petite Louise, qu'il avait laissée souffrante au château de la Vallière et qu'au milieu de tout ce monde il avait oubliée un instant.

Pendant ce temps, Aramis s'était rapproché du coadjuteur, qui, avec une mine toute rieuse, lui avait glissé quelques mots à l'oreille. Aramis, malgré sa puissance sur lui-même, ne put s'empêcher de faire un léger mouvement.

— Riez donc, lui dit M. de Retz; on nous regarde.

Et il le quitta pour aller causer avec madame de Chevreuse, qui avait un grand cercle autour d'elle.

Aramis feignit de rire pour dépister l'attention de quelques auditeurs curieux, et s'apercevant qu'à son tour Athos était allé se mettre dans l'embrasure de la fenêtre où il était resté quelque temps, il s'en fut, après avoir jeté quelques mots à droite et à gauche, le rejoindre sans affectation.

Aussitôt qu'ils se furent rejoints, ils entamèrent une conversation accompagnée de force gestes. Raoul alors s'approcha d'eux, comme il le lui avait recommandé Athos.

— C'est un rondeau de M. Voiture que me débite M. l'abbé, dit Athos à haute voix, et que je trouve incomparable.

Raoul demeura quelques instants près d'eux, puis il alla se confondre au groupe de madame de Chevreuse, dont s'étaient rapprochées mademoiselle Paulet d'un côté, et mademoiselle Scudéry de l'autre.

— Eh bien! moi, dit le coadjuteur, je me permettrai de n'être pas tout à fait de l'avis de M. de Scudéry; je trouve au contraire que M. de Voiture est un poëte, mais un pur poëte. Les idées politiques lui manquent complétement.

— Ainsi donc? demanda Athos.

— C'est demain, dit précipitamment Aramis.

— A quelle heure?

— A six heures.

— Où cela?

— A Saint-Mandé.

— Qui vous l'a dit?

— Le comte de Rochefort.

Quelqu'un s'approchait.

— Et les idées philosophiques? c'étaient celles-là qui lui manquaient à ce pauvre Voiture. Moi je me range à l'avis de M. le coadjuteur : pur poëte.

— Oui, certainement, en poésie il était prodigieux, dit Ménage, et toutefois la postérité, tout en l'admirant, lui reprochera une chose, c'est d'avoir amené dans la facture du vers une trop grande licence; il a tué la poésie sans le savoir.

— Tué, c'est le mot, dit Scudéry.

— Mais quels chefs-d'œuvre que ses lettres! observa madame de Chevreuse.

— Oh! sous ce rapport, dit mademoiselle Scudéry, c'est un illustre complet.

— C'est vrai, répliqua mademoiselle Paulet, mais, tant qu'il plaisante; car dans le genre épistolaire sérieux il est pitoyable, et s'il ne dit les choses très-crûment, vous conviendrez qu'il les dit fort mal.

— Mais vous conviendrez au moins que dans la plaisanterie il est inimitable.

— Oui, certainement, reprit Scudéry en tordant sa moustache; je trouve seulement que son comique est forcé et sa plaisanterie par trop familière. Voyez sa *Lettre de la carpe au brochet.*

— Sans compter, ajouta Ménage, que ses meilleures inspirations lui venaient de l'hôtel Rambouillet. Voyez *Zélide* et *Alcidalée.*

— Quant à moi, dit Aramis en se rapprochant du cercle et en saluant respectueusement madame de Chevreuse, qui lui répondit par un gracieux sourire; quant à moi, je l'accuserai encore d'avoir été trop libre avec les grands. Il a manqué souvent à madame la princesse, à M. le maréchal d'Albret, à M. de Schomberg, à la reine elle-même.

— Comment à la reine? demanda Scudéry en avançant la jambe droite comme pour se mettre en garde; morbleu! je ne savais pas cela. Et comment donc a-t-il manqué à Sa Majesté?

— Ne connaissez-vous donc pas sa pièce : *Je pensais?*

— Non, dit madame de Chevreuse.

— Ni moi, dit mademoiselle de Scudéry.

— Ni moi non plus, dit mademoiselle Paulet.

— En effet, je crois que la reine l'a communiquée à peu de personnes; mais moi je la tiens de mains sûres.

— Et vous la savez?

— Je me la rappellerai, je crois.

— Voyons! voyons! dirent toutes les voix.

— Voici dans quelle occasion la chose a été faite, dit Aramis. M. de Voiture était dans le carrosse de la reine, qui se promenait en tête à tête avec lui dans la forêt de Fontainebleau. Il fit semblant de penser pour que la reine lui demandât à quoi il pensait, ce qui ne manqua point.

— A quoi pensez-vous donc, monsieur Voiture? demanda Sa Majesté.

Voiture sourit, fit semblant de réfléchir cinq secondes pour qu'on crût qu'il improvisait, et répondit :

Je pensais que la destinée,
Après tant d'injustes malheurs,
Vous a justement couronnée
De gloire, d'éclat et d'honneurs;
Mais que vous étiez plus heureuse
Lorsque vous étiez autrefois,
Je ne dirai pas amoureuse...
La rime le veut toutefois.

Scudéry, Ménage et mademoiselle Paulet haussèrent les épaules.

— Attendez, attendez, dit Aramis, il y a trois strophes.

— Oh! dites trois couplets, s'écria mademoiselle de Scudéry, c'est tout au plus une chanson.

Je pensais que ce pauvre Amour,
Qui toujours vous prêta ses armes
Est banni loin de votre cour,
Sans ses traits, son arc et ses charmes ;
Et de quoi je puis profiter
En passant près de vous, Marie,
Si vous pouvez si maltraiter
Ceux qui vous ont si bien servie.

— Oh ! quant à ce dernier trait, dit madame de Chevreuse, je ne sais s'il est dans les règles poétiques, mais je demande grâce pour lui comme vérité, et madame de Hautefort et madame de Sennecy se joindront à moi s'il le faut, sans compter M. de Beaufort.

— Allez, allez, dit Scarron, cela ne me regarde plus ; depuis ce matin je ne suis plus son malade.

— Et le dernier couplet ? dit mademoiselle de Scudéry, le dernier couplet, voyons.

— Le voici, dit Aramis ; celui-ci a l'avantage de procéder par noms propres, de sorte qu'il n'y a pas à s'y tromper.

Je pensais — nous autres poëtes,
Nous pensons extravagamment —
Ce que dans l'humeur où vous êtes
Vous feriez, si dans ce moment
Vous avisiez en cette place
Venir le duc de Buckingham,
Et lequel serait en disgrâce
Du duc ou du père Vincent (1).

A cette dernière strophe, il n'y eut qu'un cri sur l'impertinence de Voiture.

— Mais, dit à demi-voix la jeune fille aux yeux veloutés, mais j'ai le malheur de les trouver charmants, moi, ces vers.

C'était aussi l'avis de Raoul, qui s'approcha de Scarron, et lui dit en rougissant :

— Monsieur Scarron, faites-moi donc l'honneur, je vous prie, de me dire quelle est cette jeune dame qui est seule de son opinion contre toute cette illustre assemblée ?

— Ah ! ah ! mon jeune vicomte, dit Scarron, je crois que vous avez envie de lui proposer une alliance offensive et défensive.

Raoul rougit de nouveau.

— J'avoue, dit-il, que je trouve ces vers fort jolis.

— Et ils le sont en effet, dit Scarron ; mais chut ! entre poëtes on ne dit pas ces choses-là.

— Mais moi, dit Raoul, je n'ai pas l'honneur d'être poëte, et je vous demandais...

— C'est vrai, quelle était cette jeune dame, n'est-ce pas ? C'est la belle Indienne.

— Veuillez m'excuser, monsieur, dit en rougissant Raoul, mais je ne sais pas plus qu'auparavant.... Hélas ! je suis provincial.

— Ce qui veut dire que vous ne comprenez pas grand'-chose au phébus qui ruisselle ici de toutes les bouches. Tant mieux, jeune homme, tant mieux ! Ne cherchez pas à comprendre, vous y perdriez votre temps, et, quand vous le comprendrez, il faut espérer qu'on ne le parlera plus.

— Ainsi, vous me pardonnerez, monsieur, dit Raoul, et vous daignerez me dire quelle est la personne que vous appelez la belle Indienne ?

— Oui, certes, c'est une des plus charmantes personnes qui existent, mademoiselle Françoise d'Aubigné.

— Est-elle de la famille du fameux Agrippa, l'ami du roi Henri IV ?

— C'est sa petite-fille. Elle arrive de la Martinique ; voilà pourquoi je l'appelle la belle Indienne.

Raoul ouvrit des yeux excessifs, et ses yeux rencontrèrent ceux de la jeune dame, qui sourit.

On continuait de parler de Voiture.

— Monsieur, dit mademoiselle d'Aubigné en s'adressant à son tour à Scarron, comme pour entrer dans la conversation qu'il avait avec le jeune vicomte, n'admirez-vous pas

(1) Le père Vincent était le confesseur de la reine.

les amis du pauvre Voiture ? mais écoutez donc comme ils le plument tout en le louant ! L'un lui ôte le bon sens, l'autre la poésie, l'autre l'originalité, l'autre le comique, l'autre l'indépendance, l'autre... Eh mais, bon Dieu ! que vont-ils donc lui laisser, à cet illustre complet, comme a dit mademoiselle de Scudéry ?

Scarron se mit à rire, et Raoul aussi. La belle Indienne, étonnée elle-même de l'effet qu'elle avait produit, baissa les yeux et reprit son air naïf.

— Voilà une spirituelle personne, dit Raoul.

Athos, toujours dans l'embrasure de la fenêtre, planait sur toute cette scène, le sourire du dédain sur les lèvres.

— Appelez donc M. le comte de la Fère, dit madame de Chevreuse au coadjuteur, j'ai besoin de lui parler.

— Et moi, dit le coadjuteur, j'ai besoin qu'on croie que je ne lui parle pas. Je l'aime et l'admire, car je connais ses anciennes aventures, quelques-unes du moins ; mais je ne compte le saluer qu'après-demain matin.

— Et pourquoi après-demain matin ? demanda madame de Chevreuse.

— Vous saurez cela demain soir, dit le coadjuteur en riant.

— En vérité, mon cher Gondi, dit la duchesse, vous parlez comme l'Apocalypse. Monsieur d'Herblay, ajouta-t-elle en se retournant du côté d'Aramis, voulez-vous bien encore être mon servant ce soir ?

— Comment donc, duchesse ! dit Aramis ; ce soir, demain, toujours, ordonnez.

— Eh bien ! allez me chercher le comte de la Fère, je veux lui parler

Aramis s'approcha d'Athos et revint avec lui.

— Monsieur le comte, dit la duchesse en remettant une lettre à Athos, voici ce que je vous ai promis. Notre protégé sera parfaitement reçu.

— Madame, dit Athos, il est bien heureux de vous devoir quelque chose.

— Vous n'avez rien à lui envier sous ce rapport, car moi, je vous dois de l'avoir connu, répliqua la malicieuse femme avec un sourire qui rappela Marie Michon à Aramis et à Athos.

Et, à ce mot, elle se leva et demanda son carrosse. Mademoiselle Paulet était déjà partie ; mademoiselle de Scudéry partait.

— Vicomte, dit Athos en s'adressant à Raoul, suivez madame la duchesse de Chevreuse ; priez-la qu'elle vous fasse la grâce de prendre votre main pour descendre, et, en descendant, remerciez-la.

La belle Indienne s'approcha de Scarron pour prendre congé de lui.

— Vous vous en allez déjà ? dit-il.

— Je m'en vais une des dernières, comme vous le voyez. Si vous avez des nouvelles de M. de Voiture, et qu'elles soient bonnes surtout, faites-moi la grâce de m'en envoyer demain.

— Oh ! maintenant, dit Scarron, il peut mourir.

— Comment cela ? dit la jeune fille aux yeux de velours.

— Sans doute, son panégyrique est fait.

Et l'on se quitta en riant, la jeune fille se retournant pour regarder le pauvre paralytique avec intérêt, le pauvre paralytique la suivant des yeux avec amour.

Peu à peu les groupes s'éclaircirent. Scarron ne fit pas semblant de voir que certains de ses hôtes s'étaient parlé mystérieusement, que des lettres étaient venues pour plusieurs, et que sa soirée semblait avoir eu un but mystérieux qui s'écartait de la littérature, dont on avait cependant tant fait bruit. Mais qu'importait à Scarron ? on pouvait maintenant fronder chez lui tout à l'aise : c'était le matin, comme il l'avait dit, il n'était plus le malade de la reine.

Quant à Raoul, il avait en effet accompagné la duchesse jusqu'à son carrosse, où elle avait pris place en lui donnant sa main à baiser ; puis, par un de ces fous caprices qui la rendaient si adorable et surtout si dangereuse, elle l'avait saisi tout à coup par la tête et l'avait embrassé au front en lui disant :

— Vicomte, que mes vœux et ce baiser vous portent bonheur.

Puis elle l'avait repoussé et avait ordonné au cocher de toucher à l'hôtel de Luynes. Le carrosse était parti ; madame de Chevreuse avait fait au jeune homme un dernier signe par la portière, et Raoul était remonté tout interdit.

Athos comprit ce qui s'était passé et sourit.

— Venez, vicomte, dit-il, il est temps de vous retirer ; vous partez demain pour l'armée de M. le Prince, dormez bien votre dernière nuit de citadin.

— Je serai donc soldat? dit le jeune homme ; oh! monsieur, merci de tout mon cœur!

— Adieu! comte, dit l'abbé d'Herblay ; je rentre dans mon couvent.

— Adieu! l'abbé, dit le coadjuteur, je prêche demain et j'ai vingt textes à consulter ce soir.

— Adieu, messieurs, dit le comte ; moi, je vais dormir vingt-quatre heures de suite, je tombe de lassitude.

Les trois hommes se saluèrent et partirent après avoir échangé un dernier regard. Scarron les suivit du coin de l'œil à travers les portières de son salon.

— Pas un d'eux ne fera ce qu'il dit, murmura-t-il avec

J.A. BEAUCE.   ROUGET.

Françoise d'Aubigné.

son petit sourire de singe ; mais qu'ils aillent, les braves gentilshommes ! qui sait s'ils ne travaillent pas à me faire rendre ma pension ! Ils peuvent remuer les bras, eux, c'est beaucoup ; hélas! moi, je n'ai que la langue ; mais je tâcherai de prouver que c'est quelque chose. Holà ! Champenois, voilà onze heures qui sonnent ; venez me rouler vers mon lit..... En vérité, cette demoiselle d'Aubigné est bien charmante !

Sur ce, le pauvre paralytique disparut dans sa chambre à coucher, dont la porte se referma derrière lui, et les lumières s'éteignirent l'une après l'autre dans le salon de la rue des Tournelles.

CHAPITRE XXIV.

SAINT-DENIS.

Le jour commençait à poindre lorsqu'Athos se leva et se fit habiller; il était facile de voir, à sa pâleur plus grande que d'habitude et à ces traces que laisse l'insomnie sur le visage, qu'il avait dû passer presque toute la nuit sans dormir. Contre l'habitude de cet homme si ferme et si décidé il y avait ce matin dans toute sa personne quelque chose de lent et d'irrésolu. — C'est qu'il s'occupait des préparatifs de départ de Raoul et qu'il cherchait à gagner du temps.

D'abord il fourbit lui-même une épée qu'il tira d'un étui de cuir parfumé, examina si la poignée était bien en garde et si la lame tenait solidement à la poignée. — Puis il jeta au fond d'une valise destinée au jeune homme un petit sac

Athos et Raoul dans les caveaux de Saint-Denis. — PAGE 85.

plein de louis, appela Olivain, c'était le nom du laquais qui l'avait suivi de Blois, lui fit faire le portemanteau devant lui, veillant à ce que toutes les choses nécessaires à un jeune homme qui se met en campagne y fussent renfermées. Enfin, après avoir employé une heure à peu près à tous ces soins, il ouvrit la porte qui conduisait dans la chambre du vicomte et entra légèrement.

Le soleil déjà radieux pénétrait dans la chambre par la fenêtre à larges panneaux dont Raoul, rentré tard, avait négligé de fermer les rideaux la veille. Il dormait encore, la tête gracieusement appuyée sur son bras. Ses longs cheveux noirs couvraient à demi son front charmant et tout humide de cette vapeur qui roule en perle le long des joues de l'enfant fatigué.

Athos s'approcha, et, le corps incliné dans une attitude pleine de tendre mélancolie, il regarda longtemps ce jeune homme à la bouche souriante, aux paupières mi-closes, dont les rêves devaient être doux et le sommeil léger, tant son ange protecteur mettait dans sa garde muette de sollicitude et d'affection. Peu à peu Athos se laissa entraîner aux charmes de sa rêverie, en présence de cette jeunesse si riche et si pure. Sa jeunesse à lui reparut, apportant tous ses souvenirs suaves, qui sont plutôt des parfums que des pensées. De ce passé au présent il y avait un abîme. Mais l'imagination a le vol de l'ange et de l'éclair; elle franchit les mers où nous avons failli faire naufrage, les ténèbres où nos illusions se sont perdues, les précipices où notre bonheur s'est englouti. Il songea que toute la première partie de sa vie à lui avait été brisée par une femme; il pensa avec terreur quelle influence pouvait avoir l'amour sur une organisation si fine et si vigoureuse à la fois.

En se rappelant tout ce qu'il avait souffert, il prévit tout ce que Raoul pouvait souffrir, et l'expression de la tendre et profonde pitié qui passa dans son cœur se répandit dans le regard humide dont il couvrit le jeune homme.

A ce moment Raoul s'éveilla de ce réveil sans nuages, sans ténèbres et sans fatigues, qui caractérise certaines organisations délicates comme celles de l'oiseau. Ses yeux s'arrêtèrent sur ceux d'Athos, et il comprit sans doute tout ce qui se passait dans le cœur de cet homme, qui attendait son réveil comme un amant attend le réveil de sa maîtresse, car son regard à son tour prit l'expression d'un amour infini.

— Vous étiez là, monsieur? dit-il avec respect.

— Oui, Raoul, j'étais là, dit le comte.

— Et vous ne m'éveilliez point?

— Je voulais vous laisser encore quelques moments de ce bon sommeil, mon ami; vous devez être fatigué de la journée d'hier, qui s'est prolongée si avant dans la nuit.

— Oh! monsieur, que vous êtes bon! dit Raoul.

Athos sourit.

— Comment vous trouvez-vous? lui dit-il.

— Mais parfaitement bien, monsieur, et tout à fait remis et dispos.

— C'est que vous grandissez encore, continua Athos avec un intérêt paternel et charmant d'homme mûr pour le jeune homme, et que les fatigues sont doubles à votre âge.

— Oh! monsieur, je vous demande bien pardon, dit Raoul, honteux de tant de prévenances, mais dans un instant je vais être habillé.

Athos appela Olivain et, en effet, au bout de dix minutes, avec cette ponctualité qu'Athos, rompu au service militaire, avait transmise à son pupille, le jeune homme fut prêt.

— Maintenant, dit le jeune homme au laquais, occupez-vous de mon bagage.

— Vos bagages vous attendent, Raoul, dit Athos. J'ai fait faire la valise sous mes yeux, et rien ne vous manquera. Elle doit déjà, ainsi que le portemanteau du laquais, être placée sur les chevaux, si toutefois on a suivi les ordres que j'ai donnés.

— Tout a été fait selon la volonté de M. le comte, dit Olivain, et les chevaux attendent.

— Et moi qui dormais, s'écria Raoul, tandis que vous, monsieur, vous aviez la bonté de vous occuper de tous ces détails! Oh! mais, en vérité, monsieur, vous me comblez de bontés.

— Ainsi vous m'aimez un peu, je l'espère du moins? répliqua Athos d'un ton presque attendri.

— Oh! monsieur! s'écria Raoul, qui, pour ne pas manifester son émotion par un élan de tendresse, se domptait presque à suffoquer, oh! Dieu m'est témoin que je vous aime et que je vous vénère.

— Voyez si vous n'oubliez rien, dit Athos en faisant semblant de chercher autour de lui pour cacher son émotion.

— Mais non, monsieur, dit Raoul.

Le laquais s'approcha alors d'Athos avec une certaine hésitation, et lui dit tout bas:

— M. le vicomte n'a pas d'épée, car M. le comte m'a fait enlever hier soir celle qu'il a quittée.

— C'est bien, dit Athos, cela me regarde.

Raoul ne parut pas s'apercevoir du colloque. Il descendit regardant le comte à chaque instant pour voir si le moment des adieux était arrivé; mais Athos ne sourcillait pas.

Arrivé sur le perron, Raoul vit trois chevaux.

— Oh! monsieur, s'écria-t-il tout radieux, vous m'accompagnez donc?

— Je veux vous conduire quelque peu, dit Athos.

La joie brilla dans les yeux de Raoul, et il s'élança légèrement sur son cheval. Athos monta lentement sur le sien après avoir dit un mot tout bas au laquais, qui, au lieu de suivre immédiatement, remonta au logis. Raoul, enchanté d'être en la compagnie du comte, ne s'aperçut ou feignit de ne s'apercevoir de rien.

Les deux gentilshommes prirent par le pont Neuf, suivirent les quais ou plutôt ce qu'on appelait alors l'abreuvoir Pépin, et longèrent les murs du Grand-Châtelet. Ils entraient dans la rue Saint-Denis lorsqu'ils furent rejoints par le laquais.

La route se fit silencieusement. Raoul sentait bien que le moment de la séparation approchait, le comte avait donné la veille différents ordres pour des choses qui le regardaient dans le courant de la journée. D'ailleurs, ses regards redoublaient de tendresse, et les quelques paroles qu'il laissait échapper redoublaient d'affection. De temps en temps, une réflexion ou un conseil lui échappait, et ses paroles étaient pleines de sollicitude.

Après avoir passé la porte Saint-Denis, et comme les deux cavaliers étaient arrivés à la hauteur des Récolets, Athos jeta les yeux sur la monture du vicomte.

— Prenez-y garde, Raoul, lui dit-il, vous avez la main lourde: je vous l'ai déjà dit souvent, il faudrait ne point oublier cela, car c'est un grand défaut dans un écuyer. Voyez: votre cheval est déjà fatigué; il écume, tandis que le mien semble sortir de l'écurie. Vous lui endurcissez la bouche en lui serrant ainsi le mors, et, faites-y attention, vous ne pouvez plus le faire manœuvrer avec la promptitude nécessaire. Le salut d'un cavalier est parfois dans la prompte obéissance de son cheval. Dans huit jours, songez-y, vous ne manœuvrerez plus dans un manége, mais sur un champ de bataille.

Puis, tout à coup, pour ne point donner une trop triste importance à cette observation:

— Voyez donc, Raoul, continuait Athos, la belle plaine pour voler la perdrix.

Le jeune homme profitait de la leçon, et admirait surtout avec quelle tendre délicatesse elle était donnée.

— J'ai encore remarqué l'autre jour une chose, disait Athos, c'est qu'en tirant le pistolet vous teniez le bras trop tendu. Cette tension fait perdre de la justesse au coup. Aussi, sur douze fois, manquâtes-vous trois fois le but.

— Que vous atteignîtes douze fois, vous, monsieur, répondit en souriant Raoul.

— Parce que je pliais la saignée et que je reposais ainsi ma main sur mon coude. Comprenez-vous bien ce que je veux dire, Raoul?

— Oui, monsieur. J'ai tiré seul depuis en suivant ce conseil, et j'ai obtenu un succès entier.

— Tenez, reprit Athos, c'est comme en faisant des armes, vous chargez trop votre adversaire. C'est un défaut de votre âge, je le sais bien; mais le mouvement de corps en chargeant dérange toujours l'épée de la ligne, et, si vous aviez affaire à un homme de sang-froid, il vous arrêterait au premier pas que vous feriez ainsi par un simple dégagement, ou même par un coup droit.

— Oui, monsieur, comme vous l'avez fait bien souvent; mais tout le monde n'a pas votre adresse et votre courage.

— Que voilà un vent frais! reprit Athos, c'est un souvenir de l'hiver. A propos, dites-moi, si vous allez au feu, et vous irez, car vous êtes recommandé à un jeune général qui aime fort la poudre, souvenez-vous bien, dans une lutte particulière surtout, souvenez-vous bien de ne jamais tirer le premier; qui tire le premier touche rarement son homme, car il tire avec la crainte de rester désarmé devant un ennemi armé; puis, lorsqu'il tirera, faites cabrer votre cheval: cette manœuvre m'a sauvé deux ou trois fois la vie.

— Je l'emploierai, ne fût-ce que par reconnaissance.

— Eh! dit Athos, ne sont-ce pas des braconniers qu'on arrête là-bas? Oui vraiment... Puis encore une chose importante, Raoul : si vous êtes blessé dans une charge, si vous tombez de votre cheval et s'il vous reste encore quelque force, dérangez-vous de la ligne qu'à suivie votre régiment; autrement, il peut être ramené, et vous seriez foulé aux pieds des chevaux. En tout cas, si vous étiez blessé, écrivez-moi à l'instant même ou faites-moi écrire; nous nous connaissons en blessures, nous autres, ajouta Athos en souriant.

— Merci, monsieur, répondit le jeune homme tout ému.

— Ah ! nous voici à Saint-Denis, murmura Athos.

Ils arrivaient effectivement en ce moment à la porte de la ville gardée par deux sentinelles. L'une dit à l'autre :

— Voici encore un jeune gentilhomme qui m'a l'air de se rendre à l'armée.

Athos se retourna; tout ce qui s'occupait d'une façon même indirecte de Raoul, prenait aussitôt un intérêt à ses yeux.

— A quoi voyez-vous cela ? demanda-t-il.

— A son air, monsieur, dit la sentinelle. D'ailleurs, il a l'âge; c'est le second d'aujourd'hui.

— Il est déjà passé ce matin un jeune homme comme moi ? demanda Raoul.

— Oui, ma foi, de haute mine et dans un bel équipage; cela m'a eu l'air de quelque fils de bonne maison.

— Ce me sera un compagnon de route, monsieur, reprit Raoul en continuant son chemin; mais, hélas ! il ne me fera pas oublier celui que je perds.

— Je ne crois pas que vous le rejoigniez, Raoul, car j'ai à vous parler ici, et ce que j'ai à vous dire durera peut-être assez de temps pour que ce gentilhomme prenne de l'avance sur vous.

— Comme il vous plaira, monsieur.

Tout en causant ainsi, on traversait les rues, qui étaient pleines de monde à cause de la solennité de la fête, et l'on arrivait en face de la vieille basilique, dans laquelle on disait une première messe.

— Mettons pied à terre, Raoul, dit Athos. Vous, Olivain, gardez nos chevaux et me donnez l'épée.

Athos prit à la main l'épée que lui tendait le laquais, et les deux gentilshommes entrèrent dans l'église.

Athos présenta de l'eau bénite à Raoul. Il y a dans certains cœurs de père un peu de cet amour prévenant qu'un amant a pour sa maîtresse. Le jeune homme toucha la main d'Athos, salua et se signa.

Athos dit un mot à l'un des gardiens, qui s'inclina et marcha dans la direction des caveaux.

— Venez, Raoul, dit Athos, et suivons cet homme.

Le gardien ouvrit la grille des tombes royales et se tint sur la haute marche, tandis qu'Athos et Raoul descendaient. Les profondeurs de l'escalier sépulcral étaient éclairées par une lampe d'argent brûlant sur la dernière marche, et juste au-dessus de cette lampe reposait, enveloppé d'un large manteau de velours violet, semé de fleurs de lys d'or, un catafalque soutenu par des chevalets de chêne.

Le jeune homme, préparé à cette situation par l'état de son propre cœur plein de tristesse, par la majesté de l'église qu'il avait traversée, était descendu d'un pas lent et solennel, et se tenait debout et la tête découverte devant cette dépouille mortelle du dernier roi, qui ne devait aller rejoindre ses aïeux que lorsque son successeur viendrait le rejoindre lui même, et qui semblait demeurer là pour dire à l'orgueil humain, parfois si facile à s'exalter sur le trône : — Poussière terrestre, je t'attends !

Il se fit un moment de silence.

Puis Athos leva la main, et, désignant du doigt le cercueil :

— Cette sépulture incertaine, dit-il, est celle d'un homme faible et sans grandeur, et qui eut cependant un règne plein d'immenses événements; c'est qu'au-dessus de ce roi veillait l'esprit d'un autre homme, comme cette lampe veille au-dessus de ce cercueil et l'éclaire. Celui-là, c'était le roi réel, Raoul; l'autre n'était qu'un fantôme dans lequel il mettait son âme. Et cependant, tant est puissante la majesté monarchique chez nous, que cet homme n'a pas même l'honneur d'une tombe aux pieds de celui pour la gloire duquel il a usé sa vie; car cet homme, Raoul, souvenez-

vous de cette chose, s'il a fait ce roi petit, il a fait la royauté grande, et il y a deux choses enfermées dans le palais du Louvre : le roi, qui meurt, et la royauté, qui ne meurt pas. Ce règne est passé, Raoul; ce ministre tant redouté, tant craint, tant haï de son maître, est descendu dans la tombe, tirant après lui le roi, qu'il ne voulait pas laisser vivre seul, de peur sans doute qu'il ne détruisit son œuvre, car un roi n'édifie que lorsqu'il a près de lui, soit Dieu, soit l'esprit de Dieu. Alors, cependant, tout le monde regarda la mort du cardinal comme une délivrance, et moi-même, tant aveugles les contemporains, j'ai quelquefois traversé en face les desseins de ce grand homme qui tenait la France dans ses mains, et qui, selon qu'il la serrait ou l'ouvrait, l'étouffait ou lui donnait de l'air à son gré. S'il n'a pas broyé, moi et mes amis, dans sa terrible colère, c'était sans doute pour que je pusse aujourd'hui vous dire : « Raoul, sachez distinguer toujours le roi de la royauté : le roi n'est qu'un homme; la royauté, c'est l'esprit de Dieu. Quand vous serez en doute de savoir qui vous devez servir, abandonnez l'apparence matérielle pour le principe invisible. Car le principe invisible est tout. Seulement Dieu a voulu rendre ce principe palpable en l'incarnant dans un homme. Raoul, il me semble que je vois votre avenir comme à travers un nuage. Il est meilleur que le nôtre, je le crois. Tout au contraire de nous, qui avons eu un ministre sans roi, vous aurez, vous, un roi sans ministre. Vous pourrez donc servir, aimer et respecter le roi. Si ce roi est un tyran, car la toute-puissance a son vertige qui la pousse à la tyrannie, servez, aimez, respectez la royauté, c'est-à-dire la chose infaillible, c'est-à-dire l'esprit de Dieu sur la terre, c'est-à-dire cette étincelle céleste qui fait la poussière si grande et si sainte, que, nous autres gentilshommes de haute race cependant, nous sommes aussi peu de chose devant ce corps étendu sur la dernière marche de cet escalier, que ce corps lui-même devant le trône du Seigneur. »

— J'adorerai Dieu, monsieur, dit Raoul, je respecterai la royauté, je servirai le roi, et tâcherai, si je meurs, que ce soit pour le roi, pour la royauté ou pour Dieu. Vous ai-je bien compris ?

Athos sourit.

— Vous êtes une noble nature, dit-il, voici votre épée.

Raoul mit un genou en terre.

— Elle a été portée par mon père, un loyal gentilhomme. Je l'ai portée à mon tour, et je lui ai fait honneur quelquefois quand la poignée était dans ma main et que son fourreau pendait à mon côté. Si votre main est faible encore pour manier cette épée, Raoul, tant mieux, vous aurez plus de temps à apprendre à ne la tirer que lorsqu'elle devra voir le jour.

— Monsieur, dit Raoul en recevant l'épée de la main du comte, je vous dois tout; cependant cette épée est le plus précieux présent que vous m'ayez fait. Je la porterai, je vous le jure, en homme reconnaissant.

Et il approcha ses lèvres de la poignée, qu'il baisa avec respect.

— C'est bien, dit Athos. Relevez-vous, vicomte, et embrassons-nous.

Raoul se releva et se jeta avec effusion dans les bras d'Athos.

— Adieu, murmura le comte, qui sentait son cœur se fondre, adieu, et pense à moi.

— Oh ! éternellement ! éternellement ! s'écria le jeune homme. Oh ! je le jure, monsieur, et, s'il m'arrive malheur, votre nom sera le dernier nom que je prononcerai; votre souvenir, ma dernière pensée.

Athos remonta précipitamment pour cacher son émotion, donna une pièce d'or au gardien des tombeaux, s'inclina devant l'autel et gagna à grands pas le porche de l'église, au bas duquel Olivain attendait avec les deux autres chevaux.

— Olivain, dit-il en montrant le baudrier de Raoul, resserrez la boucle de cette épée, qui tombe un peu bas. Bien. Maintenant, vous accompagnerez M. le vicomte jusqu'à ce que Grimaud vous ait rejoints; lui venu, vous quitterez le vicomte. Vous entendez, Raoul ? Grimaud est un vieux serviteur plein de courage et de prudence, Grimaud vous suivra.

— Oui, monsieur, dit Raoul.

— Allons, à cheval, que je vous voie partir.

Raoul obéit.

— Adieu, Raoul, dit le comte, adieu, mon cher enfant !

— Adieu, monsieur, dit Raoul, adieu, mon bien-aimé protecteur !

Athos fit signe de la main, car il n'osait parler, et Raoul s'éloigna la tête découverte... Athos resta immobile et le regardant aller jusqu'au moment où il disparut au tournant d'une rue.

Alors le comte jeta la bride de son cheval aux mains d'un paysan, remonta lentement les degrés, rentra dans l'église, alla s'agenouiller dans le coin le plus obscur et pria.

CHAPITRE XXV.

UN DES QUARANTE MOYENS D'ÉVASION DE M. DE BEAUFORT.

Cependant le temps s'écoulait pour le prisonnier comme pour ceux qui s'occupaient de sa fuite; seulement, il s'écoulait plus lentement. Tout au contraire des autres hommes qui prennent avec ardeur une résolution périlleuse et qui se refroidissent à mesure que le moment de l'exécuter se rapproche, le duc de Beaufort dont le courage bouillant était passé en proverbe et qu'avait enchaîné une inaction de cinq années, le duc de Beaufort semblait pousser le temps devant lui et appelait de tous ses vœux l'heure de l'action. Il y avait dans son évasion seule, à part les projets qu'il nourrissait pour l'avenir, projets, il faut l'avouer, encore fort incertains, un commencement de vengeance qui lui dilatait le cœur. D'abord sa fuite était une mauvaise affaire pour M. de Chavigny, qu'il avait pris en haine à cause des petites persécutions auxquelles il l'avait soumis; puis, une plus mauvaise affaire contre Mazarin, qu'il avait pris en exécration à cause des grands reproches qu'il avait à lui faire. On voit que toute proportion était gardée entre les sentiments que M. de Beaufort avait voués au gouverneur et au ministre, au subordonné et au maître.

Puis M. de Beaufort, qui connaissait si bien l'intérieur du Palais-Royal, qui n'ignorait pas les relations de la reine et du cardinal, mettait en scène de sa prison tout ce mouvement dramatique qui allait s'opérer, quand ce bruit retentirait du cabinet du ministre à la chambre d'Anne d'Autriche : M. de Beaufort est sauvé!... En se disant tout cela à lui-même, M. de Beaufort se souriait doucement, se croyait déjà dehors respirant l'air des plaines et des forêts, pressant un cheval vigoureux entre ses jambes et criant à haute voix : « Je suis libre! »

Il est vrai qu'en revenant à lui, il se trouvait entre ses quatre murailles, voyait à dix pas de lui la Ramée qui tournait ses pouces l'un autour de l'autre, et dans l'antichambre ses huit gardes qui riaient ou qui buvaient. La seule chose qui le reposait de cet odieux tableau, tant est grande l'instabilité de l'esprit humain, c'était la figure renfrognée de Grimaud, cette figure qu'il avait prise d'abord en haine, et qui depuis était devenue toute son espérance. Grimaud lui semblait un Antinoüs.

Il est inutile de dire que tout cela est un jeu de l'imagination fiévreuse du prisonnier. Grimaud était toujours le même; aussi avait-il conservé la confiance entière de son supérieur la Ramée, qui maintenant se serait fié à lui mieux qu'à lui-même; car, nous l'avons dit, la Ramée se sentait au fond du cœur un certain faible pour M. de Beaufort. Aussi ce bon la Ramée se faisait-il une fête de ce petit souper en tête à tête avec son prisonnier. La Ramée n'avait qu'un défaut, il était gourmand; il avait trouvé les pâtés bons, le vin excellent. Or, le successeur du père Marteau lui avait promis un pâté de faisan au lieu d'un pâté de volaille, et du vin de Chambertin au lieu de vin de Mâcon.

Tout cela, rehaussé de la présence de cet excellent prince qui était si bon au fond, qui inventait de si drôles de tours contre M. de Chavigny, et de si bonnes plaisanteries contre le Mazarin, faisait pour la Ramée de cette belle Pentecôte qui allait venir, une des quatre grandes fêtes de l'année.

La Ramée attendait donc six heures du soir avec autant d'impatience que le duc. Dès le matin, il s'était préoccupé de tous les détails, et, ne se fiant qu'à lui-même, il avait fait en personne une visite au successeur du père Marteau. Celui-ci s'était surpassé; il lui montra un véritable pâté monstre, orné sur sa couverture des armes de M. de Beaufort; le pâté était vide encore, mais près de lui étaient un faisan et deux perdrix, piqués si menus, qu'ils avaient l'air chacun d'une pelote d'épingles. L'eau en était venue à la bouche de la Ramée, et il était rentré dans la chambre du duc en se frottant les mains. Pour comble de bonheur, comme nous l'avons dit, M. de Chavigny, se reposant sur la Ramée, était allé faire un petit voyage; il était parti le matin même, ce qui faisait de la Ramée le sous-gouverneur du château.

Quant à Grimaud, il paraissait plus renfrogné que jamais.

Dans la matinée, M. de Beaufort avait fait avec la Ramée une partie de paume; un signe de Grimaud lui avait fait comprendre de faire attention à tout. Grimaud, marchant devant, traçait le chemin qu'on avait à suivre le soir. Le jeu de paume était dans ce qu'on appelait l'enclos de la petite cour du château. C'était un endroit assez désert où l'on ne mettait de sentinelles qu'au moment où M. de Beaufort faisait sa partie; encore, à cause de la hauteur de la muraille, cette précaution paraissait-elle superflue. Il y avait trois portes à ouvrir avant d'arriver à cet enclos. Chacune s'ouvrait avec une clef différente. La Ramée était porteur de ces trois clefs. En arrivant à l'enclos, Grimaud alla machinalement s'asseoir près d'une meurtrière, les jambes pendantes en dehors de la muraille. Il devenait évident que c'était en cet endroit qu'on attacherait l'échelle de corde.

Toute cette manœuvre, compréhensible pour le duc de Beaufort, était, on en conviendra, inintelligible pour la Ramée.

La partie commença. Cette fois, M. de Beaufort était en veine, et l'on eût dit qu'il posait avec la main les balles où il voulait qu'elles allassent. La Ramée fut complètement battu.

Quatre des gardes de M. de Beaufort l'avaient suivi et ramassaient les balles : le jeu terminé, M. de Beaufort, tout en raillant à son aise la Ramée sur sa maladresse, offrit aux gardes deux louis pour aller boire à sa santé avec leurs quatre autres camarades. Les gardes demandèrent l'autorisation de la Ramée, qui la leur donna, mais pour le soir seulement. Jusque-là la Ramée avait à s'occuper de détails importants; il désirait, comme il avait des courses à faire, qu'en son absence le prisonnier ne fût pas perdu de vue.

M. de Beaufort aurait arrangé les choses lui-même que, selon toutes probabilités, il les eût faites moins à sa convenance que ne les faisait son gardien.

Enfin six heures sonnèrent; quoiqu'on ne dût se mettre à table qu'à sept heures, le dîner se trouvait prêt et servi. Sur un buffet était placé le pâté colossal aux armes du duc et paraissait cuit à point, autant qu'on en pouvait juger par la couleur dorée qui enluminait sa croûte. Le reste du dîner était à l'avenant.

Tout le monde était impatient, les gardes d'aller boire, la Ramée de se mettre à table et M. de Beaufort de se sauver. Grimaud seul était impassible. On eût dit qu'Athos avait fait son éducation dans la prévision de cette grande circonstance. Il y avait des moments où, en le regardant, le duc de Beaufort se demandait s'il ne faisait point un rêve, et si cette figure de marbre était bien réellement à son service et s'animerait au moment venu.

La Ramée renvoya les gardes en leur recommandant de boire à la santé du prince, puis, lorsqu'ils furent partis, il ferma les portes, mit les clefs dans sa poche et montra la table au prince d'un air qui voulait dire : — Quand monseigneur voudra.

Le prince regarda Grimaud. Grimaud regarda la pendule; il était six heures un quart à peine, l'évasion était fixée à sept heures; il y avait donc trois quarts d'heure à attendre. Le prince, pour gagner un quart d'heure, prétexta une lecture qui l'intéressait et demanda à finir son chapitre. La Ramée s'approcha, regarda par-dessus son épaule quel était ce livre qui avait sur le prince cette influence de l'empêcher de se mettre à table quand le souper était servi. C'étaient les Commentaires de César, que lui-même, contre les ordonnances de M. de Chavigny, lui avait procurés trois jours auparavant.

La Ramée se promit bien de ne plus se mettre en contravention avec les règlements du donjon. En attendant, il déboucha les bouteilles et alla flairer le pâté.

A six heures et demie le duc se leva en disant avec gravité :

— Décidément César était le plus grand homme de l'antiquité.

— Vous trouvez, monseigneur? dit la Ramée.

— Certainement.

— Eh bien! reprit la Ramée, j'aime mieux Annibal.

— Et pourquoi cela, maître la Ramée? demanda le duc.

— Parce qu'il n'a pas laissé de Commentaires, dit la Ramée avec son gros sourire.

Évasion de M. de Beaufort.

Le duc comprit l'allusion et se mit à table en faisant signe à la Ramée de se placer en face de lui. L'exempt ne se le fit pas répéter deux fois.

Il n'y a pas de figure aussi expressive que celle d'un véritable gourmand qui se trouve en face d'une bonne table : aussi, en recevant son assiette de potage des mains de Grimaud, la figure de la Ramée présentait-elle le sentiment de la parfaite béatitude.

Le duc le regarda avec un sourire.

— Ventre-saint-gris! la Ramée, s'écria-t-il, savez-vous que si l'on me disait qu'il y a en ce moment en France un homme plus heureux que vous, je ne le croirais pas.

— Et vous auriez, ma foi, raison, monseigneur, dit la Ramée. Quant à moi, j'avoue que, lorsque j'ai faim, je ne connais pas de vue plus agréable qu'une table bien servie, et si vous ajoutez, continua la Ramée, que celui qui fait les honneurs de cette table est le petit-fils d'Henri le Grand, alors vous comprendrez, monseigneur, que l'honneur qu'on reçoit double le plaisir qu'on goûte.

Le prince s'inclina à son tour, et un imperceptible sourire parut sur le visage de Grimaud, qui se tenait derrière la Ramée.

— Mon cher la Ramée, dit le duc, il n'y a en vérité que vous pour tourner un compliment.

— Non, monseigneur, dit la Ramée dans l'effusion de son âme, non, en vérité, je dis ce que je pense, et il n'y a pas de compliment dans ce que je dis là.

— Alors, vous m'êtes attaché! demanda le prince.

— C'est-à-dire, reprit la Ramée, que je ne me consolerais pas si Votre Altesse sortait de Vincennes.

— Une drôle de manière de me témoigner votre *affliction!* (Le prince voulait dire votre affection.)

— Mais, monseigneur, dit la Ramée, que feriez-vous dehors? Quelque folie qui vous brouillerait avec la cour et vous ferait mettre à la Bastille au lieu d'être à Vincennes. M. de Chavigny n'est pas aimable, j'en conviens, continua la Ramée en savourant un verre de madère; mais M. du Tremblay, c'est pis.

— Vraiment? dit le duc, qui s'amusait du tour que prenait la conversation, et qui de temps en temps regardait la pendule, dont l'aiguille marchait avec une lenteur désespérante.

— Que voulez-vous attendre du frère d'un capucin nourri à l'école du cardinal de Richelieu? Ah! monseigneur, croyez-moi, c'est un grand bonheur que la reine, qui vous a toujours voulu du bien, à ce que j'ai entendu dire du moins, ait eu l'idée de vous envoyer ici, où il y a promenade, jeu de paume, bonne table, bon air.

— En vérité, dit le duc, à vous entendre, la Ramée, je suis donc bien ingrat d'avoir eu un instant l'idée de sortir d'ici.

— Oh! monseigneur, c'est le comble de l'ingratitude, s'écria la Ramée; mais Votre Altesse n'y a jamais songé sérieusement.

— Si fait, reprit le duc, et je dois vous l'avouer, c'est peut-être une folie, je ne dis pas non, mais de temps en temps j'y songe encore.

— Toujours par un de vos quarante moyens, monseigneur?

— Eh mais oui, répondit le duc.

— Monseigneur, puisque nous en sommes aux épanchements, dites-moi un de ces quarante moyens inventés par Votre Altesse.

— Volontiers. Grimaud, donnez-moi le pâté.

— J'écoute, dit la Ramée en se renversant sur son fauteuil, en soulevant son verre et en clignant de l'œil pour regarder le soleil couchant à travers le rubis liquide qu'il contenait.

Le duc jeta un regard sur la pendule. Dix minutes encore et elle allait sonner sept heures.

Grimaud apporta le pâté devant le prince, qui prit son couteau à lame d'argent pour enlever le couvercle; mais la Ramée, qui craignait qu'il n'arrivât malheur à cette belle pièce, passa au duc son couteau, qui avait une lame de fer.

— Merci, la Ramée, dit le duc en prenant le couteau.

— Eh bien! monseigneur, dit l'exempt, ce fameux moyen?

— Faut-il que je vous dise, reprit le duc, celui sur lequel je comptais le plus, celui que j'avais résolu d'employer le premier?

— Oui, celui-là, dit la Ramée.

— Eh bien! dit le duc en creusant le pâté d'une main et en décrivant de l'autre des cercles avec son couteau, j'espérais d'abord avoir pour gardien un brave garçon comme vous, monsieur la Ramée.

— Bien! dit la Ramée; vous l'avez, monseigneur. Après?

— Et je m'en félicite.

La Ramée salua.

— Je me disais, continua le prince, si une fois j'ai près de moi un bon garçon comme la Ramée, je tâcherai de lui faire recommander par quelque ami à moi, avec lequel il ignorera mes relations, un homme qui me soit dévoué, et avec lequel je puisse m'entendre pour préparer ma fuite.

— Allons! allons! dit la Ramée, pas mal imaginé.

— N'est-ce pas? reprit le prince; par exemple, le serviteur de quelque brave gentilhomme, ennemi lui-même du Mazarin, comme doit être tout gentilhomme.

— Chut! monseigneur, dit la Ramée, ne parlons pas politique.

— Quand j'aurai cet homme près de moi, continua le duc, pour peu que cet homme soit adroit et ait su inspirer de la confiance à mon gardien, celui-ci se reposera sur lui, et alors j'aurai des nouvelles du dehors?

— Ah! oui, dit la Ramée; mais comment cela, des nouvelles du dehors?

— Oh! rien de plus facile, dit le duc de Beaufort: en jouant à la paume, par exemple.

— En jouant à la paume? demanda la Ramée, qui commençait à prêter la plus grande attention au récit du duc.

— Oui; tenez, j'envoie une balle dans le fossé; un homme est là qui la ramasse. La balle renferme une lettre; au lieu de renvoyer cette balle que je lui ai demandée du haut des remparts, il m'en renvoie une autre. Cette autre balle contient une lettre. Ainsi, nous avons échangé nos idées, et personne n'y a rien vu.

— Diable! diable! dit la Ramée en se grattant l'oreille, vous faites bien de me dire cela, monseigneur, je surveillerai les ramasseurs de balles.

Le duc sourit.

— Mais, continua la Ramée, tout cela, au bout du compte, n'est qu'un moyen de correspondre.

— C'est déjà beaucoup, ce me semble.

— Ce n'est pas assez.

— Je vous demande pardon. Par exemple, je dis à mes amis: Trouvez-vous tel jour, à telle heure, de l'autre côté du fossé avec deux chevaux de main.

— Eh bien! après? dit la Ramée avec une certaine inquiétude; à moins que ces chevaux n'aient des ailes pour monter sur le rempart et venir vous y chercher!

— Eh! mon Dieu! dit négligemment le prince, il ne s'agit pas que les chevaux aient des ailes pour monter sur le rempart, mais que j'aie, moi, un moyen d'en descendre.

— Lequel?

— Une échelle de corde.

— Oui, mais, dit la Ramée en essayant de rire, une échelle de corde ne s'envoie pas, comme une lettre, dans une balle de paume.

— Non, mais elle s'envoie dans autre chose.

— Dans autre chose, dans autre chose! dans quoi?

— Dans un pâté, par exemple.

— Dans un pâté? dit la Ramée.

— Oui. Supposons une chose, reprit le duc; supposez, par exemple, que mon maître d'hôtel, Noirmont, ait traité du fonds de boutique du père Marteau...

— Eh bien? demanda la Ramée tout frissonnant.

— Eh bien! la Ramée, qui est un gourmand, voit ses pâtés, trouve qu'ils ont meilleure mine que ceux de ses prédécesseurs, vient m'offrir de m'en faire goûter. J'accepte, à la condition que la Ramée en goûtera avec moi. Pour être plus à l'aise, la Ramée écarte les gardes et ne conserve que Grimaud pour nous servir. Grimaud est l'homme qui m'a été donné par un ami, ce serviteur avec lequel je m'entends, prêt à me seconder en toutes choses. Le moment de ma fuite est marqué à sept heures. Eh bien! à sept heures moins quelques minutes...

— A sept heures moins quelques minutes? reprit la Ramée, auquel la sueur commençait à perler sur le front.

— A sept heures moins quelques minutes, continua le duc en joignant l'action aux paroles, j'enlève la croûte du pâté, j'y trouve deux poignards, une échelle de corde et un bâillon. Je mets un des poignards sur la poitrine de la Ramée, et je lui dis: « Mon ami, j'en suis désolé, mais si tu fais un geste, si tu pousses un cri, tu es mort! »

Nous l'avons dit, en prononçant ces derniers mots, le duc avait joint l'action aux paroles. Le duc était debout près de lui et lui appuyait la pointe d'un poignard sur la poitrine avec un accent qui ne permettait pas à celui auquel il s'adressait de conserver de doute sur sa résolution. Pendant ce temps, Grimaud, toujours silencieux, tirait du pâté le second poignard, l'échelle de corde et la poire d'angoisse. La Ramée suivait chacun de ces objets des yeux avec une terreur croissante.

— Oh! monseigneur, s'écria-t-il en regardant le duc avec une expression de stupéfaction qui eût fait éclater de rire le prince dans un autre moment, vous n'aurez pas le cœur de me tuer?

— Non, si tu ne t'opposes pas à ma fuite.

— Mais, monseigneur, si je vous laisse fuir, je suis un homme ruiné.

— Je te rembourserai le prix de ta charge.

— Et vous êtes bien décidé à quitter le château?

— Pardieu!

— Tout ce que je pourrai vous dire ne vous fera pas changer de résolution?

— Ce soir, je veux être libre.

— Et si je me défends, si j'appelle, si je crie?

— Foi de gentilhomme, je te tue.

En ce moment, la pendule sonna.

— Sept heures! dit Grimaud, qui n'avait pas encore prononcé une parole.

— Sept heures! dit le duc : tu vois, je suis en retard.

La Ramée fit un mouvement comme pour l'acquit de sa conscience.

Le duc fronça le sourcil, et l'exempt sentit la lame du poignard qui, après avoir traversé ses habits, s'apprêtait à lui traverser la poitrine.

— Bien, monseigneur, dit-il, cela suffit. Je ne bougerai pas.

— Hâtons-nous, dit le duc.

— Monseigneur, une dernière grâce.

— Laquelle? Parle, dépêche-toi.

— Liez-moi, monseigneur.

— Pourquoi cela, te lier?

— Pour qu'on ne croie pas que je suis votre complice.

— Les mains? dit Grimaud.

— Non pas par devant, par derrière donc, par derrière.

— Mais avec quoi? dit le duc.

— Avec votre ceinture, monseigneur, reprit la Ramée.

Le duc détacha sa ceinture et la donna à Grimaud, qui lia les mains de la Ramée de manière à le satisfaire.

— Les pieds, dit Grimaud.

La Ramée tendit les jambes, Grimaud prit une serviette, la déchira par bandes et ficela la Ramée.

— Maintenant mon épée, dit la Ramée, liez-moi donc la garde de mon épée.

Le duc arracha un des rubans de son haut de chausses, et accomplit le désir de son gardien.

— Maintenant, dit le pauvre la Ramée, la poire d'angoisse, je la demande, sans cela on me ferait mon procès parce que je n'ai point crié. Enfoncez, monseigneur, enfoncez.

Grimaud s'apprêta à remplir le désir de l'exempt, qui fit un mouvement en signe qu'il avait encore quelque chose à dire.

— Parle, dit le duc.

— Monseigneur, dit la Ramée, n'oubliez pas, s'il m'arrive malheur à cause de vous, que j'ai une femme et quatre enfants.

— Sois tranquille. Enfonce, Grimaud.

En une seconde la Ramée fut bâillonné et couché par terre; deux ou trois chaises furent renversées en signe de lutte; Grimaud prit dans les poches de l'exempt toutes les clefs qu'elles contenaient, ouvrit d'abord la porte de la chambre où ils se trouvaient, la referma à double tour quand ils furent sortis, puis tous deux prirent rapidement le chemin de la galerie qui conduisait au petit enclos. Les trois portes furent successivement ouvertes et fermées avec une promptitude qui faisait honneur à la dextérité de Grimaud. Enfin, l'on arriva au jeu de paume. Il était parfaitement désert, pas de sentinelles, personne aux fenêtres.

Le duc courut au rempart et aperçut de l'autre côté des fossés trois cavaliers avec deux chevaux de main. Le duc échangea un signe avec eux : c'était bien pour lui qu'ils étaient là.

Pendant ce temps, Grimaud attachait le fil conducteur. Ce n'était pas une échelle de corde, mais un peloton de soie avec un bâton qui devait se passer entre les jambes et se dévider de lui-même par le poids de celui qui se tiendrait dessus à califourchon.

— Va, dit le duc.

— Le premier, monseigneur? demanda Grimaud.

— Sans doute, dit le duc; si on me rattrape, je ne risque que la prison; si on te rattrape, toi, tu es pendu.

— C'est juste, dit Grimaud.

Et aussitôt, se mettant à cheval sur le bâton, Grimaud commença sa périlleuse descente; le duc le suivit des yeux avec une terreur involontaire; il était déjà arrivé aux trois quarts de la muraille lorsque tout à coup la corde cassa. Grimaud tomba précipité dans le fossé.

Le duc jeta un cri, mais Grimaud ne poussa pas une plainte, et cependant il devait être blessé grièvement, car il restait étendu à l'endroit où il était tombé.

Aussitôt un des hommes qui attendaient se laissa glisser dans le fossé, attacha sous les épaules de Grimaud l'extrémité d'une corde, et les deux autres, qui en tenaient le bout opposé, tirèrent Grimaud à eux.

— Descendez, monseigneur, dit l'homme qui était dans le fossé; il n'y a qu'une quinzaine de pieds de distance, et le gazon est moelleux.

Le duc était déjà à l'œuvre. Sa besogne à lui était plus difficile, car il n'avait plus le bâton pour se soutenir; il fallait qu'il descendît à la force des poignets, et cela d'une hauteur d'une cinquantaine de pieds. Mais, nous l'avons dit, le duc était adroit, vigoureux et plein de sang-froid; en moins de cinq minutes, il se trouva à l'extrémité de la corde; comme le lui avait dit le gentilhomme, il n'était plus qu'à quinze pieds de terre. Il lâcha l'appui qui le soutenait et tomba sur ses pieds sans se faire aucun mal. Aussitôt il se mit à gravir le talus du fossé, au haut duquel il trouva Rochefort. Les deux autres gentilshommes lui étaient inconnus. Grimaud évanoui était attaché sur un cheval.

— Messieurs, dit le prince, je vous remercierai plus tard; mais, à cette heure, il n'y a pas un instant à perdre. En route donc, en route! qui m'aime me suive!

Et il s'élança sur son cheval, partit au grand galop, respirant à pleine poitrine et criant avec une expression de joie impossible à rendre :

— Libre!... libre!... libre!...

CHAPITRE XXVI.

D'ARTAGNAN ARRIVE A PROPOS.

Cependant, d'Artagnan toucha à Blois la somme que Mazarin, dans son désir de le ravoir près de lui, s'était décidé à lui donner pour ses services futurs.

De Blois à Paris il y avait quatre journées pour un cavalier ordinaire. D'Artagnan arriva, vers les quatre heures de l'après-midi du troisième jour, à la barrière Saint-Denis. Autrefois il n'en eût mis que deux. Nous avons déjà vu qu'Athos, parti trois heures après lui, était arrivé vingt-quatre heures auparavant.

Planchet avait perdu l'usage de ces promenades forcées. d'Artagnan lui reprocha sa mollesse.

— Eh! monsieur, quarante lieues en trois jours! je trouve cela fort joli pour un marchand de pralines.

— Es-tu réellement devenu marchand, Planchet, et com-

J.A. BEAUCÉ   PISAN

— Hypocrite! On voit bien que tu te rapproches de Paris, et qu'il y a là une corde et une potence
qui t'y attendent.

tes-tu sérieusement, maintenant que nous nous sommes retrouvés, végéter dans ta boutique?

— Heu! reprit Planchet, vous seul en vérité êtes fait pour l'existence active. Voyez M. Athos: qui dirait que c'est cet aventureux chercheur d'aventures que nous avons connu? Il vit maintenant en véritable gentilhomme fermier, en vrai seigneur campagnard. Tenez, monsieur, il n'y a en vérité de désirable qu'une existence tranquille.

— Hypocrite! dit d'Artagnan; que l'on voit bien que tu te

rapproches de Paris, et qu'il y a à Paris une corde et une potence qui t'attendent!

En effet, comme ils en étaient là de leur conversation, les deux voyageurs arrivèrent à la barrière. Planchet baissait son feutre en songeant qu'il allait passer dans des rues où il était fort connu, et d'Artagnan relevait sa moustache en se rappelant Porthos qui devait l'attendre rue Tiquetonne. Il pensait au moyen de lui faire oublier sa seigneurie de Bracieux et cuisines homériques de Pierrefonds.

En tournant le coin de la rue Montmartre, il aperçut à l'une des fenêtres de l'hôtel de la Chevrette Porthos, vêtu d'un splendide justaucorps bleu de ciel tout brodé d'argent, et bâillant à se démonter la mâchoire, de sorte que les passants contemplaient avec une certaine admiration respectueuse ce gentilhomme si beau et si riche, qui semblait si fort ennuyé de sa richesse et de sa grandeur.

À peine, d'ailleurs, de leur côté, d'Artagnan et Planchet avaient-ils tourné l'angle de la rue, que Porthos les avait reconnus.

— Eh! d'Artagnan, s'écria-t-il, Dieu soit loué! c'est vous!

— Eh! bonjour, cher ami, répondit d'Artagnan.

Une petite foule de badauds se forma bientôt autour des chevaux, que les valets de l'hôtel tenaient déjà par la bride, et des cavaliers, qui causaient ainsi le nez en l'air; mais un froncement de sourcils de d'Artagnan et deux ou trois gestes mal intentionnés de Planchet, et bien compris des assistants, dissipèrent la foule, qui commençait à devenir d'autant plus compacte qu'elle ignorait pourquoi elle était rassemblée.

Et n'était l'hôtesse, qui est assez avenante et qui entend la plaisanterie.

Porthos était déjà descendu sur le seuil de l'hôtel.

— Ah! mon cher ami, dit-il, que mes chevaux sont mal ici!

— En vérité! dit d'Artagnan, j'en suis au désespoir pour ces nobles animaux.

— Et moi aussi, j'étais assez mal, dit Porthos, et n'était l'hôtesse, continua-t-il en se balançant sur ses jambes avec son gros air content de lui-même, qui est assez avenante et qui entend la plaisanterie, j'aurais été chercher gîte ailleurs.

La belle Madeleine, qui s'était approchée pendant ce colloque, fit un pas en arrière et devint pâle comme la mort en entendant les paroles de Porthos, car elle crut que la scène du Suisse allait se renouveler; mais, à sa grande stupéfaction, d'Artagnan ne sourcilla point, et, au lieu de se fâcher, il dit en riant à Porthos:

— Oui, je comprends, cher ami, l'air de la rue Tiquetonne ne vaut pas celui de la vallée de Pierrefonds; mais, soyez tranquille, je vais vous en faire prendre un meilleur.

— Quand cela?

— Ma foi, bientôt, je l'espère.

— Ah! tant mieux!

A cette exclamation de Porthos succéda un gémissement bas et prolongé qui partait de l'angle d'une porte. D'Artagnan, qui venait de mettre pied à terre, vit alors se dessiner en relief sur le mur l'énorme ventre de Mousqueton, dont la bouche attristée laissait échapper de sourdes plaintes.

— Et vous aussi, mon pauvre monsieur Mouston, vous êtes déplacé dans ce chétif hôtel, n'est-ce pas? demanda d'Artagnan de ce ton railleur qui pouvait aussi bien être de la compassion que de la moquerie.

— Il trouve la cuisine détestable, répondit Porthos.

— Eh bien! mais, dit d'Artagnan, que ne le faisait-il lui-même, comme à Chantilly?

— Ah! monsieur, je n'avais plus, ici comme là-bas, les étangs de M. le Prince pour y pêcher ces belles carpes, et les forêts de Son Altesse pour y prendre aux collets ces fines perdrix. Quant à la cave, je l'ai visitée en détail, et, en vérité, c'est bien peu de chose.

— Monsieur Mouston, dit d'Artagnan, en vérité, je vous plaindrais si je n'avais pas pour le moment quelque chose de bien autrement pressé à faire.

Alors, prenant Porthos à part:

— Mon cher du Vallon, continua-t-il, vous voilà tout habillé, et c'est heureux, car je vous mène de ce pas chez le cardinal.

— Bah! vraiment! dit Porthos en ouvrant de grands yeux ébahis.

— Oui, mon ami.

— Une présentation?

— Cela vous effraye?

— Non, mais cela m'émeut.

— Oh! soyez tranquille, vous n'avez plus affaire à l'autre cardinal, et celui-ci ne vous terrassera pas sous sa majesté.

— C'est égal, vous comprenez, d'Artagnan, la cour!...

— Eh! mon ami, il n'y a plus de cour.

— La reine?

— J'allais dire: Il n'y a plus de reine. La reine? rassurez-vous, nous la verrons pas.

— Et vous dites que nous allons de ce pas au Palais-Royal?

— De ce pas. Seulement, pour ne point faire retard, je vous emprunterai un de vos chevaux.

— A votre aise, ils sont tous les quatre à votre service.

— Oh! je n'ai besoin que d'un pour le moment.

— N'emmenons-nous pas nos valets?

— Oui, prenez Mousqueton, cela ne fera pas mal. Quant à Planchet, il a ses raisons pour ne pas venir à la cour.

— Et pourquoi cela?

— Heu! il est mal avec Son Eminence.

— Mouston, dit Porthos, sellez Vulcain et Bayard.

— Et moi, monsieur, prendrai-je Rustaud?

— Non, prenez un cheval de luxe; prenez Phébus ou Superbe, nous allons en cérémonie.

— Ah! dit Mousqueton respirant, il ne s'agit donc que de faire une visite?

— Eh! mon Dieu, oui, Mouston, pas d'autre chose. Seulement, à tout hasard, mettez des pistolets dans les fontes; vous trouverez à ma selle les miens tout chargés.

Mousqueton poussa un soupir; il comprenait peu ces visites de cérémonie qui se faisaient armé jusqu'aux dents.

— Au fait, dit Porthos en regardant s'éloigner complaisamment son ancien laquais, vous avez raison, d'Artagnan, Mouston suffira, Mouston a fort belle apparence.

D'Artagnan sourit.

— Et vous, dit Porthos, ne vous habillez-vous point de frais?

— Non pas, je reste comme je suis.

— Mais vous êtes tout mouillé de sueur et de poussière, et vos bottes sont crottées.

— Ce négligé de voyage témoignera de mon empressement à me rendre aux ordres du cardinal.

En ce moment Mousqueton revint avec les trois chevaux tout accommodés. D'Artagnan se remit en selle comme s'il se reposait depuis huit jours.

— Oh! dit-il à Planchet, ma longue épée...

— Moi, dit Porthos, montrant une petite épée de parade à la garde toute dorée, j'ai mon épée de cour.

— Prenez votre rapière, mon ami.

— Et pourquoi?

— Je n'en sais rien, mais prenez toujours, croyez-moi.

— Ma rapière, Mouston, dit Porthos.

— Mais c'est tout un attirail de guerre, monsieur! dit celui-ci; nous allons donc faire campagne? Alors, dites-le-moi tout de suite, je prendrai mes précautions en conséquence.

— Avec nous, Mouston, vous le savez, reprit d'Artagnan, les précautions sont toujours bonnes à prendre. Ou vous n'avez pas grande mémoire, ou vous avez oublié que nous n'avons pas l'habitude de passer nos nuits en bals et en sérénades.

— Hélas! c'est vrai, dit Mousqueton en s'armant de pied en cap, mais je l'avais oublié.

Ils partirent d'un trait assez rapide et arrivèrent au Palais-Cardinal vers les sept heures un quart. Il y avait foule dans les rues, car c'était le jour de la Pentecôte, et cette foule regardait passer avec étonnement ces deux cavaliers, dont l'un était si frais, qu'il semblait sortir d'une boîte, et l'autre si poudreux, qu'on eût dit qu'il quittait un champ de bataille. Mousqueton attirait aussi les regards des badauds, et, comme le roman de Don Quichotte était alors dans toute sa vogue, quelques-uns disaient que c'était Sancho qui, après avoir perdu un maître, en avait trouvé deux.

En arrivant à l'antichambre, d'Artagnan se trouva en pays de connaissance. C'étaient des mousquetaires de sa compagnie qui justement étaient de garde. Il fit appeler l'huissier et montra la lettre du cardinal, qui lui enjoignait de revenir sans perdre une seconde. L'huissier s'inclina et entra chez Son Eminence.

D'Artagnan se retourna vers Porthos, et crut remarquer qu'il était agité d'un léger tremblement. Il sourit, et, s'approchant de son oreille, il lui dit:

— Bon courage, mon brave ami! Ne soyez pas intimidé; croyez-moi, l'œil de l'aigle est fermé, et nous n'avons plus affaire qu'au simple vautour. Tenez-vous roide comme au jour du bastion de Saint-Gervais, et ne saluez pas trop bas cet Italien; cela lui donnerait une pauvre idée de vous.

— Bien, bien, répondit Porthos.

L'huissier reparut.

— Entrez, messieurs, dit-il, Son Eminence vous attend.

En effet, Mazarin était assis dans son cabinet, travaillant à raturer le plus de noms possible sur une liste de pensions et de bénéfices. Il vit du coin de l'œil entrer d'Artagnan et Porthos, et, quoique son regard eût pétillé de joie à l'annonce de l'huissier, il ne parut pas s'émouvoir.

— Ah! c'est vous, monsieur le lieutenant? dit-il. Vous avez fait diligence; c'est bien; soyez le bienvenu.

— Merci, monseigneur. Me voilà aux ordres de Votre Eminence, ainsi que M. du Vallon, celui de mes anciens amis qui déguisait sa noblesse sous le nom de Porthos.

Porthos salua le cardinal.

— Un cavalier magnifique, dit Mazarin.

Porthos tourna la tête à droite et à gauche, et fit des mouvements d'épaules pleins de dignité.

— La meilleure épée du royaume, monseigneur, dit d'Artagnan, et bien des gens le savent qui ne le disent pas et qui ne peuvent pas le dire.

Porthos salua d'Artagnan.

Mazarin aimait presque autant les beaux soldats que Frédéric de Prusse les aima plus tard. Il se mit à admirer les mains nerveuses, les vastes épaules et l'œil fixe de Porthos. Il lui sembla qu'il avait devant lui le salut de son ministère et du royaume, taillé en chair et en os. Cela lui rappela que l'ancienne association des mousquetaires était formée de quatre personnes.

— Et vos deux autres amis? demanda Mazarin.

Porthos ouvrait la bouche, croyant que c'était l'occasion de placer un mot à son tour. D'Artagnan lui fit un signe du coin de l'œil.

— Nos autres amis sont empêchés en ce moment; ils nous rejoindront plus tard.

Mazarin toussa légèrement.

— Et monsieur, plus libre qu'eux, reprendra volontiers du service? demanda Mazarin.

— Oui, monseigneur, et cela par pur dévouement, car M. de Bracieux est riche.

— Riche? dit Mazarin, à qui ce seul mot avait toujours le privilége d'inspirer une grande considération.

— Cinquante mille livres de rentes, dit Porthos. C'était la première parole qu'il avait prononcée.

— Par pur dévouement? reprit alors Mazarin avec son fin sourire, par pur dévouement alors?

— Monseigneur ne croit peut-être pas beaucoup à ce mot-là? demanda d'Artagnan.

— Et vous, monsieur le Gascon? dit Mazarin en appuyant ses deux coudes sur son bureau et son menton dans ses deux mains.

— Moi, dit d'Artagnan, je crois au dévouement comme à un nom de baptême, par exemple, qui doit être naturellement suivi d'un nom de terre. On est d'un naturel plus ou moins dévoué, certainement; mais il faut toujours qu'au bout d'un dévouement il y ait quelque chose.

— Et votre ami, par exemple, quelle chose désirerait-il avoir au bout de son dévouement?

— Eh bien! monseigneur, mon ami a trois terres magnifiques: celle du Vallon, à Corbeil; celle de Bracieux, dans le Soissonnais, et celle de Pierrefonds, dans le Valois. Or, monseigneur, il désirerait que l'une de ces trois terres fût érigée en baronnie.

— N'est-ce que cela? dit Mazarin, dont les yeux petillèrent de joie en voyant qu'il pouvait récompenser le dévouement de Porthos sans bourse délier? n'est-ce que cela? La chose pourra s'arranger.

— Je serai baron! s'écria Porthos en faisant un pas en avant.

— Je vous l'avais dit, reprit d'Artagnan en l'arrêtant de la main, et monseigneur vous le répète.

— Et vous, monsieur d'Artagnan, que désirez-vous?

— Monseigneur, dit d'Artagnan, il y aura vingt ans au mois de septembre prochain que M. le cardinal de Richelieu m'a fait lieutenant.

— Oui, et vous voudriez que M. le cardinal Mazarin vous fît capitaine?

D'Artagnan salua.

— Eh bien! tout cela n'est pas chose impossible. On verra, messieurs, on verra. Maintenant, monsieur du Vallon, dit Mazarin, quel service préférez-vous? celui de la ville? celui de la campagne?

Porthos ouvrit la bouche pour répondre.

— Monseigneur, dit d'Artagnan, M. du Vallon est comme moi, il aime le service extraordinaire, c'est-à-dire les entreprises qui sont réputées folles et impossibles.

Cette gasconnade ne déplut pas à Mazarin, qui se mit à rêver.

— Cependant, je vous avoue que je vous avais fait venir pour vous donner un poste sédentaire. J'ai certaines inquiétudes... Eh bien! qu'est-ce que cela? dit Mazarin.

En effet, un grand bruit se faisait entendre dans l'antichambre, et presque en même temps la porte du cabinet s'ouvrit, et un homme couvert de poussière se précipita dans la chambre en criant:

— M. le cardinal! où est M. le cardinal?

Mazarin crut qu'on voulait l'assassiner et se recula en faisant rouler son fauteuil. D'Artagnan et Porthos firent un mouvement qui les plaça entre le nouveau venu et le cardinal.

— Eh! monsieur, dit Mazarin, qu'y a-t-il donc, que vous entrez ici comme dans les halles?

— Monseigneur, dit l'officier à qui s'adressait ce reproche, deux mots, je voudrais vous parler vite, et en secret.

Je suis M. de Poins, officier aux gardes, en service au donjon de Vincennes.

L'officier était si pâle et si défait, que Mazarin, persuadé qu'il était porteur d'une nouvelle d'importance, fit signe à d'Artagnan et à Porthos de faire place au messager.

D'Artagnan et Porthos se retirèrent dans un coin du cabinet.

— Parlez, monsieur, parlez vite, dit Mazarin; qu'y a-t-il donc?

— Il y a, monseigneur, dit le messager, que M. de Beaufort vient de s'évader du château de Vincennes.

Mazarin poussa un cri et devint à son tour plus pâle que celui qui lui annonçait cette nouvelle; il retomba sur son fauteuil presque anéanti.

— Évadé! dit-il. M. de Beaufort évadé!

— Monseigneur, je l'ai vu fuir du haut de la terrasse.

— Et vous n'avez pas fait tirer dessus?

— Il était hors de portée.

— Mais M. de Chavigny, que faisait-il donc?

— Il était absent.

— Mais la Ramée?

— On l'a retrouvé garrotté dans la chambre du prisonnier, un bâillon dans la bouche et un poignard près de lui.

— Mais cet homme qu'il s'était adjoint?

— Il était complice du duc et s'est évadé avec lui.

Mazarin poussa un gémissement.

— Monseigneur, dit d'Artagnan, faisant un pas vers le cardinal.

— Quoi? dit Mazarin.

— Il me semble que Votre Éminence perd un temps précieux.

— Comment cela?

— Si Votre Éminence ordonnait qu'on courût après le prisonnier, peut-être le rejoindrait-on encore. La France est grande, et la plus proche frontière est à soixante lieues.

— Et qui courrait après lui? s'écria Mazarin.

— Moi, pardieu!

— Et vous l'arrêteriez?

— Pourquoi pas?

— Vous arrêteriez le duc de Beaufort, armé en campagne?

— Si monseigneur m'ordonnait d'arrêter le diable, je l'empoignerais par les cornes, et je le lui amènerais.

— Moi aussi, dit Porthos.

— Vous aussi? dit Mazarin en regardant ces deux hommes avec étonnement. Mais le duc ne se rendra pas sans un combat acharné.

— Eh bien! dit d'Artagnan, dont les yeux s'enflammaient, bataille! Il y a longtemps que nous ne nous sommes battus, n'est-ce pas, Porthos?

— Bataille! dit Porthos.

— Et vous croyez le rattraper?

— Oui, si nous sommes mieux montés que lui.

— Alors, prenez ce que vous trouverez de gardes ici, et courez.

— Vous l'ordonnez, monseigneur?

— Je le signe, dit Mazarin en prenant un papier et en écrivant quelques lignes.

— Ajoutez, monseigneur, que nous pourrons prendre tous les chevaux que nous rencontrerons sur la route.

— Oui, oui, dit Mazarin, service du roi! Prenez et courez!

— Bon! monseigneur.

— Monsieur du Vallon, dit Mazarin, votre baronnie est en croupe du duc de Beaufort; il ne s'agit que de le rattraper. Quant à vous, mon cher monsieur d'Artagnan, je ne vous promets rien; mais, si vous le ramenez mort ou vif, vous demanderez ce que vous voudrez.

— À cheval, Porthos, dit d'Artagnan en prenant la main de son ami.

— Me voici, répondit Porthos avec son sublime sang-froid.

Et ils descendirent le grand escalier, prenant avec eux les gardes qu'ils rencontraient sur leur route et criant: À cheval! à cheval!

Une dizaine d'hommes se trouvèrent réunis.

D'Artagnan et Porthos sautèrent, l'un sur Vulcain, l'autre sur Bayard; Mousqueton enfourcha Phébus.

— Suivez-moi! cria d'Artagnan.

— En route, dit Porthos.

Et ils enfoncèrent l'éperon dans les flancs de leurs nobles coursiers, qui partirent par la rue Saint-Honoré comme une tempête furieuse.

— Eh bien! monsieur le baron, je vous avais promis de l'exercice, vous voyez que je vous tiens parole.

— Oui, mon capitaine, répondit Porthos.

Ils se retournèrent. Mousqueton, plus suant que son cheval, se tenait à la distance obligée. Derrière Mousqueton galopaient les dix gardes.

Les bourgeois ébahis sortaient sur le seuil de leur porte, et les chiens effarouchés suivaient les cavaliers en aboyant.

Au coin du cimetière Saint-Jean, d'Artagnan renversa un homme; mais c'était un trop petit événement pour arrêter des gens si pressés. La troupe galopante continua donc son chemin comme si les chevaux eussent eu des ailes.

Hélas! il n'y a pas de petits événements dans ce monde, et nous verrons que celui-ci pensa perdre la monarchie.

— ◆ —

D'Artagnan avait percé le rieur de part en part avec son épée.

CHAPITRE XXVII.

LA GRANDE ROUTE.

Ils coururent ainsi pendant toute la longueur du faubourg Saint-Antoine et de la route de Vincennes; bientôt ils se trouvèrent hors la ville, bientôt dans la forêt, bientôt en vue du village. Les chevaux semblaient s'animer de plus en plus à chaque pas, et leurs naseaux commençaient à rougir comme des fournaises ardentes. D'Artagnan, les éperons dans le ventre de son cheval, devançait Porthos de deux pieds au plus. Mousqueton suivait à deux longueurs. Les

gardes venaient distancés selon la valeur de leurs montures.

Du haut d'une éminence, d'Artagnan vit un groupe de personnes arrêtées de l'autre côté du fossé, en face de la partie du donjon qui regarde Saint-Maur. Il comprit que c'était par là que le prisonnier avait fui, et que c'était de ce côté qu'il aurait des renseignements. En cinq minutes, il était arrivé à ce but où le rejoignirent successivement les gardes.

Tous les gens qui composaient ce groupe étaient fort occupés; ils regardaient la corde encore pendante à la meurtrière et rompue à vingt pieds du sol. Leurs yeux mesuraient la hauteur, et ils échangeaient force conjectures. Sur le haut du rempart allaient et venaient des sentinelles à l'air effaré.

Un poste de soldats, commandé par un sergent, éloignait les bourgeois de l'endroit où le duc avait monté à cheval

D'Artagnan piqua droit au sergent.

— Mon officier, dit le sergent, on ne s'arrête pas ici.

— Cette consigne n'est pas pour moi, dit d'Artagnan. A-t-on poursuivi les fuyards?

— Oui, mon officier, mais malheureusement ils sont bien montés.

— Et combien sont-ils?

— Quatre valides, et un cinquième qu'ils ont emporté blessé.

— Quatre! dit d'Artagnan en regardant Porthos: entends-tu, baron, ils ne sont que quatre!

Un joyeux sourire illumina la figure de Porthos.

— Et combien d'avance ont-ils?

— Deux heures un quart, mon officier.

— Deux heures un quart, ce n'est rien; nous sommes bien montés, n'est-ce pas, Porthos?

Porthos poussa un soupir; il songea à ce qui attendait ses pauvres chevaux.

— Ordre du roi, te dis-je, lis et réponds, ou je te fais sauter la cervelle.

— Fort bien, dit d'Artagnan; et maintenant de quel côté sont-ils partis?

— Quant à ceci, mon officier, défense de le dire.

D'Artagnan tira de sa poche un papier.

— Ordre du roi, dit-il.

— Parlez au gouverneur, alors.

— Et où est le gouverneur?

— A la campagne.

La colère monta au visage de d'Artagnan, son front se plissa, ses tempes se colorèrent.

— Ah! misérable, dit-il au sergent, je crois que tu te moques de moi. Attends!

Il déplia le papier, le présenta d'une main au sergent, et de l'autre prit dans ses fontes un pistolet qu'il arma.

— Ordre du roi, te dis-je. Lis et réponds, ou je te fais sauter la cervelle! Quelle route ont-ils prise?

Le sergent vit que d'Artagnan parlait sérieusement.

— Route du Vendômois, répondit-il.

— Et par quelle porte sont-ils sortis?

— Par la porte de Saint-Maur.

— Si tu me trompes, misérable, dit d'Artagnan, tu seras pendu demain!

— Et vous, si vous les rejoignez, vous ne reviendrez pas me faire pendre, murmura le sergent.

D'Artagnan haussa les épaules, fit un signe à son escorte et piqua.

— Par ici, messieurs, par ici! cria-t-il en se dirigeant vers la porte du parc indiquée.

Mais maintenant que le duc s'était sauvé, le concierge avait jugé à propos de fermer la porte à double tour. Il fallut le forcer de l'ouvrir comme on avait forcé le sergent, et cela fit perdre encore dix minutes.

Le dernier obstacle franchi, la troupe reprit sa course avec la même vélocité. Mais tous les chevaux ne continuèrent pas avec la même ardeur; quelques-uns ne purent soutenir longtemps cette course effrénée; trois s'arrêtèrent après une heure de marche; un tomba.

D'Artagnan, qui ne tournait pas la tête, ne s'en aperçut même pas. Porthos le lui dit avec son air tranquille.

— Pourvu que nous arrivions à deux, dit d'Artagnan, c'est tout ce qu'il faut, puisqu'ils ne sont que quatre.

— C'est vrai, dit Porthos.

Et il mit les éperons dans le ventre de son cheval.

Au bout de deux heures, les chevaux avaient fait douze lieues sans s'arrêter; leurs jambes commençaient à trembler, et l'écume qu'ils soufflaient mouchetait les pourpoints des cavaliers, tandis que la sueur pénétrait sous leurs hauts-de-chausses.

— Reposons-nous un instant pour faire souffler ces malheureuses bêtes, dit Porthos.

— Tuons-les, au contraire, tuons-les! dit d'Artagnan, et arrivons. Je vois des traces fraîches; il n'y a pas plus d'un quart d'heure qu'ils sont passés ici.

Effectivement, le revers de la route était labouré par les pieds des chevaux. On voyait les traces aux derniers rayons du jour.

Ils repartirent; mais, après deux lieues, le cheval de Mousqueton s'abattit.

— Bon! dit Porthos, voilà Phébus flambé!

— Le cardinal vous le payera mille pistoles.

— Oh! dit Porthos, je suis au-dessus de cela.

— Repartons donc alors, et au galop.

— Oui, si nous pouvons.

En effet, le cheval de d'Artagnan refusa d'aller plus loin, il ne respirait plus; un dernier coup d'éperon, au lieu de le faire avancer, le fit tomber.

— Ah! diable! dit Porthos, voilà Vulcain fourbu!

— Mordieu! s'écria d'Artagnan en saisissant ses cheveux à pleine poignée, il faut donc s'arrêter! Donnez-moi votre cheval, Porthos... Eh bien! mais que diable faites-vous?

— Eh pardieu! je tombe, dit Porthos, ou plutôt c'est Bayard qui s'abat.

D'Artagnan voulut le faire relever pendant que Porthos se tirait comme il pouvait des étriers, mais il s'aperçut que le sang lui sortait par les naseaux.

— Et de trois! dit-il. Maintenant tout est fini!

En ce moment un hennissement se fit entendre.

— Chut! dit d'Artagnan

— Qu'y a-t-il?

— J'entends un cheval.

— C'est celui de quelqu'un de nos compagnons qui nous rejoignent.

— Non, dit d'Artagnan, c'est en avant,

— Alors, c'est autre chose, dit Porthos. Et il écouta à son tour en tendant l'oreille du côté qu'avait indiqué d'Artagnan.

— Monsieur, dit Mousqueton, qui, après avoir abandonné son cheval sur la grande route, venait de rejoindre son maître à pied; monsieur, Phébus n'a pas pu résister, et...

— Silence donc! dit Porthos.

En effet, en ce moment, un second hennissement passait emporté par la brise de la nuit.

— C'est à cinq cents pas d'ici, en avant de nous, dit d'Artagnan.

— En effet, monsieur, dit Mousqueton, et à cinq cents pas de nous, il y a une petite maison de chasse.

— Mousqueton, tes pistolets, dit d'Artagnan.

— Je les ai à la main, monsieur.

— Porthos, prenez les vôtres dans vos fontes.

— Je les tiens.

— Bien! dit d'Artagnan en s'emparant à son tour des siens; maintenant vous comprenez, Porthos.

— Pas trop.

— Nous courons pour le service du roi.

— Eh bien?

— Pour le service du roi nous requérons ces chevaux.

— C'est cela, dit Porthos.

— Alors, pas un mot, et à l'œuvre!

Tous trois s'avancèrent dans la nuit, silencieux comme des fantômes. A un détour de la route, ils virent briller une lumière au milieu des arbres.

— Voilà la maison, dit d'Artagnan tout bas. Laissez-moi faire, Porthos, et faites comme je ferai.

Ils se glissèrent d'arbre en arbre, et arrivèrent jusqu'à vingt pas de la maison sans avoir été vus. Parvenus à cette distance, ils aperçurent, à la faveur d'une lanterne suspendue sous un hangar, quatre chevaux de belle mine. Un valet les pansait. Près d'eux étaient les selles et les brides. D'Artagnan s'approcha vivement, faisant signe à ses deux compagnons de se tenir quelques pas en arrière.

— J'achète ces chevaux, dit-il au valet.

Celui-ci se retourna étonné, mais sans rien dire.

— N'as-tu pas entendu, drôle? reprit d'Artagnan.

— Si fait, dit celui-ci.

— Pourquoi ne réponds-tu pas?

— Parce que ces chevaux ne sont pas à vendre.

— Je les prends, alors, dit d'Artagnan.

Et il mit la main sur celui qui était à sa portée. Ses deux compagnons apparurent au même moment et en firent autant.

— Mais, messieurs, s'écria le laquais, ils viennent de faire une traite de six lieues, et il y a à peine une demi-heure qu'ils sont dessellés.

— Une demi-heure de repos suffit, dit d'Artagnan, et ils n'en seront que mieux en haleine.

Le palefrenier appela à son aide. Une espèce d'intendant sortit juste au moment où d'Artagnan et ses compagnons mettaient la selle sur le dos des chevaux. L'intendant voulut faire la grosse voix.

— Mon cher ami, dit d'Artagnan, si vous dites un mot, je vous brûle la cervelle.

Et il lui montra le canon d'un pistolet qu'il remit aussitôt sous son bras pour continuer sa besogne.

— Mais, monsieur, dit l'intendant, savez-vous que ces chevaux appartiennent à M. de Montbazon?

— Tant mieux! dit d'Artagnan; ce doivent être de bonnes bêtes.

— Monsieur, dit l'intendant en reculant pas à pas et en essayant de regagner la porte, je vous préviens que je vais appeler mes gens.

— Et moi les miens, dit d'Artagnan. Je suis lieutenant aux mousquetaires du roi, j'ai dix gardes qui me suivent, et, tenez, les entendez-vous galoper? Nous allons voir!

On n'entendait rien, mais l'intendant eut peur d'entendre.

— Y êtes-vous, Porthos? dit d'Artagnan.

— J'ai fini.

— Et vous, Mouston?

— Moi aussi.

— Alors en selle, et partons.

Tous trois s'élancèrent sur leurs chevaux.

— A moi! dit l'intendant, à moi les laquais et les carabines!

— En route, dit d'Artagnan, il va y avoir de la mousquetade.

Et tous trois partirent comme le vent.

— A moi! hurla l'intendant, tandis que le palefrenier courait vers le bâtiment voisin.

— Prenez garde de tuer vos chevaux! cria d'Artagnan en éclatant de rire.

— Feu! répondit l'intendant.

Une lueur pareille à celle d'un éclair illumina le chemin; puis en même temps que la détonation les trois cavaliers entendirent siffler les balles, qui se perdirent dans l'air.

— Ils tirent comme des laquais, dit Porthos. On tirait mieux que cela du temps de M. de Richelieu. Vous rappelez-vous la route de Crèvecœur, Mousqueton?

— Ah! monsieur, la fesse droite m'en fait encore mal.

— Etes-vous sûr que nous sommes sur la piste, d'Artagnan? demanda Porthos.

— Pardieu! n'avez-vous donc pas entendu?

— Quoi?

— Que ces chevaux appartiennent à M. de Montbazon.

— Eh bien?

— Eh bien! M. de Montbazon est le mari de madame de Montbazon.

— Après?

— Et madame de Montbazon est la maîtresse de M. de Beaufort.

— Ah! je comprends, dit Porthos. Elle avait disposé des relais.

— Justement.

— Et nous courons après le duc avec les chevaux qu'il vient de quitter.

— Mon cher Porthos, vous êtes vraiment d'une intelligence supérieure, dit d'Artagnan de son air moitié figue, moitié raisin.

— Peuh! fit Porthos, voilà comme je suis, moi!

On courut ainsi une heure; les chevaux étaient blancs d'écume et le sang leur coulait du ventre.

— Hein! qu'ai-je vu là-bas! dit d'Artagnan.

— Vous êtes bien heureux si vous y voyez quelque chose par une pareille nuit, dit Porthos.

— Des étincelles.

— Moi aussi, dit Mousqueton, je les ai vues.

— Ah! ah! les aurions-nous rejoints?

— Bon! un cheval mort! dit d'Artagnan en ramenant sa monture d'un écart qu'elle venait de faire; il paraît qu'eux aussi sont au bout de leur haleine.

— Il semble qu'on entend le bruit d'une troupe de cavaliers, dit Porthos penché sur la crinière de son cheval.

— Impossible.

— Ils sont nombreux.

— Alors, c'est autre chose.

— Encore un cheval! dit Porthos

— Mort?

— Non, expirant.

— Sellé ou dessellé?

— Sellé.

— Ce sont eux, alors.

— Courage! nous les tenons.

— Mais s'ils sont nombreux, dit Mousqueton, ce n'est pas nous qui les tenons, ce sont eux qui nous tiennent.

— Bah! dit d'Artagnan, ils nous croiront plus forts qu'eux, puisque nous les poursuivons; alors ils prendront peur et se disperseront.

— C'est sûr, dit Porthos.

— Ah! voyez-vous! s'écria d'Artagnan.

— Oui, encore des étincelles, cette fois je les ai vues à mon tour, dit Porthos.

— En avant, en avant! dit d'Artagnan de sa voix stridente, et dans cinq minutes nous allons rire.

Et ils s'élancèrent de nouveau. Les chevaux, furieux de douleur et d'émulation, volaient sur la route sombre, au milieu de laquelle on commençait d'apercevoir une masse plus compacte et plus obscure que le reste de l'horizon.

CHAPITRE XXVIII.

RENCONTRE.

On courut dix minutes encore ainsi.

Soudain deux points noirs se détachèrent de la masse, avancèrent, grossirent et, à mesure qu'ils grossissaient, prirent la forme de deux cavaliers.

— Oh! oh! on vient à nous.

— Tant pis pour ceux qui viennent, dit Porthos.

— Qui va là? cria une voix rauque.

Les trois cavaliers lancés ne s'arrêtèrent ni ne répondirent; seulement on entendit le bruit des épées qui sortaient du fourreau et le cliquetis des chiens de pistolet qu'armaient les deux fantômes noirs.

— Bride aux dents! dit d'Artagnan.

— Porthos comprit, et d'Artagnan et lui tirèrent chacun de la main gauche un pistolet de leurs fontes et l'armèrent à leur tour.

— Qui va là? cria-t-on une seconde fois. Pas un pas de plus, ou vous êtes morts!

— Bah! répondit Porthos, presque étranglé par la poussière et mâchant sa bride comme son cheval mâchait son mors; bah! nous en avons bien vu d'autres.

A ces mots les deux ombres barrèrent le chemin et l'on vit, à la clarté des étoiles, reluire le canon des pistolets abaissés.

— Arrière! cria d'Artagnan, ou c'est vous qui êtes morts!

Deux coups de pistolet répondirent à cette menace, mais les deux assaillants venaient avec une telle rapidité, qu'au même instant ils furent sur leurs adversaires. Un troisième coup de pistolet retentit, tiré à bout portant par d'Artagnan, et son ennemi tomba. Quant à Porthos, il heurta le sien avec tant de violence que, quoique son épée eût été détournée, il l'envoya du choc rouler à dix pas de son cheval.

— Achève, Mousqueton, achève, dit Porthos.

Et il s'élança en avant aux côtés de son ami, qui avait déjà repris sa poursuite.

— Eh bien? dit Porthos.

— Je lui ai cassé la tête, dit d'Artagnan; et vous?

— Je l'ai renversé seulement; mais tenez...

On entendit un coup de carabine: c'était Mousqueton qui, en passant, exécutait l'ordre de son maître.

— Sus! sus! dit d'Artagnan; cela va bien, et nous avons la première manche!

— Ah! ah! dit Porthos, voilà d'autres joueurs.

En effet, deux autres cavaliers apparaissaient, détachés du groupe principal, et s'avançaient rapidement pour barrer de nouveau la route.

Cette fois, d'Artagnan n'attendit pas même qu'on lui adressât la parole.

— Place! cria-t-il le premier; place!

— Que voulez-vous? dit une voix.

— Le duc? hurlèrent à la fois Porthos et d'Artagnan.

Un éclat de rire répondit, mais il s'acheva dans un gémissement: d'Artagnan avait percé le rieur de part en part avec son épée.

En même temps deux détonations ne faisaient qu'un seul coup: c'étaient Porthos et son adversaire qui tiraient l'un sur l'autre.

D'Artagnan se retourna et vit Porthos près de lui.

— Bravo, Porthos! dit-il, vous l'avez tué, ce me semble?

— Je crois que je n'ai touché que le cheval, dit Porthos.

— Que voulez-vous, mon cher, on ne fait pas mouche à tout coup, et il ne faut pas se plaindre quand on met dans la carte. Eh! parbleu! qu'a donc mon cheval?

— Votre cheval a qu'il s'abat, dit Porthos en arrêtant le sien.

En effet, le cheval de d'Artagnan butait et tombait sur les genoux, puis il poussa un râle et se coucha.

Il avait reçu dans le poitrail la balle du premier adversaire de d'Artagnan.

D'Artagnan poussa un juron à faire éclater le ciel.

— Monsieur veut-il un cheval ? dit Mousqueton.

— Pardieu ! si j'en veux un ! cria d'Artagnan.

— Voici, dit Mousqueton.

— Comment diable as-tu deux chevaux de main ? dit d'Artagnan en sautant sur l'un d'eux.

— Leurs maîtres sont morts, j'ai pensé qu'ils pouvaient nous être utiles, et je les ai pris.

Peudant ce temps Porthos avait rechargé son pistolet.

— Alerte ! dit d'Artagnan, en voilà deux autres.

— Ah çà ! mais il y en aura donc jusqu'à demain ? dit Porthos.

V. BEAUCÉ.   POUGET.

— Alerte ! dit d'Artagnan, en voilà deux autres.

En effet, deux autres cavaliers s'avançaient rapidement.

— Eh ! monsieur, dit Mousqueton, celui que vous avez renversé se relève.

— Pourquoi n'en as-tu pas fait autant que du premier ?

— J'étais embarrassé, monsieur, je tenais les chevaux.

Un coup de feu partit ; Mousqueton jeta un cri de douleur.

— Ah ! monsieur, cria-t-il, dans l'autre ! juste dans l'autre ! Ce coup-là fera le pendant de celui de la route d'Amiens.

Porthos se retourna comme un lion, fondit sur le cavalier démonté, qui essaya de tirer son épée ; mais, avant qu'elle fût hors du fourreau, Porthos, du pommeau de la sienne, lui avait porté un si terrible coup sur la tête, qu'il était tombé comme un bœuf sous la masse du boucher. Mousqueton, tout gémissant, s'était laissé glisser le long de son cheval, la blessure qu'il avait reçue ne lui permettant pas de rester en selle.

En apercevant les cavaliers, d'Artagnan s'était arrêté et avait rechargé son pistolet ; de plus, son nouveau cheval avait une carabine à l'arçon de la selle.

— Me voilà ! dit Porthos, attendons-nous ou chargeons-nous ?

— Chargeons ! dit d'Artagnan.

— Chargeons ! dit Porthos.

Ils enfoncèrent les éperons dans le ventre de leurs chevaux.

Les cavaliers n'étaient plus qu'à vingt pas d'eux.

— De par le roi ! cria d'Artagnan, laissez-nous passer.

— Le roi n'a rien à faire ici, répliqua une voix sombre et vibrante qui semblait sortir d'une nuée, car le cavalier arrivait enveloppé d'un tourbillon de poussière.

— C'est bien, nous verrons si le roi ne passe pas partout, reprit d'Artagnan.

— Voyez, dit la même voix.

Deux coups de pistolet partirent presque en même temps, un tiré par d'Artagnan, l'autre par l'adversaire de Porthos. La balle de d'Artagnan enleva le chapeau de son ennemi;

DA. BEAUCE.   POUGET

En deux bonds, d'Artagnan fut contre son adversaire, dont il sentit le fer sur le sien.

la balle de l'adversaire de Porthos traversa la gorge de son cheval, qui tomba roide en poussant un gémissement.

— Pour la dernière fois, où allez-vous ? dit la même voix.

— Au diable ! répondit d'Artagnan.

— Bon ! soyez tranquille alors, vous arriverez.

D'Artagnan vit s'abaisser vers lui le canon d'un mousquet ; il n'avait pas le temps de fouiller à ses fontes, il se souvint d'un conseil que lui avait donné autrefois Athos. Il fit cabrer son cheval.

La balle frappa l'animal en plein ventre. D'Artagnan sentit qu'il manquait sous lui, et, avec son agilité merveilleuse, se jeta de côté.

— Ah çà mais ! dit la même voix vibrante et railleuse, c'est une boucherie de chevaux et non un combat d'hommes que nous faisons là. A l'épée ! monsieur, à l'épée !

Et il sauta à bas de son cheval.

— A l'épée, soit ! dit d'Artagnan, c'est mon affaire.

En deux bonds, d'Artagnan fut contre son adversaire, dont il sentit le fer sur le sien. D'Artagnan, avec son adresse ordinaire, avait engagé l'épée en tierce, sa garde favorite.

Pendant ce temps, Porthos, agenouillé derrière son cheval, qui trépignait dans les convulsions de l'agonie, tenait un pistolet de chaque main.

Cependant le combat était commencé entre d'Artagnan et son adversaire. D'Artagnan l'avait attaqué rudement, selon sa coutume; mais cette fois il avait rencontré un jeu et un poignet qui le firent réfléchir. Deux fois ramené en quarte, d'Artagnan fit un pas en arrière; son adversaire ne bougea point; d'Artagnan revint et engagea de nouveau l'épée en tierce. Deux ou trois coups furent portés de part et d'autre sans résultat, les étincelles jaillissaient par gerbes des épées. Enfin d'Artagnan pensa que c'etait le moment d'utiliser sa feinte favorite, il l'amena fort habilement, l'exécuta avec la rapidité de l'éclair et porta le coup avec une vigueur qu'il croyait irrésistible.

Le coup fut paré.

— Mordioux! s'écria-t-il avec son accent gascon

A cette exclamation, son adversaire bondit en arrière, et, penchant sa tête découverte, il s'efforça de distinguer à travers les ténèbres le visage de d'Artagnan. Quant à d'Artagnan, craignant une feinte, il se tenait sur la défensive.

— Prenez garde, dit Porthos à son adversaire, j'ai encore mes deux pistolets chargés.

— Raison de plus pour que vous tiriez le premier, répondit celui-ci.

Porthos tira : un éclair illumina le champ de bataille.

A cette lueur, les deux autres combattants jetèrent chacun un cri.

— Athos! dit d'Artagnan.

— D'Artagnan! dit Athos.

Athos leva son épée, d'Artagnan baissa la sienne.

— Aramis, cria Athos, ne tirez pas!

— Ah! ah! c'est vous, Aramis? dit Porthos.

Et il jeta son pistolet. Aramis repoussa le sien dans ses fontes et remit son épée au fourreau.

— Mon fils! dit Athos en tendant la main à d'Artagnan. C'était le nom qu'il lui donnait autrefois dans ses moments de tendresse.

— Athos! dit d'Artagnan en se tordant les mains, vous le défendez donc? Et moi qui avais juré de le ramener mort ou vif! Ah! je suis déshonoré!

— Tuez-moi, dit Athos en découvrant sa poitrine; si votre honneur a besoin de ma mort.

— Oh! malheur à moi! malheur à moi! s'écriait d'Artagnan; il n'y avait qu'un homme au monde qui pouvait m'arrêter, et il faut que la fatalité mette cet homme sur mon chemin! Ah! que dirai-je au cardinal?

— Vous lui direz, monsieur, répondit une voix qui dominait le champ de bataille, qu'il avait envoyé contre lui les deux seuls hommes capables de renverser quatre hommes, de lutter corps à corps sans désavantage contre le comte de la Fère et le chevalier d'Herblay, et de ne se rendre qu'à cinquante hommes.

— Le prince! dirent en même temps Athos et Aramis en faisant un mouvement pour démasquer le duc de Beaufort, tandis que d'Artagnan et Porthos faisaient de leur côté un pas en arrière.

— Cinquante cavaliers? murmurèrent d'Artagnan et Porthos.

— Regardez autour de vous, messieurs, si vous en doutez, dit le duc.

d'Artagnan et Porthos regardèrent autour d'eux : ils étaient en effet entièrement enveloppés par une troupe d'hommes à cheval.

— Au bruit de votre combat, messieurs, dit le duc, j'ai cru que vous étiez vingt hommes, et je suis revenu avec tous ceux qui m'entouraient, las de toujours fuir et désireux de tirer un peu l'épée à mon tour; vous n'étiez que deux.

— Oui, monseigneur, dit Athos; mais vous l'avez dit, deux qui en valent vingt.

— Allons, messieurs, vos épées, dit le duc.

— Nos épées! dit d'Artagnan revenant à lui; nos épées! Jamais!

— Jamais! dit Porthos

Quelques hommes firent un mouvement.

— Un instant, monseigneur, dit Athos; deux mots.

Et il s'approcha du prince, qui se pencha vers lui et auquel il dit quelques paroles tout bas.

— Comme vous voudrez, comte, dit le prince. Je suis trop votre obligé pour vous refuser votre première demande. Ecartez-vous, messieurs, dit-il aux hommes de son escorte. Messieurs d'Artagnan et du Vallon, vous êtes libres.

L'ordre fut aussitôt exécuté, et d'Artagnan et Porthos se trouvèrent former le centre d'un vaste cercle.

— Maintenant, d'Herblay, dit Athos, descendez de cheval et venez.

Aramis mit pied à terre et s'approcha de Porthos, tandis qu'Athos s'approchait de d'Artagnan. Tous quatre alors se trouvèrent réunis.

— Ami, dit Athos, regrettez-vous encore de ne pas avoir versé notre sang?

— Non, dit d'Artagnan, je regrette de nous voir les uns contre les autres, nous qui avions toujours été si bien unis; je regrette de nous rencontrer dans deux camps opposés. Ah! rien ne nous réussira plus.

— Oh! mon Dieu non, c'est fini, dit Porthos.

— Eh bien! soyez des nôtres alors, dit Aramis.

— Silence, d'Herblay! dit Athos, on ne fait point de ces propositions-là à des hommes comme ces messieurs. S'ils sont entrés dans le parti de Mazarin, c'est que leur conscience les a poussés de ce côté, comme la nôtre nous a poussés du côté des princes.

— En attendant, nous voilà ennemis, dit Porthos. Sangbleu! qui aurait jamais cru cela!

D'Artagnan ne dit rien, mais poussa un soupir.

Athos les regarda et prit leurs mains dans les siennes.

— Messieurs, dit-il, cette affaire est grave, et mon cœur souffre comme si vous l'aviez percé d'outre en outre. Oui, nous sommes séparés, voilà la grande, voilà la triste vérité; mais nous ne nous sommes pas déclaré la guerre encore; peut-être avons-nous nos conditions à faire; un entretien suprême est indispensable.

— Quant à moi, je le réclame, dit Aramis.

— Je l'accepte, dit d'Artagnan avec fierté.

Porthos inclina la tête en signe d'assentiment.

— Prenons donc un lieu de rendez-vous, continua Athos, à la portée de nous tous, et, dans une dernière entrevue, réglons définitivement notre position réciproque et la conduite que nous devons tenir les uns vis-à-vis des autres.

— Bien! dirent les trois autres.

— Vous êtes de mon avis? demanda Athos.

— Entièrement.

— Eh bien! le lieu?

— La place Royale vous convient-elle? demanda d'Artagnan.

— A Paris?

— Oui.

Athos et Aramis se regardèrent. Aramis fit un signe de tête approbatif.

— La place Royale, soit! dit Athos.

— Et quand cela?

— Demain soir, si vous voulez.

— Serez-vous de retour?

— Oui.

— A quelle heure?

— A dix heures de la nuit, cela vous convient-il?

— A merveille.

— De là, dit Athos, sortira la paix ou la guerre, mais notre honneur du moins, amis, sera sauf.

— Hélas! murmura d'Artagnan, notre honneur de soldat est perdu, à nous.

— D'Artagnan, dit gravement Athos, je vous jure que vous me faites mal de penser à ceci, quand je ne pense, moi, qu'à une chose, c'est que nous avons croisé l'épée l'un contre l'autre. Oui, continua-t-il en secouant douloureusement la tête, oui, vous l'avez dit, le malheur est sur nous; venez, Aramis.

— Et nous, Porthos, dit d'Artagnan, retournons porter notre honte au cardinal.

— Et dites-lui surtout, cria une voix, que je ne suis pas trop vieux pour être un homme d'action.

D'Artagnan reconnut la voix de Rochefort.

— Puis-je quelque chose pour vous, messieurs? dit le prince.

— Rendre témoignage que nous avons fait ce que nous avons pu, monseigneur.

— Soyez tranquilles, cela sera fait. Adieu, messieurs, dans quelque temps nous nous reverrons, je l'espère, sous Paris, et même dans Paris peut-être, et alors vous pourrez prendre votre revanche.

A ces mots, le duc salua de la main, remit son cheval au galop, et disparut suivi de son escorte, dont la vue alla se perdre dans l'obscurité, et le bruit dans l'espace.

D'Artagnan et Porthos se trouvèrent seuls sur la grande route avec un homme qui tenait deux chevaux de main. Ils crurent que c'était Mousqueton, et s'approchèrent.

— Que vois-je! s'écria d'Artagnan; c'est toi, Grimaud?

— Grimaud! dit Porthos.

Grimaud fit signe aux deux amis qu'ils ne se trompaient pas.

— Et à qui les chevaux? demanda d'Artagnan.

— Qui nous les donne? demanda Porthos.

— M. le comte de la Fère.

— Athos, Athos, murmura d'Artagnan, vous pensez à tout, et vous êtes vraiment un gentilhomme.

— A la bonne heure! dit Porthos, j'avais peur d'être obligé de faire l'étape à pied.

Et il se mit en selle. D'Artagnan y était déjà.

— Eh! où vas-tu donc, Grimaud? demanda d'Artagnan; tu quittes ton maître?

— Oui, dit Grimaud, je vais rejoindre M. le vicomte de Bragelonne à l'armée de Flandres.

Ils firent alors silencieusement quelques pas sur le grand chemin, en venant vers Paris, mais tout à coup ils entendirent des plaintes qui semblaient sortir d'un fossé.

— Qu'est-ce que cela? demanda d'Artagnan.

— Cela, dit Porthos, c'est Mousqueton.

— Et oui, monsieur, c'est moi, dit une voix plaintive, tandis qu'une espèce d'ombre se dressait sur le revers de la route.

Porthos courut à son intendant, auquel il était réellement attaché.

— Serais-tu blessé dangereusement, mon cher Mouston? dit-il.

— Mouston! reprit Grimaud en ouvrant des yeux ébahis.

— Non, monsieur, je ne crois pas, mais je suis blessé d'une manière fort gênante.

— Alors tu ne peux pas monter à cheval?

— Ah! monsieur, que me proposez-vous là?

— Peux-tu aller à pied?

— Je tâcherai, jusqu'à la première maison.

— Comment faire? dit d'Artagnan; il faut cependant que nous revenions à Paris.

— Je me charge de Mousqueton, dit Grimaud.

— Merci, mon bon Grimaud, dit Porthos.

Grimaud mit pied à terre et alla donner le bras à son ancien ami, qui l'accueillit les larmes aux yeux, sans que Grimaud pût positivement savoir si ces larmes venaient du plaisir de le revoir ou de la douleur que lui causait sa blessure. Quant à d'Artagnan et à Porthos, ils continuèrent silencieusement leur route vers Paris.

Trois heures après, ils furent dépassés par une espèce de courrier couvert de poussière: c'était un homme envoyé par le duc, et qui portait au cardinal une lettre dans laquelle, comme l'avait promis le prince, il rendait témoignage de ce qu'avaient fait Porthos et d'Artagnan.

Mazarin avait passé une fort mauvaise nuit, lorsqu'il reçut cette lettre dans laquelle le prince lui annonçait lui-même qu'il était en liberté, et qu'il allait lui faire une guerre mortelle.

Le cardinal la lut deux ou trois fois, puis la pliant et la mettant dans sa poche:

— Ce qui me console, dit-il, puisque d'Artagnan l'a manqué, c'est qu'au moins, en courant après lui, il a écrasé Broussel. Décidément le Gascon est un homme précieux, et il me sert jusque dans ses maladresses.

Le cardinal faisait allusion à cet homme qu'avait renversé d'Artagnan au coin du cimetière Saint-Jean, à Paris, et qui n'était autre que le conseiller Broussel.

CHAPITRE XXIX.

LE BONHOMME BROUSSEL.

Mais malheureusement pour le cardinal Mazarin, qui était en ce moment-là en veine de guignon, le bonhomme Broussel n'était pas écrasé.

En effet, il traversait tranquillement la rue Saint-Honoré, quand le cheval emporté de d'Artagnan l'atteignit à l'épaule et le renversa dans la boue. Comme nous l'avons dit, d'Artagnan n'avait pas fait attention à un si petit événement. D'ailleurs, d'Artagnan partageait la profonde et dédaigneuse indifférence que la noblesse, et surtout la noblesse militaire, professait à cette époque pour la bourgeoisie. Il était donc resté insensible au malheur arrivé au petit homme noir, bien qu'il fût cause de ce malheur, et, avant même que le pauvre Broussel eût eu le temps de jeter un cri, toute la

Friquet.

tempête de ces coureurs armés était passée. Alors seulement le blessé put être entendu et relevé.

On accourut, on vit cet homme gémissant, on lui demanda son nom, son adresse, son titre, et, aussitôt qu'il eut dit qu'il se nommait Broussel, qu'il était conseiller au parlement et qu'il demeurait rue Saint-Landry, un cri s'éleva dans cette foule, cri terrible et menaçant, et qui fit autant de peur au blessé que l'ouragan qui venait de lui passer sur le corps.

— Broussel! s'écriait-on, Broussel, notre père! celui qui défend nos droits contre le Mazarin! Broussel, l'ami du peu-

ple, tué, foulé aux pieds par ces scélérats de cardinalistes! Au secours! aux armes! à mort!

En un moment, la foule devint immense; on arrêta un carrosse pour y mettre le petit conseiller; mais un homme du peuple ayant fait observer que, dans l'état où était le blessé, le mouvement de la voiture pouvait empirer son mal, des fanatiques proposèrent de le porter à bras, proposition qui fut accueillie avec enthousiasme et acceptée à l'unanimité. Sitôt dit, sitôt fait. Le peuple le souleva, menaçant et doux à la fois, et l'emporta, pareil à ce géant des contes fan tastiques qui gronde tout en caressant et en berçant un nain entre ses bras.

Broussel se doutait bien déjà de cet attachement des Parisiens pour sa personne; il n'avait pas semé l'opposition pendant trois ans sans un secret espoir de recueillir un jour la popularité. Cette démonstration, qui arrivait à point, lui fit donc plaisir et l'enorgueillit, car elle lui donnait la mesure de son pouvoir; mais, d'un autre côté, ce triomphe était troublé par certaines inquiétudes. Outre les contusions qui

le faisaient fort souffrir, il craignait à chaque coin de rue de voir déboucher quelque escadron de gardes et de mousquetaires pour charger cette multitude, et alors que deviendrait le triomphateur dans cette bagarre?

Il avait sans cesse devant les yeux ce tourbillon d'hommes, cet orage au pied de fer qui d'un souffle l'avait culbuté. Aussi répétait-il d'une voix éteinte :

— Hâtons-nous, mes enfants, car, en vérité, je souffre beaucoup.

Un cri s'éleva de cette foule, cri terrible et menaçant. — PAGE 100.

Et, à chacune de ces plaintes, c'était autour de lui une recrudescence de gémissements et un redoublement de malédictions.

On arriva, non sans peine, à la maison de Broussel. La foule, qui, bien avant lui, avait déjà envahi la rue, avait attiré aux croisées et sur les seuils des portes tout le quartier. A la fenêtre d'une maison à laquelle donnait entrée une porte étroite, on voyait se démener une vieille servante qui criait de toutes ses forces, et une femme, déjà âgée aussi, qui pleurait. Ces deux personnes, avec une inquiétude visible, quoique exprimée de façon différente, interrogeaient le

peuple, lequel leur envoyait pour toute réponse des cris confus et inintelligibles.

Mais, lorsque le conseiller, porté par huit hommes, apparut tout pâle et regardant d'un œil mourant son logis, sa femme et sa servante, la bonne dame Broussel s'évanouit, et la servante, levant les bras au ciel, se précipita dans l'escalier pour aller au-devant de son maître en criant : « O mon Dieu! mon Dieu! si Friquet était là, au moins, pour aller chercher un chirurgien! »

Friquet était là. Où n'est pas le gamin de Paris?

Friquet avait naturellement profité du jour de la Pentecôte pour demander son congé au maître de la taverne, congé qui ne pouvait lui être refusé, vu que son engagement portait qu'il serait libre pendant les quatre grandes fêtes de l'année.

Friquet était à la tête du cortège. L'idée lui était bien venue d'aller chercher un chirurgien, mais il trouvait plus amusant en somme de crier à tue-tête : « Ils ont tué M. Broussel ! M. Broussel le père du peuple ! Vive M. Broussel ! » que de s'en aller tout seul par des rues détournées dire tout simplement à un homme noir : « Venez, monsieur le chirurgien : le conseiller Broussel a besoin de vous. »

Malheureusement pour Friquet, qui jouait un rôle d'importance dans le cortège, il eut l'imprudence de s'accrocher aux grilles de la fenêtre du rez-de-chaussée, afin de dominer la foule. Cette ambition le perdit; sa mère l'aperçut et l'envoya chercher le médecin.

Puis elle prit le bonhomme dans ses bras et voulut le porter jusqu'au premier; mais, au bas de l'escalier, le conseiller se remit sur ses jambes, et déclara qu'il se sentait assez fort pour monter seul. Il priait en outre Gervaise, c'était le nom de sa servante, de tâcher d'obtenir du peuple qu'il se retirât, mais Gervaise ne l'écoutait pas.

— Oh ! mon pauvre maître ! mon cher maître, s'écriait-elle.

— Oui, ma bonne, oui, Gervaise, murmurait Broussel pour la calmer, tranquillise-toi, ce ne sera rien.

— Que je me tranquillise, quand vous êtes broyé, écrasé, moulu !

— Mais non, mais non, disait Broussel; ce n'est rien ou presque rien.

— Rien, et vous êtes couvert de boue ! Rien, et vous avez du sang à vos cheveux ! Ah ! mon Dieu, mon Dieu, mon pauvre maître !

— Chut donc ! disait Broussel, chut !

— Du sang, mon Dieu, du sang ! criait Gervaise.

— Un médecin ! un chirurgien ! un docteur ! hurlait la foule; le conseiller Broussel se meurt ! Ce sont les Mazarins qui l'ont tué !

— Mon Dieu, disait Broussel, se désespérant, les malheureux vont faire brûler la maison !

— Mettez-vous à votre fenêtre et montrez-vous, notre maître.

— Je m'en garderai bien, peste ! disait Broussel; c'est bon pour un roi de se montrer. Dis-leur que je suis mieux, Gervaise; dis-leur que je vais me mettre, non pas à la fenêtre, mais au lit, et qu'ils se retirent.

— Mais pourquoi donc voulez-vous qu'ils se retirent ? Mais cela vous fait honneur, qu'ils soient là.

— Oh ! mais ne vois-tu pas, disait Broussel désespéré, qu'ils me feront pendre ! Allons ! voilà ma femme qui se trouve mal !

— Broussel ! Broussel ! criait la foule; vive Broussel ! Un chirurgien pour Broussel !

Ils firent tant de bruit, que ce qu'avait prévu Broussel arriva. Un peloton de gardes balaya avec la crosse des mousquets cette multitude, assez inoffensive du reste; mais aux premiers cris de « La garde ! les soldats ! » Broussel, qui tremblait qu'on ne le prit pour l'instigateur de ce tumulte, se fourra tout habillé dans son lit.

Grâce à cette balayade, la vieille Gervaise, sur l'ordre trois fois réitéré de Broussel, parvint à fermer la porte de la rue. Mais, à peine la porte fut-elle fermée et Gervaise remontée près de son maître, que l'on heurta fortement à cette porte.

Madame Broussel, revenue à elle, déchaussait son mari par le pied de son lit, tout en tremblant comme une feuille.

— Regardez qui frappe, dit Broussel, et n'ouvrez qu'à bon escient, Gervaise.

Gervaise regarda.

— C'est M. le président Blancmesnil, dit-elle.

— Alors, dit Broussel, il n'y a pas d'inconvénient, ouvrez.

— Eh bien ! dit le président en entrant, que vous ont-ils donc fait, mon cher Broussel ? J'entends dire que vous avez failli être assassiné ?

— Le fait est que, selon toute probabilité, quelque chose

a été tramé contre ma vie, répondit Broussel avec une fermeté qui parut stoïque.

— Mon pauvre ami ! Oui, ils ont voulu commencer par vous; mais notre tour viendra à chacun, et, ne pouvant nous vaincre en masse, ils chercheront à nous détruire les uns après les autres.

— Si j'en réchappe, dit Broussel, je veux les écraser à leur tour sous le poids de ma parole.

— Vous en reviendrez, dit Blancmesnil, et pour leur faire payer cher cette agression.

Madame Broussel pleurait à chaudes larmes; Gervaise se désespérait.

— Qu'y a-t-il donc ? s'écria un beau jeune homme aux formes robustes en se précipitant dans la chambre. Mon père blessé ?

— Vous voyez une victime de la tyrannie, dit Blancmesnil en vrai Spartiate.

— Oh ! dit le jeune homme en se retournant vers la porte, malheur à ceux qui vous ont touché, mon père !

— Jacques, dit le conseiller en se relevant, allez plutôt chercher un médecin, mon ami.

— J'entends les cris du peuple, dit la vieille; c'est sans doute Friquet qui en amène un; mais non, c'est un carrosse.

Blancmesnil regarda par la fenêtre.

— Le coadjuteur ! dit-il.

— M. le coadjuteur ! répéta Broussel. Eh ! mon Dieu, attendez donc que j'aille au-devant de lui !

Et le conseiller, oubliant sa blessure, allait s'élancer à la rencontre de M. de Retz, si Blancmesnil ne l'eût arrêté.

— Eh bien ! mon cher Broussel, dit le coadjuteur en entrant, qu'y a-t-il donc ? On parle de guet-apens, d'assassinat ? Bonjour, monsieur Blancmesnil. J'ai pris en passant mon médecin, et je vous l'amène.

— Ah ! monsieur, dit Broussel, que de grâces je vous dois ! Il est vrai que j'ai été cruellement renversé et foulé aux pieds par les mousquetaires du roi.

— Dites du cardinal, reprit le coadjuteur, dites du Mazarin. Mais nous lui ferons payer tout cela, soyez tranquille. N'est-ce pas, monsieur de Blancmesnil ?

Blancmesnil s'inclinait lorsque la porte s'ouvrit tout à coup, poussée par un coureur. Un laquais à grande livrée le suivait, qui annonça à haute voix :

— M. le duc de Longueville.

— Quoi ? s'écria Broussel, M. le duc ici ? quel honneur à moi ! Ah ! monseigneur !

— Je viens gémir, monsieur, dit le duc, sur le sort de notre brave défenseur. Êtes-vous donc blessé, mon cher conseiller ?

— Si je l'étais, votre visite me guérirait, monseigneur.

— Vous souffrez, cependant ?

— Beaucoup, dit Broussel.

— J'ai amené mon médecin, dit le duc, permettez-vous qu'il entre ?

— Comment donc ! dit Broussel.

Le duc fit signe à son laquais, qui introduisit un homme noir.

— J'avais eu la même idée que vous, mon prince, dit le coadjuteur.

Les deux médecins se regardèrent.

— Ah ! c'est vous, monsieur le coadjuteur, dit le duc. Les amis du peuple se rencontrent sur leur véritable terrain.

— Ce bruit m'avait effrayé et je suis accouru; mais je crois que le plus pressé serait que les médecins visitassent notre brave conseiller.

— Devant vous, messieurs ! dit Broussel tout intimidé.

— Pourquoi pas, mon cher ? Nous avons hâte, je vous le jure, de savoir ce qu'il en est.

— Eh ! mon Dieu, dit madame Broussel, qu'est-ce encore que ce nouveau tumulte ?

— On dirait des applaudissements, dit Blancmesnil en courant à la fenêtre.

— Quoi ? s'écria Broussel pâlissant, qu'y a-t-il encore ?

— La livrée de M. le prince de Conti ! s'écria Blancmesnil. M. le prince de Conti lui-même !

Le coadjuteur et M. de Longueville avaient une énorme envie de rire. Les médecins allaient lever la couverture de Broussel. Broussel les arrêta. En ce moment le prince de Conti entra.

— Ah! messieurs! dit-il en voyant le coadjuteur, vous m'avez prévenu! Mais il ne faut pas m'en vouloir, mon cher monsieur Broussel. Quand j'ai appris votre accident, j'ai cru que vous manqueriez peut-être de médecin, et j'ai passé pour prendre le mien. Comment allez-vous, et qu'est-ce que cet assassinat dont on parle?

Broussel voulut parler, mais les paroles lui manquèrent; il était écrasé sous le poids des honneurs qui lui arrivaient.

— Eh bien! mon cher docteur, voyez, dit le prince de Conti à un homme noir qui l'accompagnait.

— Messieurs, dit un des médecins, c'est alors une consultation.

— C'est ce que vous voudrez, dit le prince, mais rassurez-moi vite sur l'état de ce cher conseiller.

Les trois médecins s'approchèrent du lit. Broussel tirait la couverture à lui de toutes ses forces; mais, malgré sa résistance, il fut dépouillé et examiné.

Il n'avait qu'une contusion au bras et l'autre à la cuisse.

Les trois médecins se regardèrent, ne comprenant pas qu'on eût réuni trois des hommes les plus savants de la Faculté de Paris pour une pareille misère.

— Eh bien? dit le coadjuteur.

— Eh bien? dit le duc.

— Eh bien? dit le prince.

— Nous espérons que l'accident n'aura pas de suite, dit l'un des trois médecins. Nous allons nous retirer dans la chambre voisine pour faire l'ordonnance.

— Broussel! des nouvelles de Broussel! criait le peuple Comment va Broussel?

Le coadjuteur courut à la fenêtre. A sa vue, le peuple fit silence.

— Mes amis, dit-il, rassurez-vous, M. Broussel est hors de danger. Cependant sa blessure est sérieuse et le repos est nécessaire.

Les cris de Vive Broussel! Vive le coadjuteur! retentirent aussitôt dans la rue.

M. de Longueville fut jaloux et alla à son tour à la fenêtre.

— Vive M. de Longueville! cria-t-on aussitôt.

— Mes amis, dit le duc en saluant de la main, retirez-vous en paix, et ne donnez pas la joie du désordre à nos ennemis.

— Bien! monsieur le duc, dit Broussel de son lit; voilà qui est parlé en bon Français.

— Oui, messieurs les Parisiens, dit le prince de Conti allant à son tour à la fenêtre pour avoir sa part des applaudissements; oui, M. Broussel vous en prie. D'ailleurs, il a besoin de repos, et le bruit pourrait l'incommoder.

— Vive M. le prince de Conti! cria la foule. Le prince salua.

Tous trois prirent alors congé du conseiller, et la foule qu'ils avaient renvoyée au nom de Broussel leur fit escorte. Ils étaient sur les quais que Broussel de son lit saluait encore.

La vieille servante, stupéfaite, regardait son maître avec admiration. Le conseiller avait grandi d'un pied à ses yeux.

— Voilà ce que c'est que de servir son pays selon sa conscience, dit Broussel avec satisfaction.

Les médecins sortirent après une heure de délibération et ordonnèrent de bassiner les contusions avec de l'eau et du sel.

Ce fut toute la journée une procession de carrosses. Toute la Fronde se fit inscrire chez Broussel.

— Quel beau triomphe, mon père! dit le jeune homme, qui, ne comprenant pas le véritable motif qui poussait tous ces gens-là chez son père, prenait au sérieux cette démonstration des grands, des princes et de leurs amis.

— Hélas! mon cher Jacques, dit Broussel, j'ai bien peur de payer ce triomphe-là un peu cher, et je m'abuse fort, ou

M. Mazarin, à cette heure, est en train de me faire la carte des chagrins que je lui cause.

Friquet rentra à minuit, il n'avait pas pu trouver de médecin.

---◆---

CHAPITRE XXX.

QUATRE ANCIENS AMIS S'APPRÊTENT A SE REVOIR.

— Eh bien! dit Porthos, assis dans la cour de l'hôtel de *la Chevrette*, à d'Artagnan, qui, la figure allongée et maussade, rentrait du Palais-Cardinal, eh bien! il vous a mal reçu, mon brave d'Artagnan.

— Ma foi, oui! Décidément c'est une laide bête que cet homme!... Que mangez-vous là, Porthos?

— Eh! vous voyez, je trempe un biscuit dans un verre de vin d'Espagne. Faites-en autant.

— Vous avez raison... Gimblou, un verre!

Le garçon apostrophé par ce nom harmonieux apporta le verre demandé, et d'Artagnan s'assit près de son ami.

— Comment cela s'est-il passé?

— Dame! vous comprenez, il n'y avait pas deux moyens de dire la chose; je suis entré, il m'a regardé de travers, j'ai haussé les épaules et je lui ai dit: Eh bien! monseigneur, nous n'avons pas été les plus forts.

— Oui, je sais tout cela, m'a-t-il répondu, mais racontez-moi les détails.

— Vous comprenez, Porthos, je ne pouvais pas raconter les détails sans nommer nos amis, et, les nommer, c'était les perdre.

— Pardieu!

— Monseigneur, ai-je dit, ils étaient cinquante et nous étions deux.

— Oui, mais cela n'empêche pas, a-t-il repris, qu'il y a eu des coups de pistolet échangés, à ce que j'ai entendu dire.

— Le fait est que de part et d'autre il y a eu quelques charges de poudre de brûlées.

— Et les épées ont vu le jour, a-t-il ajouté.

— C'est-à-dire la nuit, monseigneur, ai-je répondu.

— Ah çà! a continué le cardinal, je vous croyais Gascon, mon cher?

— Je ne suis Gascon que quand je réussis, monseigneur.

— La réponse lui a plu, car il s'est mis à rire.

— Cela m'apprendra, a-t-il dit, à faire donner de meilleurs chevaux à mes gardes, car, s'ils avaient pu vous suivre et qu'ils eussent fait chacun autant que vous et votre ami, vous auriez tenu votre parole et me l'eussiez ramené mort ou vif.

— Eh bien! mais il me semble que ce n'est pas mal cela, reprit Porthos.

— Eh! mon Dieu, non, mon cher, mais c'est la manière dont c'est dit. C'est incroyable, interrompit d'Artagnan, combien ces biscuits tiennent de vin! Ce sont de véritables éponges! Gimblou, une autre bouteille.

La bouteille fut apportée avec une promptitude qui prouvait le degré de considération dont d'Artagnan jouissait dans l'établissement. Il continua: — Aussi je me retirais lorsqu'il m'a rappelé.

— Vous avez eu trois chevaux tant tués que fourbus? m'a-t-il demandé.

— Oui, monseigneur.

— Combien valaient-ils?

— Mais, dit Porthos, c'est un assez bon mouvement, cela, il me semble.

— Mille pistoles, ai-je répondu.

— Mille pistoles? dit Porthos; oh! oh! c'est beaucoup, et, s'il se connaît en chevaux, il a dû marchander

— Il en avait, ma foi, bien envie, le pleutre, car il a fait un soubresaut terrible et m'a regardé. Je l'ai regardé aussi : alors il a compris, et, mettant la main dans une armoire, il en a tiré des billets sur la banque de Lyon.

— Pour mille pistoles ?

— Pour mille pistoles tout juste, le ladre! pas pour une de plus.

— Et vous les avez ?

— Les voici

— Ma foi, je trouve que c'est agir convenablement, dit Porthos.

— Convenablement! avec des gens qui, non-seulement viennent de risquer leur peau, mais encore de lui rendre un grand service !

— Un grand service ! et lequel ? demanda Porthos.

— Dame! il parait que je lui ai écrasé un conseiller au parlement.

— Il aurait dû me payer le conseiller, le cuistre !

— Comment! ce petit homme noir que vous avez renversé au coin du cimetière Saint-Jean ?

— Justement, mon cher. Eh bien! il le gênait. Malheureusement je ne l'ai pas écrasé à plat. Il parait qu'il en reviendra et qu'il le gênera encore

— Tiens ! dit Porthos, et moi qui ai dérangé mon cheval qui allait donner en plein dessus ! Ce sera pour une autre fois.

— Il aurait dû me payer le conseiller, le cuistre !

— Dame! dit Porthos, s'il n'était pas écrasé tout à fait...

— Ah ! M. de Richelieu eût dit : Cinq cents écus pour le conseiller ! Enfin, n'en parlons plus. Combien vous coûtaient vos bêtes, Porthos ?

— Ah ! mon ami, si le pauvre Mousqueton était là, il vous dirait la chose à livre, sou et denier.

— N'importe! dites toujours, à dix écus près.

— Mais Vulcain et Bayard me coûtaient chacun deux cent pistoles à peu près, et en mettant Phébus à cent cinquantes je crois que nous approcherons du compte.

— Alors, il reste donc quatre cent cinquante pistoles, dit d'Artagnan assez satisfait.

— Oui, dit Porthos, mais il y a les harnais.

— C'est pardieu vrai. A combien les harnais ?

— Mais en mettant cent pistoles pour les trois...

— Va pour cent pistoles, dit d'Artagnan. Il reste alors trois cent cinquante pistoles.

Porthos inclina la tête en signe d'adhésion.

— Donnons les cinquante pistoles à l'hôtesse pour toute notre dépense, dit d'Artagnan, et partageons les trois cents autres.

— Partageons, dit Porthos.

— Piètre affaire ! murmura d'Artagnan en serrant ses billets.

— Heu ! dit Porthos, c'est toujours cela. Mais, dite donc ?

— Quoi ?

— N'a-t-il en aucune manière parlé de moi ?

— Ah ! si fait ! s'écria d'Artagnan, qui craignait de décourager son ami en lui disant que le cardinal n'avait pas soufflé le mot de lui ; si fait ! il a dit...

Le prince de Conti.

— Il a dit ? reprit Porthos.

— Attendez, je tiens à me rappeler ses propres paroles ; il a dit : Quant à votre ami, annoncez-lui qu'il peut dormir sur ses deux oreilles.

— Bon ! dit Porthos ; cela signifie clair comme le jour qu'il compte toujours me faire baron.

En ce moment neuf heures sonnèrent à l'église voisine. D'Artagnan tressaillit.

— Ah ! c'est vrai, dit Porthos, voilà neuf heures qui sonnent, et c'est à dix, vous vous le rappelez, que nous avons rendez-vous à la place Royale.

— Ah ! tenez, Porthos, taisez-vous ! s'écria d'Artagnan avec un mouvement d'impatience ; ne me rappelez pas ce souvenir, c'est cela qui m'a rendu maussade depuis hier. Je n'irai pas.

— Et pourquoi ? demanda Porthos.

— Parce que ce m'est une chose douloureuse que de revoir ces deux hommes qui ont fait échouer notre entreprise.

— Cependant, reprit Porthos, ni l'un ni l'autre n'ont eu l'avantage. J'avais encore un pistolet chargé, et vous étiez en face l'un de l'autre, l'épée à la main.

14

— Oui, dit d'Artagnan ; mais si ce rendez-vous cache quelque chose ?...

— Oh ! dit Porthos, vous ne le croyez pas, d'Artagnan.

C'était vrai. D'Artagnan ne croyait pas Athos capable d'employer la ruse, mais il cherchait un prétexte de ne point aller à ce rendez-vous.

— Il faut y aller, continua le superbe seigneur de Bracieux ; ils croiraient que nous avons eu peur. Eh ! cher ami, nous avons bien affronté cinquante ennemis sur la grande route ; nous affronterons bien deux amis sur la place Royale

— Oui, oui, dit d'Artagnan, je le sais ; mais ils ont pris le parti des princes sans nous en prévenir ; mais Athos et Aramis ont joué avec moi un jeu qui m'alarme. Nous avons découvert la vérité hier. A quoi sert-il d'aller apprendre aujourd'hui autre chose ?

— Vous vous défiez donc réellement ? dit Porthos.

— D'Aramis, oui, depuis qu'il est devenu abbé. Vous ne pouvez pas vous figurer, mon cher, ce qu'il est devenu. Il nous voit sur le chemin qui doit le conduire à son évêché, et ne serait pas fâché de nous supprimer peut-être.

— Ah ! de la part d'Aramis, c'est autre chose, dit Porthos, et cela ne m'étonnerait pas.

— M. de Beaufort peut essayer de nous faire saisir à son tour.

— Bah ! puisqu'il nous tenait et qu'il nous a lâchés. D'ailleurs, mettons-nous sur nos gardes, armons-nous et emmenons Planchet avec sa carabine.

— Planchet est frondeur, dit d'Artagnan.

— Au diable les guerres civiles ! dit Porthos ; on ne peut plus compter ni sur ses amis, ni sur ses laquais. Ah ! si le pauvre Mousqueton était là ! En voilà un qui ne me quittera jamais.

— Oui, tant que vous serez riche. Eh ! mon cher, ce ne sont pas les guerres civiles qui nous désunissent ; c'est que nous n'avons plus vingt ans chacun, c'est que les loyaux élans de la jeunesse ont disparu pour faire place au murmure des intérêts, au souffle des ambitions, aux conseils de l'égoïsme. Oui, vous avez raison, allons-y, Porthos, mais allons-y bien armés. Si nous n'y allions pas, ils diraient que nous avons peur.

— Holà ! Planchet ! dit d'Artagnan.

Planchet parut.

— Faites seller les chevaux et prenez votre carabine.

— Mais, monsieur, contre qui allons-nous d'abord ?

— Nous n'allons contre personne, dit d'Artagnan ; c'est une simple mesure de précaution dans le cas où nous serions attaqués.

— Vous savez, monsieur, qu'on a voulu tuer ce bon conseiller Broussel, le père du peuple ?

— Ah ! vraiment ? dit d'Artagnan.

— Oui, mais il a été bien vengé, car il a été reporté chez lui dans les bras du peuple. Depuis hier sa maison ne désemplit pas. Il a reçu la visite du coadjuteur, de M. de Longueville et du prince de Conti. Madame de Chevreuse et madame de Vendôme se sont fait inscrire chez lui, et quand il voudra maintenant...

— Eh bien ! quand il voudra...

Planchet se mit à chantonner .

> Un vent de fronde
> S'est levé ce matin,
> Je crois qu'il gronde
> Contre le Mazarin.
> Un vent de fronde
> S'est levé ce matin.

— Cela ne m'étonne plus, dit tout bas d'Artagnan à Porthos, que le Mazarin eût préféré de beaucoup que j'eusse écrasé tout à fait son conseiller.

— Vous comprenez donc, monsieur, reprit Planchet, que, si c'était pour quelque entreprise pareille à celle qu'on a tramée contre M. Broussel, que vous me priez de prendre ma carabine...

— Non, sois tranquille mais de qui tiens-tu tous ces détails ?

— Oh ! de bonne source, monsieur. Je les tiens de Friquet.

— De Friquet ? dit d'Artagnan. Je connais ce nom-là.

— C'est le fils de la servante de M. Broussel, un gaillard qui, je vous en réponds, dans une émeute ne donnera pas sa part aux chiens.

— N'est-il pas enfant de chœur à Notre-Dame ? demanda d'Artagnan.

— Oui, c'est cela ; Bazin le protège.

— Ah ! ah ! je sais, dit d'Artagnan. Et garçon de comptoir au cabaret de la Calandre ?

— Justement.

— Que vous fait ce marmot ? dit Porthos.

— Heu ! dit d'Artagnan, il m'a déjà donné de bons renseignements, et dans l'occasion il pourrait m'en donner encore.

— A vous, qui avez failli écraser son maître ?

— Et qui le lui dira ?

— C'est juste.

A ce même moment, Athos et Aramis entraient dans Paris par le faubourg Saint-Antoine. Ils s'étaient rafraîchis en route et se hâtaient pour ne pas manquer au rendez-vous. Bazin seul les suivait. Grimaud, on se le rappelle, était resté pour soigner Mousqueton, et devait rejoindre directement le jeune vicomte de Bragelonne, qui se rendait à l'armée de Flandre.

— Maintenant, dit Athos, il nous faut entrer dans quelque auberge pour prendre l'habit de ville, déposer nos pistolets et nos rapières, et désarmer notre valet.

— Oh ! point du tout, cher comte, et en ceci vous me permettrez, non-seulement de n'être point de votre avis, mais encore d'essayer de vous ramener au mien.

— Et pourquoi cela ?

— Parce que c'est à un rendez-vous de guerre que nous allons.

— Que voulez-vous dire, Aramis ?

— Que la place Royale est la suite de la grande route du Vendomois, et pas autre chose.

— Comment, nos amis...

— Sont devenus nos plus dangereux ennemis, Athos, croyez-moi ; défions-nous et surtout défiez-vous.

— Oh ! mon cher d'Herblay !

— Qui vous dit que d'Artagnan n'a pas rejeté sa défaite sur nous et n'a pas prévenu le cardinal ? Qui vous dit que le cardinal ne profitera pas de ce rendez-vous pour nous faire saisir ?

— Eh quoi ! Aramis, vous pensez que d'Artagnan, que Porthos, prêteraient les mains à une pareille infamie !

— Entre amis, mon cher Athos, vous avez raison, ce serait une infamie ; mais entre ennemis, c'est une ruse.

Athos croisa les bras et laissa tomber sa belle tête sur sa poitrine.

— Que voulez-vous, Athos, dit Aramis, les hommes sont ainsi faits, et n'ont pas toujours vingt ans. Nous avons cruellement blessé, vous le savez, cet amour-propre qui dirige aveuglément les actions de d'Artagnan. Il a été vaincu. Ne l'avez-vous pas entendu se désespérer sur la route ? Quant à Porthos, sa baronnie dépendait peut-être de sa réussite dans cette affaire. Eh bien ! il nous a rencontrés sur son chemin, et ne sera pas encore baron de cette fois-ci. Qui vous dit que cette fameuse baronnie ne tient pas à notre entrevue de ce soir ? Prenons nos précautions, Athos.

— Mais, s'ils allaient venir sans armes, eux ? Quelle honte pour nous, Aramis !

— Oh ! soyez tranquille, mon cher, je vous réponds qu'il n'en sera pas ainsi. D'ailleurs, nous avons une excuse, nous : nous arrivons de voyage et nous sommes rebelles.

— Une excuse à nous ! Il nous faut prévoir le cas où nous aurions besoin d'une excuse vis-à-vis d'Artagnan, vis-à-vis de Porthos ! Oh ! Aramis, Aramis, continua Athos en secouant tristement la tête, sur mon âme, vous me rendez le plus malheureux des hommes ! Vous désenchantez un cœur qui n'était pas entièrement mort à l'amitié ! Tenez, Aramis, j'aimerais presque autant, je vous le jure, qu'on me l'arrachât de la poitrine. Allez-y comme vous voudrez, Aramis. Quant à moi, j'irai désarmé.

— Non pas, car je ne vous y laisserai pas aller ainsi. Ce n'est plus un homme, ce n'est plus Athos, ce n'est plus même le comte de la Fère que vous trahiriez par cette faiblesse, c'est un parti tout entier auquel vous appartenez et qui compte sur vous.

— Qu'il soit fait comme vous dites, répondit tristement Athos.

Et ils continuèrent silencieusement leur chemin.

A peine arrivaient-ils, par la rue du Pas-de-la-Mule, aux grilles de la place déserte, qu'ils aperçurent sous l'arcade, au débouché de la rue Sainte-Catherine, trois cavaliers. C'étaient d'Artagnan et Porthos, marchant enveloppés de leurs manteaux, que relevaient les épées. Derrière eux venait Planchet, le mousquet à la cuisse.

Athos et Aramis descendirent de cheval en apercevant d'Artagnan et Porthos. Ceux-ci en firent autant. D'Artagnan remarqua que les trois chevaux, au lieu d'être tenus par Bazin, étaient attachés aux anneaux des arcades. Il ordonna à Planchet de faire comme faisait Bazin.

Alors ils s'avancèrent, deux contre deux, suivis des valets, à la rencontre les uns des autres, et se saluèrent poliment.

— Où vous plaît-il que nous causions, messieurs? dit Athos, qui s'aperçut que plusieurs personnes s'arrêtaient et les regardaient comme s'il s'agissait d'un de ces fameux duels encore vivants dans la mémoire des Parisiens, et surtout de ceux qui habitaient la place Royale.

— La grille est fermée, dit Aramis, mais, si ces messieurs aiment le frais sous les arbres et une solitude inviolable, je prendrai la clef à l'hôtel de Rohan, et nous serons à merveille.

— D'Artagnan plongea son regard dans l'obscurité de la place, et Porthos hasarda sa tête entre deux barreaux pour sonder les ténèbres.

— Si vous préférez un autre endroit, messieurs, dit Athos de sa voix noble et persuasive, choisissez vous-mêmes.

— Cette place, si M. d'Herblay peut s'en procurer la clef, sera, je le crois, le meilleur terrain possible.

Aramis s'écarta aussitôt en prévenant Athos de ne pas rester seul ainsi à portée de d'Artagnan et de Porthos; mais celui auquel il donnait ce conseil ne fit que sourire dédaigneusement et fit un pas vers ses anciens amis, qui demeurèrent tous deux à leur place.

Aramis avait effectivement été frapper à l'hôtel de Rohan; il reparut bientôt avec un homme qui disait :

— Vous me le jurez, monsieur ?

— Tenez, Aramis en lui donnant un louis.

— Ah! vous ne voulez pas jurer, mon gentilhomme? disait le concierge en secouant la tête.

— Eh! peut-on jurer de rien! dit Aramis. Je vous affirme seulement qu'à cette heure ces messieurs sont nos amis.

— Oui, certes, dirent froidement Athos, d'Artagnan et Porthos.

D'Artagnan avait entendu le colloque et avait compris.

— Vous voyez, dit-il à Porthos.

— Qu'est-ce que je vois?

— Qu'il n'a pas voulu jurer.

— Jurer, quoi ?

— Cet homme voulait qu'Aramis lui jurât que nous n'allions pas sur la place Royale pour nous battre.

— Et Aramis n'a pas voulu jurer?

— Non.

— Attention, alors.

Athos ne perdait pas de vue les deux discoureurs. Aramis ouvrit la porte, et s'effaça pour que d'Artagnan et Porthos pussent entrer. En entrant, d'Artagnan engagea la poignée de son épée dans la grille, et fut forcé d'écarter son manteau. En écartant son manteau, il découvrit la crosse luisante de ses pistolets, sur lesquels se refléta un rayon de la lune.

— Voyez-vous, dit Aramis en touchant l'épaule d'Athos d'une main et en lui montrant de l'autre l'arsenal que d'Artagnan portait à sa ceinture.

— Hélas! oui, dit Athos avec un profond soupir.

Et il entra le troisième. Aramis entra le dernier et ferma la grille derrière lui. Les deux valets restèrent dehors; mais, comme si eux aussi se méfiaient l'un de l'autre, ils restèrent à distance.

---◊---

CHAPITRE XXXI.

LA PLACE ROYALE.

On marcha silencieusement jusqu'au centre de la place; mais, comme en ce moment la lune venait de sortir d'un nuage, on réfléchit qu'à cette place découverte on serait facilement vu, et l'on gagna les tilleuls, où l'ombre était plus épaisse. Des bancs étaient disposés de place en place; les quatre promeneurs s'arrêtèrent devant l'un d'eux; sur un signe, d'Artagnan et Porthos s'assirent, Athos et Aramis restèrent debout devant eux. Au bout d'un moment de silence dans lequel chacun sentait l'embarras qu'il y avait à commencer l'explication :

— Messieurs, dit Athos, une preuve de la puissance de notre ancienne amitié, c'est notre présence à ce rendez-vous; pas un n'a manqué, pas un n'avait donc de reproches à se faire.

— Écoutez, monsieur le comte, dit d'Artagnan, au lieu de nous faire des compliments que nous ne méritons peut-être ni les uns ni les autres, expliquons-nous en gens de cœur.

— Je ne demande pas mieux, répondit Athos. Je vous sais franc; parlez avec toute franchise : avez-vous quelque chose à me reprocher à moi ou à M. l'abbé d'Herblay?

— Oui, dit d'Artagnan : lorsque j'eus l'honneur de vous voir au château de Bragelonne, je vous portais des propositions que vous avez comprises; au lieu de me répondre comme à un ami, vous m'avez joué comme un enfant, et cette amitié que vous vantez ne s'est pas rompue hier par le choc de nos épées, mais par votre dissimulation à votre château...

— D'Artagnan! dit Athos d'un ton de doux reproche.

— Vous m'avez demandé de la franchise, dit d'Artagnan, en voilà ; vous demandez ce que je pense, je vous le dis; et maintenant j'en ai autant à votre service, monsieur l'abbé d'Herblay. J'ai agi de même avec vous, et vous m'avez abusé aussi.

— En vérité, monsieur, vous êtes étrange, dit Aramis; vous êtes venu me trouver pour me faire des propositions, mais me les avez-vous faites? Non; vous m'avez sondé, voilà. Eh bien! que vous ai-je dit? que Mazarin était un cuistre et que je ne servirais pas Mazarin. Mais voilà tout. Vous ai-je dit que je ne servirais pas un autre? au contraire, je vous ai fait entendre, ce me semble, que j'étais aux princes. Nous avons même, si je ne m'abuse, fort agréablement plaisanté sur le cas très-probable où vous receviez du cardinal mission de m'arrêter. Étiez-vous homme de parti? Oui, sans doute. Eh bien! pourquoi ne serions-nous pas à notre tour gens de parti? Vous aviez votre secret comme nous avions le nôtre; nous ne les avons pas échangés, tant mieux; cela prouve que nous savons garder nos secrets.

— Je ne vous reproche rien monsieur, dit d'Artagnan; c'est seulement parce que M. le comte de la Fère a parlé d'amitié que j'examine vos procédés.

— Et qu'y trouvez-vous? demanda Aramis avec hauteur.

Le sang monta aussitôt aux tempes de d'Artagnan, qui se leva et répondit :

— Je trouve que ce sont bien ceux d'un élève des jésuites.

En voyant d'Artagnan se lever, Porthos s'était levé aussi. Les quatre hommes se retrouvaient donc debout et menaçants en face les uns des autres. A la réponse de d'Artagnan, Aramis fit un mouvement comme pour porter la main à son épée. Athos l'arrêta.

— D'Artagnan, dit-il, vous venez ce soir ici encore tout sérieux de notre aventure d'hier. D'Artagnan, je vous croyais assez grand cœur pour qu'une amitié de vingt ans résistât chez vous à une défaite d'amour-propre d'un quart d'heure. Voyons, dites cela à moi. Croyez-vous donc avoir quelque chose à me reprocher? Si je suis en faute, d'Artagnan, j'avouerai ma faute.

Cette voix grave et harmonieuse d'Athos avait toujours sur d'Artagnan son ancienne influence, tandis que celle d'Aramis, devenue aigre et criarde dans ses moments de mauvaise humeur, l'irritait. Aussi répondit-il à Athos :

— Je crois, monsieur le comte, que vous aviez une confidence à me faire au château de Bragelonne, et que monsieur, continua-t-il en désignant Aramis, en avait une à me faire à son couvent; je ne me fusse point jeté alors dans une aventure où vous deviez me barrer le chemin; cependant, parce que j'ai été discret, il ne faut pas tout à fait me prendre pour un sot. Si j'avais voulu approfondir la différence

— Aramis, dit-il, brisez votre épée.

des gens que M. d'Herblay reçoit par une échelle de corde avec celle des gens qu'il reçoit par une échelle de bois, je l'aurais bien forcé de parler.

— De quoi vous mêlez-vous? s'écria Aramis, pâle de colère au doute qui lui vint dans le cœur qu'épié par d'Artagnan il avait été vu avec madame de Longueville.

— Je me mêle de ce qui me regarde, et je sais faire semblant de ne pas avoir vu ce qui ne me regarde pas; mais je hais les hypocrites, et, dans cette catégorie, je range les mousquetaires qui font les abbés, et les abbés qui font les mousquetaires, et, ajouta-t-il en se tournant vers Porthos, voici monsieur qui est de mon avis.

Porthos, qui n'avait pas encore parlé, ne répondit que par un mot et un geste. Il dit oui, et mit l'épée à la main. Aramis fit un bon en arrière et tira la sienne. D'Artagnan se courba, prêt à attaquer ou à se défendre.

Alors Athos étendit la main avec le geste de commandement suprême qui n'appartenait qu'à lui, tira lentement épée et fourreau tout à la fois, brisa le fer dans sa gaine en le frappant sur son genou, et jeta les deux morceaux à sa droite. Puis, se retournant vers Aramis.

— Aramis, dit-il, brisez votre épée.

Aramis hésita

— Il le faut, dit Athos. Puis d'une voix plus basse et plus douce : Je le veux.

Alors Aramis, plus pâle encore, mais subjugué par ce geste, vaincu par cette voix, rompit dans ses mains la lame flexible, puis se croisa les bras et attendit, frémissant de rage... Ce mouvement fit reculer d'Artagnan et Porthos; d'Artagnan ne tira point son épée, Porthos remit la sienne au fourreau.

— Jamais, dit Athos en levant lentement la main droite au ciel, jamais, je le jure devant Dieu, qui nous voit et nous écoute, pendant la solennité de cette nuit, jamais mon épée ne touchera les vôtres, jamais mon œil n'aura pour vous un regard de colère, jamais mon cœur un battement de haine. Nous avons vécu ensemble, haï et aimé ensemble; nous avons versé et confondu notre sang, et peut-être, ajouterai-je encore, y a-t-il entre nous un lien plus puissant que celui de l'amitié, peut-être y a-t-il le pacte du crime; car, tous quatre, nous avons condamné, jugé, exécuté un être humain que nous n'avions peut-être pas le droit de retrancher de ce monde, quoique, plutôt qu'à ce monde, il parût appartenir à l'enfer. D'Artagnan, je vous ai toujours aimé comme mon fils. Porthos, nous avons dormi dix ans côte à côte; Aramis est votre frère comme il est le mien; car Aramis vous a aimé comme je vous aime encore, comme je vous aimerai toujours. Qu'est-ce que le cardinal de Mazarin peut être pour nous, qui avons forcé la main et le cœur d'un homme comme Richelieu? Qu'est-ce que tel ou tel prince pour nous, qui avons consolidé la couronne sur la tête d'une reine? D'Artagnan, je vous demande pardon d'avoir hier croisé le fer avec vous; Aramis en fait autant pour Por-

D'Artagnan se courba, prêt à attaquer et à se défendre.

thos. Et maintenant haïssez-moi si vous pouvez; mais, moi, je vous jure que, malgré votre haine, je n'aurai que de l'estime et de l'amitié pour vous. Maintenant, répétez mes paroles, Aramis, et après, s'ils le veulent, et si vous le voulez, quittons nos anciens amis pour toujours.

Il se fit un instant de silence solennel, qui fut rompu par Aramis.

— Je jure, dit-il avec un front calme et un regard loyal, mais d'une voix dans laquelle vibrait un dernier tremblement d'émotion : je jure que je n'ai plus de haine contre ceux qui furent mes amis; je jure que je regrette d'avoir touché votre épée, Porthos; je jure enfin que non-seulement la mienne ne se dirigera plus sur votre poitrine, mais encore qu'au fond de ma pensée la plus secrète il ne restera pas dans l'avenir l'apparence de sentiments hostiles contre vous. Venez, Athos.

Athos fit un mouvement pour se retirer.

— Oh! non, non, ne vous en allez pas! s'écria d'Artagnan, entraîné par un de ces élans irrésistibles qui trahissaient la chaleur de son sang et la droiture native de son âme; ne vous en allez pas! car moi aussi j'ai un serment à faire. Je jure que je donnerais jusqu'à la dernière goutte de mon sang, jusqu'au dernier lambeau de ma vie, pour conserver l'estime d'un homme comme vous, Athos, l'amitié d'un homme comme vous, Aramis.

Et il se précipita dans les bras d'Athos.

— Mon fils! dit Athos en le pressant sur son cœur.

— Et moi, dit Porthos, je ne jure rien, mais j'étouffe, sacrebleu! S'il me fallait me battre contre vous, je crois que je me laisserais percer d'outre en outre, car je n'ai jamais aimé que vous au monde.

Et l'honnête Porthos se mit à fondre en larmes en se jetant dans les bras d'Aramis.

— Mes amis, dit Athos, voilà ce que j'espérais, voilà ce

que j'attendais de deux cœurs comme les vôtres; oui, je l'ai dit et je le répète, nos destinées sont liées irrévocablement, quoique nous suivions une route différente. Je respecte votre opinion, d'Artagnan; je respecte votre conviction, Porthos; mais, quoique nous combattions pour des causes opposées, gardons-nous amis; les ministres, les princes, les rois passeront comme un torrent, la guerre civile comme une flamme, mais nous, nous resterons nous, j'en ai le pressentiment.

— Oui, reprit d'Artagnan, soyons toujours mousquetaires, et gardons pour unique drapeau cette fameuse serviette du bastion de Saint-Gervais où le grand cardinal avait fait broder trois fleurs de lis.

— Oui, continua Aramis, cardinalistes ou frondeurs, que nous importe! Retrouvons nos bons seconds pour les duels, nos amis dévoués pour les affaires graves, nos joyeux compagnons pour le plaisir!

— Et chaque fois, dit Athos, que nous nous rencontrerons dans la mêlée, à ce seul mot : Place Royale! passons nos épées à la main gauche, et tendons-nous la main droite, fût-ce au milieu du carnage!

— Vous parlez à ravir! s'écria Porthos.

— Vous êtes le plus grand des hommes, ajouta d'Artagnan; et, quant à nous, vous nous dépassez de dix coudées.

Athos sourit d'un sourire d'ineffable joie.

— C'est donc conclu, dit-il. Allons, messieurs, votre main. Etes-vous quelque peu chrétiens?

— Pardieu! répondit d'Artagnan.

— Nous le serons dans cette occasion pour rester fidèles à notre serment, continua Aramis.

— Ah! je suis prêt à jurer par ce qu'on voudra, dit Porthos, même par Mahomet! Le diable m'emporte si j'ai jamais été si heureux qu'en ce moment.

Et le bon Porthos essuyait ses yeux encore humides.

— L'un de vous a-t-il une croix? demanda Athos.

Porthos et d'Artagnan se regardèrent en secouant la tête comme des hommes pris au dépourvu. Aramis sourit et tira de sa poitrine une croix de diamants suspendue à son cou par un fil de perles.

— En voilà une, dit-il.

— Eh bien! reprit Athos, jurons sur cette croix, qui, malgré sa matière, est toujours une croix, jurons d'être unis malgré tout et toujours, et puisse ce serment nous lier nous-mêmes, mais encore lier nos descendants. Ce serment vous convient-il?

— Oui, dirent-ils tout d'une voix.

— Ah! traître, dit tout bas d'Artagnan en se penchant à l'oreille d'Aramis, vous nous avez fait jurer sur le crucifix d'une frondeuse.

—◦◊◦—

CHAPITRE XXVII.

LE BAC DE L'OISE.

Nous espérons que le lecteur n'a point tout à fait oublié le jeune voyageur que nous avons laissé sur la route de Flandre.

Raoul, en perdant de vue son protecteur, qu'il avait laissé le suivant des yeux en face de la basilique royale, avait piqué son cheval pour échapper d'abord à ses douloureuses pensées, et ensuite pour dérober à Olivain l'émotion qui altérait ses traits.

Une heure de marche rapide dissipa bientôt cependant toutes ces sombres vapeurs qui avaient attristé l'imagination si riche du jeune homme. Ce plaisir inconnu d'être libre, plaisir qui a sa douceur, même pour ceux qui n'ont jamais souffert de leur dépendance, dora pour Raoul le ciel et la terre, et surtout cet horizon lointain et azuré de la vie qu'on appelle l'avenir. Cependant il s'aperçut, après plusieurs essais de conversation avec Olivain, que de longues journées passées ainsi seraient bien tristes, et la parole du comte, si douce, si persuasive et si intéressante, lui revint en mémoire, à propos des villes que l'on traversait, et sur lesquelles personne ne pouvait plus lui donner ces renseignements précieux qu'il eût tirés d'Athos, le plus savant et le plus amusant de tous les guides.

Un autre souvenir attristait encore Raoul : en arrivant à Louvres, il avait vu, perdu derrière un rideau de peupliers, un petit château qui lui avait si fort rappelé celui de la Vallière, qu'il s'était arrêté à le regarder près de dix minutes, et avait repris sa route en soupirant, sans même répondre à Olivain, qui l'avait interrogé respectueusement sur la cause de cette attention. L'aspect des objets extérieurs est un mystérieux conducteur qui correspond aux fibres de la mémoire et les va réveiller quelquefois malgré nous: une fois ce fil éveillé, comme celui d'Ariane, il conduit dans un labyrinthe de pensées où l'on s'égare en suivant cette ombre du passé qu'on appelle le souvenir. Or, la vue de ce château avait rejeté Raoul à cinquante lieues du côté de l'occident, et lui avait fait remonter sa vie depuis le moment où il avait pris congé de la petite Louise jusqu'à celui où il l'avait vue pour la première fois, et chaque touffe de chêne, chaque girouette entrevue au haut d'un toit d'ardoises, lui rappelait qu'au lieu de retourner vers ses amis d'enfance il s'en éloignait à chaque instant davantage, et que peut-être même il les avait quittés pour jamais.

Le cœur gonflé, la tête lourde, il commanda à Olivain de conduire les chevaux à une petite auberge qu'il apercevait sur la route à une demi-portée de mousquet à peu près en avant de l'endroit où l'on était parvenu. Quant à lui, il mit pied à terre, s'arrêta sous un beau groupe de marronniers en fleur, autour desquels murmuraient des multitudes d'abeilles, et dit à Olivain de lui faire apporter par l'hôte du papier à lettre et de l'encre sur une table qui paraissait là toute disposée pour écrire.

Olivain obéit et continua sa route, tandis que Raoul s'asseyait le coude appuyé sur cette table, les regards vaguement perdus sur ce charmant paysage tout parsemé de champs verts et de bouquets d'arbres, et faisant de temps en temps tomber de ses cheveux ces fleurs qui descendaient sur lui comme une neige.

Raoul était là depuis dix minutes à peu près, et il y en avait cinq qu'il était perdu dans ses rêveries, lorsque dans le cercle embrassé par ses regards distraits il vit se mouvoir une figure rubiconde qui, une serviette autour du corps, une serviette sur le bras, un bonnet blanc sur la tête, s'approchait de lui, tenant papier, encre et plume.

— Ah! ah! dit l'apparition, on voit que tous les gentilshommes ont des idées pareilles, car il n'y a pas un quart d'heure qu'un jeune seigneur, monté comme vous et de votre âge à peu près, a fait halte devant ce bouquet d'arbres, y a fait apporter cette table et cette chaise et y a dîné, avec un vieux monsieur qui avait l'air d'être son gouverneur, d'un pâté dont ils n'ont pas laissé un morceau, et d'une bouteille de vieux vin de Mâcon dont ils n'ont pas laissé une goutte; mais heureusement nous avons encore du même vin et des pâtés pareils, et, si monsieur veut donner des ordres...

— Non, mon ami, dit Raoul en souriant, et je vous remercie, je n'ai besoin pour le moment que des choses que j'ai fait demander; seulement je serais bien heureux que l'encre fût noire et que la plume fût bonne, à ces conditions je payerais la plume au prix de la bouteille, et l'encre au prix du pâté.

— Eh bien! monsieur, dit l'hôte, je vais donner le pâté et la bouteille à votre domestique; de cette façon-là vous aurez la plume et l'encre par-dessus le marché.

— Faites comme vous voudrez, dit Raoul d'un air d'indifférence; car il commençait son apprentissage avec cette classe toute particulière de la société qui, lorsqu'il y avait des voleurs sur les grandes routes, était associée avec eux, et qui, depuis qu'il n'y en a plus, les a avantageusement remplacés.

L'hôte, tranquillisé sur sa recette, déposa sur la table papier, encre et plume. Par hasard, la plume était passable, et Raoul se mit à écrire.

L'hôte était resté devant lui et considérait avec une espèce d'admiration involontaire cette charmante figure si sérieuse et si douce à la fois. La beauté a toujours été et sera toujours une reine.

— Ce n'est pas un convive comme celui de tout à l'heure, dit l'hôte à Olivain, qui venait rejoindre Raoul pour voir s'il n'avait besoin de rien, et votre jeune maître n'a point d'appétit

— Monsieur en avait encore il y a trois jours, de l'appétit ; mais que voulez-vous, il l'a perdu depuis avant-hier.

Et Olivain et l'hôte s'acheminèrent vers l'auberge, Olivain, selon la coutume des laquais heureux de leur condition, racontant au tavernier tout ce qu'il crut pouvoir dire sur le compte du jeune gentilhomme.

Cependant Raoul écrivait .

« Monsieur,

« Après quatre heures de marche je m'arrête pour vous écrire, car vous me faites faute à chaque instant, et je suis toujours prêt à tourner la tête, comme pour répondre lorsque vous me parliez. J'ai été si étourdi de votre départ, et si affecté du chagrin de notre séparation, que je ne vous ai que bien faiblement exprimé tout ce que je ressentais de tendresse et de reconnaissance pour vous Vous m'excuserez, monsieur, car votre cœur est si généreux, que vous avez compris tout ce qui se passait dans le mien. Ecrivez-moi, monsieur, je vous en prie, car vos conseils sont une partie de mon existence; et puis, si j'ose vous le dire, je suis inquiet ; il m'a semblé que vous vous prépariez vous-même à quelque expédition périlleuse, sur laquelle je n'ai point osé vous interroger, car vous ne m'en aviez rien dit. J'ai donc, vous le voyez, grand besoin d'avoir de vos nouvelles. Depuis que je ne vous ai plus là, près de moi, j'ai peur à tout moment de manquer. Vous me souteniez puissamment, monsieur, et aujourd'hui, je vous le jure, je me trouve bien seul.

« Aurez-vous l'obligeance, monsieur, si vous recevez des nouvelles de Blois, de me toucher quelques mots de ma petite amie mademoiselle de la Vallière, dont, vous le savez, la santé lors de notre départ pouvait donner quelque inquiétude? Vous comprenez, monsieur et cher protecteur, combien les souvenirs du temps que j'ai passé près de vous me sont précieux et indispensables. J'espère que parfois vous penserez aussi à moi, et, si je vous manque à de certaines heures, si vous ressentez comme un petit regret de mon absence, je serai comblé de joie en apprenant que vous avez senti mon affection et mon dévouement pour vous, et que j'ai su vous les faire comprendre pendant que j'avais le bonheur de vivre auprès de vous. »

Cette lettre achevée, Raoul se sentit plus calme, il regarda bien si Olivain et l'hôte ne le guettaient pas, et il déposa un baiser sur ce papier, muette et touchante caresse que le cœur d'Athos était capable de deviner en ouvrant la lettre.

Pendant ce temps, Olivain avait bu sa bouteille et mangé son pâté ; les chevaux aussi s'étaient rafraîchis. Raoul fit signe à l'hôte de venir, jeta un écu sur la table, remonta à cheval, et à Senlis jeta la lettre à la poste.

Le repos qu'avaient pris cavaliers et chevaux leur permettait de continuer leur route sans s'arrêter. A Verberie, Raoul ordonna à Olivain de s'informer de ce jeune gentilhomme qui les précédait; on l'avait vu passer il n'y avait pas trois quarts d'heure, mais il était bien monté, comme l'avait déjà dit le tavernier, et allait bon train.

— Tâchons de rattraper ce gentilhomme, dit Raoul à Olivain, il va comme nous à l'armée, et ce nous sera une compagnie agréable.

Il était quatre heures de l'après-midi lorsque Raoul arriva à Compiègne; il y dîna de bon appétit et s'informa de nouveau du jeune gentilhomme qui le précédait : il s'était arrêté comme Raoul à l'hôtel de *la Cloche et de la Bouteille*, qui était le meilleur de Compiègne, et avait continué sa route en disant qu'il voulait aller coucher à Noyon.

— Allons coucher à Noyon, dit Raoul.

— Monsieur, répondit respectueusement Olivain, permettez-moi de vous faire observer que nous avons déjà fort fatigué les chevaux ce matin. Il serait bon, je crois, de coucher ici et de repartir demain de bon matin. Dix lieues suffisent pour une première étape.

— M. le comte de la Fère désire que je me hâte, répondit Raoul, et il désire que j'aie rejoint M. le prince dans la matinée du quatrième jour : poussons donc jusqu'à Noyon, ce sera une étape pareille à celles que nous avons faites en allant de Blois à Paris. Nous arriverons à huit heures. Les chevaux auront toute la nuit pour se reposer, et demain, à cinq heures du matin, nous nous remettrons en route.

Olivain n'osa s'opposer à cette détermination ; mais il suivit en murmurant.

— Allez, allez, disait-il entre ses dents, jetez votre feu le premier jour ; demain, en place d'une journée de vingt lieues, vous en ferez une de dix, après-demain, une de cinq, et dans trois jours vous serez au lit. Là, il faudra bien que vous vous reposiez. Tous ces jeunes gens sont de vrais fanfarons.

On voit qu'Olivain n'avait pas été élevé à l'école des Planchet et des Grimaud.

Raoul se sentait las en effet, mais il désirait essayer ses forces, et, nourri des principes d'Athos, sûr de l'avoir entendu mille fois parler d'étapes de vingt-cinq heures, il ne voulait pas rester au-dessous de son modèle. D'Artagnan, cet homme de fer qui semblait bâti de nerfs et de muscles, l'avait frappé d'admiration.

Il avança donc toujours, pressant de plus en plus le pas de son cheval, malgré les observations d'Olivain, et suivant un joli petit chemin qui conduisait à un bac et qui raccourcissait d'une lieue la route, à ce qu'on lui avait assuré, lorsqu'en arrivant au sommet d'une colline il aperçut devant lui la rivière. Une petite troupe d'hommes à cheval se tenait sur le bord et était prête à s'embarquer. Raoul ne douta point que ce ne fût le gentilhomme et son escorte; il poussa un cri d'appel, mais il était encore trop loin pour être entendu; alors, tout fatigué qu'était son cheval, Raoul le mit au galop, mais une ondulation de terrain déroba bientôt la vue des voyageurs, et, lorsqu'il parvint sur une nouvelle hauteur, le bac avait quitté le bord et voguait vers l'autre rive.

Raoul, voyant qu'il ne pouvait arriver à temps pour passer le bac en même temps que les voyageurs, s'arrêta pour attendre Olivain.

En ce moment, on entendit un cri qui semblait venir de la rivière. Raoul se retourna du côté d'où venait le cri, et, mettant la main sur ses yeux, qu'éblouissait le soleil couchant :

— Olivain, s'écria-t-il, que vois-je donc là-bas?

Un second cri retentit plus perçant que le premier.

— Eh ! monsieur, dit Olivain, la corde du bac a cassé et le bateau dérive. Mais que vois-je donc dans l'eau ? cela se débat.

— Eh ! sans doute, s'écria Raoul, fixant ses regards vers un point de la rivière que les rayons du soleil illuminaient splendidement ; un cheval, un cavalier.

— Ils enfoncent ! cria à son tour Olivain.

C'était vrai, et Raoul aussi venait d'acquérir la certitude qu'un accident était arrivé et qu'un homme se noyait. Il rendit la main à son cheval, lui enfonça les éperons dans le ventre, et l'animal, pressé par la douleur et sentant qu'on lui livrait l'espace, bondit par-dessus une espèce de garde-fou qui entourait le débarcadère, et tomba dans la rivière en faisant jaillir au loin des flots d'écume.

— Ah ! monsieur, s'écria Olivain ; que faites-vous donc? Seigneur Dieu !

Raoul dirigeait son cheval vers le malheureux en danger. C'était au reste un exercice qui lui était familier. Elevé sur les bords de la Loire, il avait pour ainsi dire été bercé dans ses flots ; cent fois il l'avait traversé à cheval, mille fois en nageant. Athos, dans la prévoyance du temps où il ferait du vicomte un soldat, l'avait aguerri dans toutes ces entreprises.

— Oh ! mon Dieu! continuait Olivain désespéré, que dirait M. le comte s'il vous voyait?

— M. le comte eût fait comme moi, répondit Raoul en poussant vigoureusement son cheval.

— Mais moi ! mais moi ! s'écriait Olivain pâle et désespéré en s'agitant sur la rive, comment passerai-je, moi?

— Saute, poltron ! cria Raoul nageant toujours.

Puis, s'adressant au voyageur qui se débattait à vingt pas de lui :

— Courage, monsieur, dit-il, courage, on vient à votre aide.

Olivain avança, recula, fit cabrer son cheval, le fit tourner, et enfin, mordu au cœur par la honte, s'élança comme avait fait Raoul, mais en répétant : Je suis mort, nous sommes perdus !

Cependant le bac descendait rapidement, emporté par le fil de l'eau, et l'on entendait crier ceux qu'il emportait. Un homme à cheveux gris s'était jeté du bac à la rivière et nageait vigoureusement vers la personne qui se noyait; mais il avançait lentement, car il lui fallait remonter le cours de l'eau. Raoul continuait sa route et gagnait visiblement du terrain, mais le cheval et le cavalier, qu'il ne quittait pas du regard, s'enfonçaient visiblement. Le cheval n'avait plus que les naseaux hors de l'eau, et le cavalier, qui avait lâché

— Courage ! cria Raoul, courage !

les rênes en se débattant, tendait les bras et laissait aller sa tête en arrière. Encore une minute, et tout disparaissait.

— Courage! cria Raoul, courage !

— Trop tard, murmura le jeune homme, trop tard !

L'eau passa par-dessus sa tête et éteignit sa voix dans sa bouche.

Raoul s'élança de son cheval, auquel il laissa le soin de sa propre conservation, et en trois ou quatre brassées fut près du gentilhomme. Il saisit aussitôt le cheval par la gourmette et lui souleva la tête hors de l'eau; l'animal respira alors plus librement, et, comme s'il a't compris que l'on

venait à son aide, il redoubla d'efforts; Raoul en même temps saisissait une des mains du jeune homme et la ramenait à la crinière, à laquelle elle se cramponna avec la ténacité de l'homme qui se noie. Sûr alors que le cavalier ne lâcherait plus prise, Raoul ne s'occupa que du cheval, qu'il dirigea vers la rive opposée en l'aidant à couper l'eau et en l'encourageant de la voix. Tout à coup l'animal butta contre un bas-fond et prit pied sur le sable.

— Sauvé ! s'écria l'homme aux cheveux gris en prenant pied à son tour.

— Sauvé ! murmura machinalement le gentilhomme en

lâchant la crinière et en se laissant glisser de dessus la selle aux bras de Raoul.

Raoul n'était qu'à dix pas de la rive ; il porta le gentilhomme évanoui, le coucha sur l'herbe, desserra les cordons de son col et déboutonna les agrafes de son pourpoint.

Une minute après, l'homme à cheveux gris était près de lui.

Olivain avait fini par aborder à son tour après force signes de croix, et les gens du bas se dirigeaient du mieux qu'ils pouvaient vers le bord à l'aide d'une perche qui se trouvait par hasard dans le bateau.

Peu à peu, grâce aux soins de Raoul et de l'homme qui accompagnait le jeune cavalier, la vie revint sur les joues pâles du moribond, qui ouvrit des yeux d'abord égarés, mais qui bientôt se fixèrent sur celui qui l'avait sauvé.

— Ah ! monsieur, s'écria-t-il, c'est vous que je cherchais, sans vous j'étais mort, trois fois mort.

— Monsieur, si vous le voulez bien, c'est désormais entre nous à la vie à la mort !

— Mais on ressuscite, monsieur, comme vous voyez, dit Raoul, et nous en serons tous quittes pour un bain.

— Ah ! monsieur, que de reconnaissance ! s'écria l'homme aux cheveux gris.

— Ah ! vous voilà, mon bon d'Arminges ! dit le jeune cavalier, je vous ai fait grand'peur, n'est-ce pas ? mais c'est votre faute : vous étiez mon précepteur ; pourquoi ne m'avez-vous pas fait apprendre à mieux nager ?

— Ah ! monsieur le comte, dit le vieillard, s'il vous était arrivé malheur, je n'aurais jamais osé me représenter devant le maréchal.

— Mais comment la chose est-elle donc arrivée ? demanda Raoul.

— Ah ! monsieur, de la manière la plus simple, répondit celui à qui l'on avait donné le titre de comte. Nous étions au tiers de la rivière à peu près quand la corde du bac a cassé. Aux cris et aux mouvements qu'ont faits les bateliers, mon cheval s'est effrayé et a sauté à l'eau. Je nage mal et n'ai pas osé me lancer à la rivière. Au lieu d'aider les mouvements de mon cheval, je les paralysais, et j'étais en train de me noyer le plus galamment du monde lorsque vous êtes arrivé là tout juste pour me tirer de l'eau. Aussi, monsieur, si vous le voulez bien, c'est désormais entre nous à la vie à la mort.

— Monsieur, dit Raoul en s'inclinant, je suis tout à fait votre serviteur, je vous l'assure.

— Je me nomme le comte de Guiche, continua le cavalier ; mon père est le maréchal de Grammont. Et maintenant que vous savez qui je suis, me ferez-vous l'honneur de me dire qui vous êtes ?

— Je suis le vicomte de Bragelonne, dit Raoul en rougissant de ne pouvoir nommer son père comme avait fait le comte de Guiche.

— Vicomte, votre visage, votre bonté et votre courage m'attirent à vous ; vous avez déjà toute ma reconnaissance. Embrassons-nous, je vous demande votre amitié.

— Monsieur, dit Raoul en rendant au comte son accolade, je vous aime aussi déjà de tout mon cœur ; faites donc état de moi, je vous prie, comme d'un ami dévoué.

— Maintenant, où allez-vous, vicomte? demanda de Guiche.

— A l'armée de M. le Prince, comte.

— Et moi aussi ! s'écria le jeune homme avec un transport de joie. Ah ! tant mieux, nous allons faire ensemble le premier coup de pistolet.

— C'est bien, aimez-vous, dit le gouverneur : jeunes tous deux, vous n'avez sans doute qu'une même étoile, et vous deviez vous rencontrer.

Les deux jeunes gens sourirent avec la confiance de la jeunesse.

— Et maintenant, dit le gouverneur, il vous faut changer d'habits ; vos laquais, à qui j'ai donné des ordres au moment où ils sont sortis du bac, doivent être arrivés déjà à l'hôtellerie. Le linge et le vin chauffent, venez.

Les jeunes gens n'avaient aucune objection à faire à cette proposition ; au contraire, ils la trouvèrent excellente. Ils remontèrent donc aussitôt à cheval, en se regardant et en s'admirant tous deux : c'étaient en effet deux élégants cavaliers à la tournure svelte et élancée, deux nobles visages au front dégagé, au regard doux et fier, aux lèvres fines et fin. De Guiche pouvait avoir dix-huit ans, mais il n'était guère plus grand que Raoul, qui n'en avait que quinze.

Ils se tendirent la main par un mouvement spontané, et, piquant leurs chevaux, firent côte à côte le trajet de la rivière à l'hôtellerie, l'un trouvant bonne et riante cette vie qu'il avait failli perdre, l'autre remerciant Dieu d'avoir déjà assez vécu pour faire quelque chose qui serait agréable à son protecteur.

Quant à Olivain, il était le seul que cette belle action de son maître ne satisfit pas entièrement. Il tordait les manches et les basques de son justaucorps en songeant qu'une halte à Compiègne lui eût sauvé non-seulement l'accident auquel il venait d'échapper, mais encore les fluxions de poitrine et les rhumatismes qui devaient naturellement en être le résultat.

—◆—

CHAPITRE XXXIII.

ESCARMOUCHE.

Le séjour à Noyon fut court, chacun y dormit d'un profond sommeil. Raoul avait recommandé de le réveiller si Grimaud arrivait, mais Grimaud n'arriva point. Les chevaux apprécièrent de leur côté, sans doute, les huit heures de repos absolu et d'abondante litière qui leur furent accordées. Le comte de Guiche fut réveillé à cinq heures du matin par Raoul, qui vint lui souhaiter le bonjour. On déjeuna à la hâte et à six heures on avait déjà fait deux lieues.

La conversation du jeune comte était des plus intéressantes pour Raoul. Aussi Raoul écoutait-il beaucoup, et le jeune comte racontait-il toujours. Élevé à Paris, où Raoul n'était

venu qu'une fois ; à la cour, que Raoul n'avait jamais vue, ses folies de page, deux duels qu'il avait déjà trouvé moyen d'avoir malgré les édits et surtout malgré son gouverneur, étaient des choses de la plus haute curiosité pour Raoul. Raoul n'avait été que chez M. Scarron ; il nomma à Guiche les personnes qu'il avait vues. Guiche connaissait tout le monde : madame de Neuillan, mademoiselle d'Aubigné, mademoiselle de Scudéry, mademoiselle Paulet, madame de Chevreuse. Il railla tout le monde avec esprit, et Raoul tremblait qu'il ne raillât aussi madame de Chevreuse, pour laquelle il se sentait une réelle et profonde sympathie, mais, soit instinct, soit affection pour la duchesse de Chevreuse, il en dit le plus grand bien possible. L'amitié de Raoul pour le comte redoubla de ces éloges.

Puis vint l'article des galanteries et des amours. Sous ce rapport aussi Bragelonne avait beaucoup plus à écouter qu'à dire. Il écouta donc, et il lui sembla voir à travers trois ou quatre aventures assez diaphanes que, comme lui, le comte cachait un secret au fond du cœur.

De Guiche, comme nous l'avons dit, avait été élevé à la cour, et les intrigues de toute cette cour lui étaient connues. C'était la cour dont Raoul avait tant entendu parler au comte de la Fère ; seulement elle avait fort changé de face depuis l'époque où Athos lui-même l'avait vue. Tout le récit du comte de Guiche fut donc nouveau pour son compagnon de voyage. Le jeune comte, médisant et spirituel, passa tout le monde en revue : il raconta les anciennes amours de madame de Longueville avec Coligny, et le duel de celui-ci à la place Royale, duel qui lui fut si fatal, et que madame de Longueville vit à travers une jalousie ; ses amours nouveaux avec le prince de Marsillac, qui en était jaloux, disait-on, à vouloir faire tuer tout le monde, et même l'abbé d'Herblay, son directeur ; les amours de M. le prince de Galles avec Mademoiselle, qu'on appela plus tard la grande Mademoiselle, si célèbre depuis par son mariage secret avec Lauzun. La reine elle-même ne fut pas épargnée, et le cardinal de Mazarin eut sa part des railleries aussi.

La journée passa rapide comme une heure. Le gouverneur du comte, bon vivant, homme du monde, savant jusqu'aux dents, comme le disait son élève, rappela plusieurs fois à Raoul la profonde érudition et la raillerie spirituelle et mordante d'Athos ; mais, quant à la grâce, à la délicatesse et à la noblesse des apparences, personne, sur ce point, ne pouvait être comparé au comte de la Fère.

Les chevaux, plus ménagés que la veille, s'arrêtèrent vers quatre heures du soir à Arras. On s'approchait du théâtre de la guerre, et l'on résolut de s'arrêter dans cette ville jusqu'au lendemain, des partis d'Espagnols profitant quelquefois de la nuit pour faire des expéditions jusque dans les environs d'Arras. L'armée française tenait depuis Pont-à-Marc jusqu'à Valenciennes, et, revenant sur Douai. On disait M. le Prince de sa personne à Béthune.

L'armée ennemie s'étendait de Cassel à Courtray, et, comme il n'était sorte de pillages et de violences qu'elle ne commit, les pauvres gens des frontières quittaient leurs habitations isolées et venaient se réfugier dans les villes fortes qui leur promettaient un abri. Arras était encombré de fuyards.

On parlait d'une prochaine bataille qui devait être décisive, M. le Prince n'ayant manœuvré jusque-là que dans l'attente de renforts qui venaient enfin d'arriver. Les jeunes gens se félicitaient de tomber si à propos. Ils soupèrent ensemble et couchèrent dans la même chambre. Ils étaient à l'âge des promptes amitiés, il leur semblait qu'ils se connaissaient depuis leur naissance et qu'il leur serait impossible de jamais plus se quitter.

La soirée fut employée à parler guerre ; les laquais fourbirent les armes ; les jeunes gens chargèrent leurs pistolets en cas d'escarmouche, et ils se réveillèrent désespérés, ayant rêvé tous deux qu'ils arrivaient trop tard pour prendre part à la bataille.

Le matin, le bruit se répandit que le prince de Condé avait évacué Béthune pour se retirer sur Carvin, en laissant cependant garnison dans cette première ville. Mais, comme cette nouvelle ne présentait rien de positif, les jeunes gens décidèrent qu'ils continueraient leur chemin vers Béthune, quittes, en route, à obliquer à droite et à marcher sur Carvin

Le gouverneur du comte de Guiche connaissait parfaitement le pays ; il proposa en conséquence de prendre un chemin de traverse qui tenait le milieu entre la route de Lens et celle de Béthune. A Ablain, on prendrait des informations. Un itinéraire fut laissé pour Grimaud.

On se mit en route vers les sept heures du matin.

De Guiche, qui était jeune et emporté, disait à Raoul :

— Nous voici trois maîtres et trois valets ; nos valets sont bien armés, et le vôtre me paraît assez têtu.

— Je ne l'ai jamais vu à l'œuvre, répondit Raoul, mais il est Breton, cela me promet.

— Oui, oui, reprit de Guiche, et je suis certain qu'il ferait le coup de mousquet à l'occasion ; quant à moi, j'ai deux hommes sûrs, qui ont fait la guerre avec mon père ; c'est donc six combattants que nous représentons. Si nous trouvions une petite troupe de partisans égale en nombre à la nôtre et même supérieure, est-ce que nous ne chargerions pas, Raoul ?

— Si fait, monsieur, répondit le vicomte.

— Holà ! jeunes gens, holà ! dit le gouverneur se mêlant de la conversation, comme vous allez, vertudieu ! et mes instructions, à moi, monsieur le comte ? oubliez-vous que j'ai ordre de vous conduire sain et sauf à M. le Prince ? Une fois à l'armée, faites-vous tuer si c'est votre bon plaisir ; mais d'ici là je vous préviens qu'en ma qualité de général d'armée j'ordonne la retraite et tourne le dos au premier plumet que j'aperçois.

De Guiche et Raoul se regardèrent du coin de l'œil en souriant. Le pays devenait assez couvert, et de temps en temps on rencontrait de petites troupes de paysans qui se retiraient en chassant devant eux leurs bestiaux et traînant dans des charrettes ou portant à bras leurs objets les plus précieux.

On arriva jusqu'à Ablain sans accident. Là on prit langue et l'on apprit que M. le Prince avait quitté effectivement Béthune et se tenait entre Cambrin et la Wenthie. Alors, en laissant toujours la carte à Grimaud, un chemin de traverse qui conduisit en une demi-heure la petite troupe sur la rive d'un petit ruisseau qui va se jeter dans la Lys.

Le pays était charmant, coupé de vallées vertes comme de l'émeraude. De temps en temps on trouvait de petits bois, que traversait le sentier que l'on suivait. A chacun de ces bois, dans la prévoyance d'une embuscade, le gouverneur faisait prendre la tête aux deux laquais du comte, qui formaient ainsi l'avant-garde. Le gouverneur et les deux jeunes gens représentaient le corps d'armée, et Olivain, la carabine sur le genou et l'œil au guet, veillait sur les derrières.

Depuis quelque temps, un bois assez épais se présentait à l'horizon ; arrivé à cent pas de ce bois, M. d'Arminges prit ses précautions habituelles et envoya en avant les deux laquais du comte.

Les laquais venaient de disparaître sous les arbres ; les jeunes gens et le gouverneur riant et causant suivaient à cent pas à peu près. Olivain se tenait en arrière à pareille distance, lorsque tout à coup cinq ou six coups de mousquet retentirent. Le gouverneur cria halte ; les jeunes gens obéirent et retinrent leurs chevaux. Au même instant on vit revenir au galop les deux laquais. Les deux jeunes gens, impatients de connaître la cause de cette mousqueterie, piquèrent vers les laquais. Le gouverneur les suivit par derrière.

— Avez-vous été arrêtés ? demandèrent vivement les deux jeunes gens.

— Non, répondirent les laquais ; il est même probable que nous n'avons pas été vus ; les coups de fusil ont éclaté à cent pas en avant de nous, à peu près dans l'endroit le plus épais du bois, et nous sommes revenus pour demander avis.

— Mon avis, dit M. d'Arminges, et au besoin même ma volonté, est que nous fassions retraite ; ce bois peut cacher une embuscade.

— N'avez-vous donc rien vu ? demanda le comte aux laquais.

— Il m'a semblé voir, dit l'un d'eux, des cavaliers vêtus une qui se glissaient dans le lit du ruisseau.

— C'est cela, dit le gouverneur, nous sommes tombés dans un parti d'Espagnols. Arrière, messieurs, arrière !

Les deux jeunes gens se consultèrent du coin de l'œil, et en ce moment on entendit un coup de pistolet, suivi de deux ou trois cris qui appelaient au secours.

Les deux jeunes gens s'assurèrent par un dernier regard que chacun d'eux était dans la disposition de ne pas reculer, et, comme le gouverneur avait déjà fait retourner son cheval, tous deux piquèrent en avant, Raoul criant : A moi, Olivain ! et le comte de Guiche criant : A moi, Urbain et Blanchet !

Et, avant que le gouverneur fût revenu de sa surprise, ils étaient déjà disparus dans la forêt. En même temps qu'ils piquaient leurs chevaux, les deux jeunes gens avaient mis le pistolet au poing. Cinq minutes après, ils étaient arrivés à l'endroit d'où le bruit semblait être venu. Alors ils ralentirent leurs chevaux, s'avançant avec précaution.

— Chut, dit de Guiche, des cavaliers !

— Oui, trois à cheval, et trois qui ont mis pied à terre.

— Que font-ils ? Voyez-vous ?

— Oui, il me semble qu'ils fouillent un homme blessé ou mort.

— C'est quelque lâche assassinat, dit de Guiche.

— Ce sont des soldats, cependant, reprit Bragelonne.

— Oui, mais des partisans, c'est-à-dire des voleurs de grand chemin.

— Donnons ! dit Raoul.

— Donnons ! dit de Guiche.

— Messieurs, s'écria le pauvre gouverneur, messieurs, au nom du ciel...

Mais les jeunes gens n'écoutaient point. Ils étaient partis à l'envi l'un de l'autre, et les cris du gouverneur n'eurent d'autre résultat que de donner l'éveil aux Espagnols.

Aussitôt les trois partisans qui étaient à cheval s'élancèrent à la rencontre des deux jeunes gens, tandis que les trois autres achevaient de dévaliser les deux voyageurs, car, en approchant, les jeunes gens, au lieu d'un corps étendu, en aperçurent deux.

A dix pas, de Guiche tira le premier et manqua son homme ; l'Espagnol qui venait au-devant de Raoul tira à son tour, et Raoul sentit au bras gauche une douleur pareille à un coup de fouet. A quatre pas il lâcha son coup, et l'Espagnol, frappé au milieu de la poitrine, étendit les bras et tomba à la renverse sur la croupe de son cheval, qui tourna bride et l'emporta.

En ce moment, Raoul vit comme à travers un nuage le canon d'un mousquet se diriger sur lui. La recommandation d'Athos lui revint à l'esprit ; par un mouvement rapide comme l'éclair, il fit cabrer sa monture, le coup partit... Le cheval fit un bond de côté, manqua des quatre pieds, et tomba engageant la jambe de Raoul sous lui. L'Espagnol s'élança saisissant son mousquet par le canon pour briser la tête de Raoul avec sa crosse.

Malheureusement, dans la position où était Raoul, il ne pouvait ni tirer son épée du fourreau ni tirer les pistolets de ses fontes ; il vit la crosse tournoyer au-dessus de sa tête, et, malgré lui, il allait fermer les yeux, lorsque, d'un bond, de Guiche arriva sur l'Espagnol et lui mit le pistolet sur la gorge.

— Rendez-vous, lui dit-il, ou vous êtes mort.

Le mousquet tomba des mains du soldat, qui se rendit à l'instant même. Guiche appela un de ses laquais, lui remit le prisonnier en garde, avec ordre de lui brûler la cervelle s'il faisait un mouvement pour s'échapper, sauta à bas de son cheval et s'approcha de Raoul.

— Ma foi, monsieur, dit Raoul en riant, quoique sa pâleur trahît l'émotion inévitable d'une première affaire, vous payez vite vos dettes, et n'avez pas voulu m'avoir longue obligation. Sans vous, ajouta-t-il en répétant les paroles du comte, j'étais mort, trois fois mort.

— Mon ennemi, en prenant la fuite, dit de Guiche, m'a laissé toute facilité de venir à votre secours ; mais êtes-vous blessé gravement ? je vous vois tout ensanglanté.

— Je crois, dit Raoul, que j'ai quelque chose comme une égratignure au bras. Aidez-moi donc à me tirer de dessous mon cheval, et rien, je l'espère, ne s'opposera à ce que nous continuions notre route.

M. d'Arminges et Olivain étaient déjà à terre et soulevaient le cheval, qui se débattait dans l'agonie. Raoul parvint à tirer son pied de l'étrier et sa jambe de dessous le cheval, et en un instant il se trouva debout.

— Rien de cassé? dit de Guiche.

— Ma foi, non, grâce au ciel, répondit Raoul.

— Mais que sont devenus les malheureux que les misérables assassinaient?

— Nous sommes arrivés trop tard, ils les ont tués, je crois, et ont pris la fuite en emportant leur butin; mes deux laquais sont près des cadavres.

— Allons voir s'ils ne sont point morts tout à fait et si l'on peut leur porter secours, dit Raoul. Olivain, nous avons hérité de deux chevaux, mais j'ai perdu le mien; prenez le meilleur des deux pour vous, et vous me donnerez le vôtre.

Et ils s'approchèrent de l'endroit où gisaient les victimes.

— Rendez-vous, lui dit-il, ou vous êtes mort. — Page 115

CHAPITRE XXXIV.

LE MOINE.

Deux hommes étaient étendus, l'un immobile, la face contre terre, percé de trois balles et nageant dans son sang. Celui-là était mort. L'autre, adossé à un arbre par les deux laquais, les yeux au ciel et les mains jointes, faisait une ardente prière... Il avait reçu une balle qui lui avait brisé le haut de la cuisse. Les jeunes gens allèrent d'abord au mort, et se regardèrent avec étonnement.

— C'est un prêtre, dit Bragelonne, il est tonsuré. Oh! les maudits! qui portent la main sur les ministres de Dieu.

— Venez ici, monsieur, dit Urbain, vieux soldat qui avait fait toutes les campagnes avec le cardinal-duc. Venez ici... Il n'y a plus rien à faire avec l'autre, tandis que celui-ci, peut-être, est-il encore possible de le sauver.

• Le blessé sourit tristement.

— Me sauver! non, dit-il; mais m'aider à mourir, oui.

— Êtes-vous prêtre? demanda Raoul.

— Non, monsieur.

— C'est que votre malheureux compagnon m'a paru appartenir à l'Église, reprit Raoul.

— C'est le curé de Béthune, monsieur; il portait en lieu sûr les vases sacrés de son église et le trésor du chapitre, car M. le Prince a abandonné notre ville hier, et peut-être l'Espagnol y sera-t-il demain. Or, comme on savait que des partis ennemis couraient la campagne, et que la mission était périlleuse, personne n'a osé l'accompagner; alors, je me suis offert.

— Et ces misérables vous ont attaqués, ces misérables ont tiré sur un prêtre!

— Messieurs, dit le blessé en regardant autour de lui, je souffre bien, et cependant je voudrais être transporté dans quelque maison.

— Où vous puissiez être secouru? demanda de Guiche.

— Je me connais un peu aux blessures, et la mienne est mortelle.

— Non, où je puisse me confesser.

— Mais, peut-être, ajouta Raoul, n'êtes-vous point blessé si dangereusement que vous le pensez.

— Monsieur, dit le blessé, croyez-moi, il n'y a pas de temps à perdre, la balle a brisé le col du fémur et a pénétré jusqu'aux intestins.

— Êtes-vous médecin? demanda de Guiche.

— Non, répondit le moribond, mais je me connais un peu aux blessures, et la mienne est mortelle. Tâchez donc de me transporter quelque part où je puisse trouver un prêtre, ou prenez cette peine de m'en amener un ici, et Dieu récompensera cette sainte action; c'est mon âme qu'il faut sauver, car, pour mon corps, il est perdu.

— Mourir en faisant une bonne œuvre! c'est impossible, et Dieu vous assistera.

— Messieurs, au nom du ciel, dit le blessé, rassemblant toutes ses forces comme pour se lever, ne perdons point le temps en paroles inutiles : ou aidez-moi à gagner le prochain village, ou jurez-moi sur votre salut que vous m'enverrez ici le premier moine, le premier curé, le premier prêtre que vous rencontrerez. Mais, ajouta-t-il avec l'accent du désespoir, peut-être nul n'osera venir, car on sait que les Espagnols courent la campagne, et je mourrai sans absolution. Mon Dieu! mon Dieu! ajouta le blessé avec un accent de terreur qui fit frissonner les jeunes gens, vous ne permettrez point cela, n'est-ce pas? ce serait trop terrible!

— Monsieur, tranquillisez-vous, reprit de Guiche, je vous jure que vous allez avoir la consolation que vous demandez. Dites-nous seulement où il y a une maison où nous puissions demander du secours, et un village où nous puissions aller querir un prêtre.

— Merci, et que Dieu vous récompense. Il y a une auberge à une demi-lieue d'ici en suivant cette route, et à une lieue à peu près au delà de l'auberge vous trouverez le village de Greney. Allez trouver le curé; si le curé n'est pas chez lui, entrez dans le couvent des Augustins, qui est la dernière maison du bourg à droite, et amenez-moi un frère, qu'importe, moine ou curé, pourvu qu'il ait reçu de notre sainte Eglise la faculté d'absoudre *in articulo mortis*.

— Monsieur d'Arminges, dit de Guiche, restez près de ce malheureux, et veillez à ce qu'il soit transporté le plus doucement possible. Faites un brancard avec des branches d'arbre; mettez-y tous nos manteaux, deux de nos laquais le porteront, tandis que le troisième se tiendra prêt à prendre la place de celui qui sera las. Nous allons, le vicomte et moi, chercher un prêtre.

— Allez, monsieur le comte, dit le gouverneur; mais, au nom du ciel, ne vous exposez pas.

— Soyez tranquille. D'ailleurs, nous sommes sauvés pour aujourd'hui; vous connaissez l'axiome : *Non bis in idem.*

— Bon courage, monsieur, dit Raoul au blessé, nous allons exécuter votre désir.

— Dieu vous bénisse, messieurs, répondit le moribond avec un accent de reconnaissance impossible à décrire.

Et les deux jeunes gens partirent au galop dans la direction indiquée, tandis que le gouverneur du duc de Guiche présidait à la confection du brancard.

Au bout de dix minutes de marche, les deux jeunes gens aperçurent l'auberge. Raoul, sans descendre de cheval, appela l'hôte, le prévint qu'on allait lui amener un blessé, et le pria de préparer en attendant tout ce qui pouvait être nécessaire à son pansement, c'est-à-dire un lit, des bandes, de la charpie, l'invitant en outre, s'il connaissait dans les environs quelque médecin, chirurgien ou opérateur, à l'envoyer chercher, se chargeant, lui, de récompenser le messager. L'hôte, qui vit deux jeunes seigneurs richement vêtus, promit tout ce qu'ils lui demandèrent, et nos deux cavaliers, après avoir vu commencer les préparatifs de la réception, partirent de nouveau et piquèrent vivement vers Greney.

Ils avaient fait plus d'une lieue et distinguaient déjà les premières maisons du village, dont les toits couverts de tuiles rougeâtres se détachaient vigoureusement sur les arbres verts qui les environnaient, lorsqu'ils aperçurent venant à leur rencontre, monté sur une mule, un pauvre homme qu'à son large chapeau et à sa robe de laine grise ils prirent pour un frère augustin. Cette fois, le hasard semblait leur envoyer ce qu'ils cherchaient. Ils s'approchèrent du moine.

C'était un homme de vingt-deux à vingt-trois ans, mais que les pratiques ascétiques avaient vieilli en apparence. Il était pâle, non de cette pâleur mate, qui est une beauté, mais d'un jaune bilieux; ses cheveux courts, qui dépassaient à peine le cercle que son chapeau traçait autour de son front, étaient d'un blond pâle, et ses yeux, d'un bleu clair, semblaient dénués de regard.

— Monsieur, dit Raoul avec sa politesse ordinaire, êtes-vous ecclésiastique?

— Pourquoi me demandez-vous cela? dit l'étranger avec une impassibilité presque incivile.

— Pour le savoir, dit le comte de Guiche avec hauteur.

L'étranger toucha sa mule du talon et continua son chemin. De Guiche sauta d'un bond en avant de lui, et lui barra la route.

— Répondez, monsieur, dit-il; on vous a interrogé poliment, et toute question vaut une réponse.

— Je suis libre, je suppose, de dire ou de ne pas dire qui je suis aux deux premières personnes venues à qui il prend le caprice de m'interroger.

De Guiche réprima à grand'peine la furieuse envie qu'il avait de casser les os au moine.

— D'abord, dit-il en faisant un effort sur lui-même, nous ne sommes pas les deux premières personnes venues; mon ami que voilà est le vicomte de Bragelonne, et moi je suis le comte de Guiche. Enfin, ce n'est point par caprice que nous vous faisons cette question, car un homme est là, blessé et mourant, qui réclame les secours de l'Eglise. Etes-vous prêtre? Je vous somme, au nom de l'humanité. de me suivre pour secourir cet homme; ne l'êtes-vous pas? c'est autre chose; je vous préviens, au nom de la courtoisie, que vous paraissez si complétement ignorer, que je vais vous châtier de votre insolence.

La pâleur du moine devint de la lividité, et il sourit d'une si étrange façon, que Raoul, qui ne le quittait pas des yeux, sentit ce sourire lui serrer le cœur comme une insulte.

— C'est quelque espion espagnol ou flamand, dit-il en mettant la main sur la crosse de ses pistolets.

Un regard menaçant et pareil à un éclair répondit à Raoul

— Eh bien! monsieur, dit de Guiche, répondrez-vous?

— Je suis prêtre, messieurs, dit le moine.

Et sa figure reprit son impassibilité ordinaire.

— Alors, mon père, dit Raoul laissant retomber ses pistolets dans les fontes et imposant à ses paroles un accent respectueux qui ne sortait pas de son cœur, alors, si vous êtes prêtre, vous allez trouver, comme vous l'a dit mon ami, une occasion d'exercer votre état : un malheureux blessé vient à notre rencontre et doit s'arrêter au prochain hôtel; il demande l'assistance d'un ministre de Dieu; nos gens l'accompagnent.

— J'y vais, dit le moine.

Et il donna du talon à sa mule.

— Si vous n'y allez pas, monsieur, reprit de Guiche, croyez que nous avons des chevaux capables de rattraper votre mule, un crédit capable de vous faire saisir partout où vous serez, et alors, je vous le jure, votre procès sera bientôt fait : on trouve partout un arbre et une corde.

L'œil du moine étincela de nouveau, mais ce fut tout; il répéta sa phrase :

— J'y vais.

Et il partit.

— Suivons-le, dit de Guiche, ce sera plus sûr

— J'allais vous le proposer, dit Bragelonne.

Et les deux jeunes gens se remirent en route, réglant leur pas sur celui du moine, qu'ils suivaient ainsi à une portée de pistolet. Au bout de cinq minutes, le moine se retourna pour s'assurer s'il était suivi ou non.

— Voyez-vous, observa Raoul, que nous avons bien fait.

— L'horrible figure que celle de ce moine! dit le comte de Guiche.

— Horrible, répondit Raoul, et d'expression surtout; ces cheveux jaunes, ces yeux ternes, ces lèvres qui disparaissent au moindre mot qu'il prononce...

— Oui, oui, dit de Guiche, qui avait été moins frappé que Raoul de tous ces détails, attendu que Raoul examinait tandis que de Guiche parlait. Oui, figure étrange; mais ces moines sont assujettis à des pratiques si dégradantes; les jeûnes les font pâlir, les coups de discipline les font hypocrites, et c'est à force de pleurer les biens de la vie qu'ils ont perdus et dont nous jouissons, que leurs yeux deviennent ternes.

— Enfin, dit Raoul, ce pauvre homme va avoir son prêtre, mais, de par Dieu, le pénitent a la mine de posséder une conscience meilleure que celle du confesseur. Quant à moi, je l'avoue, je suis accoutumé à voir des prêtres d'un tout autre aspect.

— Ah! dit de Guiche, comprenez-vous? celui-ci est un de ces frères errants qui s'en vont mendiant sur les grandes routes jusqu'au jour où un bénéfice leur tombe du ciel; ce sont des étrangers pour la plupart, Ecossais, Irlandais, Danois. On m'en a quelquefois montré de pareils.

— Aussi laids?

— Non, mais raisonnablement hideux, cependant.

— Quel malheur pour ce pauvre blessé de mourir entre les mains d'un pareil

— Bah ! dit de Guiche, l'absolution vient, non de celui qui la donne, mais de Dieu. Cependant, voulez-vous que je vous dise ? eh bien ! j'aimerais mieux mourir impénitent que d'avoir affaire à un pareil confesseur. Vous êtes de mon avis, n'est-ce pas, vicomte ? et je vous voyais caresser le pommeau de votre pistolet, comme si vous aviez quelque tentation de lui casser la tête.

— Oui, comte, c'est une chose étrange, et qui va vous surprendre : j'ai éprouvé à l'aspect de cet homme une horreur indéfinissable. Avez-vous quelquefois fait lever un serpent sur votre chemin ?

— Jamais, dit de Guiche.

— Eh bien ! à moi cela m'est arrivé dans nos forêts du Blaisois, et je me rappelle qu'à la vue du premier qui me regarda de ses yeux ternes, replié sur lui-même, branlant la tête et agitant sa langue, je demeurai fixe, pâle et comme fasciné jusqu'au moment où ce vint le comte de la Fère...

— Votre père ? demanda de Guiche.

— Non, mon tuteur, répondit Raoul en rougissant.

— Fort bien.

— Jusqu'au moment, reprit Raoul, où le comte de la Fère ne dit : Allons, Bragelonne, dégainez Alors seulement je courus au reptile et le tranchai en deux, au moment où il se dressait sur la queue en sifflant pour venir lui-même au-devant de moi. Eh bien ! je vous jure que j'ai ressenti exactement la même sensation à la vue de cet homme, lorsqu'il a dit : « Pourquoi me demandez-vous cela ? » et qu'il m'a regardé.

— Alors, vous vous reprochez de ne pas l'avoir coupé en deux comme votre serpent ?

— Ma foi, oui, presque, dit Raoul.

En ce moment on arrivait en vue de la petite auberge, et l'on apercevait de l'autre côté le cortège du blessé, qui s'avançait guidé par M. d'Arminges. Deux hommes portaient le moribond, le troisième tenait les chevaux en main. Les jeunes gens donnèrent de l'éperon.

— Voici le blessé, dit de Guiche en passant près du frère augustin ; ayez la bonté de vous presser un peu, sire moine.

Quant à Raoul, il s'éloigna du frère de toute la largeur de la route, et passa en détournant la tête avec dégoût.

C'étaient alors les jeunes gens qui précédaient le confesseur au lieu de le suivre. Ils allèrent au-devant du blessé et lui annoncèrent cette bonne nouvelle. Celui-ci se souleva pour regarder dans la direction indiquée, vit le moine qui s'approchait en hâtant le pas de sa mule, et retomba sur sa litière le visage éclairé d'un rayon de joie.

— Maintenant, dirent les jeunes gens, nous avons fait pour vous tout ce que nous avons pu faire, et, comme nous sommes pressés de rejoindre l'armée de M. le Prince, nous allons continuer notre route; vous nous excusez, n'est-ce pas, monsieur ? Mais on dit qu'il va y avoir une bataille, et nous ne voudrions pas arriver le lendemain.

— Allez, mes jeunes seigneurs, dit le blessé, et soyez bénis tous deux pour votre pitié; vous avez, en effet, et comme vous l'avez dit, fait pour moi tout ce que vous pouviez faire; moi, je ne puis que vous dire encore une fois : Dieu vous garde, vous et ceux qui vous sont chers.

— Monsieur, dit de Guiche à son gouverneur, nous allons devant; vous nous rejoindrez sur la route de Cambrin.

L'hôte était sur sa porte et avait tout préparé, lit, bandes et charpie, et un palefrenier était allé chercher un médecin à Lens, qui était la ville la plus proche.

— Bien, dit l'aubergiste, il sera fait comme vous le désirez; mais ne vous arrêtez-vous pas, monsieur, pour panser votre blessure ? continua-t-il en s'adressant à Bragelonne.

— Oh! ma blessure n'est rien, dit le vicomte, et il sera temps que je m'en occupe à la prochaine halte; seulement ayez la bonté, si vous voyez passer un cavalier, et si ce cavalier vous demande des nouvelles d'un jeune homme monté sur un alezan et suivi d'un laquais, de lui dire qu'effectivement vous m'avez vu, mais que j'ai continué ma route, et que je compte dîner à Mazingarle et coucher à Cambrin. Ce cavalier est mon serviteur.

— Ne serait-il pas mieux, et pour plus grande sûreté, que je lui demandasse son nom et que je lui disse le vôtre ? répondit l'hôte.

— Il n'y a pas de mal au surcroît de précaution, dit Raoul : je me nomme le vicomte de Bragelonne, et lui Grimaud.

En ce moment le blessé arrivait d'un côté et le moine de l'autre; les deux jeunes gens se reculèrent pour laisser passer le brancard; de son côté le moine descendait de sa mule et ordonnait qu'on la menât à l'écurie sans la desseller.

— Sire moine, dit de Guiche, confessez bien ce brave homme, et ne vous inquiétez pas de votre dépense et de celle de votre mule : tout est payé.

— Merci, monsieur, dit le moine avec un de ces sourires qui avaient fait frissonner Bragelonne.

— Venez, comte, dit Raoul, qui semblait instinctivement ne pouvoir supporter la présence de l'augustin; venez, je me sens mal ici.

— Merci, encore une fois, mes beaux jeunes seigneurs, dit le blessé, et ne m'oubliez pas dans vos prières.

— Soyez tranquille, dit de Guiche en piquant pour rejoindre Bragelonne, qui était déjà de vingt pas en avant.

En ce moment le brancard porté par les deux laquais entrait dans la maison. L'hôte et sa femme, qui était accourue, se tenaient debout sur les marches de l'escalier. Le malheureux blessé paraissait souffrir des douleurs atroces, et cependant il n'était préoccupé que de savoir si le moine le suivait... A la vue de cet homme pâle et ensanglanté, la femme saisit fortement le bras de son mari.

— Eh bien ! qu'y a-t-il ? demanda celui-ci. Est-ce que par hasard tu te trouverais mal ?

— Non, mais regarde, dit l'hôtesse en montrant à son mari le blessé.

— Dame ! répondit celui-ci, il me paraît bien malade.

— Ce n'est pas cela que je veux dire, continua la femme toute tremblante; je te demande si tu le reconnais.

— Cet homme ? Attends donc...

— Ah ! je vois que tu le reconnais, dit la femme, car tu pâlis à ton tour.

— En vérité ! s'écria l'hôte. Malheur à notre maison ! c'est l'ancien bourreau de Béthune !

— L'ancien bourreau de Béthune ! murmura le jeune moine en faisant un mouvement d'arrêt et en laissant voir sur son visage le sentiment de répugnance que lui inspirait son pénitent.

M. d'Arminges, qui se tenait à la porte, s'aperçut de son hésitation.

— Sire moine, dit-il, pour être ou pour avoir été bourreau, ce malheureux n'en est pas moins un homme. Rendez-lui donc le dernier service qu'il réclame de vous, et votre action n'en sera que plus méritoire.

Le moine ne répondit rien, mais il continua silencieusement son chemin vers la chambre basse où les deux valets avaient déjà déposé le mourant sur un lit. En voyant l'homme de Dieu s'approcher du chevet du blessé, les deux laquais sortirent en fermant la porte sur le moine et sur le moribond. D'Arminges et Olivain les attendaient; ils remontèrent à cheval, et tous quatre partirent au trot, suivant le chemin à l'extrémité duquel avaient déjà disparu Raoul et son compagnon.

Au moment où le gouverneur et son escorte disparaissaient à leur tour, un nouveau voyageur s'arrêtait devant le seuil de l'auberge.

— Que désire monsieur ? dit l'hôte, encore pâle et tremblant de la découverte qu'il venait de faire.

Le voyageur fit le signe d'un homme qui boit, et, mettant pied à terre, montra son cheval et fit le signe d'un homme qui frotte.

— Ah ! diable ! se dit l'hôte, il paraît que celui-ci est muet. Et où voulez-vous boire ? demanda-t-il.

— Ici, dit le voyageur en montrant une table.

— Je me trompais, dit l'hôte, il n'est pas tout à fait muet.

Et il s'inclina, alla chercher une bouteille de vin et des biscuits, qu'il posa devant son taciturne convive.

— Monsieur ne désire pas autre chose ? demanda-t-il.

— Si fait, dit le voyageur.

— Que désire monsieur?

— Savoir si vous avez vu passer un jeune gentilhomme de quinze ans, monté sur un cheval alezan et suivi d'un laquais.

— Le vicomte de Bragelonne? dit l'hôte.

— Justement.

— Alors c'est vous qui vous appelez M. Grimaud?

Le voyageur fit signe que oui.

— Eh bien! dit l'hôte, votre jeune maitre était là il n'y a qu'un quart d'heure; il dinera à Mazingarbe et couchera à Cambrin.

— Combien d'ici à Mazingarbe?

— Deux lieues et demi.

— Merci.

Grimaud, assuré de rencontrer son jeune maitre à la fin du jour, parut plus calme, s'essuya le front et se versa un verre de vin, qu'il but silencieusement... Il venait de poser son verre sur la table et se disposait à le remplir une se-

— L'ancien bourreau de Béthune? murmura Grimaud rappelant ses souvenirs

conde fois, lorsqu'un cri terrible partit de la chambre ou étaient le moine et le mourant. Grimaud se leva tout debout.

— Qu'est-ce que cela? dit-il, et d'où vient ce cri?

— De la chambre du blessé, dit l'hôte.

— De quel blessé? demanda Grimaud.

— L'ancien bourreau de Béthune, qui vient d'être assassiné par des partisans espagnols, qu'on a apporté ici et qui se confesse en ce moment à un frère augustin; il parait qu'il souffre bien.

— L'ancien bourreau de Béthune? murmura Grimaud

rappelant ses souvenirs... Un homme de cinquante-cinq à soixante ans, grand, vigoureux, basané, cheveux et barbe noirs?

— C'est cela, excepté que sa barbe grisonne et que ses cheveux ont blanchi. Le connaissez-vous? demanda l'hôte.

— Je l'ai vu une fois, dit Grimaud, dont le front s'assombrit au tableau que lui présentait ce souvenir.

La femme était accourue toute tremblante.

— As-tu entendu? dit-elle à son mari.

— Oui, répondit l'hôte avec inquiétude en se tournant du côté de la porte.

En ce moment, un cri moins fort que le premier, mais suivi d'un gémissement long et prolongé, se fit entendre.

Les trois personnages se regardèrent en frissonnant.

— Il faut voir ce que c'est, dit Grimaud.

— On dirait le cri d'un homme qu'on égorge, murmura l'hôte.

— Jésus ! dit la femme en se signant.

Si Grimaud parlait peu, on sait qu'il agissait beaucoup. Il s'élança vers la porte et la secoua vigoureusement, mais elle était fermée par un verrou intérieur.

— Ouvrez, cria l'hôte, ouvrez, sire moine, ouvrez à l'instant !

Personne ne répondit.

— Ouvrez, ou j'enfonce la porte ! dit Grimaud.

Même silence.

Avant que l'hôte eût pu s'opposer à son dessein, il avait mis la porte en dedans.

Grimaud jeta les yeux autour de lui et avisa une pince qui d'aventure se trouvait dans un coin : il s'élança dessus, et, avant que l'hôte eût pu s'opposer à son dessein, il avait mis la porte en dedans.

La chambre était inondée du sang qui filtrait à travers le matelas. Le blessé ne parlait pas et râlait ; le moine avait disparu.

— Le moine ! cria l'hôte, où est le moine ?

Grimaud s'élança vers une fenêtre ouverte qui donnait sur la cour.

— Il aura fui par là ! s'écria-t-il.

— Vous croyez ? dit l'hôte effaré. Garçon, voyez si la mule du moine est à l'écurie...

— Plus de mule ! cria celui à qui cette question avait été adressée.

Grimaud fronça le sourcil, l'hôte joignit les mains et regarda autour de lui avec défiance. Quant à la femme, elle n'avait pas osé entrer dans la chambre, et se tenait debout et épouvantée à la porte.

Grimaud s'approcha du blessé, regardant ces traits rudes et marqués qui lui rappelaient un souvenir si terrible. Enfin, après un moment de morne et muette contemplation :

— Il n'y a plus de doute, dit-il, c'est bien lui.

— Vit-il encore ? demanda l'hôte.

Grimaud, sans répondre, ouvrit son justaucorps pour lui tâter le cœur, tandis que l'hôte s'approchait à son tour ; mais tout à coup tous deux reculèrent, l'hôte en poussant un cri d'effroi, Grimaud en pâlissant... La lame du poignard était enfoncée jusqu'à la garde dans le côté gauche de la poitrine du bourreau.

— Courez chercher du secours, dit Grimaud, moi je resterai près de lui.

L'hôte sortit de la chambre tout égaré ; quant à la femme, elle s'était enfuie au cri qu'avait poussé son mari

———◦◇◦———

CHAPITRE XXXV.

L'ABSOLUTION.

Voici ce qui s'était passé.

Nous avons vu que ce n'était point par un effet de sa propre volonté, mais au contraire assez à contre-cœur que le moine escortait le blessé qui lui avait été recommandé d'une si étrange manière. Peut-être eût-il cherché à fuir, s'il en avait vu la possibilité : mais les menaces des deux gentilshommes, leur suite, qui était restée après eux et qui sans doute avait reçu leurs instructions, et, pour tout dire enfin, la réflexion même, avaient engagé le moine à jouer jusqu'au bout, sans laisser paraître trop de mauvais vouloir, son rôle de confesseur, et, une fois entré dans la chambre, il s'était approché du chevet du blessé.

Le moribond examina de ce regard rapide particulier à ceux qui vont mourir et qui, par conséquent n'ont pas de temps à perdre, la figure de celui qui devait être son consolateur; il fit un mouvement de surprise et dit :

— Vous êtes bien jeune, mon père.

— Les gens qui portent ma robe n'ont point d'âge, répondit séchement le moine.

— Hélas ! parlez-moi plus doucement, mon père, dit le blessé, j'ai besoin d'un ami à mes derniers moments.

— Vous souffrez beaucoup? demanda le moine.

— Oui, mais de l'âme bien plus que du corps.

— Nous sauverons votre âme, dit le jeune homme; mais êtes-vous réellement le bourreau de Béthune, comme le disaient ces gens ?

— C'est-à-dire, reprit vivement le blessé, qui craignait sans doute que ce nom de bourreau n'éloignât de lui les derniers secours qu'il réclamait, c'est-à-dire que je l'ai été, mais je ne le suis plus ; il y a quinze ans que j'ai cédé ma charge. Je figure encore aux exécutions, mais je ne frappe plus moi-même, oh non !

— Vous avez donc horreur de votre état?...

Le bourreau poussa un profond soupir.

— Tant que je n'ai frappé qu'au nom de la loi et de la justice, dit-il, mon état m'a laissé dormir tranquille, abrité que j'étais sous la justice et sous la loi ; mais, depuis cette nuit terrible où j'ai servi d'instrument à une vengeance particulière et où j'ai levé avec haine le glaive sur une créature de Dieu ; depuis ce jour...

Le bourreau s'arrêta en secouant la tête d'un air désespéré.

— Parlez, dit le moine, qui s'était assis au pied du lit du blesse et qui commençait à prendre intérêt à un récit qui s'annonçait d'une façon si étrange.

— Ah! s'écria le moribond avec tout l'élan d'une douleur longtemps comprimée et qui finit enfin par se faire jour, ah! j'ai pourtant essayé d'étouffer ce remords par vingt ans de bonnes œuvres; j'ai dépouillé la férocité naturelle à ceux qui versent le sang; en toutes les occasions j'ai exposé ma vie pour sauver la vie de ceux qui étaient en péril, et j'ai conservé à la terre des existences humaines, en échange de celle que je lui ai enlevée. Ce n'est pas tout : le bien acquis dans l'exercice de ma profession, je l'ai distribué aux pauvres, je suis devenu assidu aux églises, les gens qui me fuyaient se sont habitués à me voir. Tous m'ont pardonné, quelques-uns même m'ont aimé, mais je crois que Dieu ne m'a point pardonné, lui, car le souvenir de cette exécution me poursuit sans cesse, et il me semble chaque nuit voir se dresser devant moi le spectre de cette femme.

— Une femme! C'est donc une femme que vous avez assassinée? s'écria le moine.

— Et vous aussi! s'écria le bourreau, vous vous servez donc de ce mot qui retentit à mon oreille : assassinée! Je l'ai donc assassinée et non pas exécutée? je suis donc un assassin et non pas un justicier?

Et il ferma les yeux en poussant un gémissement. Le moine craignit sans doute qu'il mourût sans en dire davantage, car il reprit vivement :

— Continuez, je ne sais rien, et, quand vous aurez achevé votre récit, Dieu et moi jugerons.

— Oh! mon père, reprit le bourreau sans rouvrir les yeux, comme s'il craignait, en les rouvrant, de revoir quelque objet effrayant, c'est surtout lorsqu'il fait nuit et que je traverse quelque rivière, que cette terreur que je n'ai pu vaincre redouble; il me semble alors que ma main s'alourdit, comme si mon coutelas y pesait encore; que l'eau devient couleur de sang, et que toutes les voix de la nature, le bruissement des arbres, le murmure du vent, le clapotement du flot, se réunissent pour former une voix pleurante, désespérée, terrible, qui me crie : Laissez passer la justice de Dieu!

— Délire! murmura le moine en secouant la tête à son tour.

Le bourreau rouvrit les yeux, fit un mouvement pour se retourner du côté du jeune homme et lui saisit le bras.

— Délire, répéta-t-il, délire, dites-vous? Oh! non pas, car c'était le soir, car j'ai jeté son corps dans la rivière, car ces paroles que mes remords répètent, c'est moi qui dans mon orgueil les ai prononcées : après avoir été l'instrument de la justice humaine, je croyais être devenu celui de la justice de Dieu!

— Mais, voyons, comment cela s'est-il fait? parlez, dit le moine.

— C'était un soir, un homme me vint chercher, me montra un ordre. Je le suivis. Quatre autres seigneurs m'attendaient. Ils m'emmenèrent masqué. Je me réservais toujours de refuser si l'office qu'on réclamait de moi me paraissait injuste. Nous fîmes cinq ou six lieues, sombres, silencieux et presque sans échanger une parole; enfin, à travers les fenêtres d'une petite chaumière, ils me montrèrent une femme accoudée sur une table et me dirent : Voilà celle qu'il faut exécuter.

— Horreur! dit le moine. Et vous avez obéi?

— Mon père, cette femme était un monstre, elle avait empoisonné, disait-on, son second mari, tenté d'assassiner son beau-frère, qui se trouvait parmi ces hommes; elle venait d'empoisonner une jeune femme qui était sa rivale, et, avant de quitter l'Angleterre, elle avait, disait-on, fait poignarder le favori du roi.

— Buckingham? s'écria le moine.

— Oui, Buckingham, c'est cela.

— Elle était donc Anglaise, cette femme?

— Non, elle était Française, mais elle s'était mariée en Angleterre.

Le moine pâlit, s'essuya le front et alla fermer la porte au verrou. Le moribond crut qu'il l'abandonnait et retomba en gémissant sur son lit.

— Non, non, me voilà, reprit le moine en revenant vivement près de lui; continuez : quels étaient ces hommes?

— L'un était étranger, Anglais, je crois. Les quatre autres étaient Français et portaient le costume de mousquetaires.

— Leurs noms? demanda le moine.

— Je ne les connais pas. Seulement, les quatre autres seigneurs appelaient l'Anglais milord.

— Et cette femme était-elle belle?

— Jeune et belle, oh! oui, belle surtout. Je la vois encore, lorsqu'à genoux à mes pieds elle priait, la tête renversée en arrière. Je n'ai jamais compris depuis comment j'avais abattu cette tête si belle et si pâle.

Le moine semblait agité d'une émotion étrange. Tous ses membres tremblaient; on voyait qu'il voulait faire une question, mais qu'il n'osait pas. — Enfin, après un violent effort sur lui-même :

— Le nom de cette femme? dit-il.

— Je l'ignore. Comme je vous le dis, elle s'était mariée deux fois, à ce qu'il paraît : une fois en France, et l'autre en Angleterre.

— Et elle était jeune, dites-vous?

— Vingt-cinq ans.

— Belle?

— A ravir!

— Blonde?

— Oui.

— De grands cheveux, n'est-ce pas... qui tombaient sur ses épaules?

— Oui.

— Des yeux d'une expression admirable?

— Quand elle voulait. Oh! oui! c'est bien cela.

— Une voix d'une douceur étrange?

— Comment le savez-vous?

Le bourreau s'accouda sur son lit et fixa son regard épouvanté sur le moine, qui devint livide.

— Et vous l'avez tuée! dit le moine; vous avez servi d'instrument à ces lâches, qui n'osaient la tuer eux-mêmes! vous n'avez pas eu pitié de cette jeunesse, de cette beauté, de cette faiblesse! vous avez tué cette femme?

— Hélas! reprit le bourreau, je vous l'ai dit, mon père, cette femme, sous cette enveloppe céleste, cachait un esprit infernal, et, quand je la vis, quand je me rappelai tout le mal qu'elle m'avait fait à moi-même...

— A vous? Et qu'avait-elle pu vous faire à vous? Voyons.

— Elle avait séduit et perdu mon frère, qui était prêtre; elle s'était sauvée avec lui de son couvent.

— Avec ton frère?

— Oui. Mon frère avait été son premier amant; elle avait été cause de la mort de mon frère. Oh! mon père! ne me regardez donc pas ainsi. Oh! je suis donc bien coupable! Oh! vous ne me pardonnerez donc pas?

Le moine composa son visage.

— Si fait, si fait, dit-il, je vous pardonnerai si vous me dites tout.

— Oh! s'écria le bourreau, tout, tout, tout!

— Alors, répondez. Si elle a séduit votre frère... Vous dites qu'elle l'a séduit, n'est-ce pas?

— Oui.

— Si elle a causé sa mort... Vous avez dit qu'elle avait causé sa mort?

— Oui, répéta le bourreau.

— Alors, vous devez savoir son nom de jeune fille?

— O mon Dieu! dit le bourreau, mon Dieu! il semble que je vais mourir. L'absolution, mon père! l'absolution!

— Dis son nom! s'écria le moine, et je te la donnerai.

— Elle s'appelait... Mon Dieu! ayez pitié de moi! murmura le bourreau. Et il se laissa aller sur son lit, pâle, frissonnant et pareil à un homme qui va mourir.

— Son nom! lui cria le moine, se courbant sur lui comme pour lui arracher ce nom s'il ne voulait pas le lui dire; son nom!... parle, ou pas d'absolution!

Le mourant parut rassembler toutes ses forces. Les yeux du moine étincelaient

— Anne de Bueil, murmura le blessé.

— Anne de Bueil! s'écria le moine en se redressant et en levant les deux mains au ciel, Anne de Bueil! tu as bien dit Anne de Bueil, n'est-ce pas?

— Oui, oui, c'était son nom, et maintenant absolvez-moi, car je me meurs.

— Moi, t'absoudre! s'écria le prêtre avec un rire qui fit dresser les cheveux sur la tête du mourant, moi, t'absoudre! je ne suis pas prêtre...

— Vous n'êtes pas prêtre! s'écria le bourreau, mais qu'ôtes-vous donc alors?

Mordaunt et le Bourreau.

— Je vais te le dire à mon tour, misérable!

— Ah! Seigneur! mon Dieu!

— Je suis John Francis de Winter!

— Je ne vous connais pas! s'écria le bourreau.

— Attends, attends, tu vas me connaître; je suis John Francis de Winter, répéta-t-il, et cette femme...

— Eh bien! cette femme?

— C'était ma mère!

Le bourreau poussa le premier cri, ce cri terrible qu'on avait entendu d'abord.

— Oh! pardonnez-moi, pardonnez-moi, murmura-t-il, sinon au nom de Dieu, du moins en votre nom, sinon comme prêtre, du moins comme fils.

— Te pardonner, s'écria le faux moine, te pardonner! Dieu le fera peut-être, mais moi, jamais!

— Par pitié! dit le bourreau en tendant les bras vers lui.

— Pas de pitié pour qui n'a pas eu de pitié; meurs impénitent, meurs désespéré, meurs et sois damné!

Et tirant de sa robe un poignard et le lui enfonçant dans la poitrine:

— Tiens, dit-il, voilà mon absolution !

Ce fut alors que l'on entendit ce second cri, plus faible que le premier, et qui avait été suivi d'un long gémissement.

Le bourreau, qui s'était soulevé, retomba renversé sur son lit. Quant au moine, sans retirer le poignard de la plaie, il courut à la fenêtre, l'ouvrit, sauta sur les fleurs d'un petit jardin, se glissa dans l'écurie, prit sa mule, sortit par une porte de derrière, courut jusqu'au prochain bouquet de bois, y jeta sa robe de moine, tira de sa valise un habit complet de cavalier, s'en revêtit, gagna à pied la première poste, prit un cheval, et continua à franc étrier son chemin vers Paris.

Et continua à franc étrier son chemin vers Paris.

CHAPITRE XXXVI.

GRIMAUD PARLE.

Grimaud était resté seul auprès du bourreau : l'hôte était allé chercher du secours ; la femme priait.

Au bout d'un instant le blessé rouvrit les yeux

— Du secours ! murmura-t-il ; du secours ! O mon Dieu, mon Dieu ! ne trouverai-je donc pas un ami dans ce monde qui m'aide à vivre ou à mourir ?

Et il porta avec effort sa main à sa poitrine ; sa main rencontra le manche du poignard.

— Ah ! dit-il comme un homme qui se souvient.

Et il laissa retomber son bras près de lui.

— Ayez courage, dit Grimaud, on est allé chercher cours.

— Qui êtes-vous? demanda le blessé en fixant sur Grimaud des yeux démesurément ouverts.

— Une ancienne connaissance, dit Grimaud.

— Vous?

Le blessé chercha à se rappeler les traits de celui qui lui parlait ainsi.

— Dans quelles circonstances nous sommes-nous donc rencontrés? demanda-t-il.

— Il y a vingt ans, une nuit; notre maître vous avait pris à Béthune et vous conduisit à Armentières.

— Je vous reconnais bien, dit le bourreau, vous êtes un des quatre laquais.

— C'est cela.

— D'où venez-vous?

— Je passais sur la route; je me suis arrêté dans cette auberge pour faire rafraîchir mon cheval. On me racontait que le bourreau de Béthune était là blessé, quand vous avez poussé deux cris. Au premier nous sommes accourus; au second nous avons enfoncé la porte.

— Et le moine? dit le bourreau; avez-vous vu le moine?

— Quel moine?

— Le moine qui était enfermé avec moi.

— Non, il n'y était déjà plus; il paraît qu'il a fui par cette fenêtre. Est-ce donc lui qui vous a frappé?

— Oui, dit le bourreau.

Grimaud fit un mouvement pour sortir.

— Qu'allez-vous faire? demanda le blessé.

— Il faut courir après lui.

— Gardez-vous-en bien!

— Et pourquoi?

— Il s'est vengé, et il a bien fait. Maintenant j'espère que Dieu me pardonnera, car il y a expiation.

— Expliquez-vous, dit Grimaud.

— Cette femme... que vos maîtres et vous m'avez fait tuer...

— Milady?

— Oui, milady; c'est vrai, vous l'appeliez ainsi...

— Qu'a de commun milady avec le moine?

— C'était sa mère.

Grimaud chancela, et regarda le mourant d'un œil terne et presque hébété.

— Sa mère? répéta-t-il.

— Oui, sa mère.

— Mais il sait donc ce secret?

— Je l'ai pris pour un moine, et je le lui ai révélé en confession

— Malheureux! s'écria Grimaud, dont les cheveux se mouillèrent de sueur à la seule idée des suites que pouvait avoir une pareille révélation; malheureux! vous n'avez nommé personne, j'espère?

— Je n'ai prononcé aucun nom, car je n'en connaissais aucun, excepté le nom de fille de sa mère, et c'est à ce nom qu'il l'a reconnue; mais il sait que son oncle était au nombre de ses juges.

Et il retomba épuisé. Grimaud voulut lui porter secours, et avança sa main vers le manche du poignard.

— Ne me touchez pas, dit le bourreau; si l'on retirait ce poignard, je mourrais.

Grimaud resta la main étendue; puis, tout à coup, se frappant le front du poing:

— Ah! mais si jamais cet homme apprend qui sont les autres, mon maître est perdu alors!

— Hâtez-vous, hâtez-vous! s'écria le bourreau; prévenez-le, s'il vit encore, prévenez ses amis. Ma mort, croyez-le bien, ne sera pas le dénoûment de cette terrible aventure.

— Où allait-il? demanda Grimaud.

— Vers Paris.

— Qui l'a arrêté?

— Deux jeunes gentilshommes qui se rendaient à l'armée, et dont l'un d'eux, j'ai entendu son nom prononcé par son camarade, s'appelle le vicomte de Bragelonne.

— Et c'est ce jeune homme qui vous a amené ce moine?

— Oui.

Grimaud leva les mains au ciel.

— C'était donc la volonté de Dieu? dit-il

— Sans doute, dit le blessé.

— Alors voilà qui est effrayant, murmura Grimaud, et cependant cette femme, elle avait mérité son sort. N'est-ce donc plus votre avis?

— Au moment de mourir, dit le bourreau, on voit les crimes des autres bien petits en comparaison des siens.

Et il retomba épuisé et fermant les yeux.

Grimaud était retenu entre la pitié qui lui défendait de laisser cet homme sans secours, et la crainte qui lui commandait de partir à l'instant même pour aller porter cette nouvelle au comte de la Fère, lorsqu'il entendit du bruit dans le corridor et vit l'hôte qui rentrait avec le chirurgien, qu'on avait enfin retrouvé.

Plusieurs curieux suivaient, attirés par la curiosité; le bruit de l'étrange événement commençait à se répandre.

Le praticien s'approcha du mourant, qui semblait évanoui.

— Il faut d'abord extraire le fer de la poitrine, dit-il en secouant la tête d'une façon significative.

Grimaud se rappela la prophétie que venait de lui faire le blessé et détourna les yeux. Le chirurgien écarta le pourpoint, déchira la chemise et mit la poitrine à nu. Le fer, comme nous l'avons dit, était enfoncé jusqu'à la garde. Le chirurgien le prit par l'extrémité de la poignée; à mesure qu'il l'attirait, le blessé ouvrait les yeux avec une fixité effrayante. Lorsque la lame fut sortie entièrement de la plaie, une mousse rougeâtre vint couronner la bouche du blessé, puis, au moment où il respira, un flot de sang jaillit de l'orifice de sa blessure; le mourant fixa son regard sur Grimaud avec une expression singulière et expira sur-le-champ.

Alors Grimaud ramassa le poignard inondé du sang qui gisait dans la chambre et faisait horreur à tous, fit signe à l'hôte de le suivre, paya la dépense avec une générosité digne de son maître et remonta à cheval.

Grimaud avait pensé tout d'abord à retourner droit à Paris, mais il songea à l'inquiétude où son absence prolongée tiendrait Raoul; il se rappela que Raoul n'était qu'à deux lieues de l'endroit où il se trouvait lui-même, qu'en un quart d'heure il serait près de lui, et qu'allée, retour et explication, ne lui prendraient pas une heure; il mit son cheval au galop, et dix minutes après il descendait au *Mulet-Couronné*, la seule auberge de Mazingarde.

Aux premiers mots qu'il échangea avec l'hôte, il acquit la certitude qu'il avait rejoint celui qu'il cherchait.

Raoul était à table avec le comte de Guiche et son gouverneur, mais la sombre aventure de la matinée laissait sur les deux jeunes fronts une tristesse que la gaieté de M. d'Arminges, plus philosophe qu'eux par la grande habitude qu'il avait de ces sortes de spectacles, ne pouvait parvenir à dissiper.

Tout à coup la porte s'ouvrit, et Grimaud se présenta pâle, poudreux et encore couvert du sang du malheureux blessé.

— Grimaud, mon bon Grimaud, s'écria Raoul, enfin te voici! Excusez-moi, messieurs, ce n'est pas un serviteur, c'est un ami.

Et se levant et allant à lui:

— Comment va M. le comte? continua-t-il; me regrette-t-il un peu? l'as-tu vu depuis que nous nous sommes quittés? Réponds! Mais j'ai de mon côté bien des choses à te dire, va; depuis trois jours, il nous est arrivé force aventures. Mais qu'as-tu? comme tu es pâle! Du sang! pourquoi ce sang?

— En effet, il a du sang, dit le comte en se levant. Êtes-vous blessé, mon ami?

— Non, monsieur, dit Grimaud, ce sang n'est point à moi.

— Mais à qui? demanda Raoul.

— C'est le sang du malheureux que vous avez laissé à l'auberge, et qui est mort entre mes bras.

— Entre tes bras, cet homme! mais sais-tu qui il était?

— Oui, dit Grimaud.

— Mais c'était l'ancien bourreau de Béthune!

— Je le sais.

— Et tu le connaissais?

— Je le connaissais

— Et il est mort?

— Oui, dit Grimaud.

Les deux jeunes gens se regardèrent.

— Que voulez-vous, messieurs, dit d'Arminges, c'est la loi commune, et, pour avoir été bourreau, on n'en est pas exempt. Du moment où j'ai vu sa blessure, j'en ai eu mauvaise idée, et, vous le savez, c'était son opinion à lui-même, puisqu'il demandait un moine.

A ce mot de moine, Grimaud pâlit.

— Allons, allons, à table! dit d'Arminges, qui, comme tous les hommes de cette époque et surtout de son âge, n'admettait pas la sensibilité entre deux services.

— Oui, monsieur, vous avez raison, dit Raoul. Allons, Grimaud, fais-toi servir; commande, et, après que tu te seras reposé, nous causerons.

— Non, monsieur, non, dit Grimaud, je ne puis pas m'arrêter un instant, il faut que je reparte pour Paris.

— Comment! que tu repartes pour Paris! Tu te trompes, c'est Olivain qui va partir; toi, tu restes.

— C'est Olivain qui reste, au contraire, et c'est moi qui pars. Je suis venu tout exprès pour vous l'apprendre.

— Mais à quel propos ce changement?

— Je ne puis vous le dire.

— Explique-toi.

— Je ne puis m'expliquer.

— Allons, qu'est-ce que cette plaisanterie?

— Monsieur le vicomte sait que je ne plaisante jamais.

— Oui; mais je sais aussi que M. le comte de la Fère a dit que vous resteriez près de moi et qu'Olivain retournerait à Paris. Je suivrai les ordres de M. le comte.

— Pas dans cette circonstance, monsieur.

— Me désobéiriez-vous, par hasard?

— Oui, monsieur, car il le faut.

— Ainsi, vous persistez?

— Ainsi, je pars; soyez heureux, monsieur le vicomte.

Et Grimaud salua et tourna vers la porte pour sortir. Raoul, furieux et inquiet tout à la fois, courut après lui et l'arrêta par le bras.

— Grimaud! s'écria Raoul, restez, je le veux!

— Alors, dit Grimaud, vous voulez que je laisse tuer M. le comte.

Grimaud salua et s'apprêta à sortir.

— Grimaud, mon ami, dit le vicomte, vous ne partirez pas ainsi, vous ne me laisserez pas dans une pareille inquiétude. Grimaud, parle, parle, au nom du ciel!

Et Raoul tout chancelant tomba sur un fauteuil

— Je ne puis vous dire qu'une chose, monsieur, car le secret que vous me demandez n'est pas à moi. Vous avez rencontré un moine, n'est-ce pas?

— Oui.

Les deux jeunes gens se regardèrent avec effroi.

— Vous l'avez conduit près du blessé?

— Oui.

— Vous avez eu le temps de le voir, alors? Et peut-être le reconnaîtriez-vous si jamais vous le rencontriez?

— Oh! oui, je le jure.

— Et moi aussi, dit de Guiche.

— Eh bien! si vous le rencontrez jamais, dit Grimaud, quelque part que ce soit, sur la grande route, dans la rue, dans une église, partout où il sera et où vous serez, mettez le pied dessus et écrasez-le sans pitié, sans miséricorde, comme vous feriez d'une vipère, d'un serpent, d'un aspic; écrasez-le et ne le quittez que quand il sera mort; la vie de cinq hommes sera pour moi en doute tant qu'il vivra.

Et, sans ajouter une parole, Grimaud profita de l'étonnement et de la terreur où il avait jeté ceux qui l'écoutaient pour s'élancer hors de l'appartement.

— Eh bien! comte, dit Raoul en se retournant vers de Guiche, ne vous l'avais-je pas bien dit que ce moine me faisait l'effet d'un reptile?

Deux minutes après on entendit sur la route le galop d'un cheval. Raoul courut à la fenêtre. C'était Grimaud qui reprenait la route de Paris. Il salua le vicomte en agitant son chapeau et disparut bientôt à l'angle du chemin.

En route Grimaud réfléchit à deux choses: la première, c'est qu'au train dont il allait son cheval ne le mènerait pas dix lieues; la seconde, c'est qu'il n'avait pas d'argent.

— Mais Grimaud avait l'imagination d'autant plus féconde qu'il parlait moins. Au premier relais qu'il rencontra il vendit son cheval, et avec l'argent de son cheval il prit la poste.

CHAPITRE XXXVII

LA VEILLE DE LA BATAILLE.

Raoul fut tiré de ses sombres réflexions par l'hôte, qui entra précipitamment dans la chambre où venait de se passer la scène que nous avons racontée, en criant : Les Espagnols ! les Espagnols !

Ce cri était assez grave pour que toute préoccupation fît place à celle qu'il devait causer. Les jeunes gens demandèrent quelques informations et apprirent que l'ennemi s'avançait effectivement par Houdain et Béthune.

Tandis que M. d'Arminges donnait les ordres pour que les chevaux, qui se rafraîchissaient, fussent mis en état de partir, les deux jeunes gens montèrent aux plus hautes fenêtres de la maison, qui dominait les environs, et virent

La petite troupe prit au trot le chemin de Cambrin.

effectivement poindre du côté de Mersin et de Sains un corps nombreux d'infanterie et de cavalerie. Cette fois, ce n'était plus une troupe nomade de partisans, c'était toute une armée.

Il n'y avait donc d'autre parti à prendre que de suivre les sages instructions de M. d'Arminges et de battre en retraite.

Les jeunes gens descendirent rapidement. M. d'Arminges était déjà à cheval. Olivain tenait en main les deux montures des jeunes gens, et les laquais du comte de Guiche gardaient soigneusement entre eux le prisonnier espagnol, monté sur un bidet qu'on venait d'acheter à son intention. Pour surcroît de précaution, il avait les mains liées.

La petite troupe prit au trot le chemin de Cambrin, où l'on croyait trouver le prince, mais il n'y était plus depuis la veille et s'était retiré à la Bassée, une fausse nouvelle lui ayant appris que l'ennemi devait passer la Lys à Estaire.

En effet, trompé par ces renseignements, le prince avait

retiré ses troupes de Béthune, concentré toutes ses forces entre la Vieille-Chapelle et la Venthie, et lui-même, après une reconnaissance sur toute la ligne avec le maréchal de Grammont, venait de rentrer et de se mettre à table, interrogeant les officiers qui étaient assis à ses côtés sur les renseignements qu'il avait chargé chacun d'eux de prendre; mais nul n'avait de nouvelles positives. L'armée ennemie avait disparu depuis quarante-huit heures et semblait s'être évanouie.

Or, jamais une armée ennemie n'est si proche et par conséquent si menaçante que lorsqu'elle a disparu complétement. Le prince était donc maussade et soucieux, contre son habitude, lorsqu'un officier de service entra et annonça au maréchal de Grammont que quelqu'un demandait à lui parler. Le duc de Grammont prit du regard la permission du prince et sortit. Le prince le suivit des yeux, et ses regards restèrent fixés sur la route, personne n'osant parler, de peur de le distraire de sa préoccupation.

J.A.BEAUCE.

— Parlez, messieurs, dit le prince en les saluant.

Tout à coup un bruit sourd retentit, le prince se leva vivement en étendant la main du côté d'où venait le bruit... Ce bruit lui était bien connu, c'était celui du canon... Chacun s'était levé comme lui.

En ce moment la porte se rouvrit.

— Monseigneur, dit le maréchal de Grammont radieux, Votre Altesse veut-elle permettre que mon fils, le comte de Guiche, et son compagnon de voyage, le vicomte de Bragelonne, viennent lui donner des nouvelles de l'ennemi, que nous cherchons, nous, et qu'ils ont trouvé, eux?

— Comment donc, dit vivement le prince, si je le permets! non-seulement je le permets, mais je le désire. Qu'ils entrent.

Le maréchal poussa les deux jeunes gens, qui se trouvèrent en face du prince.

— Parlez, messieurs, dit le prince en les saluant, parlez d'abord, ensuite nous nous ferons les compliments d'usage. Le plus pressé pour nous tous maintenant est de savoir où est l'ennemi et ce qu'il fait.

C'était au comte de Guiche que revenait naturellement la parole; non-seulement il était le plus âgé des deux jeunes gens, mais encore il était présenté au prince par son père. D'ailleurs, il connaissait depuis longtemps le prince, que Raoul voycit pour la première fois. Il raconta donc au prince ce qu'ils avaient vu de l'auberge de Mazingarde.

Pendant ce temps, Raoul regardait ce jeune général déjà si fameux par les batailles de Rocroy, de Fribourg et de Nortlingen.

Louis de Bourbon, prince de Condé, que depuis la mort de Henri de Bourbon, son père, on appelait, par abréviation et selon l'habitude du temps, monsieur le Prince, était un jeune homme de vingt-six à vingt-sept ans à peine, au regard d'aigle, *agl'occhi Grifagni*, comme dit Dante, au nez recourbé, aux longs cheveux flottants par boucles, à la taille médiocre mais bien prise, ayant toutes les qualités d'un grand homme de guerre, c'est-à-dire coup d'œil, décision rapide, courage fabuleux; ce qui ne l'empêchait pas d'être en même temps homme d'élégance et d'esprit, si bien qu'outre la révolution qu'il faisait dans la guerre par les nouveaux aperçus qu'il y portait, il avait aussi fait révolution à Paris parmi les jeunes seigneurs de la cour, dont il était le chef naturel, et qu'en opposition aux élégants de l'ancienne cour, dont Bassompierre, Bellegarde et le duc d'Angoulême avaient été les modèles, on appelait les petits-maitres.

Aux premiers mots du comte de Guiche, et à la direction de laquelle venait du bout du canon, le prince avait tout compris. L'ennemi avait dû passer la Lys à Saint-Venant et marchait sur Lens, dans l'intention sans doute de s'emparer de cette ville et de séparer l'armée française de la France, Ce canon qu'on entendait, dont les détonations dominaient de temps en temps les autres, c'étaient les pièces de gros calibre qui répondaient au canon espagnol et lorrain.

Mais de quelle force était cette troupe? Était-ce un corps destiné à produire une simple diversion? était-ce l'armée tout entière? C'était la dernière question du prince, à laquelle il était impossible à de Guiche de répondre. Or, comme c'était la plus importante, c'était aussi celle à laquelle surtout le prince eût désiré une réponse exacte, précise, positive.

Raoul alors surmonta le sentiment bien naturel de timidité qu'il sentait, malgré lui, s'emparer de sa personne en face du prince, et se rapprochant de lui:

— Monseigneur me permettra-t-il de hasarder sur ce sujet quelques paroles qui peut-être le tireront d'embarras? dit-il.

Le prince se retourna et sembla envelopper tout entier le jeune homme dans un seul regard; il sourit en reconnaissant en lui un enfant de quinze ans à peine.

— Sans doute, monsieur, parlez, dit-il en adoucissant sa voix brève et accentuée, comme s'il eût cette fois adressé la parole à une femme.

— Monseigneur, répondit Raoul en rougissant, pourrait interroger le prisonnier espagnol.

— Vous avez fait un prisonnier espagnol? s'écria le prince.

— Oui, monseigneur.

— Ah! c'est vrai, reprit de Guiche, je l'avais oublié.

— C'est tout simple, c'est vous qui l'avez fait, comte, dit Raoul en souriant.

Le vieux maréchal se retourna vers le vicomte, reconnaissant de cet éloge donné à son fils, tandis que le prince s'écriait:

— Le jeune homme a raison, qu'on amène le prisonnier.

Pendant ce temps, le prince prit de Guiche à part et l'interrogea sur la manière dont ce prisonnier avait été fait et lui demanda quel était ce jeune homme.

— Monsieur, dit le prince en revenant vers Raoul, je sais que vous avez une lettre de ma sœur, madame de Longueville, mais je vois que vous avez préféré vous recommander vous-même en me donnant un bon avis.

— Monseigneur, dit Raoul en rougissant, je n'ai point voulu interrompre Votre Altesse dans une conversation aussi importante que celle qu'elle avait entamée avec M. le comte. Mais voici la lettre.

— C'est bien, dit le prince, vous me la donnerez plus tard. Voici le prisonnier, pensons au plus pressé.

En effet, on amenait le partisan. C'était un de ces condottieri comme il en restait encore à cette époque, vendant leur sang à qui voulait l'acheter et vieillis dans la ruse et le pillage. Depuis qu'il avait été pris, il n'avait pas prononcé une seule parole, de sorte que ceux qui l'avaient pris ne savaient pas eux-mêmes à quelle nation il appartenait.

Le prince le regarda avec un air d'indicible défiance

— De quelle nation es-tu? demanda le prince.

Le prisonnier répondit quelques mots en langue étrangère.

— Ah! ah! il parait qu'il est espagnol. Parlez-vous espagnol, Grammont?

— Ma foi, monseigneur, fort peu.

— Et moi, pas du tout, dit le prince en riant; messieurs, ajouta-t-il en se retournant vers ceux qui l'environnaient, y a-t-il parmi vous quelqu'un qui parle espagnol et qui veuille me servir d'interprète?

— Moi, monseigneur, dit Raoul.

— Ah! vous parlez espagnol?

— Assez, je crois, pour exécuter les ordres de Votre Altesse en cette occasion

Pendant tout ce temps le prisonnier était resté impassible et comme s'il n'eût pas compris le moins du monde de quoi il s'agissait.

— Monseigneur vous a fait demander de quelle nation vous êtes, dit le jeune homme dans le plus pur castillan.

— Ich bin ein Deutcher, répondit le prisonnier.

— Que diable dit-il, demanda le prince, et quel nouveau baragouin est celui-là?

— Il dit qu'il est Allemand, monseigneur, reprit Raoul; cependant j'en doute, car son accent est mauvais et sa prononciation défectueuse.

— Vous parlez donc allemand aussi? demanda le prince.

— Oui, monseigneur, répondit Raoul.

— Assez pour l'interroger dans cette langue?

— Oui, monseigneur.

— Interrogez-le donc, alors.

Raoul commença l'interrogatoire, mais les faits vinrent à l'appui de son opinion. Le prisonnier n'entendait pas ou faisait semblant de ne pas entendre ce que Raoul lui disait, et Raoul, de son côté, comprenait mal ses réponses mélangées de flamand et d'alsacien.

Cependant, au milieu de tous les efforts du prisonnier pour éluder un interrogatoire en règle, Raoul avait reconnu l'accent naturel à cet homme.

— Non siete Spagnuolo, dit-il, non siete Tedesso, siete Italiano.

Le prisonnier fit un mouvement et se mordit les lèvres.

— Ah! ceci, je l'entends à merveille, dit le prince de Condé, et, puisqu'il est Italien, je vais continuer l'interrogatoire. Merci, vicomte, continua le prince en riant, je vous nomme à partir de ce moment mon interprète.

Mais le prisonnier n'était pas plus disposé à répondre en italien que dans les autres langues; ce qu'il voulait, c'était d'éluder les questions. Aussi ne savait-il rien, ni le nombre de l'ennemi, ni le nom de ceux qui le commandaient, ni l'intention de la marche de l'armée.

— C'est bien! dit le prince, qui comprit les causes de cette ignorance; cet homme a été pris pillant et assassinant, il aurait pu racheter sa vie en parlant, il ne veut pas parler, emmenez-le et passez-le par les armes.

Le prisonnier pâlit, les deux soldats qui l'avaient amené le prirent chacun par un bras et le conduisirent vers la porte, tandis que le prince, e retournant vers le maréchal de Grammont, paraissait déjà avoir oublié l'ordre qu'il avait donné.

Arrivé au seuil de la porte, le prisonnier s'arrêta ; les soldats, qui n connaissaient que leur consigne, voulurent le forcer continuer son chemin.

— Un instant, dit le prisonnier en français : je suis prêt à parler, monseigneur.

— Ah ! ah ! dit le prince en riant, je savais bien que nous finirions par là. J'ai un merveilleux secret pour délier les langues, jeunes gens, faites-en votre profit pour le temps où vous commanderez à votre tour.

— Mais à la condition, continua le prisonnier, que Votre Altesse me jurera la vie sauve.

— Sur ma foi de gentilhomme, dit le prince.

— Alors, interrogez, monseigneur.

— Où l'armée a-t-elle passé la Lys ?

— Entre Saint-Venant et Aire.

— Par qui est-elle commandée ?

— Par le comte de Fuensaldagna, par le général Beck et par l'archiduc en personne

— De combien d'hommes se compose-t-elle ?

— De 18,000 hommes et 36 pièces de canon.

— Et elle marche ?

— Sur Lens.

— Voyez-vous, messieurs ! dit le prince en se retournant d'un air de triomphe vers le maréchal de Grammont et les autres officiers.

— Oui, monseigneur, dit le maréchal, vous aviez deviné tout ce qu'il était possible au génie humain de deviner.

— Rappelez le Plessis-Bellièvre, Villequier et d'Erlac, dit le prince, rappelez toutes les troupes qui sont en deçà de la Lys, qu'elles se tiennent prêtes à marcher cette nuit ; demain, selon toute probabilité, nous attaquons l'ennemi.

— Mais, monseigneur, dit le maréchal de Grammont, songez qu'en réunissant tout ce que nous avons d'hommes disponibles, nous atteindrons à peine le chiffre de 13,000 hommes.

— Monsieur le maréchal, dit le prince avec cet admirable regard qui n'appartenait qu'à lui, c'est avec les petites armées qu'on gagne les grandes batailles.

Puis se retournant vers le prisonnier :

— Que l'on emmène cet homme et qu'on le garde soigneusement à vue. Sa vie repose sur les renseignements qu'il nous a donnés ; s'ils sont vrais, il sera libre ; s'ils sont faux, qu'on le fusille.

On emmena le prisonnier.

— Comte de Guiche, reprit le prince, il y a longtemps que vous n'avez vu votre père, restez près de lui. Monsieur, continua-t-il en s'adressant à Raoul, si vous n'êtes pas trop fatigué, suivez-moi.

— Au bout du monde' monseigneur, s'écria Raoul, éprouvant pour le jeune général, qui lui paraissait si digne de sa renommée, un enthousiasme inconnu.

Le prince sourit ; il méprisait les flatteurs, mais estimait fort les enthousiastes.

— Allons, monsieur, dit-il, vous êtes bon au conseil, nous venons de l'éprouver ; demain nous verrons comment vous êtes à l'action.

— Et moi, monseigneur, dit le maréchal, que ferai-je ?

— Restez pour recevoir les troupes ; ou je reviendrai les chercher moi-même, ou je vous enverrai un courrier pour que vous me les ameniez. Vingt gardes les mieux montés, c'est tout ce dont j'ai besoin pour mon escorte.

— C'est bien peu, dit le maréchal.

— C'est assez, dit le prince. Avez-vous un bon cheval, monsieur de Bragelonne ?

— Le mien a été tué ce matin, monseigneur, et je monte provicoirement celui de mon laquais.

— Demandez et choisissez vous-même dans mes écuries celui qui vous conviendra. Pas de fausse honte, prenez le cheval qui vous semblera le meilleur. Vous en aurez besoin ce soir peut-être et demain certainement.

Raoul ne se le fit pas dire deux fois, il savait qu'avec les supérieurs et surtout quand ces supérieurs sont princes, la politesse suprême est d'obéir sans retard et sans raisonnements. Il descendit aux écuries choisir un cheval andaloux de couleur isabelle, le sella, le brida lui-même, car Athos lui avait recommandé, au moment du danger, de ne confier ces soins importants à personne, et il vint rejoindre le prince, qui, en ce moment, montait à cheval

— Maintenant, monsieur, dit-il à Raoul, voulez-vous me remettre la lettre dont vous êtes porteur ?

Raoul tendit la lettre au prince.

— Tenez-vous près de moi, monsieur, dit celui-ci.

Le prince piqua des deux, accrocha sa bride au pommeau de sa selle comme il avait l'habitude de le faire quand il voulait avoir les mains libres, décacheta la lettre de madame de Longueville et partit au galop sur la route de Lens, accompagné de Raoul et suivi de sa petite escorte, tandis que les messagers qui devaient rappeler les troupes partaient de leur côté à franc étrier dans des directions opposées.

Le prince lisait tout en courant.

— Monsieur, dit-il après un instant, on me dit le plus grand bien de vous ; je n'ai qu'une chose à vous apprendre, c'est que, d'après le peu que j'ai vu et entendu, j'en pense encore plus qu'on ne m'en dit.

Raoul s'inclina.

Cependant, à chaque pas qui conduisait la petite troupe vers Lens, les coups de canon retentissaient plus rapprochés. Le regard du prince était tendu vers ce bruit avec la fixité de celui d'un oiseau de proie. On eût dit qu'il avait la puissance de percer les rideaux d'arbres qui s'étendaient devant lui et qui bornaient l'horizon.

De temps en temps les narines du prince se dilataient, comme s'il avait eu hâte de respirer l'odeur de la poudre, et il soufflait comme son cheval.

Enfin on entendit le canon de si près qu'il était évident qu'on n'était plus guère qu'à une lieue du champ de bataille. En effet, au détour du chemin, on aperçut le petit village d'Aunay. Les paysans étaient en grande confusion ; le bruit des cruautés des Espagnols s'était répandu et effrayait chacun ; les femmes avaient déjà fui, se réfugiant vers Vitry ; quelques hommes restaient seuls. A la vue du prince, ils accoururent, un d'eux le reconnut.

— Ah ! monseigneur, dit-il, venez-vous chasser tous ces gueux d'Espagnols et tous ces pillards de Lorrains ?

— Oui, dit le prince, si tu veux me servir de guide.

— Volontiers, monseigneur ; où Votre Altesse veut-elle que je la conduise ?

— Dans quelque endroit élevé d'où je puisse découvrir Lens et ses environs.

— J'ai votre affaire, en ce cas.

— Je puis me fier à toi, tu es bon Français ?

— Je suis un vieux soldat de Rocroy, monseigneur.

— Tiens, dit le prince en lui donnant sa bourse, voilà pour Rocroy. Maintenant, veux-tu un cheval, ou préfères-tu aller à pied ?

— A pied, monseigneur, à pied ; j'ai toujours servi dans l'infanterie. D'ailleurs, je compte faire passer Votre Altesse par des chemins où il faudra qu'elle-même mette pied à terre.

— Viens donc, dit le prince, et ne perdons pas de temps.

Le paysan partit, courant devant le cheval du prince, puis, à cent pas du village, il prit par un petit chemin perdu au fond d'un joli vallon. Pendant une demi-lieue on marcha ainsi sous un couvert d'arbres, les coups de canon retentissant si près, qu'on eût dit à chaque détonation qu'on allait entendre siffler le boulet. Enfin on trouva un sentier qui quittait le chemin pour s'escarper au flanc de la montagne. Le paysan prit le sentier en invitant le prince à le suivre. Celui-ci mit pied à terre, ordonna à un de ses aides de camp et à Raoul d'en faire autant, aux autres d'attendre ses ordres en se gardant et en se tenant sur le qui-vive, et 'l commença de gravir le sentier.

Au bout de dix minutes, on était arrivé aux ruines d'un vieux château, ces ruines couronnaient le sommet d'une colline du haut de laquelle on dominait tous les environs. A un quart de lieue à peine, on découvrait Lens aux abois, et devant Lens toute l'armée ennemie.

D'un seul coup d'œil, le prince embrassa l'étendue qui se découvrait à ses yeux depuis Lens jusqu'à Vismy. En un instant, tout le plan de la bataille qui devait le lendemain sauver la France pour la seconde fois d'une invasion se déroula dans son esprit. Il prit un crayon, déchira une page de ses tablettes et écrivit :

— Allez, monsieur, dit-il, partez à franc étrier et remettez cette lettre à M. de Grammont.

« Mon cher maréchal,

« Dans une heure, Lens sera au pouvoir de l'ennemi. Venez me rejoindre ; amenez avec vous toute l'armée. Je serai à Vendin pour lui faire prendre sa position. Demain nous aurons repris Lens et battu l'ennemi. »

Puis, se retournant vers Raoul :

— Allez, monsieur, dit-il, partez à franc étrier et remettez cette lettre à M. de Grammont.

Raoul s'inclina, prit le papier, descendit rapidement la montagne, s'élança sur son cheval et partit au galop. Un quart d'heure après, il était près du maréchal.

Une partie des troupes était déjà arrivée, on attendait le reste d'instants en instants. Le maréchal de Grammont se mit à la tête de tout ce qu'il y avait d'infanterie et de cavalerie disponible, et prit la route de Vendin, laissant le duc de Châtillon pour attendre et amener le reste. Toute l'artillerie était en mesure de partir à l'instant même, et se mit en marche.

Il était sept heures du soir lorsque le maréchal arriva au rendez-vous. Le prince l'y attendait. Comme il l'avait prévu, Lens était tombé au pouvoir de l'ennemi presque aussitôt après le départ de Raoul. La cessation de la canonnade avait annoncé d'ailleurs cet événement.

On attendit la nuit. A mesure que les ténèbres s'avançaient, les troupes mandées par le prince arrivaient successivement. On avait ordonné qu'aucune d'elles ne battit le tambour ni ne sonnât de la trompette. A neuf heures, la nuit était tout à fait venue. Cependant, un dernier crépuscule éclairait encore la plaine. On se mit en marche silencieusement, le prince conduisant la colonne.

Arrivée au delà d'Aunay, l'armée aperçut Lens ; deux ou trois maisons étaient en flammes, et une sourde rumeur qui

Le prince parcourut les postes et donna l'ordre du lendemain.

indiquait l'agonie d'une ville prise d'assaut arrivait jusqu'aux soldats.

Le prince indiqua à chacun son poste : le maréchal de Grammont devait tenir l'extrême gauche et devait s'appuyer à Méricourt ; le duc de Châtillon formait le centre ; enfin le prince, qui formait l'aile droite, resterait en avant d'Aunay.

L'ordre de bataille du lendemain devait être le même que celui des positions prises la veille. Chacun en se ré-

veillant se trouverait sur le terrain où il devait manœuvrer.

Le mouvement s'exécuta dans le plus profond silence et avec la plus grande précision. A dix heures, chacun tenait sa position. A dix heures et demie, le prince parcourut les postes et donna l'ordre du lendemain.

Trois choses étaient recommandées par-dessus toutes aux chefs, qui devaient veiller à ce que les soldats les observassent scrupuleusement. La première, que les différents corps se regarderaient bien marcher, afin que la cavalerie et l'infanterie fussent bien sur la même ligne et que chacune gardât ses intervalles; la seconde, de n'aller à la charge qu'au pas; la troisième, de laisser tirer l'ennemi le premier.

Le prince donna le comte de Guiche à son père et retint pour lui Bragelonne; mais les deux jeunes gens demandèrent à passer cette nuit ensemble, ce qui leur fut accordé. Une tente fut posée pour eux près de celle du maréchal. Quoique la journée eût été fatigante, ni l'un ni l'autre n'avait besoin de dormir.

D'ailleurs, c'est une chose grave et imposante, même pour les vieux soldats, que la veille d'une bataille, à plus forte raison pour deux jeunes gens qui allaient voir ce terrible spectacle pour la première fois.

La veille d'une bataille, on pense à mille choses qu'on avait oubliées jusque-là et qui vous reviennent alors à l'esprit. La veille d'une bataille, les indifférents deviennent des amis, les amis deviennent des frères. Il va sans dire que si l'on a au fond du cœur quelque sentiment plus tendre, ce sentiment atteint tout naturellement le plus haut degré d'exaltation auquel il puisse atteindre.

Il faut croire que chacun des deux jeunes gens éprouvait quelque sentiment pareil, car, au bout d'un instant, chacun d'eux s'assit à une extrémité de la tente et se mit à écrire sur ses genoux.

Les épîtres furent longues, les quatre pages se couvrirent successivement de lettres fines et rapprochées. De temps en temps, les deux jeunes gens se regardaient en souriant. Ils se comprenaient sans rien dire; ces deux organisations élégantes et sympathiques étaient faites pour s'entendre sans se parler.

Les lettres finies, chacun mit la sienne dans deux enveloppes, où nul ne pouvait lire le nom de la personne à qui elle était adressée qu'en déchirant la première enveloppe; puis tous deux s'approchèrent l'un de l'autre et échangèrent leurs lettres en souriant.

— S'il m'arrivait malheur, dit Bragelonne.

— Si j'étais tué, dit de Guiche.

— Soyez tranquille, dirent-ils tous deux

Puis ils s'embrassèrent comme deux frères, s'enveloppèrent chacun dans son manteau et s'endormirent de ce sommeil jeune et gracieux dont dorment les oiseaux, les fleurs et les enfants.

CHAPITRE XXXVIII.

UN DÎNER D'AUTREFOIS.

La seconde entrevue des anciens Mousquetaires n'avait pas été pompeuse et menaçante comme la première. Athos avait jugé avec sa raison toujours supérieure que la table serait le centre le plus rapide et le plus complet de réunion, et, au moment où ses amis, redoutant sa distinction et sa sobriété, n'osaient parler d'un de ces bons dîners d'autrefois, mangés soit à la *Pomme du Pin*, soit au *Parpaillot*, il proposa le premier de se trouver autour de quelque table bien servie, et de s'abandonner sans réserve chacun à son caractère et à ses manières, abandon qui avait entretenu cette bonne intelligence qui les avait fait nommer autrefois les inséparables.

La proposition fut agréable à tous et surtout à d'Artagnan, lequel était avide de retrouver le bon goût et la gaieté des entretiens de sa jeunesse; car depuis longtemps son esprit fin et enjoué n'avait rencontré que des satisfactions insuffisantes, une vile pâture, comme il le disait lui-même. Porthos, au moment d'être baron, était enchanté de trouver cette occasion d'étudier dans Athos et dans Aramis le ton et les manières des gens de qualité. Aramis voulait savoir les nouvelles du Palais-Royal par d'Artagnan et par Porthos, et se ménager pour toutes les occasions des amis si dévoués, qui autrefois soutenaient ses querelles avec des épées si promptes et si invincibles. Quant à Athos, il était le seul qui n'eût rien à attendre ni à recevoir des autres et qui ne fût mû que par un sentiment de grandeur simple et d'amitié pure.

On convint donc que chacun donnerait son adresse positive, et que, sur le besoin de l'un des associés, la réunion serait convoquée chez un fameux traiteur de la rue de la Monnaie, à l'enseigne de l'*Ermitage*. Le premier rendez-vous fut fixé au mercredi suivant et à huit heures précises du soir.

En effet, ce jour-là, les quatre amis arrivèrent ponctuellement à l'heure dite, et chacun de son côté. Porthos avait eu à essayer un nouveau cheval, d'Artagnan descendait sa garde du Louvre, Aramis avait eu à visiter une de ses pénitentes du quartier, et Athos, qui avait établi son domicile rue Guénégaud, se trouvait presque tout porté. Ils furent donc fort surpris de se rencontrer à la porte de l'Ermitage, Athos débouchant par le Pont-Neuf, Porthos par la rue du Roule, d'Artagnan par la rue des Fossés-Saint-Germain-l'Auxerrois, Aramis par la rue de Béthisy.

Les premières paroles échangées entre les quatre amis, justement par l'affectation que chacun mit dans ses démonstrations, furent donc un peu forcées, et le repas lui-même commença avec une espèce de roideur. On voyait que d'Artagnan se forçait pour rire, Athos pour boire, Aramis pour conter, Porthos pour se taire. Athos s'aperçut de cet embarras, et ordonna, pour y porter un prompt remède, d'apporter quatre bouteilles de vin de Champagne.

A cet ordre donné avec le calme habituel d'Athos, on vit se dérider la figure du Gascon et s'épanouir le front de Porthos.

Aramis fut étonné. Il savait non-seulement qu'Athos ne buvait plus, mais encore qu'il éprouvait une certaine répugnance pour le vin. Cet étonnement redoubla quand Aramis vit Athos se verser rasade et boire avec son enthousiasme d'autrefois. D'Artagnan remplit et vida aussitôt son verre. Porthos et Aramis choquèrent les leurs. En un instant les quatre bouteilles furent vides. On eût dit que les convives avaient hâte de divorcer avec leurs arrière-pensées.

En un instant, cet excellent spécifique eut dissipé jus-qu'au moindre nuage qui pouvait rester au fond de leur cœur. Les quatre amis se mirent à parler plus haut sans attendre que l'un eût fini pour que l'autre commençât, et à prendre sur la table chacun sa posture favorite. Bientôt, chose énorme, Aramis défit deux aiguillettes de son pourpoint; ce que voyant, Porthos dénoua toutes les siennes.

Les batailles, les longs chemins, les coups reçus ou donnés firent les premiers frais de la conversation. Puis on passa aux luttes sourdes soutenues contre celui qu'on appelait maintenant le grand cardinal.

— Ma foi! dit Aramis en riant, voici assez d'éloges donnés aux morts, médisons un peu des vivants. Je voudrais bien médire du Mazarin. Est-ce permis?

— Toujours, dit d'Artagnan en éclatant de rire, toujours; contez votre histoire, et je vous applaudirai si elle est bonne.

— Un grand prince, dit Aramis, dont le Mazarin recherchait l'alliance, fut invité par celui-ci à lui envoyer la liste des conditions moyennant lesquelles il voulait bien lui faire l'honneur de frayer avec lui. Le prince, qui avait quelque répugnance à traiter avec un pareil cuistre, fit sa liste à contre-cœur et la lui envoya. Sur cette liste il y avait trois conditions qui déplaisaient à Mazarin; il fit offrir au prince d'y renoncer pour dix mille écus.

— Ah! Ah! Ah! s'écrièrent les trois amis, ce n'était pas cher, et il n'avait pas à craindre d'être pris au mot. Que fit le prince?

— Le prince envoya aussitôt cinquante mille livres à Mazarin en le priant de ne plus jamais lui écrire, et en lui offrant vingt mille livres de plus s'il s'engageait à ne plus jamais lui parler.

— Que fit Mazarin? Il se fâcha? demanda Athos.

— Il fit bâtonner le messager? dit Porthos.

— Il accepta la somme? dit d'Artagnan.

— Vous avez deviné, d'Artagnan, dit Aramis.

Et tous d'éclater de rire si bruyamment, que l'hôte monta en demandant si ces messieurs n'avaient pas besoin de quelque chose. Il avait cru que l'on se battait.

L'hilarité se calma enfin.

— Peut-on crosser M. de Beaufort? demanda d'Artagnan, j'en ai bien envie.

— Faites, dit Aramis, qui connaissait à fond cet esprit gascon si fin et si brave qui ne reculait jamais d'un seul pas sur aucun terrain.

— Et vous, Athos? demanda d'Artagnan.

— Je vous jure, foi de gentilhomme, que nous rirons, si vous êtes drôle, dit Athos.

— Je commence, dit d'Artagnan:

M. de Beaufort, causant un jour avec un des amis de M. le Prince, lui dit que, sur les premières querelles du Mazarin et du parlement, il s'était trouvé un jour en différend avec M. de Chavigny, et que le voyant attaché au nouveau cardinal, lui qui tenait à l'ancien de tant de manières, il l'avait *gourmé* de bonne façon. Cet ami, qui connaissait M. de Beaufort pour avoir la main fort légère, ne fut pas autrement étonné du fait, et l'alla tout courant conter à M. le Prince. La chose se répand, et voilà que chacun tourne le dos à Chavigny. Celui-ci cherche l'explication de cette froideur générale; on hésite à la lui faire connaître; enfin, quelqu'un se hasarde à lui dire que chacun s'étonne qu'il se soit laissé *gourmer* par M. de Beaufort, tout prince qu'il est.

— Et qui a dit que le prince m'avait gourmé? demande Chavigny.

— Le prince lui-même, répond l'ami.

On remonte à la source, et l'on trouve la personne à laquelle le prince a tenu ce propos, laquelle, adjurée sur l'honneur de dire la vérité, le répète et l'affirme. Chavigny, au désespoir d'une pareille calomnie, à laquelle il ne comprend rien, déclare à ses amis qu'il mourra plutôt que de supporter une pareille injure. En conséquence, il envoie deux témoins au prince avec mission de lui demander s'il est vrai qu'il ait dit qu'il avait gourmé M. de Chavigny.

— Je l'ai dit et je le répète, répondit le prince, car c'est la vérité.

— Monseigneur, dit alors l'un des parrains de Chavigny, permettez moi de dire à Votre Altesse que des coups à un gentilhomme dégradent autant celui qui les donne que celui qui les reçoit. Le roi Louis XIII ne voulait pas avoir de valets de chambre gentilshommes, pour avoir le droit de battre ses valets de chambre.

— Eh bien! mais, demanda M. de Beaufort étonné, qui a reçu des coups et qui parle de battre?

— Mais vous, monseigneur, qui prétendez avoir battu...

— Qui?

— M. de Chavigny

— Moi?

— Gourmander, Gourmer, que fait cela? dit le prince. N'est-ce pas la même chose?

— N'avez-vous pas gourmé M. de Chavigny, à ce que vous dites au moins, monseigneur?

— Oui.

— Eh bien! lui dément.

— Ah! par exemple! dit le prince, je l'ai si bien gourmé, que voilà mes propres paroles, dit M. de Beaufort avec toute la majesté que vous lui connaissez : « Mon cher Chavigny, vous êtes blâmable de prêter secours à un drôle comme Mazarin. »

— Ah! monseigneur, s'écria le second, je comprends, c'est gourmander que vous avez voulu dire.

— Gourmander, gourmer, que fait cela? dit le prince. N'est-ce pas la même chose? En vérité, nos faiseurs de mots sont bien pédants!

On rit beaucoup de cette erreur philologique de M. de Beaufort, dont les bévues en ce genre commençaient à devenir proverbiales, et il fut convenu que, l'esprit de parti étant exilé à tout jamais de ces réunions amicales, d'Artagnan et

Porthos pourraient railler les princes, à la condition qu'Athos et Aramis pourraient *gourmer* le Mazarin.

— Ma foi, dit d'Artagnan à ses deux amis, vous avez raison de lui vouloir du mal, à ce Mazarin, car, de son côté, je vous le jure, il ne vous veut pas de bien.

— Bah! vraiment? dit Athos. Si je croyais que ce drôle me connût par mon nom, je me ferais débaptiser, de peur qu'on ne crût que je le connais, moi.

— Il ne vous connaît point par votre nom, mais par vos faits : il sait qu'il y a deux gentilshommes qui ont plus particulièrement contribué à l'évasion de M. de Beaufort, et il les a fait chercher activement, je vous en réponds.

— Par qui?

— Par moi.

— Comment! par vous?

— Que le fils de Milady a quitté l'Angleterre, qu'il est en France, qu'il vient à Paris. — PAGE 138.

— Oui, il m'a encore envoyé chercher ce matin pour me demander si j'avais quelque renseignement.

— Sur ces deux gentilshommes?

— Oui.

— Et que lui avez-vous répondu?

— Que je n'en avais pas encore, mais que je dînais avec deux personnes qui pourraient m'en donner.

— Vous lui avez dit cela? dit Porthos avec son gros rire

épanoui sur sa large figure. Bravo! Et cela ne vous fait pas peur, Athos?

— Non, dit Athos, ce n'est pas la recherche du Mazarin que je redoute.

— Vous, reprit Aramis. Dites-moi un peu ce que vous redoutez.

— Rien, dans le présent du moins, c'est vrai.

— Et dans le passé? dit Porthos.

18

— Ah! dans le passé, c'est autre chose, dit Athos avec un soupir; dans le passé et dans l'avenir.

— Est-ce que vous craignez pour votre jeune Raoul? demanda Aramis.

— Bon! dit d'Artagnan, on n'est jamais tué à la première affaire.

— Ni à la seconde, dit Aramis.

— Ni à la troisième, dit Porthos. D'ailleurs, quand on est tué, on en revient, et la preuve, c'est que nous voilà.

— Non, dit Athos, ce n'est pas Raoul non plus qui m'inquiète, car il se conduira, je l'espère, en gentilhomme, et, s'il est tué, eh bien! ce sera bravement; mais tenez, si ce malheur lui arrivait, eh bien!...

Athos passa la main sur son front pâle.

— Eh bien! demanda Aramis.

— Eh bien! je regarderais ce malheur comme une expiation.

— Ah! ah! dit d'Artagnan, je sais ce que vous voulez dire.

— Et moi aussi, dit Aramis; mais il ne faut pas songer à cela, Athos; le passé est passé.

— Je ne comprends pas, dit Porthos.

— L'affaire d'Armentières, dit tout bas d'Artagnan.

— L'affaire d'Armentières? demanda celui-ci.

— Milady...

— Ah! oui, dit Porthos, c'est vrai, je l'avais oubliée, moi.

Athos le regarda de son œil profond.

— Vous l'avez oubliée, vous, Porthos? dit-il.

— Ma foi oui! dit Porthos. Il y a longtemps de cela.

— La chose ne pèse donc point à votre conscience?

— Ma foi non! dit Porthos.

— Et à vous, Aramis?

— Mais j'y pense parfois, dit Aramis, comme à un des cas de conscience qui prêtent le plus à la discussion.

— Et à vous, d'Artagnan?

— Moi, j'avoue que, lorsque mon esprit s'arrête sur cette époque terrible, je n'ai de souvenirs que pour le corps glacé de cette pauvre madame Bonacieux. Oui, oui, murmura-t-il, j'ai eu bien des fois des regrets pour la victime, jamais de remords pour son assassin.

Athos secoua la tête d'un air de doute.

— Songez, dit Aramis, que, si vous admettez la justice divine et sa participation aux choses de ce monde, cette femme a été punie de par la volonté de Dieu. Nous avons été les instruments, voilà tout.

— Mais le libre arbitre, Aramis?

— Que fait le juge? il a son libre arbitre aussi, et il condamne sans crainte. Que fait le bourreau? il est maître de son bras, et cependant il frappe sans remords.

— Le bourreau... murmura Athos; et l'on vit qu'il s'arrêtait à un souvenir.

— Je sais que c'est effrayant, dit d'Artagnan, mais, quand je pense que nous avons tué des Anglais, des Rochellois, des Espagnols, des Français même, qui ne nous avaient jamais fait d'autre mal que de nous coucher en joue et de nous manquer, qui n'avaient jamais eu d'autre tort que de croiser le fer avec nous et de ne pas arriver à la parade assez vite, je m'excuse pour ma part dans le meurtre de cette femme, parole d'honneur!

— Moi, dit Porthos, maintenant que vous m'en avez fait souvenir, Athos, je revois encore la scène comme si j'y étais: milady était là, où vous êtes...

Athos pâlit.

— .. Moi, j'étais à la place où se trouve d'Artagnan. J'avais au côté une épée qui coupait comme un damas; vous vous la rappelez, Aramis, vous qui railliez toujours Bali-

zarde?... Eh bien! je vous jure à tous trois que, s'il n'y avait pas eu là un bourreau de Béthune... Est-ce de Béthune?... Oui, ma foi, de Béthune... j'eusse coupé le cou à cette scélérate, sans m'y reprendre, et même en m'y reprenant. C'était une méchante femme.

— Et puis, dit Aramis avec ce ton d'insoucieuse philosophie qu'il avait pris depuis qu'il était d'église, et dans lequel il avait bien plus d'athéisme que de confiance en Dieu, à quoi bon songer à cela? ce qui est fait est fait. Nous nous confesserons de cette action à l'heure suprême, et Dieu saura bien mieux que nous si c'est un crime, une faute ou une action méritoire. M'en repentir, me direz-vous? ma foi non. Sur l'honneur et sur la croix, je ne m'en repens que parce qu'elle était femme.

— Le plus tranquillisant dans tout cela, dit d'Artagnan, c'est que de ce passé il ne reste aucune trace.

— Elle avait un fils, dit Athos.

— Ah! oui, je le sais bien, dit d'Artagnan, et vous m'en avez parlé; mais qui sait ce qu'il est devenu? Mort le serpent, morte la couvée! Croyez-vous que de Winter, son oncle, aura élevé ce serpenteau-là? de Winter aura condamné le fils comme il a condamné la mère.

— Alors, dit Athos, malheur à de Winter, car l'enfant n'avait rien fait, lui.

— L'enfant est mort, ou le diable m'emporte! dit Porthos. Il fait tant de brouillard dans cet affreux pays, à ce que dit d'Artagnan du moins...

Au moment où cette conclusion de Porthos allait peut-être ramener la gaieté sur tous ces fronts plus ou moins assombris, un bruit de pas se fit entendre dans l'escalier, et l'on frappa à la porte.

— Entrez, dit Athos.

— Messieurs, dit l'hôte, il y a là un garçon très-pressé qui demande à parler à l'un de vous.

— Auquel? demandèrent les quatre amis.

— A celui qui se nomme le comte de la Fère.

— C'est moi, dit Athos. Et comment s'appelle ce garçon?

— Grimaud.

— Ah! fit Athos pâlissant, déjà de retour? Qu'est-il donc arrivé à Bragelonne?

— Qu'il entre! dit d'Artagnan, qu'il entre!

Mais déjà Grimaud avait franchi l'escalier et attendait sur le degré; il s'élança dans la chambre et congédia l'hôte d'un geste.

L'hôte referma la porte. les quatre amis restèrent dans l'attente.

L'agitation de Grimaud, sa pâleur, la sueur qui mouillait son visage, la poussière qui souillait ses vêtements, tout annonçait qu'il s'était fait le messager de quelque importante et terrible nouvelle.

— Messieurs, dit-il, cette femme avait un enfant, l'enfant est devenu un homme; la tigresse avait un petit, le tigre est lancé; il vient à vous, prenez garde!

Athos regarda ses amis avec un sourire mélancolique, Porthos chercha à son côté son épée, qui était suspendue à la muraille, Aramis saisit son couteau, d'Artagnan se leva.

— Que veux-tu dire, Grimaud? s'écria ce dernier.

— Que le fils de milady a quitté l'Angleterre, qu'il est en France, qu'il vient à Paris, s'il n'y est déjà.

— Diable! dit Porthos, tu es sûr?

— Sûr, dit Grimaud.

Un long silence accueillit cette déclaration.

Grimaud était si haletant, si fatigué, qu'il tomba sur une chaise.

Athos remplit un verre de vin de Champagne et le lui porta.

— Eh bien! après tout, dit d'Artagnan,

quand il viendrait à Paris, nous en avons vu bien d'autres! Qu'il vienne!

— Oui, dit Porthos, caressant du regard son épée pendue à la muraille, nous l'attendons : qu'il vienne!

— D'ailleurs, ce n'est qu'un enfant, dit Aramis.

Grimaud se leva.

— Un enfant! dit-il. Savez-vous ce qu'il a fait, cet enfant? Déguisé en moine, il a découvert toute l'histoire en confessant le bourreau de Béthune, et, après l'avoir confessé, après avoir tout appris de lui, il lui a, pour absolution, planté dans le cœur le poignard que voilà. Tenez, il est encore rouge et humide, car il n'y a pas plus de trente heures qu'il est sorti de la plaie.

Et Grimaud jeta sur la table le poignard oublié par le moine dans la blessure du bourreau.

D'Artagnan, Porthos et Aramis se levèrent, et, d'un mouvement spontané, coururent à leurs épées.

Athos seul demeura sur sa chaise, calme et rêveur.

— Et tu dis qu'il est vêtu en moine, Grimaud?

— Oui, en moine augustin.

— Quel homme est-ce?

— De ma taille, à ce que m'a dit l'hôte, maigre, pâle, avec des yeux bleu clair et des cheveux blonds.

— Et... il n'a pas vu Raoul? dit Athos.

— Au contraire, ils se sont rencontrés, et c'est le vicomte lui-même qui l'a conduit au lit du mourant.

Athos se leva sans dire une parole et alla à son tour décrocher son épée.

— Ah çà! messieurs, dit d'Artagnan essayant de rire, savez-vous que nous avons l'air de femmelettes! Comment, nous, quatre hommes qui avons sans sourciller tenu tête à des armées, voilà que nous tremblons devant un enfant!

— Oui, dit Athos, mais cet enfant vient au nom de Dieu.

Et ils sortirent empressés de l'hôtellerie.

CHAPITRE XXXIX.

LA LETTRE DE CHARLES Ier.

Maintenant il faut que le lecteur franchisse avec nous la Seine et nous suive jusqu'à la porte du couvent des Carmélites de la rue Saint-Jacques.

Il est onze heures du matin, et les pieuses sœurs viennent de dire une messe pour le succès des armes du roi Charles Ier.

En sortant de l'église, une femme et une jeune fille, vêtues de noir, l'une comme une veuve, l'autre comme une orpheline, sont rentrées dans leur cellule.

La femme s'est agenouillée sur un prie-Dieu de bois peint, et à quelques pas d'elle la jeune fille, appuyée à une chaise, se tient debout et pleure.

— Mon Dieu ! disait la jeune fille, conservez-moi ma mère.

La femme a dû être belle, mais on voit que ses larmes l'ont vieillie.

La jeune fille est charmante, et ses pleurs l'embellissent encore.

La femme paraît avoir quarante ans, la jeune fille en a quatorze.

— Mon Dieu ! disait la suppliante agenouillée, conservez mon époux, conservez mon fils, et prenez ma vie, si triste et si misérable.

— Mon Dieu ! disait la jeune fille, conservez-moi ma mère !

— Votre mère ne peut plus rien pour vous en ce monde, Henriette, dit en se retournant la femme affligée qui priait. Votre mère n'a plus ni trône, ni époux, ni fils, ni argent, ni amis ; votre mère, ma pauvre enfant, est abandonnée de tout l'univers.

Et la femme, se renversant aux bras de sa fille, qui se précipitait pour la soutenir, se laissa aller elle-même aux sanglots.

— Ma mère, prenez courage ! dit la jeune fille.

— Ah ! les rois sont malheureux cette année, dit la mère en posant sa tête sur l'épaule de l'enfant, et personne ne songe à nous dans ce pays, car chacun songe à ses propres affaires. Tant que votre frère a été avec nous, il m'a soutenue, mais votre frère est parti, il est à présent sans pouvoir donner de ses nouvelles ni à moi ni à son père. J'ai engagé mes derniers bijoux, vendu toutes mes hardes et les vôtres pour payer les gages de ses serviteurs, qui refusaient de l'accompagner si je n'eusse fait ce sacrifice. Maintenant nous en sommes réduites à vivre aux dépens des filles du Seigneur. Nous sommes des pauvres, secourues par Dieu.

— Mais pourquoi ne vous adressez-vous pas à la reine votre sœur ? demanda la jeune fille.

— Hélas ! dit l'affligée, la reine ma sœur n'est plus reine,

Lord de Winter.

mon enfant, et c'est un autre qui règne en son nom. Un jour vous pourrez comprendre cela.

— Eh bien ! alors, au roi votre neveu. Voulez-vous que je lui parle ? vous savez comme il m'aime, ma mère.

— Hélas ! le roi mon neveu n'est pas encore roi, et lui-même, vous le savez bien, Laporte nous l'a dit vingt fois, lui-même manque de tout.

— Alors, adressons-nous à Dieu, dit la jeune fille.

Et elle s'agenouilla près de sa mère.

Ces deux femmes qui priaient ainsi au même prie-Dieu, c'étaient la fille et la petite-fille de Henri IV, la femme et la fille de Charles Ier.

Elles achevaient leur double prière lorsqu'une religieuse gratta doucement à la porte de la cellule.

— Entrez, ma sœur, dit la plus âgée des deux femmes en essuyant ses pleurs et en se relevant.

La religieuse entr'ouvrit respectueusement la porte.

— Que Votre Majesté veuille bien m'excuser si je trouble

ses méditations, dit-elle, mais il y a au parloir un seigneur étranger qui arrive d'Angleterre et qui demande l'honneur de présenter une lettre à Votre Majesté.

— Oh! une lettre! une lettre du roi, peut-être! Des nouvelles de votre père, sans doute; entendez-vous, Henriette?

— Oui, madame, j'entends et j'espère.

— Et quel est ce seigneur, dites?

— Un gentilhomme de quarante-cinq à cinquante ans.

— Son nom? A-t-il dit son nom?

— Milord de Winter.

— Milord de Winter! s'écria la reine; l'ami de mon époux! Oh! faites entrer, faites entrer!

Et la reine courut au-devant du messager, dont elle saisit la main avec empressement.

Lord de Winter, en entrant dans la cellule, s'agenouilla et présenta à la reine une lettre roulée dans un étui d'or.

— Ah! milord, dit la reine, vous nous apportez trois choses que nous n'avions pas vues depuis bien longtemps : de l'or, un ami dévoué et une lettre du roi notre époux et maître.

De Winter salua de nouveau, mais il ne put répondre, tant il était profondément ému.

— Milord, dit la reine en montrant la lettre, vous comprenez que je suis pressée de savoir ce que contient ce papier.

— Je me retire, madame, dit de Winter.

— Non, restez, dit la reine, nous lirons devant vous; ne comprenez-vous pas que j'ai mille questions à vous faire?

De Winter recula de quelques pas et demeura debout en silence.

La mère et la fille de leur côté s'étaient retirées dans l'embrasure de la fenêtre et lisaient avidement, la fille appuyée au bras de sa mère, la lettre suivante :

« Madame et chère épouse,

« Nous voici arrivés au terme.

« Toutes les ressources que Dieu m'a laissées sont concentrées en ce camp de Naseby, d'où je vous écris à la hâte.

« Là, j'attends l'armée de mes sujets rebelles, et je vais lutter une dernière fois contre eux.

« Vainqueur, j'éternise la lutte; vaincu, je suis perdu complètement.

« Je veux dans ce dernier cas (hélas! quand on en est où nous en sommes, il faut tout prévoir), je veux essayer de gagner les côtes de France.

« Mais pourra-t-on, voudra-t-on y recevoir un roi malheureux qui apportera un si funeste exemple dans un pays déjà soulevé par les discordes civiles?

« Votre sagesse et votre affection me serviront de guides.

« Le porteur de cette lettre vous dira, madame, ce que je ne puis confier aux risques d'un accident.

« Il vous expliquera quelle démarche j'attends de vous.

« Je le charge aussi de ma bénédiction pour mes enfants et de tous les sentiments de mon cœur pour vous, madame et chère épouse. »

La lettre était signée, au lieu de Charles, roi, — Charles, encore roi.

Cette triste lecture, dont de Winter suivait les impressions sur le visage de la reine, amena cependant dans ses yeux un éclair d'espérance.

— Qu'il ne soit plus roi! s'écria-t-elle, qu'il soit vaincu, exilé, proscrit, mais qu'il vive! Hélas! le trône est un poste trop périlleux aujourd'hui pour que je désire qu'il y reste. Mais dites-moi, milord, continua la reine, ne me cachez rien. Où en est le roi? Sa position est-elle donc aussi désespérée qu'il le pense?

— Hélas! madame, plus désespérée qu'il ne le pense lui-même. Sa Majesté a le cœur si bon, qu'elle ne comprend pas la haine; si loyal, qu'elle ne devine pas la trahison. L'Angleterre est atteinte d'un esprit de vertige, qui, j'en ai peur, ne s'éteindra que dans le sang.

— Mais lord Montrose? répondit la reine. J'avais entendu parler de grands et rapides succès, de batailles gagnées à Inverlashy, à Alfort et à Kilsyth. J'avais entendu dire qu'il marchait à la frontière pour se joindre à son roi.

— Oui, madame, mais à la frontière il a rencontré Lesly. Il avait lassé la victoire à force d'entreprises surhumaines, la victoire l'a abandonné. Montrose, battu à Philiphaugh, a été forcé de congédier les restes de son armée et de fuir déguisé en laquais. Il est à Bergen, en Norwége.

— Dieu le garde! dit la reine. C'est au moins une consolation de savoir que ceux qui ont tant de fois risqué leur vie pour nous sont en sûreté. Et maintenant, milord, que je vois la position du roi telle qu'elle est, c'est-à-dire désespérée, dites-moi ce que vous avez à me dire de la part de mon royal époux.

— Eh bien! madame, dit de Winter, le roi désire que vous tâchiez de pénétrer les dispositions du roi et de la reine à son égard.

— Hélas! vous le savez, répondit la reine, le roi n'est encore qu'un enfant, et la reine une femme, bien faible même; c'est M. de Mazarin qui est tout.

— Voudrait-il donc jouer en France le rôle que Cromwell joue en Angleterre?

— Oh! non, c'est un Italien souple et rusé qui peut-être rêve le crime, mais n'osera jamais le commettre, et, tout au contraire de Cromwell, qui dispose des deux chambres, Mazarin n'a pour appui que la reine dans sa lutte avec le parlement.

— Raison de plus alors pour qu'il protége un roi que les parlements poursuivent.

La reine hocha la tête avec amertume.

— Si j'en juge par moi-même, milord, dit-elle, le cardinal ne fera rien, ou peut-être même sera contre nous. Ma présence et celle de ma fille en France lui pèsent déjà; à plus forte raison celle du roi. Milord, ajouta Henriette en souriant avec mélancolie, c'est triste et presque honteux à dire, mais nous avons passé l'hiver au Louvre sans argent, sans linge, presque sans pain et ne nous levant pas souvent faute de feu.

— Horreur! s'écria de Winter, la fille de Henri IV, la femme du roi Charles! Que vous adressiez-vous donc, madame, au premier venu de nous?

— Voilà l'hospitalité que donne à une reine le ministre auquel un roi veut la demander.

— Mais j'avais entendu parler d'un mariage entre monseigneur le prince de Galles et mademoiselle d'Orléans, dit de Winter.

— Oui, j'en ai eu un instant l'espoir; les enfants s'aimaient; mais la reine, qui avait d'abord donné les mains à cet amour, a changé d'avis; mais M. le duc d'Orléans, qui avait encouragé le commencement de leur familiarité, a défendu à sa fille de penser davantage à cette union. Ah! milord, continua la reine sans songer même à essuyer ses larmes, mieux vaut combattre comme a fait le roi et mourir comme il va faire peut-être, que de vivre en mendiant comme je le fais.

— Du courage, madame, dit de Winter; du courage, ne désespérez pas : les intérêts de la couronne de France, si ébranlés en ce moment, sont de combattre la rébellion chez le peuple le plus voisin. Mazarin est homme d'État, et il comprendra cette nécessité.

— Mais êtes-vous sûr, dit la reine d'un air de doute, que vous ne soyez pas prévenu?

— Par qui? demanda de Winter.

— Mais par les Joye, par les Pridge, par les Cromwell.

— Par un tailleur! par un charretier! par un brasseur! Ah! je l'espére, madame, le cardinal n'entrerait pas en alliance avec de pareils hommes.

— Et qu'est-il lui-même? demanda madame Henriette.

— Mais pour l'honneur du roi, pour celui de la reine..

— Allons, espérons qu'il fera quelque chose pour cet honneur, dit madame Henriette. Un ami possède une si bonne éloquence, milord, que vous me rassurez; donnez-moi donc la main et allons chez le ministre.

— Madame, dit de Winter en s'inclinant, je suis confus de cet honneur

— Mais enfin, s'il refusait, dit madame Henriette s'arrêtant, et que le roi perdit la bataille?

— Sa Majesté alors se réfugierait en Hollande. ou j'ai entendu dire qu'était monseigneur le prince de Galles.

— Et Sa Majesté pourrait-elle compter pour sa fuite sur beaucoup de serviteurs comme vous?

— Hélas! non, madame, dit de Winter; mais le cas est prévu, et je viens chercher des alliés en France.

— Des alliés! dit la reine en secouant la tête.

— Madame, répondit de Winter, que je retrouve d'anciens amis que j'ai eus autrefois, et je réponds de tout.

— Allons donc, milord, dit la reine avec ce doute poignant des gens qui ont été longtemps malheureux, allons donc, et que Dieu vous entende!

La reine monta dans sa voiture, et de Winter, à cheval, suivi de deux laquais, l'accompagna à la portière.

CHAPITRE XL.

LA LETTRE DE CROMWELL

Au moment où madame Henriette quittait les Carmélites pour se rendre au Palais-Royal, un cavalier descendait de cheval à la porte de cette demeure royale et annonçait aux gardes qu'il avait quelque chose de conséquence à dire au cardinal Mazarin.

Bien que le cardinal eût souvent peur, comme il avait encore plus souvent besoin d'avis et de renseignements, il était assez accessible.

Ce n'était point à la première porte qu'on trouvait la difficulté véritable. la seconde même se franchissait assez facilement, mais à la troisième veillait, outre la garde et les huissiers. le fidèle Bernouin, charnière qu'aucune parole ne pouvait fléchir, qu'aucun rameau, fût-il d'or, ne pouvait charmer.

C'était donc à la troisième porte que celui qui sollicitait ou réclamait une audience devait subir un interrogatoire formel.

Le cavalier ayant laissé son cheval attaché aux grilles de la cour, monta le grand escalier, et s'adressant aux gardes dans la première salle :

— M. le cardinal Mazarin ? dit-il.

— Passez, répondirent les gardes sans lever le nez, les uns de dessus leurs cartes et les autres de dessus leurs dés, enchantés d'ailleurs de faire comprendre que ce n'était pas à eux à remplir l'office de laquais

Le cavalier entra dans la seconde salle. Celle-ci était gardée par les mousquetaires et les huissiers.

Le cavalier répéta sa demande

— Avez-vous une lettre d'audience? demanda un huissier s'avançant au-devant du solliciteur

— J'en ai une, mais pas du cardinal de Mazarin.

— Entrez et demandez M. Bernouin, dit l'huissier

Bernouin.

Et il ouvrit la porte de la troisième chambre.

Soit hasard, soit qu'il se tint à son poste habituel, Bernouin était debout derrière cette porte et avait tout entendu.

— C'est moi, monsieur, que vous cherchez, dit il. De qui est la lettre que vous apportez à Son Eminence ?

— Du général Olivier Cromwell, dit le nouveau venu ; veuillez dire ce nom à Son Eminence, et me rapporter si M. le cardinal Mazarin veut me recevoir oui ou non.

Et il se tint debout dans l'attitude sombre et fière qui était particulière aux puritains.

Bernouin, après avoir promené sur toute la personne du jeune homme un regard inquisiteur, rentra dans le cabinet du cardinal, auquel il transmit les paroles du messager.

— Un homme porteur d'une lettre d'Olivier Cromwell? dit Mazarin ; et quelle espèce d'homme ?

— Un vrai Anglais, monseigneur, cheveux blonds roux,

plutôt roux que blonds ; œil gris-bleu ; plutôt gris que bleu ; pour le reste, orgueil et roideur.

– Qu'il donne sa lettre.

— Monseigneur demande la lettre, dit Bernouin en repassant du cabinet dans l'antichambre.

— Monseigneur ne verra pas la lettre sans le porteur, répondit le jeune homme ; mais, pour vous convaincre que je suis réellement porteur d'une lettre, regardez, la voici.

Bernouin regarda le cachet, et, voyant que la lettre venait véritablement du général Olivier Cromwell, il s'apprêta à retourner près de Mazarin.

— Ajoutez, dit le jeune homme, que je suis, non pas un simple messager, mais un envoyé extraordinaire.

Bernouin rentra dans le cabinet, et sortant après quelques secondes :

— Entrez, monsieur, dit-il en tenant la porte ouverte.

Mazarin avait eu besoin de toutes ces allées et venues

J.R.BEAUCE.   DUPRA.

— Vous avez, monsieur, dit-il, une lettre de créance pour moi ?

pour se remettre de l'émotion que lui avait causée l'annonce de cette lettre, mais, quelque perspicace que fût son esprit, il cherchait en vain quel motif avait pu porter Cromwell à entrer avec lui en communication.

Le jeune homme parut sur le seuil de son cabinet ; il tenait son chapeau d'une main et la lettre de l'autre.

Mazarin se leva.

— Vous avez, monsieur, dit-il, une lettre de créance pour moi ?

— La voici, monseigneur, dit le jeune homme.

Mazarin prit la lettre, la décacheta et lut :

« M. Mordaunt, un de mes secrétaires, remettra cette lettre d'introduction à Son Eminence le cardinal de Mazarin, à Paris ; il est porteur en outre pour Son Eminence d'une seconde lettre confidentielle.

« OLIVIER CROMWELL. »

19

— Fort bien, monsou Mordaunt, dit Mazarin, donnez-moi cette seconde lettre et asseyez-vous.

Le jeune homme tira de sa poche une seconde lettre, la donna au cardinal et s'assit.

Cependant, tout à ses réflexions, le cardinal avait pris la lettre, et, sans la décacheter, la tournait et la retournait dans sa main ; mais, pour donner le change au messager, il se mit à l'interroger selon son habitude, et, convaincu qu'il était par l'expérience que peu d'hommes parvenaient à lui cacher quelque chose lorsqu'il interrogeait et regardait à la fois :

— Vous êtes bien jeune, monsieur Mordaunt, dit-il, pour ce rude métier d'ambassadeur où échouent parfois les plus vieux diplomates.

— Monseigneur, j'ai vingt-trois ans, mais Votre Eminence se trompe en me disant que je suis jeune. J'ai plus d'âge qu'elle, quoique je n'aie point sa sagesse.

— Comment cela, monsieur? dit Mazarin, je ne vous comprends pas.

— Je dis, monseigneur, que les années de souffrance comptent double, et que depuis vingt ans je souffre.

— Ah! oui, je comprends, dit Mazarin, défaut de fortune; vous êtes pauvre, n'est-ce pas?

Puis il ajouta en lui-même :

— Ces révolutionnaires anglais sont tous des gueux et des manants.

— Monseigneur, je devais avoir un jour une fortune de six millions, mais on me l'a prise.

— Vous n'êtes donc pas un homme du peuple? dit Mazarin étonné.

— Si je portais mon titre, je serais lord; si je portais mon nom, vous eussiez entendu un des noms les plus illustres de l'Angleterre.

— Comment vous appelez-vous donc? demanda Mazarin.

— Je m'appelle M. Mordaunt, dit le jeune homme en s'inclinant.

Mazarin comprit que l'envoyé désirait garder son incognito.

Il se tut un instant, mais pendant cet instant il le regarda avec une attention plus grande encore qu'il n'avait fait la première fois...

Le jeune homme était impassible.

— Au diable ces puritains! dit tout bas Mazarin; ils sont taillés dans le marbre.

Et tout haut :

— Mais il vous reste des parents? dit-il.

— Il m'en reste un, oui, monseigneur.

— Alors il vous aide?

— Je me suis présenté trois fois pour implorer son appui, et trois fois il m'a fait chasser par ses valets.

— Oh! mon Dieu! mon cher monsou Mordaunt, dit Mazarin, espérant faire tomber le jeune homme dans quelque piége par sa fausse pitié, mon Dieu, que votre récit m'intéresse! Vous ne connaissez donc pas votre naissance?

— Je ne la connais que depuis peu de temps.

— Et jusqu'au moment où vous l'avez connue...

— Je me considérais comme un enfant abandonné.

— Alors vous n'avez jamais vu votre mère?

— Si fait, monseigneur : quand j'étais enfant, elle vint trois fois chez ma nourrice; je me rappelle la dernière fois qu'elle vint comme si c'était aujourd'hui.

— Vous avez bonne mémoire, dit Mazarin.

— Oh! oui, monseigneur, dit le jeune homme avec un singulier accent que le cardinal sentit lui courir un frisson par les veines.

— Et qui vous élevait? demanda Mazarin.

— Une nourrice française, qui me renvoya quand j'eus cinq ans, parce que personne ne la payait plus, en me nommant ce parent dont souvent ma mère lui avait parlé.

— Que devîntes-vous?

— Comme je pleurais et mendiais sur les grands chemins, un ministre de Kingston me recueillit, m'instruisit dans la religion calviniste, me donna toute la science qu'il avait et m'aida dans les recherches que je fis de ma famille.

— Et ces recherches?

— Furent infructueuses; le hasard fit tout.

— Vous découvrîtes ce qu'était devenue votre mère?

— J'appris qu'elle avait été assassinée par ce parent, aidé de quatre de ses amis; mais je savais déjà que j'avais été dégradé de la noblesse et dépouillé de tous mes biens par le roi Charles Ier.

— Ah! je comprends maintenant pourquoi vous servez M. Cromwell. Vous haïssez le roi?

— Oui, monseigneur, je le hais! dit le jeune homme.

Mazarin vit avec étonnement l'expression diabolique avec laquelle le jeune homme prononça ces paroles; comme les visages ordinaires se colorent de sang, son visage, à lui, se colora de fiel et devint livide.

— Votre histoire est terrible, monsieur Mordaunt, et me touche vivement; mais, par bonheur pour vous, vous servez un maître tout-puissant. Il doit vous aider dans vos recherches. Nous avons tant de renseignements, nous autres.

— Monseigneur, à un bon chien de race il ne faut montrer que le bout d'une piste pour qu'il arrive sûrement à l'autre bout.

— Mais ce parent dont vous m'avez entretenu, voulez-vous que je lui parle, dit Mazarin, qui tenait à se faire un ami près de Cromwell.

— Merci, monseigneur, je lui parlerai moi-même.

— Mais ne m'avez-vous pas dit qu'il vous maltraitait?

— Il me traitera mieux la première fois que je le verrai.

— Vous avez donc un moyen de l'attendrir?

— J'ai un moyen de me faire craindre.

Mazarin regardait le jeune homme, mais, à l'éclair qui jaillit de ses yeux, il baissa la tête, et, embarrassé de continuer une semblable conversation, il ouvrit la lettre de Cromwell.

Peu à peu les yeux du jeune homme redevinrent ternes et vitreux comme d'habitude, et il tomba dans une rêverie profonde.

Après avoir lu les premières lignes, Mazarin se hasarda à regarder en dessous si Mordaunt n'épiait pas sa physionomie, et remarquant son indifférence :

— Faites donc faire vos affaires, dit-il en haussant imperceptiblement les épaules, par des gens qui font en même temps les leurs! Voyons ce que me veut cette lettre.

Nous la reproduisons textuellement :

« A Son Eminence monseigneur le cardinal Mazarini,

« J'ai voulu, monseigneur, connaître vos intentions au sujet des affaires présentes de l'Angleterre.

« Les deux royaumes sont trop voisins pour que la France ne s'occupe pas de notre situation, comme nous nous occupons de celle de la France.

« Les Anglais sont presque tous unanimes pour combattre la tyrannie du roi Charles et de ses partisans.

« Placé à la tête de ce mouvement par la confiance publique, j'en apprécie mieux que personne la nature et les conséquences.

« Aujourd'hui je fais la guerre et je vais livrer au roi Charles une bataille décisive.

« Je la gagnerai, car l'espoir de la nation et l'esprit du Seigneur sont avec moi.

« Cette bataille gagnée, le roi n'a plus de ressources en Angleterre ni en Ecosse, et, s'il n'est pas pris ou tué, il va essayer de passer en France pour recruter des soldats et se refaire des armes et de l'argent.

« Déjà la France a reçu la reine Henriette, et involontairement, sans doute, a entretenu un foyer de guerre civile inextinguible dans mon pays; mais madame Henriette est fille de France, et l'hospitalité de la France lui était due.

« Quant au roi Charles, la question change de face, en le recevant et en le secourant, la France improuverait les actes du peuple anglais et nuirait si essentiellement à l'Angleterre, et surtout à la marche du gouvernement qu'elle compte se donner, qu'un pareil état équivaudrait à des hostilités flagrantes. »

A ce moment, Mazarin, fort inquiet de la tournure que prenait la lettre, cessa de lire de nouveau et regarda le jeune homme en dessous.

Il rêvait toujours.

Mazarin continua :

« Il est donc urgent, monseigneur, que je sache à quoi m'en tenir sur les vues de la France : les intérêts de ce royaume et ceux de l'Angleterre, quoique dirigés en sens inverse, se rapprochent cependant plus qu'on ne saurait le croire.

« L'Angleterre a besoin de tranquillité intérieure pour consommer l'expulsion de son roi; la France a besoin de cette tranquillité pour consolider le trône de son jeune monarque; vous avez autant que nous besoin de cette paix intérieure à laquelle nous touchons, nous, grâce à l'énergie de notre gouvernement.

« Vos querelles avec le parlement, vos dissensions bruyantes avec les princes qui aujourd'hui combattent pour vous et demain contre vous, la ténacité populaire dirigée par le coadjuteur, le président Blancmesnil et le conseiller Broussel; tout ce désordre enfin qui parcourt les différents degrés de l'Etat doit vous faire envisager avec inquiétude l'éventualité d'une guerre étrangère; car alors l'Angleterre, surexcitée par l'enthousiasme des idées nouvelles, s'allierait à l'Espagne, qui déjà convoite cette alliance.

« J'ai donc pensé, monseigneur, connaissant votre prudence et la position toute personnelle que les événements vous font aujourd'hui; j'ai pensé que vous aimeriez mieux concentrer vos forces dans l'intérieur du royaume de France et abandonner aux siennes le gouvernement nouveau de l'Angleterre.

« Cette neutralité consiste seulement à éloigner le roi Charles du territoire de France, et à ne secourir ni par armes, ni par argent, ni par troupes, ce roi entièrement étranger à votre pays.

« Ma lettre est donc toute confidentielle, et c'est pour cela que je vous l'envoie par un homme de mon intime confiance : elle précédera, par un sentiment que Votre Eminence appréciera, les mesures que je prendrai d'après les événements.

« Olivier Cromwell a pensé qu'il ferait mieux entendre la raison à un esprit intelligent comme celui de Mazarini, qu'à une reine, admirable de fermeté sans doute, mais trop soumise aux vains préjugés de la naissance et du pouvoir divin.

« Adieu, monseigneur; si je n'ai pas de réponse dans quinze jours, je regarderai ma lettre comme non avenue.

« OLIVIER CROMWELL. »

— Monsieur Mordaunt, dit le cardinal en élevant la voix comme pour éveiller le songeur, ma réponse à cette lettre sera d'autant plus satisfaisante pour le général Cromwell que je serai plus sûr qu'on ignorera que je la lui ai faite. Allez donc l'attendre à Boulogne-sur-Mer, et promettez-moi de partir demain matin.

— Je vous le promets, monseigneur, répondit Mordaunt; mais combien de jours Votre Eminence me fera-t-elle attendre cette réponse?

— Si vous ne l'avez pas reçue dans dix jours, vous pourrez partir.

Mordaunt s'inclina.

— Ce n'est pas tout, monsieur, continua Mazarin, vos aventures particulières m'ont vivement touché; en outre, la lettre de M. Cromwell vous rend important à mes yeux comme ambassadeur. Voyons, je vous le répète, dites-moi, que puis-je faire pour vous?

Mordaunt réfléchit un instant, et, après une visible hésitation, il allait ouvrir la bouche pour parler, quand Bernouin entra précipitamment, se pencha vers l'oreille du cardinal et lui parla tout bas :

— Monseigneur, lui dit-il, la reine Henriette, accompagnée d'un gentilhomme anglais, entre en ce moment au Palais-Royal.

Mazarin fit sur sa chaise un bond qui n'échappa pas au jeune homme et réprima la confidence qu'il allait sans doute faire.

— Monsieur, dit le cardinal, vous avez entendu, n'est-ce pas? je vous fixe Boulogne parce que je pense que toute ville de France vous est indifférente; si vous en préférez une autre, nommez-la; mais vous concevez facilement qu'entouré comme je le suis d'influences auxquelles je n'échappe qu'à force de discrétion, je désire qu'on ignore votre présence à Paris.

— Je partirai, monsieur, dit Mordaunt en faisant quelques pas vers la porte par laquelle il était entré.

— Non, point par là, monsieur, je vous prie! s'écria vivement le cardinal; veuillez passer par cette galerie, d'où vous gagnerez le vestibule. Je désire qu'on ne vous voie pas sortir, notre entrevue doit être secrète.

Mordaunt suivit Bernouin, qui le fit passer dans une salle voisine et le remit à un huissier en lui indiquant une porte de sortie.

Puis Bernouin revint à la hâte vers son maître pour introduire près de lui la reine Henriette, qui traversait déjà la galerie vitrée.

CHAPITRE XLI.

MAZARIN ET MADAME HENRIETTE.

Le cardinal se leva et alla recevoir en hâte la reine d'Angleterre.

Il la joignit au milieu de la galerie qui précédait son cabinet.

Il témoigna d'autant plus de respect à cette reine sans suite et sans parure, qu'il sentait lui-même qu'il avait bien quelque reproche à se faire sur son avarice et son manque de cœur.

Mais les suppliants savent contraindre leur visage à prendre toutes les expressions, et la fille de Henri IV souriait en allant au-devant de celui qu'elle haïssait et méprisait.

Mordaunt.

— Ah! se dit à lui-même Mazarin, quel doux visage! viendrait-elle pour m'emprunter de l'argent?

Et il jeta un regard inquiet sur le panneau de son coffre-fort; il tourna même en dedans le chaton du diamant magnifique dont l'éclat attirait les yeux sur sa main, qu'il avait d'ailleurs blanche et belle.

Malheureusement cette bague n'avait pas la vertu de celle de Gigès, qui rendait son maître invisible lorsqu'il faisait ce que venait de faire Mazarin.

Or, Mazarin eût bien désiré être invisible en ce moment, car il devinait que madame Henriette venait lui demander quelque chose; du moment où une reine qu'il avait traitée ainsi apparaissait avec le sourire sur les lèvres au lieu d'avoir la menace sur la bouche, elle venait en suppliante.

— Monsieur le cardinal, dit l'auguste visiteuse, j'avais d'abord eu l'idée de parler de l'affaire qui m'amène avec la reine ma sœur, mais j'ai réfléchi que les choses politiques regardent avant tout les hommes.

— Madame, dit Mazarin, croyez que Votre Majesté me confond avec cette distinction flatteuse.

— Il est bien gracieux, pensa la reine; m'aurait-il donc devinée?

On était arrivé au cabinet du cardinal. Il fit asseoir la reine, et lorsqu'elle fut accommodée dans son fauteuil:

— Donnez, dit-il, vos ordres au plus respectueux de vos serviteurs.

— Hélas! monsieur, répondit la reine, j'ai perdu l'habitude de donner des ordres et pris celle de faire des prières. Je viens vous prier, trop heureuse si ma prière est exaucée par vous.

— Je vous écoute, madame, dit Mazarin.

— Monsieur le cardinal, il s'agit de la guerre que le roi mon mari soutient contre ses sujets rebelles. Vous ignorez peut-être qu'on se bat en Angleterre, dit la reine avec un sourire triste, et que dans peu l'on se battra d'une façon

— Donnez, dit-il, vos ordres au plus respectueux de vos serviteurs.

bien plus décisive encore qu'on ne l'a fait jusqu'à présent.

— Je l'ignore complétement, madame, dit le cardinal en accompagnant ces paroles d'un léger mouvement d'épaules. Hélas! nos guerres à nous absorbent le temps et l'esprit d'un pauvre ministre incapable et infirme comme je le suis.

— Eh bien! monsieur le cardinal, dit la reine, je vous apprendrai donc que Charles Ier, mon époux, est à la veille d'engager une action décisive. En cas d'échec (Mazarin fit un

mouvement), il faut tout prévoir, continua la reine; en cas d'échec, il désire se retirer en France et y vivre comme un simple particulier. Que dites-vous de ce projet?

Le cardinal avait écouté sans qu'une fibre de son visage trahît l'impression qu'il éprouvait; en écoutant, son sourire resta ce qu'il était toujours, faux et câlin, et quand la reine eut fini:

— Croyez-vous, madame, dit-il de sa voix la plus soyeuse, que la France, tout agitée et toute bouillante comme elle est elle-même, soit un port bien salutaire pour un roi détrôné? La couronne est déjà peu solide sur la tête du roi Louis XIV, comment supporterait-il un double poids?

— Ce poids n'a pas été bien lourd quant à ce qui me regarde, interrompit la reine avec un douloureux sourire, et je ne demande pas qu'on fasse plus pour mon époux qu'on n'a fait pour moi. Vous voyez que nous sommes des rois bien modestes, monsieur.

— Oh! vous, madame, vous, se hâta de dire le cardinal pour couper court aux explications qu'il voyait arriver, vous, c'est autre chose; une fille de Henri IV, une fille de ce grand, de ce sublime roi...

— Ce qui ne vous empêche pas de refuser l'hospitalité à son gendre, n'est-ce pas, monsieur? Vous devriez pourtant vous souvenir que ce grand, ce sublime roi, proscrit un jour comme va l'être mon mari, a été demander du secours à l'Angleterre, et que l'Angleterre lui en a donné; il est vrai de dire que la reine Élisabeth n'était pas sa nièce.

— Peccato! dit Mazarin, se débattant sous cette logique si simple, Votre Majesté ne me comprend pas, elle juge mal mes intentions, et cela sans doute parce que je m'explique mal en français

— Parlez italien, monsieur; la reine Marie de Médicis, notre mère, nous a appris cette langue avant que le cardinal, votre prédécesseur, l'eût envoyée mourir en exil. S'il est resté quelque chose de ce grand, de ce sublime roi Henri dont vous parliez tout à l'heure, il doit bien s'étonner de cette profonde admiration pour lui jointe à si peu de pitié pour sa famille.

La sueur coulait à grosses gouttes sur le front de Mazarin.

— Cette admiration est au contraire si grande et si réelle, madame, dit Mazarin sans accepter l'offre que lui faisait la reine de changer d'idiome, que si le roi Charles Ier... que Dieu le garde de tout malheur! venait en France, je lui offrirais ma maison, ma propre maison; mais, hélas! ce serait une retraite peu sûre. Quelque jour le peuple brûlera cette maison comme il a brûlé celle du maréchal d'Ancre. Pauvre Concino Concini! il ne voulait cependant que le bien de la France.

— Oui, monseigneur, comme vous, dit ironiquement la reine.

Mazarin fit semblant de ne pas comprendre le double sens de la phrase qu'il avait dite lui-même, et continua de s'apitoyer sur le sort de Concino Concini.

— Mais enfin, monseigneur le cardinal, dit la reine impatientée, que me répondez-vous?

— Madame, s'écria Mazarin de plus en plus attendri, madame, Votre Majesté me permettrait-elle de lui donner un conseil? Bien entendu qu'avant de prendre cette hardiesse, je commence à me mettre aux pieds de Votre Majesté pour tout ce qui lui fera plaisir.

— Dites, monsieur, répondit la reine, le conseil d'un homme aussi prudent que vous doit être assurément bon.

— Madame, croyez-moi, le roi doit se défendre jusqu'au bout.

— Il l'a fait, monsieur, et cette dernière bataille qu'il a livrer avec des ressources bien inférieures à celles de ses ennemis, prouve qu'il ne compte pas se rendre sans combattre; mais enfin, dans le cas où il serait vaincu?

— Eh bien! madame, dans ce cas, mon avis (je sais que je suis bien hardi de donner des conseils à Votre Majesté), mais mon avis est que le roi ne doit pas quitter son royaume; on oublie vite les rois absents: s'il passe en France, sa cause est perdue.

— Mais alors, dit la reine, si c'est votre avis, et si vous lui portez vraiment intérêt, envoyez-lui quelques secours d'hommes et d'argent, car moi je ne peux plus rien pour lui, car moi j'ai vendu, pour l'aider, jusqu'à mon dernier diamant; il ne me reste rien, vous le savez, vous le savez mieux que personne, monsieur. S'il m'était resté quelques bijoux, j'en aurais acheté du bois pour me chauffer moi et ma fille cet hiver.

— Ah! madame, dit Mazarin, Votre Majesté ne sait guère ce qu'elle me demande: du jour où un secours d'étrangers entre à la suite d'un roi pour le replacer sur le trône, c'est avouer qu'il n'a plus d'aide dans l'amour de ses sujets.

— Au fait, monsieur le cardinal, dit la reine, impatientée de suivre cet esprit subtil dans le labyrinthe de mots où il s'égarait; au fait, et répondez-moi oui ou non: si le roi persiste à rester en Angleterre, lui enverrez-vous du secours? s'il vient en France, lui donnerez-vous l'hospitalité?

— Madame, dit le cardinal en affectant la plus grande franchise, je vais montrer à Votre Majesté, je l'espère, combien je lui suis dévoué et le désir que j'ai de terminer un affaire qu'elle a tant à cœur, après quoi Votre Majesté, je pense, ne doutera plus de mon zèle à la servir.

La reine se mordait les lèvres et s'agitait d'impatience sur son fauteuil.

— Eh bien! qu'allez-vous faire? dit-elle enfin; voyons, parlez.

— Je vais à l'instant même consulter la reine sur cette question, et nous déférerons de suite la chose au parlement...

— Avec lequel vous êtes en guerre, n'est-ce pas? Vous chargerez Broussel d'en être le rapporteur. Assez, monsieur le cardinal, assez! Je vous comprends ou plutôt j'ai tort; allez en effet au parlement, car c'est de ce parlement, ennemi des rois, que sont venus à la fille de ce grand, de ce sublime Henri IV, que vous admirez tant, les seuls secours qui m'aient empêché de mourir de froid et de faim cet hiver.

Et, sur ces paroles, la reine se leva avec une majestueuse indignation.

Le cardinal étendit vers elle ses mains jointes:

— Ah! madame, madame, que vous me connaissez mal, mon Dieu!

Mais la reine Henriette, sans même se retourner vers celui qui versait ces hypocrites larmes, traversa le cabinet, ouvrit la porte elle-même, et, au milieu des gardes nombreuses de l'Éminence, des courtisans empressés à lui faire leur cour, du luxe d'une royauté rivale, elle alla prendre la main de de Winter, seul, isolé et debout; pauvre reine déjà déchue, devant laquelle tous s'inclinaient encore par étiquette, mais qui n'avait plus de fait qu'un seul bras sur lequel elle pût s'appuyer.

— C'est égal, dit Mazarin quand il fut seul, cela m'a donné de la peine, et c'est un rude rôle à jouer. Mais je n'ai rien dit ni à l'un ni à l'autre. Hum! le Cromwell est un rude chasseur de rois; je plains ses ministres, s'il en prend jamais. Bernouin!

Bernouin entra.

— Qu'on voie si le jeune homme au pourpoint noir et aux cheveux courts que vous avez tantôt introduit près de moi est encore au palais.

Bernouin sortit.

Le cardinal occupa le temps de son absence à retourner en dehors le chaton de sa bague, à en frotter le diamant, à en admirer l'eau, et, comme une larme roulait encore dans ses yeux et lui rendait la vue trouble, il secoua la tête pour la faire tomber.

Bernouin rentra avec Comminges, qui était de garde.

— Monseigneur, dit Comminges, comme je conduisais le jeune homme que Votre Éminence demande, il s'est approché de la porte vitrée de la galerie, et a regardé quelque chose avec étonnement, sans doute le beau tableau de Raphaël qui est placé vis-à-vis de cette porte; ensuite il a rêvé un instant et a descendu l'escalier. Je crois l'avoir vu monter sur un cheval gris, et sortir de la cour du palais; mais monseigneur ne va-t-il point chez la reine?

— Pourquoi faire?

— M. de Guitaud, mon oncle, vient de me dire que Sa Majesté avait reçu des nouvelles de l'armée.

— C'est bien, j'y cours.

En ce moment M. de Villequier apparut; il venait en effet chercher le cardinal de la part de la reine.

Comminges avait bien vu, et Mordaunt avait réellement agi comme il l'avait raconté.

En traversant la galerie parallèle à la grande galerie vitrée, il aperçut de Winter, qui attendait que la reine eût terminé sa négociation.

A cette vue le jeune homme s'arrêta court, non point en admiration devant le tableau de Raphaël, mais comme fasciné par la vue d'un objet terrible; ses yeux se dilatèrent; un frisson courut par tout son corps, on eût dit qu'il voulait franchir le rempart de verre qui le séparait de son ennemi, car, si Comminges avait vu avec quelle expression de haine les yeux de ce jeune homme s'étaient fixés sur de Winter, il n'eût point douté un instant que ce seigneur anglais ne fût son ennemi mortel.

Mais il s'arrêta; ce fut pour réfléchir sans doute, car, au lieu de se laisser entraîner à son premier mouvement, qui avait été d'aller droit à milord de Winter, il descendit lentement l'escalier, sortit du palais la tête baissée, se mit en selle, fit ranger son cheval à l'angle de la rue Richelieu et, les yeux fixés sur la grille, il attendit que le carrosse de la reine sortît de la cour.

Il ne fut pas longtemps à attendre, car à peine la reine était-elle restée un quart d'heure chez Mazarin; mais ce quart d'heure d'attente parut un siècle à celui qui attendait, enfin la lourde machine qu'on appelait alors un carrosse sortit en grondant des grilles, et de Winter, toujours à cheval, se pencha de nouveau à la portière pour causer avec Sa Majesté.

Les chevaux partirent au trot et prirent le chemin du Louvre, où ils entrèrent.

Avant de partir du couvent des Carmélites, madame Henriette avait dit à sa fille de venir l'attendre au palais, qu'elle avait habité longtemps et qu'elle n'avait quitté que parce que leur misère semblait plus lourde encore dans ses salles dorées.

Mordaunt suivit la voiture, et, lorsqu'il l'eut vue entrer sous l'arcade si sombre, il alla, lui et son cheval, s'appliquer contre une muraille sur laquelle l'ombre s'étendait, et demeura immobile au milieu des moulures de Jean Goujon, pareil à un bas-relief représentant une statue équestre.

Il attendait comme il avait déjà fait au Palais-Royal.

CHAPITRE XLII.

COMMENT LES MALHEUREUX PRENNENT PARFOIS LE HASARD POUR
DE LA PROVIDENCE.

— Eh bien! madame? dit de Winter quand la reine eut éloigné ses serviteurs.

— Eh bien! ce que j'avais prévu arrive, milord.

— Il refuse?

— Ne vous l'avais-je pas dit d'avance?

— Le cardinal refuse de recevoir le roi? la France refuse l'hospitalité à un prince malheureux? mais c'est la première fois, madame!

— Je n'ai pas dit la France, milord, j'ai dit le cardinal, et le cardinal n'est pas même Français.

— Mais la reine, l'avez-vous vue?

— Inutile, dit madame Henriette en secouant la tête tristement. ce n'est pas la reine qui dira jamais oui quand le cardinal a dit non. Ignorez-vous que cet Italien mène tout, au dedans comme au dehors? Il y a plus, et j'en reviens a ce que je vous ai dit, je ne serais pas étonnée que nous eussions été prévenus par Cromwell : il était embarrassé en me parlant, et cependant ferme dans sa volonté de refuser. Puis, avez-vous remarqué cette agitation au Palais-Royal

Mazarin se hasarda à regarder en dessous si Mordaunt n'épiait pas sa physionomie. (Page 810).

ces allées, ces venues de gens affairés? Auraient-ils reçu quelques nouvelles, milord?

— Ce n'est point d'Angleterre, madame; j'ai fait si grande diligence, que je suis sûr de n'avoir point été prévenu : je suis parti il y a trois jours, j'ai passé par miracle au milieu de l'armée puritaine; j'ai pris la poste avec mon laquais Tomy, et les chevaux que nous montons nous les avons achetés à Paris. D'ailleurs, avant de rien risquer, le roi, j'en suis sûr, attendra la réponse de Votre Majesté.

— Vous lui rapporterez, milord, reprit la reine au désespoir, que je ne puis rien, que j'ai souffert autant que lui, plus que lui, obligée que je suis de manger le pain de l'exil et de demander l'hospitalité à de faux amis qui rient de mes larmes, et que, quant à sa personne royale, il faut qu'il se sacrifie généreusement et meure en roi. J'irai mourir à ses côtés.

— Madame! madame! s'écria de Winter, Votre Majesté

s'abandonne au découragement, et peut-être nous reste-t-il encore quelque espoir.

— Plus d'amis, milord! plus d'amis dans le monde entier que vous! O mon Dieu! mon Dieu! s'écria madame Henriette en levant les bras au ciel, avez-vous donc repris tous les cœurs généreux qui existaient sur la terre!

— J'espère que non, madame, répondit de Winter rêveur; je vous ai parlé de quatre hommes.

— Que voulez-vous faire avec quatre hommes?

— Quatre hommes dévoués, quatre hommes résolus à mourir, peuvent beaucoup, croyez-moi, madame, et ceux dont je vous parle ont beaucoup fait dans un temps.

— Et ces quatre hommes, où sont-ils?

— Ah! voilà ce que j'ignore. Depuis près de vingt ans je les ai perdus de vue, et cependant dans toutes les occasions où j'ai vu le roi en péril, j'ai songé à eux.

— Et ces hommes étaient vos amis?

— L'un d'eux a tenu ma vie entre ses mains et me l'a rendue; je ne sais pas s'il est resté mon ami, mais depuis ce temps au moins, moi, je suis demeuré le sien.

— Et ces hommes sont en France, milord?

— Je le crois.

— Dites leurs noms; peut-être les ai-je entendu nommer et pourrai-je vous aider dans votre recherche.

— L'un d'eux se nommait le chevalier d'Artagnan.

— Oh! milord, si je ne me trompe, ce chevalier d'Artagnan est lieutenant aux gardes, j'ai entendu prononcer son nom; mais faites-y attention, cet homme, j'en ai peur, est tout au cardinal.

— En ce cas, ce serait un dernier malheur, dit de Winter, et je commencerais à croire que nous sommes véritablement maudits.

ALLOUIS. — J.A.BEAUCE.

— Eh bien! madame, ces hommes, ce sont eux qui la sauvèrent.

— Mais les autres, dit la reine, qui s'accrochait à ce dernier espoir comme un naufragé au débris de son vaisseau, les autres, milord?

— Le second... j'ai entendu son nom par hasard, car, avant de se battre contre nous, ces quatre gentilshommes nous avaient dit leurs noms; le second s'appelait le comte de la Fère. Quant aux deux autres, l'habitude que j'avais de les appeler de noms empruntés m'a fait oublier leurs noms véritables.

— Oh! mon Dieu! il serait pourtant bien urgent de les

retrouver, dit la reine, puisque vous pensez que ces dignes gentilshommes pourraient être si utiles au roi.

— Oh! oui, dit de Winter, car ce sont les mêmes... Ecoutez bien ceci, madame, et rappelez tous vos souvenirs : n'avez-vous pas entendu raconter que la reine Anne d'Autriche avait été autrefois sauvée du plus grand danger que jamais reine ait couru?

— Oui, lors de ses amours avec M. de Buckingham, et je ne sais à propos de quels ferrets de diamants.

— Eh bien! c'est cela, madame; ces hommes, ce sont

20

ceux qui la sauvèrent, et je souris de pitié en songeant que si les noms de ces gentilshommes ne vous sont pas connus, c'est que la reine les a oubliés, tandis qu'elle aurait dû les faire les premiers seigneurs du royaume.

— Eh bien! milord, il faut les chercher; mais que pourront faire quatre hommes, ou plutôt trois hommes, car, je vous le dis, il ne faut pas compter sur M. d'Artagnan?

— Ce serait une vaillante épée de moins, madame, mais il en resterait toujours trois autres, sans compter la mienne; or, quatre hommes dévoués autour du roi pour le garder de ses ennemis, l'entourer dans la bataille, l'aider dans le conseil, l'escorter dans sa fuite, ce serait assez, non pas pour faire le roi vainqueur, mais pour le sauver, s'il était vaincu, pour l'aider à traverser la mer, et, quoi qu'en dise Mazarin, une fois sur les côtes de France, votre royal époux y trouverait autant de retraites et d'asiles que l'oiseau de mer en trouve dans les tempêtes.

— Cherchez, milord, cherchez ces gentilshommes, et, si vous les retrouvez, s'ils consentent à passer avec vous en Angleterre, je leur donnerai à chacun un duché le jour où nous remonterons sur le trône et en outre autant d'or qu'il en faudrait pour payer le palais de Whitehall. Cherchez donc, milord, cherchez, je vous en conjure.

— Je chercherais bien, madame, dit de Winter, et je les trouverais sans doute, mais le temps me manque. Votre Majesté oublie-t-elle que le roi attend sa réponse, et l'attend avec angoisse?

— Alors, nous sommes donc perdus? s'écria la reine avec l'expression d'un cœur brisé.

En ce moment la porte s'ouvrit, la jeune Henriette parut, et la reine, avec cette sublime force qui est l'héroïsme des mères, renfonça ses larmes au fond de son cœur en faisant signe à de Winter de changer de conversation.

Mais cette réaction, si puissante quelle fût, n'échappa point aux yeux de la jeune princesse.

Elle s'arrêta sur le seuil, poussa un soupir, et, s'adressant à la reine :

— Pourquoi donc pleurez-vous toujours sans moi, ma mère? lui dit-elle.

La reine sourit, et au lieu de lui répondre :

— Tenez, de Winter, dit-elle, j'ai au moins gagné une chose à n'être plus qu'à moitié reine, c'est que mes enfants m'appellent ma mère au lieu de m'appeler madame.

Puis, se retournant vers sa fille :

— Que voulez-vous, Henriette?

— Ma mère, dit la jeune princesse, un cavalier vient d'entrer au Louvre et demande à présenter ses respects à Votre Majesté; il arrive de l'armée, et a, dit-il, une lettre à vous remettre de la part du maréchal de Grammont, je crois.

— Ah! dit la reine à de Winter, c'est un de mes fidèles; mais ne remarquez-vous pas, mon cher lord, que nous sommes si pauvrement servis, que c'est ma fille qui fait les fonctions d'introductrice?

— Madame, ayez pitié de moi, dit de Winter, vous me brisez l'âme.

— Et quel est ce cavalier, Henriette? demanda la reine.

— Je l'ai vu par la fenêtre, madame. c'est un jeune homme qui paraît à peine seize ans et qu'on nomme le vicomte de Bragelonne.

La reine fit en souriant un signe de la tête, la jeune princesse rouvrit la porte, et Raoul apparut sur le seuil...

Il fit trois pas vers la reine et s'agenouilla.

— Madame, dit-il, j'apporte à Votre Majesté une lettre de mon ami, M. le comte de Guiche, qui m'a dit avoir l'honneur d'être de vos serviteurs; cette lettre contient une nouvelle importante et l'expression de ses respects.

Au nom du comte de Guiche, une rougeur se répandit sur les joues de la jeune princesse; la reine la regarda avec une certaine sévérité.

— Mais vous m'aviez dit que la lettre était du maréchal de Grammont, Henriette, dit la reine.

— Je le croyais, madame, balbutia la jeune fille.

— C'est ma faute, madame, dit Raoul; je me suis annoncé effectivement comme venant de la part du maréchal de Grammont; mais, blessé au bras droit, il n'a pu écrire, et c'est le comte de Guiche qui lui a servi de secrétaire.

— On s'est donc battu? dit la reine en faisant signe à Raoul de se relever.

— Oui, madame, dit le jeune homme remettant la lettre à de Winter, qui s'était avancé pour la recevoir des mains de Bragelonne et qui la transmit à la reine.

A cette nouvelle d'une bataille livrée, la jeune princesse ouvrit la bouche pour faire une question qui l'intéressait sans doute; mais sa bouche se referma sans avoir prononcé une parole, tandis que les roses de ses joues disparaissaient graduellement.

La reine vit tous ces mouvements, et sans doute son cœur maternel les traduisit, car s'adressant de nouveau à Raoul :

— Et il n'est rien arrivé de mal au jeune comte de Guiche? demanda-t-elle, car non-seulement il est de nos serviteurs, comme il vous l'a dit, monsieur, mais encore de nos amis.

— Non, madame, répondit Raoul; mais, au contraire, il a gagné dans cette journée une grande gloire, et il a eu l'honneur d'être embrassé par M. le Prince sur le champ de bataille.

La jeune princesse frappa ses mains l'une contre l'autre mais, toute honteuse de s'être laissé entraîner à une pareille démonstration de joie, elle se tourna à demi et se pencha vers un vase plein de roses comme pour en respirer l'odeur.

— Voyons ce que nous dit le comte, dit la reine.

— J'ai eu l'honneur de dire à Votre Majesté qu'il écrivait au nom de son père.

— Oui, monsieur.

La reine décacheta la lettre et lut :

« Madame et reine,

« Ne pouvant avoir l'honneur de vous écrire moi-même, pour cause d'une blessure que j'ai reçue dans la main droite, je vous fais écrire par mon fils, M. le comte de Guiche, que vous savez être votre serviteur à l'égal de son père, pour vous dire que nous venons de gagner la bataille de Lens, et que cette victoire ne peut manquer de donner grand pouvoir au cardinal Mazarin et à la reine sur les affaires de l'Europe.

« Que Votre Majesté, si elle veut bien en croire mon conseil, profite donc de ce moment pour insister en faveur de son auguste époux auprès du gouvernement du roi.

« M. le vicomte de Bragelonne, qui aura l'honneur de vous remettre cette lettre, est l'ami de mon fils, auquel il a, selon toute probabilité, sauvé la vie; c'est un gentilhomme auquel Votre Majesté peut entièrement se confier, dans le cas où elle aurait quelque ordre verbal ou écrit à me faire parvenir.

« J'ai l'honneur d'être avec respect, etc.

« Maréchal DE GRAMMONT. »

Au moment où il avait été question du service qu'il avait rendu au comte, Raoul n'avait pu s'empêcher de tourner la tête vers la jeune princesse, et lors il avait vu passer dans ses yeux une expression de reconnaissance infinie pour Raoul.

Il n'y avait plus de doute, la fille du roi Charles Ier aimait son ami.

— La bataille de Lens gagnée ! dit la reine. Ils sont heureux, ici ; ils gagnent des batailles ! Oui, le maréchal de Grammont a raison, cela va changer la face de leurs affaires; mais j'ai bien peur qu'elle ne fasse rien aux nôtres, si toutefois elle ne leur nuit pas. Cette nouvelle est récente, monsieur, continua la reine; je vous sais gré d'avoir mis cette diligence à me l'apporter; sans vous, sans cette lettre, je ne l'eusse apprise que demain, après-demain peut-être, la dernière de tout Paris.

— Madame, dit Raoul, le Louvre est le second palais où cette nouvelle soit arrivée. Personne encore ne la connaît, et j'avais juré à M. le comte de Guiche de remettre cette lettre à Votre Majesté avant même d'avoir embrassé mon tuteur.

— Votre tuteur est-il un Bragelonne comme vous? demanda lord de Winter. J'ai connu autrefois un Bragelonne, vit-il toujours ?

— Non, monsieur, il est mort; et c'est de lui que mon tuteur, dont il était parent à un degré assez proche, je crois, a hérité cette terre dont je porte le nom.

— Et votre tuteur, monsieur, demanda la reine, qui ne pouvait s'empêcher de prendre intérêt à ce beau jeune homme, comment se nomme-t-il ?

— M. le comte de la Fère, madame, répondit le jeune homme en s'inclinant.

De Winter fit un mouvement de surprise.

La reine le regarda en éclatant de joie.

— Le comte de la Fère ! s'écria-t-elle, n'est-ce point ce nom que vous m'avez dit ?

Quant à de Winter, il ne pouvait en croire ce qu'il avait entendu.

— M. le comte de la Fère ! s'écria-t-il à son tour ; oh ! monsieur, répondez-moi, je vous en supplie : le comte de la Fère n'est-il point un seigneur que j'ai connu beau et brave, qui fut mousquetaire de Louis XIII, et qui peut avoir maintenant quarante-sept à quarante-huit ans?

— Oui, monsieur, c'est cela en tous points.

— Et qui servait sous un nom d'emprunt ?

— Sous le nom d'Athos. Dernièrement encore, j'ai entendu son ami, M. d'Artagnan, lui donner ce nom.

— C'est cela, madame, c'est cela. Dieu soit loué ! Et il est à Paris? continua le comte en s'adressant à Raoul.

Puis, revenant à la reine :

— Espérez encore, espérez, lui dit-il, la Providence se déclare pour nous, puisqu'elle fait que je retrouve ce brave gentilhomme d'une façon si miraculeuse... Et où loge-t-il, monsieur, je vous prie?

— M. le comte de la Fère, rue Guénégaud, hôtel du *Grand-Roi-Charlemagne*.

— Merci, monsieur. Prévenez ce digne ami, afin qu'il reste chez lui; je vais aller l'embrasser tout à l'heure.

— Monsieur, j'obéis avec grand plaisir, si Sa Majesté veut me donner mon congé.

— Allez, monsieur le vicomte de Bragelonne, dit la reine, allez, et soyez assuré de toute notre affection.

Raoul s'inclina respectueusement devant les deux princesses, salua de Winter et partit.

De Winter et la reine continuèrent à s'entretenir quelque temps à voix basse pour que la jeune princesse ne les entendît pas.

Mais cette précaution était inutile, celle-ci s'entretenait avec ses pensées.

Puis, comme de Winter allait prendre congé :

— Ecoutez, milord, dit la reine, j'avais conservé cette croix de diamants, qui vient de ma mère, et cette plaque de Saint-Michel, qui vient de mon époux; elles valent à peu près cinquante mille livres. J'avais juré de mourir de faim près de ces gages précieux plutôt que de m'en défaire; mais, aujourd'hui que ces deux bijoux peuvent être utiles à lui ou à ses défenseurs, il faut sacrifier tout à cette espérance. Prenez-les; et, s'il est besoin d'argent pour votre expédition, vendez sans crainte, milord, vendez. Mais, si vous trouvez moyen de les conserver, songez, milord, que je vous tiens comme m'ayant rendu le plus grand service qu'un gentilhomme puisse rendre à une reine, et qu'au jour de ma prospérité celui qui me rapportera cette plaque et cette croix sera béni par moi et mes enfants.

— Madame, dit de Winter, Votre Majesté sera servie par un homme dévoué. Je cours déposer en lieu sûr ces deux objets que je n'accepterais pas s'il nous restait les ressources de notre ancienne fortune; mais nos biens sont confisqués, notre argent comptant est tari, et nous sommes arrivés aussi à faire ressource de tout ce que nous possédons. Dans une heure je me rends chez le comte de la Fère, et demain Votre Majesté aura une réponse définitive.

La reine tendit sa main à lord de Winter, qui la baisa respectueusement, et se tournant vers sa fille :

— Milord, dit-elle, vous étiez chargé de remettre à cette enfant quelque chose de la part de son père.

De Winter demeura étonné; il ne savait pas ce que la reine voulait dire.

La jeune Henriette s'avança alors souriant et rougissant, et tendit son front au gentilhomme.

— Dites à mon père que, roi ou fugitif, vainqueur ou vaincu, puissant ou pauvre, dit la jeune princesse, il a en moi la fille la plus soumise et la plus affectionnée.

— Je le sais, madame, répondit de Winter en touchant de ses lèvres le front d'Henriette.

Puis il partit, traversant, sans être reconduit, ces grands appartements déserts et obscurs, et essuyant les larmes que, tout blasé qu'il était par cinquante années de vie de cour, il ne pouvait s'empêcher de verser à la vue de cette royale infortune, si digne et si profonde à la fois.

CHAPITRE XLIII.

L'ONCLE ET LE NEVEU

Le cheval et le laquais de lord de Winter l'attendaient à la porte.

Il s'achemina alors vers son logis, tout pensif et regardant derrière lui de temps en temps, pour contempler la façade silencieuse et noire du Louvre.

Ce fut alors qu'il vit un cavalier se détacher, pour ainsi dire, de la muraille et le suivre à quelque distance.

Il se rappela avoir vu, en sortant du Palais-Royal, une ombre à peu près pareille.

Le laquais de lord de Winter, qui le suivait à quelques pas, observa aussi ce cavalier avec inquiétude.

Le cheval et le laquais de lord de Winter l'attendaient à la porte.

— Tomy, dit le gentilhomme en faisant signe au valet de s'approcher.

— Me voici, monseigneur.

Et le valet se plaça côte à côte avec son maître.

— Avez-vous remarqué cet homme qui nous suit?

— Oui, milord.

— Qui est-il?

— Je n'en sais rien ; seulement il suit Votre Grâce depuis le Palais-Royal, s'est arrêté au Louvre pour attendre sa sortie, et repart du Louvre avec elle.

— Quelque espion du cardinal, dit de Winter à part lui ; feignons de ne pas nous apercevoir de sa surveillance.

Et, piquant des deux, il s'enfonça dans le dédale des rues qui conduisaient à son hôtel, situé du côté du Marais.

Ayant habité longtemps la place Royale, lord de Winter était revenu tout naturellement se loger près de son ancienne demeure.

L'inconnu mit son cheval au galop.

De Winter descendit à son hôtellerie et monta chez lui, se promettant de faire observer l'espion.

Mais, comme il déposait ses gants et son chapeau sur une table, il vit dans une glace qui se trouvait devant lui une figure qui se dessinait sur le seuil de la chambre.

Il se détourna, Mordaunt était devant lui

De Winter pâlit et resta debout et immobile ; quant à Mordaunt, il se tenait sur la porte, froid, menaçant et pareil à la statue du commandeur.

Il y eut un instant de silence glacé entre ces deux hommes.

— Monsieur, dit de Winter, je croyais déjà vous avoir fait comprendre que cette persécution me fatiguait ; retirez-

J.A BEAUCE.   JAT.IID sc

Mordaunt se tenait sur la porte, froid, menaçant et pareil à la statue du commandeur.

vous donc, ou je vais appeler pour vous faire chasser comme à Londres. Je ne suis pas votre oncle, je ne vous connais pas !

— Mon oncle, répliqua Mordaunt de sa voix rauque et railleuse, vous vous trompez : vous ne me ferez pas chasser cette fois comme vous l'avez fait à Londres ; vous n'oserez. Quant à nier que je sois votre neveu, vous y songerez à deux fois, maintenant que j'ai appris bien des choses que j'ignorais il y a un an.

— Eh ! que m'importe ce que vous avez appris ? dit de Winter.

— Oh ! il vous importe beaucoup, mon oncle, j'en suis sûr ; et vous allez être de mon avis tout à l'heure, ajouta-t-il avec un sourire qui fit passer le frisson dans les veines de celui auquel il s'adressait. Quand je me suis présenté chez vous la première fois à Londres, c'était pour vous demander ce qu'était devenu mon bien ; quand je me suis présenté la seconde fois, c'était pour vous demander qui avait souillé mon nom. Cette fois, je me présente devant vous pour vous faire une question bien autrement terrible que toutes ces questions, pour vous dire, comme Dieu au premier meurtrier : « Caïn, qu'as-tu fait de ton frère Abel ? » Milord, qu'avez-vous fait de votre sœur, de votre sœur, qui était ma mère ?

De Winter recula sous le feu de ces yeux ardents.

— De votre mère ? dit-il.

— Oui, de ma mère, milord, dit le jeune homme en secouant la tête de haut en bas.

De Winter fit un effort violent sur lui-même, et, plongeant dans ses souvenirs pour y chercher une haine nouvelle, il s'écria :

— Cherchez ce qu'elle est devenue, malheureux, et demandez-le à l'enfer, peut-être que l'enfer vous répondra.

Le jeune homme s'avança alors dans la chambre jusqu'à ce qu'il se trouvât face à face avec lord de Winter, et croisant les bras :

— Je l'ai demandé au bourreau de Béthune, dit Mordaunt d'une voix sourde et le visage livide de douleur et de colère, et le bourreau de Béthune m'a répondu.

De Winter tomba sur une chaise comme si la foudre l'avait frappé, et tenta vainement de répondre.

— Oui, n'est-ce pas, continua le jeune homme, avec ce mot tout s'explique, avec ce mot l'abîme s'ouvre. Ma mère avait hérité de son mari, et vous avez assassiné ma mère ! Mon nom m'assurait le bien paternel, et vous m'avez dégradé de mon nom. Puis, quand vous m'avez eu dégradé de mon nom, vous m'avez dépouillé de ma fortune. Je ne m'étonne plus maintenant que vous ne me reconnaissiez pas ; je ne m'étonne plus que vous refusiez de me connaître ! Il est malséant d'appeler son neveu, quand on est spoliateur, l'homme qu'on a fait pauvre ; quand on est meurtrier, l'homme que l'on a fait orphelin !

Ces paroles produisirent l'effet contraire qu'en attendait Mordaunt : de Winter se rappela quel monstre était milady.

Il se releva, calme et grave, contenant par son regard sévère le regard exalté du jeune homme.

— Vous voulez pénétrer dans cet horrible secret, monsieur ? dit de Winter. Eh bien ! soit. Sachez donc quelle était cette femme dont vous venez aujourd'hui me demander compte : cette femme avait, selon toute probabilité, empoisonné mon frère, et, pour hériter de moi, elle allait m'assassiner à mon tour : j'en ai la preuve. Que direz-vous à cela ?

— Je dirai que c'était ma mère !

— Elle a fait poignarder par un homme, autrefois juste, bon et pur, le malheureux duc de Buckingham. Que direz-vous à ce crime, dont j'ai la preuve ?

— C'était ma mère !

— Revenue en France, elle a empoisonné, dans le couvent des Augustines de Béthune, une jeune femme qu'aimait un de ses ennemis. Ce crime vous persuadera-t-il de la justice du châtiment ? Ce crime, j'en ai la preuve.

— C'était ma mère ! s'écria le jeune homme, qui avait donné à ces trois exclamations une force toujours progressive.

— Enfin, chargée de meurtre, de débauches, odieuse à tous, menaçante encore comme une panthère altérée de sang elle a succombé sous les coups d'hommes qu'elle avait désespérés et qui jamais ne lui avaient causé le moindre dommage ; elle a trouvé des juges, que ses attentats hideux ont évoqués ; et ce bourreau que vous avez vu, ce bourreau qui vous a tout raconté, prétendez-vous, ce bourreau qui vous a tout raconté, a dû vous dire qu'il avait tressailli de joie en vengeant sur elle la honte et le suicide de son frère. Fille pervertie, épouse adultère, sœur dénaturée, empoisonneuse, exécrable à tous les gens qui l'avaient connue, à toutes les nations qui l'avaient reçue dans leur sein, elle est morte maudite du ciel et de la terre ; voilà ce qu'était cette femme.

Un sanglot plus fort que la volonté de Mordaunt lui déchira la gorge et fit remonter le sang à son visage livide.

Il crispa ses poings, et, le visage ruisselant de sueur, les cheveux hérissés sur son front comme ceux d'Hamlet, il s'écria, dévoré de fureur :

— Taisez-vous, monsieur, c'était ma mère ! ses désordres, je ne les connais pas ; ses vices, je ne les connais pas ; ses crimes, je ne les connais pas ! Mais ce que je sais, c'est que j'avais une mère, c'est que cinq hommes, ligués contre une femme, l'ont tuée clandestinement, nuitamment, silencieusement, comme des lâches ! ce que je sais, c'est que vous en étiez, monsieur, c'est que vous en étiez, mon oncle, et que vous avez dit comme les autres, et plus haut que les autres : *Il faut qu'elle meure !* Donc, je vous en préviens, écoutez bien ces paroles et qu'elles se gravent dans votre mémoire de manière à ce que vous ne les oubliiez jamais. Ce meurtre qui m'a tout ravi, ce meurtre qui m'a fait sans nom, ce meurtre qui m'a fait pauvre, ce meurtre qui m'a fait corrompu, méchant, implacable, j'en demanderai compte à vous d'abord, puis à ceux qui furent vos complices, quand je les connaîtrai.

La haine dans les yeux, l'écume à la bouche, le poing tendu, Mordaunt avait fait un pas de plus, un pas terrible et menaçant vers de Winter.

Celui-ci porta la main à son épée, et dit avec le sourire de l'homme qui depuis trente ans joue avec la mort :

— Voulez-vous m'assassiner, monsieur ? alors je vous reconnaîtrai pour mon neveu, car vous êtes bien le fils de votre mère.

— Non, répliqua Mordaunt en forçant toutes les fibres de son visage, tous les muscles de son corps, à reprendre leur place et à s'effacer ; non, je ne vous tuerai pas, en ce moment du moins, car sans vous je ne découvrirais pas les autres. Mais, quand je les connaîtrai, tremblez, monsieur ; j'ai poignardé le bourreau de Béthune, je l'ai poignardé sans pitié, sans miséricorde, et c'était le moins coupable de vous tous.

Et à ces mots le jeune homme sortit et descendit l'escalier avec assez de calme pour n'être pas remarqué ; puis, sur le palier inférieur, il passa devant Tomy, penché sur la rampe et n'attendant qu'un cri de son maître pour monter près de lui.

Mais de Winter n'appela point.

Écrasé, défaillant, il resta debout et l'oreille tendue ; puis seulement, lorsqu'il eut entendu le pas du cheval qui s'éloignait, il tomba sur une chaise en disant :

— Mon Dieu ! je vous remercie qu'il ne connaisse que moi.

CHAPITRE XLIV.

PATERNITÉ.

Pendant que cette scène terrible se passait chez lord de Winter, Athos, assis près de la fenêtre de sa chambre, le coude appuyé sur une table, la tête appuyée sur sa main, écoutait des yeux et des oreilles à la fois Raoul, qui lui racontait les aventures de son voyage et les détails de la bataille.

La belle et noble figure du gentilhomme exprimait un indicible bonheur au récit de ces premières émotions, si fraîches et si pures.

Il aspirait les sons de cette voix juvénile, qui se passionnait déjà aux beaux sentiments comme on fait d'une musique harmonieuse.

Il avait oublié ce qu'il y avait de sombre dans le passé, de nuageux dans l'avenir.

On eût dit que le retour de cet enfant bien-aimé avait fait de ces craintes mêmes des espérances.

Athos était heureux, heureux comme jamais il ne l'avait été.

— Et vous avez assisté et pris part à cette grande bataille, Bragelonne? disait l'ancien mousquetaire.

— Oui, monsieur

— Et elle a été rude, dites-vous?

— M. le Prince a chargé onze fois en personne.

— C'est un grand homme de guerre, Bragelonne.

— C'est un héros, monsieur; je ne l'ai pas perdu de vue un instant. Oh! que c'est beau, monsieur, de s'appeler Condé et de porter ainsi son nom!

— Calme et brillant, n'est-ce pas?

— Calme comme à une parade, brillant comme dans une fête. Lorsque nous abordâmes l'ennemi, c'était au pas; on nous avait défendu de tirer les premiers, et nous marchions aux Espagnols, qui se tenaient sur une hauteur, le mousqueton à la cuisse. Arrivé à trente pas d'eux, le prince se retourna vers ses soldats : — Enfants, dit-il, vous allez avoir à souffrir une furieuse décharge; mais après, soyez tranquilles, vous aurez bon marché de tous ces gens... Il se faisait un tel silence, qu'amis et ennemis entendirent ces paroles. Puis, levant son épée : — Sonnez, trompettes, dit-il.

— Bien, bien! Dans l'occasion, vous feriez ainsi, Raoul, n'est-ce pas?

— J'en doute, monsieur, car j'ai trouvé cela bien beau et bien grand. Lorsque nous fûmes arrivés à vingt pas, nous vîmes tous les mousquetons s'abaisser comme une ligne brillante, car le soleil resplendissait sur les canons. — Au pas, enfants, dit le prince, voici le moment.

— Eûtes-vous peur, Raoul? demanda le comte.

— Oui, monsieur, répondit naïvement le jeune homme, je me sentis comme un grand froid au cœur, et au mot : feu! qui retentit en espagnol dans les rangs ennemis, je fermai les yeux et je pensai à vous!

— Bien vrai, Raoul? dit Athos en lui serrant la main.

— Oui, monsieur. Au même instant, il se fit une telle détonation, qu'on eût dit que l'enfer s'ouvrait, et ceux qui ne furent pas tués sentirent la chaleur de la flamme. Je rouvris les yeux, étonné de n'être pas mort, ou tout au moins blessé : le tiers de l'escadron était couché à terre, mutilé et sanglant. En ce moment, je rencontrai l'œil du prince; je ne pensai plus qu'à une chose, c'est qu'il me regardait. Je piquai des deux, et je me trouvai au milieu des rangs ennemis.

— Et le prince fut content de vous?

— Il me le dit du moins, monsieur, lorsqu'il me chargea

d'accompagner à Paris M. de Châtillon, qui est venu donner cette nouvelle à la reine et apporter les drapeaux pris.

— Allez, me dit le prince, l'ennemi ne sera pas rallié de quinze jours. D'ici là, je n'ai pas besoin de vous. Allez embrasser ceux que vous aimez et qui vous aiment, et dites à ma sœur de Longueville que je la remercie du cadeau qu'elle m'a fait en vous donnant à moi. Et je suis venu, monsieur, ajouta Raoul en regardant le comte avec un sourire de profond amour, car j'ai pensé que vous seriez bien aise de me revoir.

Athos attira le jeune homme à lui et l'embrassa au front comme il eût fait à une jeune fille.

— Ainsi, dit-il, vous voilà lancé, Raoul; vous avez des ducs pour amis, un maréchal de France pour parrain, un prince du sang pour capitaine, et dans une même journée de retour vous avez été reçu par deux reines : c'est beau pour un novice.

— Ah! monsieur, dit Raoul tout à coup, vous me rappelez une chose que j'oubliais, dans mon empressement à vous raconter mes exploits : c'est qu'il se trouvait chez Sa Majesté la reine d'Angleterre un gentilhomme qui, lorsque j'ai prononcé votre nom, a poussé un cri de surprise et de joie; il s'est dit de vos amis, m'a demandé votre adresse et va venir vous voir.

— Comment s'appelle-t-il?

— Je n'ai pas osé le lui demander, monsieur; mais, quoiqu'il s'exprime élégamment, à son accent j'ai jugé qu'il était Anglais.

— Ah! fit Athos.

Et sa tête se pencha comme pour chercher un souvenir.

Puis, lorsqu'il releva son front, ses yeux furent frappés de la présence d'un homme qui se trouvait debout devant la porte entr'ouverte, et le regardait d'un air attendri...

— Lord de Winter! s'écria le comte.

— Athos, mon ami!

Et les deux gentilshommes se tinrent un instant embrassés; puis, Athos lui prenant les deux mains, lui dit en le regardant :

— Qu'avez-vous, milord? vous paraissez aussi triste que je suis joyeux.

— Oui, cher ami, c'est vrai; et je dirai même plus, c'est que votre vue redouble ma crainte.

Et de Winter regarda autour de lui comme pour chercher la solitude.

Raoul comprit que les deux amis avaient à causer, et sortit sans affectation.

— Voyons, maintenant que nous voilà seuls, dit Athos, parlons de vous.

— Pendant que nous voilà seuls, parlons de nous, répondit lord de Winter. Il est ici.

— Qui?

— Le fils de milady.

Athos, encore une fois frappé par ce nom qui semblait le poursuivre comme un écho fatal, hésita un moment, fronça légèrement le sourcil, puis d'un ton calme :

— Je le sais, dit-il.

— Vous le savez?

— Oui, Grimaud l'a rencontré entre Béthune et Arras, et est revenu à franc étrier pour me prévenir de sa présence.

— Grimaud le connaissait donc?

— Non, mais il a assisté à son lit de mort un homme qui le connaissait.

— Le bourreau de Béthune! s'écria de Winter.

— Vous savez cela? dit Athos étonné

— Il me quitte à l'instant, dit de Winter ; il m'a tout dit. Ah ! mon ami, quelle horrible scène ! Que n'avons-nous étouffé l'enfant avec la mère !

Athos, comme toutes les nobles natures, ne rendait pas à autrui les impressions fâcheuses qu'il ressentait ; mais, au contraire, il les absorbait toujours en lui-même et renvoyait en leur place des espérances et des consolations.

On eût dit que ses douleurs personnelles sortaient de son âme transformées en joie pour les autres.

— Que craignez-vous ? dit-il, revenant par le raisonnement sur la terreur instinctive qu'il avait éprouvée d'abord ; ne sommes-nous pas là pour nous défendre ? Ce jeune homme s'est-il fait assassin de profession, meurtrier de sang-froid ? Il a pu tuer le bourreau de Béthune dans un

— Ah ! mon ami, quelle horrible scène ! Que n'avons-nous étouffé l'enfant avec la mère !

mouvement de rage, mais maintenant sa fureur est assouvie

De Winter sourit tristement et secoua la tête.

— Vous ne connaissez donc plus ce sang ? dit-il.

— Bah ! dit Athos en essayant de sourire à son tour, il aura perdu de sa férocité à la deuxième génération. D'ailleurs, ami, la Providence nous a prévenus pour que nous nous mettions sur nos gardes. Nous ne pouvons rien autre

chose qu'attendre. Attendons. Mais, comme je le disais d'abord, parlons de vous. Qui vous amène à Paris ?

— Quelques affaires d'importance que vous connaîtrez plus tard. Mais, qu'ai-je ouï dire chez Sa Majesté la reine d'Angleterre, M. d'Artagnan est Mazarin ? Pardonnez-moi ma franchise, mon ami, je ne hais ni ne blâme le cardinal. et vos opinions me seront toujours sacrées : seriez-vous par hasard à cet homme ?

— M. d'Artagnan est au service, dit Athos, il est soldat.

il obéit au pouvoir constitué. M. d'Artagnan n'est pas riche et a besoin pour vivre de son grade de lieutenant. Les millionnaires comme vous, milord, sont rares en France.

— Hélas! dit de Winter, je suis aujourd'hui aussi pauvre et plus pauvre que lui. Mais revenons à vous.

— Eh bien! vous voulez savoir si je suis mazarin? Non, mille fois non! Pardonnez-moi aussi ma franchise, milord

De Winter se leva et serra Athos dans ses bras.

— Merci, comte, dit-il, merci de cette heureuse nouvelle. Vous me voyez heureux et rajeuni. Ah! vous n'êtes pas Mazarin, vous? à la bonne heure! d'ailleurs ce ne pouvait pas être. Mais pardonnez encore: êtes-vous libre?

— Qu'entendez-vous par libre?

— Je vous demande si vous n'êtes point marié.

— Vicomte, dit Athos, vous allez escorter milord jusqu'à son hôtellerie et ne le laisserez approcher par personne. — PAGE 162.

— Ah! pour cela, non, dit Athos en souriant.

— C'est que ce jeune homme, si beau, si élégant, si gracieux...

— C'est un enfant que j'élève et qui ne connait pas même son père.

— Fort bien; vous êtes toujours le même, Athos, grand et généreux.

— Voyons, milord, que me demandez-vous?

— Vous avez encore pour amis MM. Porthos et Aramis?

— Et ajoutez d'Artagnan, milord. Nous sommes toujours quatre amis dévoués l'un à l'autre comme autrefois; mais, lorsqu'il s'agit de servir le cardinal ou de le combattre, d'être mazarins ou frondeurs, nous ne sommes plus que deux.

— M. Aramis est avec d'Artagnan? demanda lord de Winter.

21

— N.., dit Athos, M. Aramis me fait l'honneur de partager mes convictions.

— Pouvez-vous me mettre en relations avec cet ami si charmant et si spirituel?

— Sans doute, dès que cela vous sera agréable.

— Est-il changé?

— Il s'est fait abbé, voilà tout.

— Vous m'effrayez; son état a dû le faire renoncer alors aux grandes entreprises?

— Au contraire, dit Athos en souriant, il n'a jamais été si mousquetaire que depuis qu'il est abbé, et vous retrouverez un véritable Galaor. Voulez-vous que je l'envoie chercher par Raoul?

— Merci, comte, on pourrait ne pas le trouver à cette heure chez lui. Mais puisque vous croyez pouvoir répondre de lui...

— Comme de moi-même.

— Pouvez-vous vous engager à me l'amener demain à dix heures sur le pont du Louvre?

— Ah! ah! dit Athos en souriant, vous avez un duel?

— Oui, comte, et un beau duel; un duel dont vous serez, j'espère.

— Où irons-nous, milord?

— Chez S. M. la reine d'Angleterre, qui m'a chargé de vous présenter à elle, comte.

— Sa Majesté me connaît donc?

— Je vous connais, moi.

— Enigme, dit Athos, mais n'importe : du moment où vous en avez le mot, je n'en demande pas davantage. Me ferez-vous l'honneur de souper avec moi, milord?

— Merci, comte, dit de Winter, la visite de ce jeune homme, je vous l'avoue, m'a ôté l'appétit et m'ôtera probablement le sommeil. Quelle entreprise vient-il accomplir à Paris? Ce n'est pas pour m'y rencontrer qu'il y est venu, car il ignorait mon voyage. Ce jeune homme m'épouvante; il y a en lui un avenir de sang.

— Que fait-il en Angleterre?

— C'est un des sectateurs les plus ardents d'Olivier Cromwell.

— Qui l'a donc rallié à cette cause? sa mère et son père étaient catholiques, je crois?

— La haine qu'il a contre le roi...

— Contre le roi?

— Oui, le roi l'a déclaré bâtard, il l'a dépouillé de ses biens, lui a défendu de porter le nom de Winter.

— Et comment s'appelle-t-il maintenant?

— Mordaunt...

— Puritain et déguisé en moine, voyageant seul sur les routes de France, ajouta Athos.

— En moine, dites-vous?

— Oui, ne le saviez-vous pas?

— Je ne sais rien que ce qu'il m'a dit.

— C'est ainsi et que par hasard, j'en demande pardon à Dieu si je blasphème, c'est ainsi qu'il a entendu la confession du bourreau de Béthune.

— Alors je devine tout, dit de Winter; il vient envoyé par Cromwell.

— A qui? demanda Athos.

— A Mazarin; et la reine avait deviné juste; nous avons été prévenus; tout s'explique pour moi maintenant. Adieu, comte, à demain.

— Mais la nuit est noire, dit Athos en voyant lord de Winter agité d'une inquiétude plus grande que celle qu'il voulait laisser paraître, et vous n'avez peut-être pas de laquais?

— J'ai Tomy, un bon mais naïf garçon.

— Holà! Olivain, Grimaud, Blaisois, qu'on prenne le mousqueton et qu'on appelle M. le vicomte.

Blaisois était ce grand garçon, moitié laquais et moitié paysan, que nous avons entrevu au château de Bragelonne venant annoncer que le dîner était servi, et qu'Athos avait baptisé du nom de sa province.

Cinq minutes après cet ordre donné, Raoul entra.

— Vicomte, dit Athos, vous allez escorter milord jusqu'à son hôtellerie et ne le laisserez approcher par personne.

— Ah! comte, dit de Winter, pour qui donc me prenez-vous?

— Pour un étranger qui ne connaît point Paris, dit Athos, et à qui le vicomte montrera le chemin.

De Winter lui serra la main

— Grimaud, dit Athos, mets-toi à la tête de la troupe, et gare au moine!

Grimaud tressaillit, puis il fit un signe de tête et attendit le départ en caressant avec une éloquence silencieuse la crosse de son mousqueton.

— A demain, comte, dit de Winter.

— Oui, milord.

La petite troupe s'achemina vers la rue Saint-Louis, Olivain tremblant comme Sosie à chaque reflet de lumière équivoque, Blaisois assez ferme parce qu'il ignorait qu'on courût un danger quelconque, Tomy regardant à droite et à gauche, mais ne pouvant dire une parole, attendu qu'il ne parlait pas français.

De Winter et Raoul marchaient côte à côte et causaient ensemble.

Grimaud, qui, selon l'ordre d'Athos, avait précédé le cortège, le flambeau d'une main et le mousqueton de l'autre, arriva devant l'hôtellerie de de Winter, frappa du poing à la porte, et, lorsqu'on fut venu ouvrir, salua milord sans rien dire.

Il en fut de même pour le retour : les yeux menaçants de Grimaud ne virent rien de suspect qu'une espèce d'ombre embusquée au coin de la rue Guénégaud et du quai; il lui sembla qu'en passant il avait déjà remarqué ce guetteur de nuit qui attirait ses yeux.

Il piqua vers lui; mais, avant qu'il eût pu l'atteindre, l'ombre avait disparu dans une ruelle où Grimaud ne pensa point qu'il fût prudent de s'engager.

On rendit compte à Athos du succès de l'expédition, et, comme il était dix heures du soir, chacun se retira dans son appartement.

Le lendemain en ouvrant les yeux, ce fut le comte à son tour qui aperçut Raoul à son chevet.

Le jeune homme était tout habillé et lisait un livre nouveau de M. Chapelain.

— Déjà levé, Raoul? dit le comte.

— Oui, monsieur, répondit le jeune homme avec une légère hésitation. J'ai mal dormi.

— Vous, Raoul! vous avez mal dormi! quelque chose vous préoccupait donc? demanda Athos.

— Monsieur, vous allez dire que j'ai bien grande hâte de vous quitter, quand je viens d'arriver à peine, mais...

— Vous n'aviez donc que deux jours de congé, Raoul?

— Au contraire, monsieur, j'en ai dix; aussi n'est-ce point au camp que je désirerais aller

Athos sourit.

— Où donc, dit-il, à moins que ce ne soit un secret, vicomte? Vous voilà presque un homme, puisque vous avez fait vos premières armes, et vous avez conquis le droit d'aller où vous voulez sans me le dire.

— Jamais, monsieur, dit Raoul, tant que j'aurai le bonheur de vous avoir pour protecteur, je ne croirai avoir le droit de m'affranchir d'une tutelle qui m'est si chère. J'aurais donc le désir d'aller passer un jour à Blois seulement. Vous me regardez et vous allez rire de moi.

— Non, au contraire, dit Athos en étouffant un soupir ; non, je ne ris pas, vicomte. Vous avez envie de revoir Blois, mais c'est tout naturel !

— Ainsi, vous me le permettez ? s'écria Raoul tout joyeux.

— Assurément, Raoul.

— Au fond du cœur, monsieur, vous n'êtes point fâché ?

— Pas du tout. Pourquoi serais-je fâché de ce qui vous fait plaisir ?

— Ah ! monsieur, que vous êtes bon ! s'écria le jeune homme, faisant un mouvement pour sauter au cou d'Athos ; mais le respect l'arrêta.

Athos lui ouvrit ses bras.

— Ainsi, je puis partir tout de suite ?

— Quand vous voudrez, Raoul.

Raoul fit trois pas pour sortir.

— Monsieur, dit-il, j'ai pensé à une chose, c'est que c'est à madame la duchesse de Chevreuse, si bonne pour moi, que j'ai dû mon introduction près de M. le Prince.

— Et que vous lui devez un remerciment, n'est-ce pa , Raoul ?

— Mais il me semble, monsieur ; cependant, c'est à vous de décider.

— Passez par l'hôtel de Luynes, Raoul, et faites demander si madame la duchesse peut vous recevoir. Je vois avec plaisir que vous n'oubliez pas les convenances. Vous prendrez Grimaud et Olivain.

— Tous deux, monsieur ? demanda Raoul avec étonnement.

— Tous deux.

Raoul salua et sortit.

En lui regardant fermer la porte et en l'écoutant appeler de sa voix joyeuse et vibrante Grimaud et Olivain, Athos soupira.

— C'est bien vite me quitter, pensait-il en secouant la tête ; mais il obéit à la loi commune. La nature est ainsi faite, elle regarde en avant. Décidément, il aime cette enfant ; mais m'aimera-t-il moins pour en aimer d'autres ?

Et Athos s'avoua qu'il ne s'attendait point à ce prompt départ ; mais Raoul était si heureux, que tout s'effaça dans l'esprit d'Athos devant cette considération.

A dix heures tout était prêt pour le départ.

Comme Athos regardait Raoul monter à cheval, un laquais le vint saluer de la part de madame de Chevreuse.

Il était chargé de dire au comte de la Fère qu'elle avait appris le retour de son jeune protégé, ainsi que la conduite qu'il avait tenue à la bataille, et qu'elle serait fort aise de lui faire ses félicitations.

— Dites à madame la duchesse, répondit Athos, que M. le vicomte montait à cheval pour se rendre à l'hôtel de Luynes.

Puis, après avoir fait de nouvelles recommandations à Grimaud, Athos fit de la main signe à Raoul qu'il pouvait partir.

Au reste, en y réfléchissant, Athos songeait qu'il n'y avait point de mal peut-être à ce que Raoul s'éloignât de Paris en ce moment.

CHAPITRE XLV.

ENCORE UNE REINE QUI DEMANDE DU SECOURS.

Athos avait envoyé prévenir Aramis dès le matin, et avait donné sa lettre à Blaisois, seul serviteur qui lui fût resté.

Blaisois trouva Bazin revêtant sa robe de bedeau ; il était ce jour-là de service à Notre-Dame.

Athos avait recommandé à Blaisois de tâcher de parler à Aramis lui-même.

Blaisois, grand et naïf garçon qui ne connaissait que sa consigne, avait donc demandé l'abbé d'Herblay, et, malgré les assurances de Bazin qu'il n'était pas chez lui, il avait insisté de telle façon, que Bazin s'était mis fort en colère.

Blaisois, voyant Bazin en costume d'église, s'était peu in-

— Vous avez insulté l'Église, mon ami, vous avez insulté l'Église.

quiété des dénégations de Bazin, et avait voulu passer outre, croyant celui auquel il avait affaire doué de toutes les vertus de son habit, c'est-à-dire de la patience et de la charité chrétiennes.

Mais Bazin, toujours valet de mousquetaire lorsque le sang montait à ses gros yeux, saisit un manche à balai et rossa Blaisois, en lui disant :

— Vous avez insulté l'Église, mon ami, vous avez insulté l'Église.

En ce moment et à ce bruit inaccoutumé, Aramis était apparu entr'ouvrant avec précaution la porte de sa chambre à coucher.

Alors Bazin avait posé respectueusement son balai sur un de ses deux bouts, comme il avait vu à Notre-Dame le suisse faire de sa hallebarde, et Blaisois, avec un regard de reproche adressé au cerbère, avait tiré la lettre de sa poche et l'avait présentée à Aramis.

— Du comte de la Fère ? dit Aramis ; c'est bien.

Puis il était rentré sans même demander la cause de tout ce bruit.

Blaisois revint tristement à l'hôtel du *Grand-Roi-Charlemagne*.

Athos lui demanda des nouvelles de sa commission.

Blaisois raconta son aventure.

— Imbécile, dit Athos en riant, tu n'as donc pas annoncé que tu venais de ma part ?

— Non, monsieur.

— Et qu'a dit Bazin quand il a su que vous étiez à moi ?

— Ah ! monsieur, il m'a fait toutes sortes d'excuses, et m'a forcé de boire deux verres d'un très-bon vin muscat, dans lequel il m'a fait tremper trois ou quatre biscuits excellents ; mais c'est égal, il est brutal en diable. Un bedeau ! fi donc !...

— Bon ! pensa Athos, du moment où Aramis a reçu la lettre, si empêché qu'il soit, Aramis viendra.

Dites à mon père que, roi ou fugitif, il a eu en moi la fille la plus soumise et la plus affectionnée.

A dix heures, Athos, avec son exactitude habituelle, se trouvait sur le pont du Louvre.

Il y rencontra lord de Winter, qui arrivait à l'instant même.

Ils attendirent dix minutes à peu près.

Milord de Winter commençait à craindre qu'Aramis ne vînt pas

— Patience, dit Athos, qui tenait ses yeux fixés dans la direction de la rue du Bac ; patience, voici un abbé qui donne une gourmade à un homme et qui salue une femme, ce doit être Aramis.

C'était lui, en effet, un jeune bourgeois qui bayait aux corneilles s'était trouvé sur son chemin, et d'un coup de poing Aramis, qu'il avait éclaboussé, l'avait envoyé à dix pas.

En même temps, une de ses pénitentes avait passé, et, comme elle était jeune et jolie, Aramis l'avait saluée de son plus gracieux sourire...

En un instant Aramis fut près d'eux.

Ce furent, comme on le comprend bien, de grandes embrassades entre lui et lord de Winter.

— Où allons-nous? dit Aramis; est-ce qu'on se bat par là? Sacrebleu! je n'ai pas d'épée ce matin, et il faut que je repasse chez moi pour en prendre une.

— Non, dit de Winter, nous allons faire visite à Sa Majesté la reine d'Angleterre.

— Ah! fort bien! dit Aramis. Et dans quel but cette visite? continua-t-il en se penchant à l'oreille d'Athos.

— Ma foi, je n'en sais rien; quelque témoignage qu'on réclame de nous, peut-être.

— Ne serait-ce point pour cette maudite affaire? dit Aramis. Dans ce cas, je ne me soucierais pas trop d'y aller, car ce serait pour empocher quelque semonce, et, depuis que j'en donne aux autres, je n'aime pas à en recevoir.

— Si cela était ainsi, dit Athos, nous ne serions pas conduits à Sa Majesté par lord de Winter, car il en aurait sa part : il était des nôtres.

— Ah! oui, c'est vrai. Allons donc.

Arrivés au Louvre, lord de Winter passa le premier; au reste, un seul concierge tenait la porte.

A la lumière du jour, Athos, Aramis et l'Anglais lui-même purent remarquer le dénûment de l'habitation qu'une avare charité concédait à la malheureuse reine.

De grandes salles toutes dépouillées de meubles, des murs dégradés sur lesquels reluisaient par places d'anciennes moulures d'or qui avaient résisté à l'abandon, des fenêtres qui ne fermaient plus et qui manquaient de vitres; pas de tapis, pas de gardes, pas de valets, voilà ce qui frappa tout d'abord les yeux d'Athos, et ce qu'il fit silencieusement remarquer à son compagnon en le poussant du coude et en lui montrant cette misère des yeux.

— Mazarin est mieux logé, dit Aramis.

— Mazarin est presque roi, dit Athos, et madame Henriette n'est presque plus reine.

— Si vous daigniez avoir de l'esprit, Athos, dit Aramis, je crois véritablement que vous en auriez plus que n'en avait ce pauvre M. de Voiture.

Athos sourit.

La reine paraissait attendre avec impatience, car, au premier mouvement qu'elle entendit dans la salle qui précédait sa chambre, elle vint elle-même sur le seuil pour recevoir les courtisans de son infortune.

— Entrez et soyez les bienvenus, messieurs, dit-elle.

Les gentilshommes entrèrent et restèrent d'abord debout; mais sur un geste de la reine, qui leur faisait signe de s'asseoir, Athos donna l'exemple de l'obéissance.

Il était grave et calme, mais Aramis était furieux, cette détresse royale l'avait exaspéré; ses yeux étudiaient chaque nouvelle trace de misère qu'il apercevait.

— Vous examinez mon luxe? dit madame Henriette avec un triste regard jeté autour d'elle.

— Madame, dit Aramis, j'en demande pardon à Votre Majesté, mais je ne saurais cacher mon indignation de voir qu'à la cour de France on traite ainsi la fille de Henri IV.

— Monsieur n'est point cavalier? dit la reine à lord de Winter.

— Monsieur est l'abbé d'Herblay, répondit celui-ci.

Aramis rougit.

— Madame, dit-il, je suis abbé, il est vrai, c'est contre mon gré; jamais je n'eus de vocation pour le petit collet; ma soutane ne tient qu'à un bouton, et je suis toujours prêt à redevenir mousquetaire. Ce matin, ignorant que j'aurais l'honneur de voir Votre Majesté, je me suis affublé de ces habits, mais je n'en suis pas moins l'homme que Votre Majesté trouvera le plus dévoué à son service, quelque chose qu'elle veuille ordonner.

— M. le chevalier d'Herblay, reprit de Winter, est l'un de ces vaillants mousquetaires de Sa Majesté le roi Louis XIII, dont je vous ai parlé, madame.

Puis, se retournant vers Athos :

— Quant à monsieur, continua-t-il, c'est ce noble comte de la Fère dont la haute réputation est si bien connue de Votre Majesté.

— Messieurs, dit la reine, j'avais autour de moi, il y a quelques années, des gentilshommes, des trésors, des armées; à un signe de ma main, tout cela s'employait pour mon service. Aujourd'hui, regardez autour de moi, cela vous surprendra sans doute; mais, pour accomplir un dessein qui doit me sauver la vie, je n'ai que lord de Winter, un ami de vingt ans, et vous, messieurs, que je vois pour la première fois et que je ne connais que comme mes compatriotes.

— C'est assez, madame, dit Athos en saluant profondément, si la vie de trois hommes peut racheter la vôtre.

— Merci, messieurs. Mais écoutez-moi, poursuivit-elle, je suis non-seulement la plus misérable des reines, mais la plus malheureuse des mères, la plus désespérée des épouses : mes enfants, deux du moins, le duc d'York et la princesse Charlotte, sont loin de moi, exposés aux coups des ambitieux et des ennemis; le roi mon mari traîne en Angleterre une existence si douloureuse, que c'est peu dire en vous affirmant qu'il cherche la mort comme une chose désirable. Tenez, messieurs, voici la lettre qu'il me fit tenir par milord de Winter. Lisez.

Athos et Aramis s'excusèrent.

— Lisez, dit la reine.

Athos lut à haute voix la lettre que nous connaissons, et dans laquelle le roi Charles demandait si l'hospitalité lui serait accordée en France.

— Eh bien? demanda Athos lorsqu'il eut fini cette lecture.

— Eh bien! dit la reine, il a refusé.

Les deux amis échangèrent un sourire de mépris.

— Et maintenant, madame, que faut-il faire? dit Athos.

— Avez-vous quelque compassion pour tant de malheur? dit la reine émue.

— J'ai eu l'honneur de demander à Votre Majesté ce qu'elle désirait que M. d'Herblay et moi fissions pour son service; nous sommes prêts.

— Ah! monsieur, vous êtes en effet un noble cœur! s'écria la reine avec une explosion de voix reconnaissante, tandis que lord de Winter la regardait en ayant l'air de lui dire :

— Ne vous avais-je pas répondu d'eux?

— Mais vous, monsieur? demanda la reine à Aramis.

— Moi, madame, répondit celui-ci, partout où va M. le comte, fût-ce à la mort, je le suis sans demander pourquoi; mais, quand il s'agit du service de Votre Majesté, ajouta-t-il en regardant la reine avec toute la grâce de la jeunesse, alors je précède M. le comte.

— Eh bien! messieurs, dit la reine, puisqu'il en est ainsi, puisque vous voulez bien vous dévouer au service d'une pauvre princesse que le monde entier abandonne, voici ce qu'il s'agit de faire pour moi : le roi est seul avec quelques gentilshommes, qu'il craint de perdre chaque jour, au milieu d'Écossais dont il se défie, quoiqu'il soit Écossais lui-même. Depuis que lord de Winter l'a quitté, je ne vis plus, messieurs... Je demande beaucoup trop peut-être, car je n'ai aucun titre pour demander : passez en Angleterre, joignez le roi, soyez ses amis, soyez ses gardiens, marchez à ses côtés dans la bataille, marchez près de lui dans l'intérieur de sa maison, où des embûches se pressent chaque jour, bien plus périlleuses que tous les risques de la guerre; et, en échange de ce sacrifice que vous me ferez, messieurs, je vous promets non de vous récompenser, je crois que ce mot vous blesserait, mais de vous aimer comme une sœur et de vous préférer à tout ce qui ne sera pas mon époux et mes enfants, je le jure devant Dieu!

Et la reine leva lentement et solennellement les yeux au ciel.

— Madame, dit Athos, quand faut-il partir?

— Vous consentez donc? s'écria la reine avec joie.

— Oui, madame. Seulement, Votre Majesté va trop loin, ce me semble, en s'engageant à nous combler d'une amitié si fort au-dessus de nos mérites. Nous servons Dieu, madame, en servant un prince si malheureux et une reine si vertueuse. Madame, nous sommes à vous corps et âme.

— Ah! messieurs, dit la reine attendrie jusqu'aux larmes, voici le premier instant de joie et d'espoir que j'aie éprouvé depuis cinq ans. Oui, vous servez Dieu, et, comme mon pouvoir sera trop borné pour reconnaître un pareil service, c'est lui qui vous récompensera, lui qui lit dans mon cœur tout ce que j'ai de reconnaissance envers lui et envers vous. Sauvez mon époux, sauvez le roi, et, bien que vous ne soyez pas sensibles au prix qui peut vous revenir sur la terre pour cette belle action, laissez-moi l'espoir que je vous reverrai pour vous remercier moi-même. En attendant, je reste. Avez-vous quelque recommandation à me faire? je suis dès à présent votre amie, et, puisque vous faites mes affaires, je dois m'occuper des vôtres.

— Madame, dit Athos, je n'ai rien à demander à Votre Majesté que ses prières.

— Et moi, dit Aramis, je suis seul au monde et n'ai que Votre Majesté à servir.

La reine leur tendit sa main, qu'ils baisèrent, et elle dit tout bas à de Winter:

— Si vous manquez d'argent, milord, n'hésitez pas un instant, brisez les joyaux que je vous ai donnés, détachez-en les diamants et vendez-les à un juif: vous en tirerez cinquante à soixante mille livres; dépensez-les s'il est nécessaire, mais que ces gentilshommes soient traités comme ils le méritent, c'est-à-dire en rois.

La reine avait préparé deux lettres: une écrite par elle, une écrite par la princesse Henriette, sa fille.

Toutes deux étaient adressées au roi Charles.

Elle en donna une à Athos et une à Aramis, afin que, si le hasard les séparait, ils pussent se faire reconnaître au roi; puis ils se retirèrent.

Au bas de l'escalier de Winter s'arrêta.

— Allez de votre côté et moi du mien, messieurs, dit-il, afin que nous n'éveillions pas les soupçons, et ce soir, à neuf heures, trouvons-nous à la porte Saint-Denis. Nous irons avec mes chevaux tant qu'ils pourront aller; ensuite nous prendrons la poste. Encore une fois merci, mes bons amis, merci en mon nom, merci au nom de la reine.

Les trois gentilshommes se serrèrent la main.

Le comte de Winter prit la rue Saint-Honoré, et Athos et amis demeurèrent ensemble.

— Eh bien! dit Aramis quand ils furent seuls, que dites-us de cette affaire, mon cher comte?

— Mauvaise, répondit Athos, très-mauvaise.

— Mais vous l'avez accueillie avec enthousiasme.

— Comme j'accueillerai toujours la défense d'un grand principe, mon cher d'Herblay. Les rois ne peuvent être forts que par la noblesse, mais la noblesse ne peut être grande que par les rois. Soutenons donc les monarchies, c'est nous soutenir nous-mêmes.

— Nous allons nous faire assassiner là-bas, dit Aramis. Je hais les Anglais, ils sont grossiers comme tous les gens qui boivent de la bière.

— Valait-il donc mieux rester ici, dit Athos, et nous en

aller faire un tour à la Bastille ou au donjon de Vincennes, comme ayant favorisé l'évasion de M. de Beaufort? Ah! ma foi, Aramis, croyez-moi, il n'y a point de regret à avoir. Nous évitons la prison et nous agissons en héros, le choix est facile.

— C'est vrai, mais en toute choses, mon cher, il faut en revenir à cette première question, fort sotte, je le sais, mais fort nécessaire: Avez-vous de l'argent?

— Quelque chose comme une centaine de pistoles, que mon fermier m'avait envoyées la veille de mon départ de Bragelonne. Mais, là-dessus, je dois en laisser une cinquantaine à Raoul; il faut qu'un jeune gentilhomme vive dignement. Je n'ai donc que cinquante pistoles à peu près. Et vous?

— Moi, je suis sûr qu'en retournant toutes mes poches et en ouvrant tous mes tiroirs, je ne trouverai pas dix louis chez moi. Heureusement que lord de Winter est riche.

Lord de Winter est momentanément ruiné, car c'est Cromwell qui touche ses revenus.

— Voilà où le baron Porthos serait bon, dit Aramis.

— Voilà où je regrette d'Artagnan, dit Athos.

— Quelle bourse ronde!

— Quelle fière épée!

— Débauchons-les!

— Ce secret n'est pas le nôtre, Aramis; croyez-moi donc, ne mettons personne dans notre confidence. Puis, en faisant une pareille démarche, nous paraîtrions douter de nous-mêmes. Regrettons à part nous, mais ne parlons pas.

— Vous avez raison. Que ferez-vous d'ici à ce soir? Moi, je suis forcé de remettre deux choses.

— Est-ce choses qui puissent se remettre?

— Dame! il le faudra bien.

— Et quelles étaient-elles?

— D'abord un coup d'épée au coadjuteur, que j'ai rencontré hier soir chez madame de Rambouillet, et que j'ai trouvé monté sur un singulier ton à mon égard.

— Fi donc! une querelle entre prêtres! un duel entre alliés!

— Que voulez-vous, mon cher! il est ferrailleur, et moi aussi. Il court les ruelles, et moi aussi. Sa soutane lui pèse, et j'ai, ma foi, assez de la mienne; je crois parfois qu'il est Aramis et que je suis le coadjuteur, tant nous avons d'analogie l'un avec l'autre. Cette espèce de Sosie m'ennuie et me fait ombre; d'ailleurs, c'est un brouillon qui perdra notre parti. Je suis convaincu que, si je lui donnais un soufflet, comme j'ai fait ce matin à ce petit bourgeois qui m'avait éclaboussé, cela changerait la face des affaires.

— Et moi, mon cher Aramis, répondit tranquillement Athos, je crois que cela ne changerait que la face de M. de Retz. Ainsi, croyez-moi, laissons les choses comme elles sont; d'ailleurs vous ne vous appartenez plus ni l'un ni l'autre. Vous êtes à la reine d'Angleterre, et lui à la Fronde. Donc, si la seconde chose que vous regrettez de ne pouvoir accomplir n'est pas plus importante que la première...

— Oh! celle-ci était fort importante.

— Alors faites-la tout de suite.

— Malheureusement je ne suis pas libre de la faire à l'heure que je veux. C'était au soir, tout à fait au soir.

— Je comprends, dit Athos en souriant, à minuit.

— A peu près.

— Que voulez-vous, mon cher, ce sont choses qui se remettent que ces choses-là, et vous la remettrez, ayant surtout une pareille excuse à donner à votre retour.

— Oui, si je reviens.

— Si vous ne revenez pas, que vous importe? Soyez donc un peu raisonnable. Voyons, Aramis, vous n'avez plus vingt ans, mon cher ami.

— A mon grand regret, mordieu! Ah! si je les avais!

— Oui, dit Athos, je crois que vous feriez de bonnes folies. Mais il faut que nous nous quittions: j'ai, moi, une ou deux visites à faire et une lettre à écrire; revenez donc me prendre à huit heures, ou plutôt voulez-vous que je vous attende à souper à sept?

— Fort bien; j'ai, moi, dit Aramis, vingt visites à faire et autant de lettres à écrire.

Et sur ce ils se quittèrent.

Athos alla faire une visite à madame de Vendôme, déposa son nom chez madame de Chevreuse, et écrivit à d'Artagnan la lettre suivante :

« Cher ami,

« Je pars avec Aramis pour une affaire d'importance.

« Je voudrais vous faire mes adieux, mais le temps me manque.

« N'oubliez pas que je vous écris pour vous répéter combien je vous aime...

« Raoul est allé à Blois, et il ignore mon départ.

« Veillez sur lui en mon absence du mieux qu'il vous sera possible, et, si par hasard vous n'avez pas de mes nouvelles d'ici à trois mois, dites-lui qu'il ouvre un paquet cacheté à son adresse, qu'il trouvera à Blois dans ma cassette de bronze, dont je vous envoie la clef...

« Embrassez Porthos pour Aramis et pour moi.

« Au revoir, peut-être adieu. »

Et il fit porter la lettre par Blaisois.

A l'heure convenue, Aramis arriva; il était en cavalier et avait au côté cette ancienne épée qu'il avait tirée si souvent et qu'il était plus que jamais prêt à tirer

— Ah çà! dit-il, je crois que décidément nous avons tort de partir ainsi, sans laisser un petit mot d'adieu à Porthos et à d'Artagnan.

— C'est chose faite, cher ami, dit Athos, et j'y ai pourvu; je les ai embrassés tous deux, pour moi et pour vous.

— Vous êtes un homme admirable, mon cher comte, dit Aramis, et vous pensez à tout.

— Eh bien! avez-vous pris votre parti de ce voyage?

— Tout à fait, et, maintenant que j'y ai bien réfléchi, je suis aise de quitter Paris en ce moment.

— Et moi aussi, répondit Athos; seulement je regrette de ne pas avoir embrassé d'Artagnan; mais le démon est si fin, qu'il eût deviné nos projets.

A la fin du souper Blaisois rentra.

— Monsieur, dit-il, voici la réponse de M. d'Artagnan.

— Mais je ne t'ai pas dit qu'il y avait réponse, imbécile, dit Athos.

— Aussi étais-je parti sans l'attendre, mais il m'a fait rappeler, et il m'a donné ceci.

Et il présenta à Athos un petit sac de peau tout arrondi et tout sonnant.

Athos l'ouvrit et commença par en tirer un petit billet conçu en ces termes :

« Mon cher comte,

« Quand on voyage, et surtout pour trois mois, on n'a jamais assez d'argent; or, je me rappelle nos temps de détresse, et je vous envoie la moitié de ma bourse : c'est de l'argent que je suis parvenu à faire suer au Mazarin.

« N'en faites donc pas un trop mauvais usage, je vous en supplie.

« Quant à ce qui est de ne plus vous revoir, je n'en crois pas un mot; quand on a votre cœur et votre épée, on passe partout...

« Au revoir donc, et pas adieu...

« Il va sans dire que, du jour où j'ai vu Raoul, je l'ai

aimé comme mon enfant; cependant, croyez que je demande bien sincèrement à Dieu de ne pas devenir son père, quoique je fusse fier d'un fils comme lui

« Votre D'ARTAGNAN. »

« P. S. Bien entendu que les cinquante louis que je vous envoie sont à vous comme à Aramis, à Aramis comme à vous. »

Athos sourit, et son beau regard se voila d'une larme.

D'Artagnan, qu'il avait toujours tendrement aimé, l'aimait donc toujours, tout mazarin qu'il était.

— Voilà, ma foi, les cinquante louis, dit Aramis en versant la bourse sur la table, tous à l'effigie du roi Louis XIII. Eh bien! que faites-vous de cet argent, comte? le gardez-vous ou le renvoyez-vous?

— Je le garde, Aramis, et je n'en aurais pas besoin que je le garderais encore. Ce qui est offert de grand cœur doit être accepté de grand cœur. Prenez-en vingt-cinq, Aramis, et donnez-moi les vingt-cinq autres.

— A la bonne heure, je suis heureux de voir que vous êtes de mon avis. Là, maintenant, partons-nous?

— Quand vous voudrez; mais n'avez-vous donc point de laquais?

— Non, cet imbécile de Bazin a eu la sottise de se faire bedeau, comme vous savez, de sorte qu'il ne peut pas quitter Notre-Dame.

— C'est bien, vous prendrez Blaisois, dont je ne saurais que faire, puisque j'ai déjà Grimaud.

— Volontiers, dit Aramis.

En ce moment Grimaud parut sur le seuil.

— Prêts, dit-il avec son laconisme ordinaire.

— Partons donc, dit Athos

En effet, les chevaux attendaient tout sellés.

Les deux amis montèrent chacun sur le sien.

Les deux laquais en firent autant.

Au coin du quai, ils rencontrèrent Bazin qui accourait tout essoufflé.

— Ah! monsieur, dit Bazin, Dieu merci! j'arrive à temps.

— Qu'y a-t-il?

— M. Porthos sort de la maison et a laissé ceci pour vous, en disant que la chose était fort pressée et devait vous être remise avant votre départ.

— Bon, dit Aramis en prenant une bourse que lui tendait Bazin, qu'est ceci?

— Attendez, monsieur l'abbé, il y a une lettre.

— Tu sais que je t'ai déjà dit que, si tu m'appelais autrement que chevalier, je te briserais les os. Voyons la lettre.

— Comment allez-vous lire? demanda Athos, il fait noir comme dans un four.

— Attendez, dit Bazin.

Bazin battit le briquet et alluma une bougie roulée avec laquelle il éclairait ses cierges.

A la lueur de cette bougie, Aramis lut :

« Mon cher d'Herblay,

« J'apprends par d'Artagnan, qui m'embrasse de votre part et de celle du comte de la Fère, que vous partez pour une expédition qui durera peut-être deux ou trois mois ; comme je sais que vous n'aimez pas demander à vos amis, moi je vous offre : voici deux cents pistoles dont vous pouvez disposer et que vous me rendrez quand l'occasion s'en présentera.

« Ne craignez pas de me gêner; si j'ai besoin d'argent,

j'en ferai venir de l'un de mes châteaux : rien qu'à Bracieux, j'ai vingt mille livres en or.

« Aussi, si je ne vous envoie pas plus, c'est que je crains que vous n'acceptiez pas une somme trop forte.

« Je m'adresse à vous, parce que vous savez que le comte de la Fère m'impose toujours un peu malgré moi, quoique je l'aime de tout mon cœur ; mais il est bien entendu que ce que j'offre à vous, je l'offre en même temps à lui.

« Je suis, comme vous n'en doutez pas, j'espère, votre bien dévoué,

« Du Vallon de Bracieux de Pierrefonds. »

— Eh bien ! dit Aramis, que dites-vous de cela ?

— Je dis, mon cher d'Herblay, que c'est presque un sacrilège de douter de la Providence quand on a de tels amis.

— Ainsi donc ?

— Ainsi donc, partageons les pistoles de Porthos comme nous avons partagé les louis de d'Artagnan.

Le partage fait, à la lueur du rat de cave de Bazin, les deux amis se remirent en route.

Un quart d'heure après, ils étaient à la porte Saint-Denis, où de Winter les attendait.

FIN DE LA PREMIÈRE PARTIE

22

TABLE DES CHAPITRES

CONTENUS DANS LE PREMIER VOLUME